끝낼 수 있는 분석과 끝낼 수 없는 분석

ⓒ 도서출판 b, 2004, 2024

끝낼 수 있는 분석과 끝낼 수 없는 분석

초판 1쇄 발행 | 2004년 12월 06일
재판 1쇄 발행 | 2024년 11월 28일

지은이 지그문트 프로이트
옮긴이 이덕하
펴낸이 조기조
펴낸곳 도서출판 b

등 록 2003년 2월 24일 제2023-000100호
주 소 08502 서울특별시 금천구 가산디지털2로 169-23 가산모비우스타워 1501-2호
전 화 02-6293-7070(대) | 팩 스 02-6293-8080
이메일 bbooks@naver.com | 홈페이지 b-book.co.kr
유튜브 www.youtube.com/@bbookspublishing

I S B N 979-11-92986-31-9 93180
값   18,000원

끝낼 수 있는 분석과 끝낼 수 없는 분석

정신분석 치료 기법에 대한 논문들

Die endliche und die unendliche Analyse

지그문트 프로이트 | 이덕하 옮김

도서출판 b

| 일러두기 |

〈정기 간행물〉
International Journal of Psycho-Analysis(정신분석 국제 저널)
Internationale Zeitschrift für Psychoanalyse(정신분석 국제 저널)
Psychoanalysis Quarterly(계간 정신분석)
Zentralblatt für Psychoanalyse(정신분석 중앙지)

〈저작집류〉
C. P.   Collected Papers(논문 모음집) (전 5권), Freud, London, 1924~1950.
G. S.   Gesammelte Schriften(선집) (전 12권), Freud, Vienna, 1924~1934.
G. W. Gesammelte Werke(전집) (전 19권), Freud, 1~17권 London, 1940~1952, 18권
　　　　Frankfurt am Main, 1968, Nachtragsband (19권) Frankfurt am Main, 1987.
Kleine Beiträge zur Traumlehre(꿈이론에 대한 소논문집), Freud, Vienna, 1931.
Kleine Schriften zur Sexualtheorie und zur Traumlehre(성이론과 꿈이론에 대한 소논문집), Freud,
　　　　Vienna, 1931.
S. K. S. N.   Sammlung kleiner Schriften zur Neurosenlehre(신경증 이론에 대한 소논문 모음집)
　　　　(전 5권), Freud, Vienna, 1906~1922.
Schriften zur Neurosenlehre und zur psychoanalytischen Technik(신경증 이론과 정신분석 기법에
　　　　대한 논문들)(1913~1926), Freud, Vienna, 1931.
Standard Ed.   The Standard Edition of the Complete Psychological Works of Sigmund Freud(지그문
　　　　트 프로이트의 심리학적 저작들의 표준판 전집) (전 24권), Freud, London, 1953~1974.
Zur Technik der Psychoanalyse und zur Metapsychologie(정신분석 기법과 메타심리학에 대하여),
　　　　Freud, Vienna, 1924.

이 번역의 대본은 피셔(Fischer) 출판사에서 펴낸 프로이트 전집(Gesammelte Werke)이다. 그리
고 제임스 스트라치(James Strachey)가 편집한 표준판 전집(*The Standard Edition of the Complete
Psychological Works of Sigmund Freud*)을 참고하였다. 자세한 것은 '표준판 편집자 주에 언급된
저작들'을 참조하라.

· 논문일 경우에는 「 」로, 책일 경우에는 『 』로 감쌌다. 하지만 그리 길지 않은 논문이 단행본으로 나온 경우도 있다. 그럴 경우에는 두 가지가 혼용된다.

· 독일어판은 강조를 할 때 세 가지 방법을 썼다. 이탤릭체와 볼드체 그리고 글자 간격을 넓힌 경우가 그것들이다. 이탤릭체 경우에는 이탤릭체로, 볼드체인 경우에는 고딕 볼드체로, 그리고 글자 간격을 넓힌 경우에는 명조 볼드체로 옮겼다.

· 국역자가 삽입한 경우에는 [ ]로 감쌌다.

· 특별한 언급이 없는 경우 원문에 있는 쪽수는 독일어판의 쪽수다.

· 표준판 편집자의 주와 각주를 모두 옮겼다. 표준판 편집자의 주와 각주에 있는 쪽수는 특별한 언급이 없는 경우 모두 표준판 전집의 쪽수다.

· 표준판에서는 독일어판과 문단 나누기를 다르게 한 경우가 꽤 된다. 문단 나누기는 항상 독일어판을 따랐다.

· 표준판에서는 독일어판과 글자 강조를 다르게 한 경우가 꽤 된다. 글자 강조는 항상 독일어판을 따랐다.

· 원어를 병기할 경우 명사의 복수는 그대로 살렸다. 대부분의 경우 1격과 동사 원형으로 바꾸어 병기했다.

· 표준판 편집자가 붙인 저작 목록의 경우에는 표준판 전집 24권을 따랐다. 예컨대 23권에는 'Brunswick 1928'이라고 되어 있지만 여기에서는 24권에 따라 'Brunswick 1928a'로 표기했다.

· 프로이트의 글은 『프로이트 전집』(열린책들)에 포함되어 있을 경우 그것을 우선적으로 소개했다.

· 『프로이트 전집』(열린책들)은 표준판 전집의 편집자 주 모두를 옮기지는 않았다. 따라서 찾고자 하는 내용이 없을 수도 있다.

· 찾아보기는 독일어판 전집의 Index를 참고하여 옮긴이와 편집자가 만들었다.

· 표준판 전집 24권에 있는 'Addenda and Corrigenda'를 반영했다. 따라서 각 권에 있는 내용과는 약간 다를 수 있다.

· 원주는 [原], 영역자주는 [英], 독일어판 전집 편집자 주는 [獨], 국역자주는 [韓]으로 표기했다.

| 차 례 |

기법에 대한 논문들
― 표준판 편집자 서문[1]

『히스테리 연구Studies on Hysteria』(1895d)에 실린 글에서 프로이트는 브로이어Breuer의 발견에 기반하여 그가 발전시킨 정신요법 절차에 대해 아주 자세하게 이야기한다. 그것은 '압박pressure' 기법이라고 기술될 수 있을 것이며, 그가 곧 '정신분석적' 방법이라고 부를 어떤 것에 급속히 가까워지고 있었지만 여전히 암시라는 요소를 상당히 포함하고 있었다. 아래(172쪽)[2]에 있는 프로이트의 기법에 대한 저작들의 목록을 조사해 보면, 그 후로 ― 1903년과 1904년에 쓴 매우 개략적인 서술을 제외하면 ― 15년 이상이나 그가 기법에 대해 일반적으로 기술한 글을 전혀 출간하지 않았다는 것을 알 수 있다. 이 기간 동안의 그의 방법에 대해 우리가 조금 아는 것은 주로 지나가는 길에 언급하는 것 ― 예를 들어 『꿈의 해석The Interpretation of Dreams』(1900a) ― 과 특히 그 기간에 [출간된] 세 개의 주요한 병력 즉 「히스테리 분석의 단편Dora」(1905e[1901]), 「다섯 살 먹은 남자아이의 공포증 분석Little Hans」(1909b), 그리고

● ●

1. 이 서문은 표준판 전집 12권의 85쪽에 있는 글로 「정신분석에서 꿈해석 다루기」, 「전이의 역동에 대하여」, 「정신분석 치료를 행하는 의사에게 하고 싶은 조언」, 「치료의 개시에 대하여」, 「기억하기, 되풀이하기 그리고 훈습하기」, 「전이 사랑에 대한 소견」을 위한 것이다. [韓]
2. 이 책의 부록 '기법에 대한 저작 목록'을 보라. [韓]

「강박 신경증 사례에 대한 소견Rat Man」(1909d)에 드러난 것으로부터 추론한 것이다. (덧붙여 말하자면 이것들 중 뒤의 두 병력은 [기법의 문제에 대해] 상대적으로 침묵을 지킨 이 기간의 거의 끝부분에 쓰인 것이다.) 프로이트가 이미 1908년에 『정신분석 기법 일반론Allgemeine Technik der Psychoanalyse/A General Account of Psycho-Analytic Technique』을 저술할 생각을 하고 있었다는 사실을 우리는 어니스트 존스Ernest Jones 박사의 글(1955, 258쪽 이하)로부터 알고 있다. 그는 약 50쪽 정도를 쓸 생각이었으며 그해 말까지 이 중 36쪽을 쓰기까지 했다. 하지만 그때 그것은 중단되었고 그는 1909년 휴가 때 그것을 마저 끝내기로 했다. 하지만 그때가 되었을 때 「강박 신경증 사례에 대한 소견」이라는 논문을 완성해야 했고 미국 방문을 준비해야 했다. 그래서 기법에 대한 글은 다시 제쳐졌다. 그럼에도 불구하고 그해 여름에 프로이트는 가장 가까운 추종자에게만 사적으로 배포할 「기법에 대한 금언과 규칙을 다루는 짧은 적요A Little Memorandum of Maxims and Rules of Technique」를 계획하고 있다고 존스 박사에게 말했다. 그 후로 다음 해 3월 말에 누렘베르크 대회Nuremberg Congress 에서 프로이트가 「정신분석 요법의 앞으로의 가망성The Future Prospects of Psycho-Analysis」(1910d)이라는 논문을 낭독할 때까지 그 주제에 대해 아무런 소식이 없었다. 기법에 대한 문제를 다루는 그 논문에서 프로이트는 '가까운 미래에' 추측건대 체계적인 저작인 『정신분석 일반 방법론Allgemeine Methodik der Psychoanalyse/A General Methodology of Psycho-Analysis』을 쓸 계획이라고 밝혔다(Standard Ed., vol. 11, p. 142). 하지만 몇 달 후에 쓰여진 '야생wild' 분석에 대한 비판적인 논평(1910k)을 제외하면 다시 한번 18개월 이상의 지체가 있었고 1911년 말이 되어서야 다음 여섯 개의 논문들[3]이 출간되기 시작했다.

그 중 첫 네 개의 논문들은 이어지는 15개월 동안(1911년 12월부터 1913년 3월까지) 꽤 빠른 속도로 출간되었다. 그 후 다시 중단이 있었고 이 시리즈의 나머지 두 논문은 1914년 11월과 1915년 1월에 선보였다. 하지만 이 두 논문은 제1차 세계대전이 발발하기 직전인 1914년 7월 말에 사실상 끝마쳐진 상태였다. 비록 여섯 개의 논문이 약 2년 반에 걸쳐 발표되었지만 네 번째 논문에 있는 각주(123쪽)[4]에서, 그리고 뒤의 네 논문들의 원래 제목에 공통분모가 있는 것에서 알 수 있듯이 프로이트는 이것들을 하나의 시리즈로 여긴 것으로 보인다. 게다가 그는 1918년에 이것들을 모아서 제목이 '정신분석 기법에 대하여Zur Technik der Psychoanalyse/On the Technique of the Psycho-Analysis'인, 그의 네 번째 소논문 모음집으로 재출간했다. 따라서 우리는 이 경우에는 연대기적으로는 들어맞지 않지만 이 시리즈 전체를 이 책[5]에 포함시키는 것이 옳다고 생각했다.

이 여섯 개의 논문들이 아주 많은 중요한 주제들을 다루고 있기는 하지만 이것들을 정신분석 기법에 대한 체계적 서술이라고 보기는 힘들다. 그럼에도 이것들은 그것에 가장 근접해 있다. 왜냐 하면 이것들이 출간된 후 20년 동안 프로이트는 이 주제에 대해

• •

3. 이 글의 주)1을 보라. [韓]
4. 이 책의 4장 「치료의 개시에 대하여」의 주)1을 보라. [韓]
5. *Standard Ed.*, vol. 12. [韓]

좀 명시적으로 다룬 두 개의 글, 즉 '적극적active' 치료 방법에 대한 논의를 담은 부다페스트 대회Budapest Congress 논문(1919a [1918])과 꿈해석에 대한 몇몇 실천적 조언의 단편들을 담은 글 (1923c) 말고는 [이 주제를 다룬] 다른 글을 출간하지 않았기 때문이다. 이것들 말고는 이전처럼 병력들에서, 특히 이 논문들과 어느 정도 동시대적인 '늑대 사나이Wolf Man' 분석(1918b[1914])에서 부수적으로 다룬 것에 주로 의존해야 한다. 물론, 기법의 문제에 대해 직접적으로 다룬 글이라고 보기는 힘들지만 그는 『정신분석 입문 강의Introductory Lectures』(1916~1917)의 27강의와 28강의에서 정신분석 치료법의 기반이 되는 원칙에 대해 길게 다루고 있다. 그의 생애의 말기에 가서야, 즉 1937년이 되어서야 그는 기법에 대해 명시적으로 다루는 두 개의 중요한 논문(1937c와 1937d)에서 이 주제로 다시 한번 돌아온다.

프로이트가 기법에 대해 쓴 글이 상대적으로 충분치 않다는 사실과 그가 그것들을 출판하기를 주저하거나 미루기도 했다는 사실은 그가 이런 문제를 다룬 글을 출간하는 데 어느 정도 거리낌을 느꼈다는 것을 암시한다. 이것은 여러 가지 근거로 볼 때 사실이었던 듯하다. 그는 미래의 환자들이 그의 기법의 세세한 부분에 대해 너무 많이 아는 것을 좋아하지 않았으며, 그들이 그 주제에 대해 그가 쓴 글을 열심히 찾아볼 것임을 알고 있었다. (이 느낌은, 위에서 언급했듯이, 그가 기법에 대해 다룬 글을 제한된 수의 분석가에게만 배포하기를 제안한 것에서 예증된다.)[6] 게다가 그는 '젊은 분석가에 대한 조력Aids to Young Analysts'이라고 기술될 수 있는 것이 초보자에게 갖는 가치에 대해 아주 회의적이었다. 그와 비슷한 것을 조금이라도 찾을 수 있는 것은 이 시리즈의 세 번째와 네 번째 논문뿐이다. 그가 「치료의 개시에 대하여On Beginning the Treatment」라는 논문에서 밝힌 것처럼 이것은 부분적으로는, 확고한 규칙을 만들어내는 것이 가능하기에는 관련된 심리학적 요소들(분석가의 퍼스낼리티를 포함하여)이 너무나 복잡하고 가변적이기 때문이었다. 그런 규칙들은 그 기반에 대해 제대로 이해되고 소화되었을 때에만 가치가 있을 수 있다. 그리고 사실 이 논문들의 아주 많은 부분은 정신분석 치료psycho-analytic therapy, 아니 정신치료[심리 요법]psychotherapy 일반의 메커니즘을 드러내는 데에 바쳐졌다. 일단 이 메커니즘을 파악하면 환자(그리고 분석가)의 반응에 대해 설명하는 것이 가능해지고 어떤 특정 기법적 수단의 가능한 효과와 장점에 대한 판단을 형성하는 것이 가능해질 것이다.

하지만 기법에 대한 그의 모든 논의의 배후에서 프로이트는 책이 아니라 임상 경험을 통해서만 이 주제에 제대로 통달할 수 있다고 쉬지 않고 주장했다. 의심의 여지 없이 환자와의 임상 경험이 필요하지만 무엇보다도 분석가 자신의 분석을 통한 임상 경험이 필요하다는 것이다. 프로이트가 이것에 대해 점점 더 확신하게 되면서 후자[분석가 자신의 분석]는 모든 개업 정신분석가의 근본적인 필요 조건이 되었다. 그는 이 생각을 처음에는 예컨대

• •

6. 그의 저작에 '역전이'(아래 160~161쪽의 주를 보라) 현상에 대한 깊이 있는 논의가 없다는 것도 아마 이 느낌을 입증하는 또 다른 예가 될 것이다. [英]
이 책의 6장 「전이 사랑에 대한 소견」의 주)8을 보라. [韓]

「정신분석 요법의 앞으로의 가망성The Future Prospects of Psycho-Analytic Therapy」(1910d, *Standard Ed.*, vol. 11, p. 145)[7]에서처럼 좀 임시적으로 제시했다. 그러다가 이 시리즈 중 한 논문(116쪽과 다음 쪽)[8]에서는 좀더 명확하게 표현되었다. 그리고 그의 마지막 저작들 중 하나인 「끝낼 수 있는 분석과 끝낼 수 없는 분석Analysis Terminable and Interminable」(1937c)에서 그는 모든 분석가가 주기적으로, 아마도 5년에 한 번씩, 다시 분석받아야 한다고 말했다. 다음에 나오는 기법에 대한 논문들은 분명, 그 배후에 있는 이 결정적인 조건을 계속 염두에 두고 읽어야 한다.

마지막으로, 프로이트가 이 논문 시리즈에서 분석가가 되기 위해서는 반드시 의사 자격증을 갖추어야 하는가 하는 문제에 대해서는 전혀 다루지 않고 있다는 사실을 언급할 수 있을 것이다. 이 논문들에서는 분석가가 의사라는 것을 당연시하는 것 같으며 그는 꽤 자주 그런 식으로 말한다: 'Arzt (의사)' — 'physician (의사)' 또는 'doctor (의사)' — 라는 단어가 이 논문들 여기저기에 많이 쓰인다. 의사 자격증이 없는 정신분석가non-medical psycho-analysts의 가능한 출현에 대한 프로이트의 첫 번째 — 출간된 것으로는 — 접근은 사실 이 논문들 중 마지막 것과 동시대적인, 아래에 있는(330쪽과 다음 쪽), 피스터Pfister의 책에 대한 서문[9]에서 찾을 수 있다. 이 주제에 대한 그의 주된 논의는 한참 후에나, 의사 자격증이

• •

7. 이 책의 236쪽을 보라. [韓]
8. 이 책의 60쪽을 보라. [韓]
9. 1913b. [韓]

없는 사람들이 하는 분석lay analysis에 대한 소책자(1926e)[10]와 그에 대한 후기(1927a)에서 찾을 수 있다. 만약 그가 여기에 있는 논문들을 더 나중에 썼다면 'Arzt'라는 단어를 덜 자주 사용했을 것이라고 추측할 수 있을 것이다. 사실 그의 기법에 대한 마지막 두 논문(1937c와 1937d)에서는 그 단어가 전혀 나오지 않는다. 대신 'Analytiker analyst/분석가'라는 단어가 쓰였다.

• •

10. 덧붙여 말하자면 그 글의 5장에서 그는 여기에 있는 논문 시리즈로부터 많은 것을, 가끔은 거의 글자 그대로, 빌려서 썼다. [英]
『비전문가 분석의 문제』, 『정신분석학 개요(프로이트 전집, 15권)』, 박성수 · 한승완 옮김(열린책들, 2003), 346쪽을 보라. [韓]

1. 정신분석에서 꿈해석 다루기

표준판 편집자 주

Die Handhabung der Traumdeutung in der Psychoanalyse
The Handling of Dream-Interpretation in Psycho-Analysis

(a) 독일어판:
1911 *Zentralblatt für Psychoanalyse*, vol. 2(3), pp. 109~113.
1918 *S. K. S. N.*, vol. 4, pp. 378~385. (1922, 2판.)
1924 *Zur Technik der Psychoanalyse und zur Metapsychologie*, pp. 45~52.
1925 *G. S.*, vol. 6, pp. 45~52.
1931 *Schriften zur Neurosenlehre und zur psychoanalytischen Technik*, pp. 321~328.
1943 *G. W.*, vol. 8, pp. 350~357.

(b) 영역판:
"The Employment of Dream-Interpretation in Psycho-Analysis"
1924 *C. P.*, vol. 2, pp. 305~311. (조운 리비어(Joan Riviere) 옮김)

여기에 있는 번역은 1924년에 출간된 번역을 수정한 것이며 제목도 약간 수정했다.

이 논문은 1911년 12월에 처음 출간되었다. 제목에서 알 수 있듯이 이 논문의 주제는 치료 분석(therapeutic analysis)에서 나타나는 꿈으로 한정되어 있다. 「꿈해석의 이론과 실천에 대한 소견("Remarks on the Theory and Practice of Dream Interpretation")」(1923c)의 섹션 1에서 섹션 8까지에서 이 주제에 대해 더 깊이 다룬다.

『정신분석 중앙지Zentralblatt für Psychoanalyse』[1]는 정신분석에서의 진보를 알리고 다소 짧은 기고문Beiträge/contribution/논문을 출간하는[2] 과제뿐 아니라 이미 알려진 내용을 수습생에게 명쾌한 텍스트로 제공하고 분석 치료의 초심자에게 적합한 지침을 제공함으로써 시간과 노력을 절약해 주는 과제도 안고 있다. 따라서 이제부터는 그것이 새로운 어떤 것을 담고 있는지 여부를 떠나서 교육적인 성격을 띠며 기법에 대한 내용을 다루는 논문들도 이 잡지에 실릴 것이다.

오늘 다루려는 문제는 꿈해석Traumdeutung/dream-interpretation의 기법Technik/technique에 대한 것이 아니다. 여기서는 꿈을 어떻게 해석할 것인지와 그 해석을 어떻게 이용할 것인지는 다루지 않을 것이며 환자를 정신분석으로 치료하면서 꿈해석의 기술Kunst/art을 어떻게 사용할 것인지만 다룰 것이다. 분명 이 문제에 여러 가지 방식으로 접근할 수 있지만 정신분석에서 기법에 대한 문제에 대한 답은

. .
1. 이 논문이 처음 실린 정기간행물. [英]
2. 더 긴 논문들은 Jahrbuch(연보)에 출간되었다. Standard Ed., vol. 14, pp. 46~47을 보라. [英]

「정신분석 운동의 역사」, 『정신분석학 개요(프로이트 전집, 15권)』, 박성수·한승완 옮김(열린책들, 2003), 103쪽을 보라. [韓]

전혀 자명하지 않다. 아마 하나 이상의 좋은 길이 있겠지만 나쁜 길은 아주 많이 있을 것이다. 그리고 여러 기법들을 비교해 본다면 특정 방법을 선택할 수 없을지라도 해명에는 반드시 도움이 될 것이다.

꿈해석을 먼저 접하고 분석 치료를 접하게 된 사람은 꿈의 내용에 대한 관심에 얽매여서 환자가 이야기해 주는 모든 꿈을 최대한 완전하게 해석하려 할 것이다. 하지만 그는 곧 자신이 이제 완전히 다른 상황에 처해 있으며 자신의 의도를 관철하려는 것[모든 꿈을 최대한 완전히 해석하려는 것]이 치료에서의 급한 과제를 수행하는 것과 충돌하게 된다는 것을 깨닫게 될 것이다. 환자의 첫 꿈이 환자에게 처음으로 하는 해명의 실마리로서 아주 유용할 수도 있겠지만, 곧 너무나 길고 너무나 비밀에 싸인 다른 꿈들이 나타나서 제한된 하루의 분석 시간 안에는 그 해석을 끝낼 수 없게 된다. 이 해석 작업을 이어지는 여러 날 동안 계속하다 보면 그동안 환자는 새로 꾼 꿈들을 이야기할 것이며 그것들은 첫 번째 꿈이 다 해결되었다고 여겨질 때까지 옆으로 제쳐져야만 할 것이다. 때때로 꿈이 너무나 풍부하게 생산되는 반면 그 꿈을 이해하는 환자의 진척은 너무나 지체되어서, 분석가는 이런 식의 재료 제공[3]이, 이렇게 제공된 재료를 극복할 수 없다는 것을 인식한 환자가 이 사실을 이용해서 저항을 표출하는 것일 뿐이라고 생각하지 않을 수 없게 된다. 그동안 치료는 현재와 아주 동떨어져 뒤처지

● ●

3. 꿈이 풍부하게 생산되는 것을 말한다. [韓]

게 되고 현실과의 접촉을 상실하게 된다. 그런 식의 기법에 반대하여 우리는 다음과 같은 규칙을 내세워야 한다: 치료에서 환자의 그때그때의 정신적 표면을 알아내고 어떤 콤플렉스와 어떤 저항이 활성화되어 있으며 그것에 대한 의식적 반응-Reaktion/reaction/반작용-은 어떤 것이며 그로 인해 그가 어떤 행동을 보이는가를 알아내는 것이 너무나 중요하다. 치료를 위한 이런 목표가 꿈해석에 대한 관심 때문에 소홀히 취급되어서는 절대 안 된다.

이런 규칙을 염두에 둔다면 우리는 분석에서 꿈해석을 어떻게 다루어야 하는가? 대략 다음과 같이 해야 할 것이다: 우리는 항상 한 시간 동안에 얻은 해석 결과에 만족하고 꿈의 내용[의미]을 완전히 알아내지 못했다 해도 그것을 손실이라고 생각하면 안 된다. 다음 날 당연하다는 듯이 그 꿈에 대한 해석을 계속해서는 안 된다. 그동안 다른 어떤 것도 환자의 마음속에서 부각되지 않았다는 것을 확인한 후에만 그 꿈에 대한 해석을 계속할 수 있을 것이다. 따라서 우리는 환자의 마음속에 먼저 떠오른 것을 항상 먼저 다룬다는 규칙을 지켜야 할 것이며 중단된 꿈해석을 위해 예외적으로 그 규칙을 깨서는 안 될 것이다. 만약 이전의 꿈에 대한 해석이 끝나지 않았는데 새로 꾼 꿈들이 제기된다면 이 최근의 꿈에 주의를 돌려야 하며 이전의 것을 소홀히 하게 되었다고 자책할 필요는 없다. 만약 꿈들이 너무나 광범위하고 장황해진다면 그것들을 완전히 풀이Lösung/unravelment하겠다는 생각을 처음부터 포기해야 한다. 우리는 일반적으로, 우리가 꿈의 해석에 아주 특별히 관심 있다는 것을 드러내지 않기 위해 그리고 환자가 더 이상 꿈을 제시하지 않으면 [분석] 작업이 멈춰버릴 것이라고 생각하지 않도록 하기 위해 조심해야 한다. 그렇지 않으면 저항이 꿈생산Traumproduktion/production of dreams을 향하게 되어서 꿈이 고갈될 위험이 있다. 오히려 우리는 피분석자Analysierte/patient 가 꿈을 제시하는지 여부와 우리가 꿈을 어느 정도로 많이 다루는지에 상관없이 어떤 경우든 분석이 진행되면서 [분석할] 재료는 찾아지게 마련이라고 피분석자가 믿게 만들어야 한다.

이제 다음과 같은 의문이 제기될 것이다: 이런 방식으로 꿈해석을 제한한다면 무의식을 드러낼 수 있는 가치 있는 재료를 너무 많이 버리는 것이 아닐까? 이에 대해서는 다음과 같이 대답할 수 있을 것이다: 사태에 대해 대충 보았을 때에는 손실이 크게 보이지만 사실은 절대로 그렇게 크지 않다. 한편으로는, 심각한 신경증Neurose/neurosis 사례에서는 원칙적으로 어떤 상세한 꿈Traum-produktionen/dream-productions/꿈생산도 완전히 풀이될 수 없다는 것을 분명히 할 필요가 있다. 종종 그런 꿈은 그 사례의 병인이 되는patho-gen/pathogenic 전체 재료를 바탕으로 만들어지며 의사와 환자는 아직 그것을 모른다(소위 프로그램–꿈[4], 전기적 꿈[5]). 그런 꿈은 때때로 신경증의 전체 내용을 꿈언어Traumsprache/dream-language로 번역Übersetzung/translation한 것으로 볼 수 있다. 그런 꿈을 해석하려고

• •

4. Programmträume/programme dreams [韓]
5. biographische Träume/biographical dreams. 『꿈의 해석』(1900a), *Standard Ed.*, vol. 5, p. 348의 본문과 p. 366의 주를 보라. [英]
  『꿈의 해석(프로이트 전집, 4권)』, 김인순 옮김(열린책들, 2003), 413쪽의 본문과 433쪽의 각주 136을 보라. [韓]

시도하면 아직은 건드려지지 않은 상태로 있는 모든 저항이 작용하게 되어 [그 꿈에 대한] 이해가 즉각 제한받게 될 것이다. 그런 꿈에 대한 완전한 해석은 전체 분석이 완성됨과 동시에 이루어진다. 만약 그런 꿈을 분석 초기에 메모해 두었다면 분석이 끝날 때쯤에야, 즉 많은 달이 지난 다음에야 그 꿈을 이해할 수 있을 것이다. 그것은 하나의 증상(아마도 주요 증상[6])에 대한 이해의 경우와 같다. 그것을 해명하기 위해서는 전체 분석이 필요하다. 치료를 하는 동안 우리는 모든 단편들을 조합해낼 수 있을 때까지 증상 의미Symptombedeutung/ symptom's meaning의 단편들을 여기저기서 하나하나 이해하려고 노력해야 한다. 마찬가지로 분석을 시작할 때 꾼 꿈에 대해서도 우리는 더 많은 것을 기대해서는 안 된다. 만약 해석하려는 시도 중에 일단 병인이 되는 소원 충동Wunschregung/wishful impulse을 하나라도 추측해 낼 수 있었다면 그것으로 만족해야 할 것이다.[7]

이렇듯 꿈을 완전히 해석하겠다는 생각을 버리더라도 얻을 수 있는 어떤 것을 포기하는 것이 아니다. 또한 이전의 꿈에 대한 해석을 중단하고 최근의 꿈으로 관심을 돌리더라도 보통은 잃을 것이 없다. 우리는 완전히 해석된 꿈들의 훌륭한 사례들로부터 하나의 꿈속에 있는 연속되는 여러 장면들이 같은 내용Inhalt/content/ 의미을 가질 수 있다는 것을 알게 되었다. 그 내용은 대체로 점점

6. Hauptsymptom/main symptom [韓]
7. 꿈해석의 가능성의 한계에 대해서는 「꿈해석 전반에 대한 몇몇 추가 기록(Some Additional Notes upon Dream-Interpretation as a Whole)」(1925i)의 섹션 A에서 길게 논의되었다. [英]

더 뚜렷하게 표현된다. 우리는 또한 하룻밤에 꾸는 여러 꿈들이 같은 내용Inhalt/meaning/의미[8]을 여러 가지 방식으로 표현하려는 시도와 다름없을 수 있다는 것을 배웠다.[9] 우리는 아주 일반적으로 오늘 꿈을 만든 모든 소원 충동Wunschregung/wishful impulse/소망적 충동은 그것이 이해되어서 무의식Unbewußte/the unconscious의 지배로부터 벗어나지 않는 한 다른 꿈으로 되돌아 온다는wiederkehren/re-appear 것에 대해 확신할 수 있다. 따라서 종종 하나의 꿈에 대한 해석을 완성하는 최선의 길은 그 꿈을 버려두고 새로운 꿈—그 꿈은 같은 재료를 아마도 보다 더 접근하기 쉬운 형태로 포함하고 있을 것이다—에 몰두하는 것이다. 치료 중에 의식적인 목적 표상Zielvorstellungen/purposive aims을 포기하고 우리에게는 항상 "우연적"으로 보이는 것의 안내에 완전히 자신을 맡기라는 것은 피분석자뿐 아니라 의사에게도 무리한 요구라는 것을 나는 알고 있다. 하지만 만약 자기 자신의 이론적 명제를 믿는다면 그리고 무의식의 인도를 받으면 연결이 만들어질 것이라는 데에 대해 이의를 제기하지 않는다면 항상 보답을 받을 것이라고 나는 보증할 수 있다.

나는 분석 치료에서 꿈해석이 그 자체를 위한 기술로서 행해져서는 안 되며 치료의 수행을 일반적으로 지배해야 하는 기법에 대한 규칙들technische Regeln/technical rules에 종속되어 다루어져야 한다고

8. 여기에서 (그리고 바로 앞에서도) Inhalt는 Trauminhalt (꿈내용)에서의 Inhalt와는 다른 의미로 쓰인 듯하다. [韓]
9. 『꿈의 해석』을 보라. *Standard Ed.*, vol. 5, p. 525. [英]
   『꿈의 해석(프로이트 전집, 4권)』, 김인순 옮김(열린책들, 2003), 611쪽을 보라. [韓]

주장하고자 한다. 물론 우리는 때때로 다른 식으로 행동해서 자신의 이론적 관심을 어느 정도 더 많이 추구할 수는 있다. 하지만 우리는 그러면서도 항상 자신이 무슨 일을 하고 있는지를 알고 있어야 한다. 고려해야 할 또 다른 것이 있는데 우리가 꿈상징 Traumsymbolik/dream-symbolism에 대한 우리의 이해에 강한 믿음을 갖게 된 이후로 환자에게 연상들Einfälle/associations[10]에 우리가 덜 의존할 수 있다는 것을 알게 된 것이 바로 그것이다. 비범하게 노련한 꿈해석가Traumdeuter/dreaminterpreter는 환자가 수고스럽게 시간을 들여가며 꿈을 다루도록 만들지 않고도 가끔은 환자의 모든 꿈을 훤히 들여다볼 수 있는 위치에 서기도 한다. 그런 분석가는 따라서 꿈해석의 요구와 치료의 요구 사이의 모든 갈등에서 면제된다. 또한 그런 사람은 그가 꿈에 대해 추측해 낸 모든 것을 환자에게 이야기해 줌으로써 매번 꿈해석을 완전히 이용하고픈 유혹을 느끼기도 할 것이다. 하지만 만약 그렇게 한다면 내가 다른 맥락 속에서 설명했듯이[11] 그는 통상의 방법론에서 적지 않게 이탈한 치료 방법론을 지지하게 되는 것이다. 어쨌든 정신분석 치료 초심자는 이런 특이한 경우를 모범으로 삼아서는 안 될 것이다.

환자가 아직 꿈번역Traumübersetzung/translating dreams의 기법에 대해 아무것도 모를 때, 즉 분석 치료의 초기에 이야기해 주는 꿈들에

• •

10. 영역판에서는 Einfall(연상, 떠오르는 생각)과 Assoziation(연상)을 모두 association(연상)으로 번역했다. 이덕하의 번역에서도 대체로 이 두 단어를 구분하지 않았다. [韓]

11. 이것은 아마 「치료의 개시에 대하여(On Beginning the Treatment)」라는 논문에 있는 구절을 언급하는 말인 것 같다. 아래의 140쪽과 그다음 쪽. [英]
이 책의 103쪽을 보라. [韓]

대해서는 모든 분석가가 위에서 가정했던 탁월한 꿈해석가와 같은 위치에 있게 될 것이다. 이런 초기의 꿈들은 말하자면 순진해서 naiv/unsophisticated 소위 건강한 사람의 꿈처럼 듣는 사람에게 아주 많은 것을 드러낸다. 이젠 의사가 그런 꿈에서 읽어낸 모든 것을 즉시 환자에게 번역해 주어야 하는가 하는 문제가 마찬가지로 제기된다. 이 문제는 여기서 대답될 수 없다. 왜냐하면 이것은 분명 다음과 같은 더 포괄적인 문제에 종속되어 있기 때문이다: 치료의 어떤 국면에서 그리고 어떤 템포로 의사는 환자의 정신 속에 숨겨져 있는 것들을 환자에게 알려 주어야 하는가?[12] 대체로 환자가 꿈해석의 경험으로부터 더 많은 것을 배우게 될수록 이후에 꾸는 꿈들은 더 어둠 속에 쌓이게 된다. [환자가] 꿈에 대해 얻게 되는 모든 지식은 꿈이 조심스럽게 만들어지게 한다.

꿈해석을 거부함에도 불구하고 정신분석으로부터 새로운 자극을 받고 있는 꿈에 대한 "과학적" 연구에서는 잠에서 깨어난 직후의 몇 시간 동안에 있을 수 있는 소위 왜곡과 마모로부터 꿈텍스트 Traumtext/text of the dream를 충실히 보존하기 위해 항상 정말로 과도한 주의를 기울인다. 심지어 많은 분석가들도 치료받는 사람에게 잠에서 깨어나는 즉시 모든 꿈을 적어놓으라고 주문하는데 이는 꿈형성Traumbildung/dream-formation의 조건에 대한 자신의 이해에 충분히 철저하게 부합하지는 않는 처신으로 보인다. 치료에서 이런

• •

12. 이것은 「치료의 개시에 대하여(On Beginning the Treatment)」라는 논문에서 다루어진다. 아래의 139쪽 이하를 보라. [英]
이 책의 101쪽 이하를 보라. [韓]

조치는 필요없다.[13] 그리고 환자는 그 지시를 이용해 기꺼이 잠을 설치거나 유용성이 없는 일에 엄청난 열정을 투자한다. 그런 식으로 힘들여서 꿈텍스트를 망각으로부터 구해낸다고 해도 환자에게 득되는 것이 아무것도 없다는 것은 쉽게 보여 줄 수 있다. 그 텍스트와 관련하여 연상이 없을 것이고 따라서 꿈이 보존되지 못했을 때와 효과는 마찬가지일 것이다. 물론 의사는 그런 경우에 다른 식으로 했을 때[꿈을 적어 놓으라고 하지 않았을 때]에는 몰랐을 어떤 것을 알게 될 것이다. 하지만 의사Arzt[14]가 어떤 것을 아는 것과 환자가 그것을 아는 것은 같지 않다. 정신분석 기법에서의 이 구분의 의미Bedeutung/importance/중요성는 다른 곳에서 한 번 더 평가될 것이다.[15]

마지막으로 그 조건 때문에 정신분석 치료 중에만 출현하는, 그리고 초보자를 당혹스럽게 하거나 미혹할 수 있는 특이한 유형의 꿈에 대해 언급해야겠다. 그것은 소위 뒤따라오는nachhinkend/tag along behind[16] 또는 확인해 주는bestätigend/corroborative 꿈으로, 쉽게

• •

13. 과학적 목적을 위해 프로이트는 자신의 꿈을 분석할 때 꿈텍스트를 적어두었다. 예를 들어 『꿈의 해석』, *Standard Ed.*, vol. 4, p. 106과 *Standard Ed.*, vol. 5, p. 455의 주를 보라. 꿈의 '텍스트'의 문제는 *Standard Ed.*, vol. 5, pp. 512~515에서 자세히 논의된다. [英]
    『꿈의 해석(프로이트 전집, 4권)』, 김인순 옮김(열린책들, 2003), 146쪽, 534쪽의 주)263, 597~601쪽을 보라. [韓]
14. 영역판에서는 analyst(분석가)라고 번역했다. 내용 이해에는 큰 지장을 주지 않지만 조심스럽지 못한 번역이다. 이런 식의 조심스럽지 못한 번역이 계속 나온다. [韓]
15. 「치료의 개시에 대하여」의 후반부. 아래 141쪽과 그다음 쪽. [英]
    이 책의 104쪽을 보라. [韓]
16. 「꿈해석의 이론과 실천에 대한 소견(Remarks on the Theory and Practice of Dream-

해석되며 번역해 보면 [꿈꾸기] 전 며칠 동안 치료 과정에서 낮에 떠오른 생각들Tageseinfälle[17]의 재료로부터 추론해 낸 것과 다름없다. 이것은 환자가 우호적이어서 바로 직전에 우리가 그에게 "암시한" 것을 바로 꿈의 형태로 만들어내는 것처럼 보인다. 좀 숙련된 분석가라면 물론 환자에게서 그런 우호성을 기대하기 어려울 것이다. 좀 숙련된 분석가라면 그런 꿈을 [자신이] 기대했던 확증으로 여길 것이며[18] 그런 꿈이 치료의 영향에 의해 만들어진 특정한 상황에서만 관찰된다는 것을 알아챌 것이다. 물론 절대다수의 꿈들은 치료를 앞서간다. 따라서 이미 알려진 것과 이해된 모든 것을 그것들[꿈들]로부터 제거하면 이제까지 감추어져 있던 어떤 것에 대한 다소간 분명한 암시Hinweis/hint/실마리가 남는다.

- ·

    Interpretation)」(1923c)의 섹션 7을 참조하라. [英]
      이 책의 304쪽을 보라. [韓]
17. 영역판에서는 "daily associations(매일 매일의 연상들)"이라고 번역했다. 하지만 여기에 서는 낮과 밤이 대비되는 것 같다. 낮에 치료하면서 추론해낸 것을 밤에 꿈에서 되풀이함으로써 확인해 준다는 말인 듯하다. [韓]
18. 뒤따라오는 꿈을 우호적인 환자가 의사의 "암시"에 응답한 것이라고 볼 수는 없다. 따라서 그것은 며칠 전에 했던 의사의 해석이 맞다는 증거 — 의사는 그런 증거가 나오기를 기대(희망)해 왔다 — 인 것이다. [韓]

2. 전이의 역동에 대하여

표준판 편집자 주

Zur Dynamik der Übertragung
The Dynamics of Transference

(a) 독일어판:

1912 *Zentralblatt für Psychoanalyse*, vol. 2(4), pp. 167~173.

1918 *S. K. S. N.*, vol. 4, pp. 388~398. (1922, 2판.)

1924 *Zur Technik der Psychoanalyse und zur Metapsychologie*, pp. 53~63.

1925 *G. S.*, vol. 6, pp. 53~63.

1931 *Schriften zur Neurosenlehre und zur psychoanalytischen Technik*, pp. 328~340.

1943 *G. W.*, vol. 8, pp. 364~374.

(b) 영역판:

"The Dynamics of Transference"

1924 *C. P.*, vol. 2, pp. 312~322. (조운 리비어 옮김)

여기에 있는 번역은 제임스 스트라치의 번역으로 여기에 처음 실린다.

프로이트가(1912년 1월에 출간된) 이 논문을 기법에 대한 시리즈에 포함시켰지만 사실 이 논문은 전이라는 현상과 분석 치료에서 전이가 작동하는 방식에 대한 이론적인 고찰의 성격이 더 크다. 프로이트는 이미 '도라(Dora)'(1905e[1901])의 병력의 끝부분에서 짧게 이 문제에 접근한 적이 있다(*Standard Ed.*, vol. 7, pp. 116~117[1]). 그는 이것을 『정신분석 입문 강의(*Introductory Lectures*)』(1916~1917)의 27강 후반부와 28강 전반부에서 훨씬 더 자세히 다루었다. 그리고 그는 생애 말기에 쓴 긴 논문 「끝낼 수 있는 분석과 끝낼 수 없는 분석("Annalysis Terminable and Interminable")」(1937c)에서 이 주제에 대해 여러 중요한 언급을 했다.

. .

1. 「도라의 히스테리 분석」, 『꼬마 한스와 도라(프로이트 전집, 8권)』, 김재혁·권세훈 옮김(열린책들, 2003), 310쪽을 보라. [韓]

남김없이 파헤치기는 어려운 "전이Übertragung/transference"라는 테마가 최근에 이 중앙지Zentralblatt에서 **빌헬름 쉬테켈W. Stekel**[1911b-영역자]에 의해 기술적인 방식으로deskriptiver Weise/descriptive 다루어졌다.[2] 나는 이 글에서 어떻게 전이가 정신분석 치료 중에 필연적으로 발생하는지 그리고 어떻게 전이가 치료 중에 잘 알려진 역할을 하게 되는지를 설명하는 몇몇 소견들을 덧붙이고자 한다.

모든 사람은, 자신의 타고난 소질Anlage/disposition과 어린 시절의 영향의 결합된 작용에 의해, 그가 어떻게 애정 생활Liebesleben/erotic life/성생활을 해나갈지 — 즉 그가 어떤 사랑의 조건Liebesbedingungen/preconditions to falling in love/사랑에 빠지는 조건을 설정할지, 거기에서 어떤 욕동들의 만족을 얻고 어떤 목적들을 설정할지 — 와 관련된 특정한 개성Eigenart/method/특징을 얻는다는 것을 분명히 하자.[3] 그것

* *

2. 『정신분석 중앙지 2: 2권(Zentralblatt für Psychoanalyse, Jahrgang II, Nr. II)』, p. 26. [原] 이 논문은 여기에 처음 실렸다. [英]

3. 우리가 유아기의 인상을 강조한다고 해서 타고난(konstitutionellen/constitutional/기질적인) 요인의 중요성을 부정한다고 우리를 비난하는데 이는 잘못된 비난이며 이 자리를 빌려 이에 항의해야겠다. 이런 비난은 인간의 인과 관계에 대한 욕구(Kausalbedürfnis)의 협소함에서 비롯된다. 사람들은 현실이 보통 구성되는 것과는 달리 원인이 되는 요인 하나에 만족하려 한다.[보통은 하나의 결과에 여러 가지 원인이 작용하지만 사람들은 원인이 하나밖에 없다고 생각하려 한다.] 정신분석은 병인(Ätiologie/aetiology)

은 말하자면 하나의(또는 여러 개의) 연판Klischee/stereotype plate[4]을 만들어낸다. 그 연판은 외적 상황과 그 사람이 얻을 수 있는 사랑 대상의 성격Natur/nature/기질이 허락하는 한 삶이 계속되면서 항상 되풀이된다. 즉 새로 인쇄된다. 그리고 그 연판은 확실히 최근의 인상에 의해 어느 정도는 변화되기도 한다. 우리는 이제 경험을 통해 애정 생활을 결정짓는 이런 충동들Regungen/impulses 중 일부만이 완전한 정신적 발전을 겪는다는 사실을 알게 되었다. 이 일부는 현실을 향하며, 의식적 퍼스낼리티Persönlichkeit/personality에 의해 통제되며, 그것의 일부를 이룬다. 이런 리비도적 충동들Regungen 중 다른 부분은 발전에서 가로막힌다. 그 부분은 현실뿐 아니라 의식적 퍼스낼리티로부터도 차단되며 환상에서만 자신을 펼치거나 완전히 무의식에 머무르게 된다. 따라서 그 부분은 퍼스낼리티의

. .

에서 우연적 요인에 대해서는 많은 것을 이야기했고 기질적인 요인에 대해서는 별로 이야기하지 않았다. 하지만 이것은 단지 전자에 대해서는 무언가 새로운 것을 제시할 수 있었지만 후자에 대해서는 정신분석 이외의 것을 통해서 이미 알고 있는 것에 덧붙일 수 있는 것을 알아낼 수 없었기 때문이다. 우리는 병인적 요인에서 두 계열을 원칙적으로 대립시키는 것을 거부한다. 오히려 우리는 항상 두 가지 요인이 함께 작용하여 관찰되는 효과를 만들어낸다고 생각한다. 자질과 운(Δαίμων καὶ Τύχη /Endowment and Chance)이 사람의 운명을 결정한다. 두 힘 중 하나에 의해서만 결정되는 경우는 거의 ─ 아마도 전혀 ─ 없다. 이 두 요인이 각각 병인으로서 어느 정도의 부분을 차지하는지는 개개의 사례에서만 알아낼 수 있을 것이다. 이 두 요인이 다양한 비율로 합쳐져 하나의 계열을 이룰 것이며 그 계열에는 분명 극단적인 사례도 있을 것이다. 특정한 사례의 경우에도 [그 사례에 대한] 우리의 인식의 수준에 따라 우리는 기질과 경험의 비율을 다르게 평가할 것이며 우리의 통찰이 바뀜에 따라 우리의 판단도 변경할 수 있을 것이다. 게다가 우리는 기질 자체도 끝없이 긴 계열을 이루는 조상들에게 작용한 우연적인 것들의 침전물이라고 감히 생각할 수 있을 것이다. [原]

4. 인쇄에 쓰이는 판형을 말한다. 비유적으로는 판에 박힌 방식을 뜻한다. [韓]

의식[적 부분]에는 알려지지 않게 된다. 사랑 욕구Liebesbedüftigkeit /need for love/성적 욕구를 현실에서 남김없이 만족시키지 못한 사람은 새로 만나게 되는 모든 사람을 리비도적 기대 표상Erwartungsvorstellun-gen/anticipatory ideas을 가지고[5] 대하게 되어 있다. 그리고 그의 리비도 의 두 부분, 즉 무의식적 부분과 의식화될 수 있는 부분이 이런 태도를 취하게 되는 데 한몫한다는 생각은 아주 그럴듯하다.

따라서 부분적으로는 만족을 얻지 못한 사람의, 기대에 가득 차서 기다리고 있는 리비도 점령Libidobesetzung/libidnal cathexis/리비도 집중이 의사라는 인물로 향한다 해도 이것은 완전히 정상적이며 이해할 만한 일이다. 우리의 가설에 따르면 이런 점령Besetzung/cath-exis은 본보기Vorbilder/prototype/원형에 의지하려 할 것이며 그 사람에 게 있는 연관에 얽매여 있으려 할 것이다. 또는 그것[점령]이 의사를 병자가 이제까지 만들어낸 정신적인 것의 "계열Reihen/series" 중 하나에 삽입시키려 한다고 말할 수도 있을 것이다. 만약 이런 편입Einreihung에서 아버지 이마고Vater-Imago/father-imago/아버지 상— 융Jung의 적절한 표현에 따르자면[6] — 가 결정적이라면 그것은 의사 와의 실제 관계와 상응하게 된다.[7] 하지만 전이는 이런 본보기[아버

• •

5. '이 사람에게서 리비도가 만족 될 수 있겠구나'하는 기대를 가지고. [韓]
6. 「리비도의 변화와 상징(Wandlungen und Symbole der Libido)」, 『정신분석 연보(Jahrbuch für Psychoanalyse, vol. 3)』, p. 164. [原]

　　Jung, 1911~1912. [英]

　　원문에는 "Symbole und Wandlungen der Libido"라고 되어 있는데 오기인 듯하다. [韓]
7. 프로이트는 여기서 나이 든 남성 의사 즉 아버지뻘 되는 의사를 가정하고 있는 것 같다. [韓]

지 이마고)에 의해서만 정해지지 않는다. 그것은 어머니 이마고, 형 이마고Bruder-Imago/brother-imago[8] 등등에 따라 생길 수도 있다. 의사에 대한 전이의 기이함은, 그것이 그 정도와 방식에서 냉정하고 합리적으로 정당화될 수 있는 범위를 벗어나기 때문에 이 전이가 의식적인 기대 표상뿐 아니라 억제된zurückgehaltenen/held back 또는 무의식적 기대 표상으로부터도 생겨난다는 것을 고려해야만 이해될 수 있다.

만약 이런 전이의 태도Verhalten/behaviour/행동에서 정신분석가가 특별히 관심을 가질 만한 두 가지 점이 설명되지 않은 채로 남아 있지 않았다면 우리에게는 더 이상 할 이야기도 생각할 것도 없었을 것이다. 첫째, 우리는 왜 분석을 받지 않는 신경증적인 사람에 비해 분석 중인 신경증적인 사람에게서 전이가 그렇게 강렬하게 나타나는지를 이해하지 못한다. 둘째, 왜 분석 이외에서는[9] 전이가 치료 효과의 담지자이며 좋은 결과의 조건이라고 인정할 수밖에 없는데도 분석에서는 그것이 치료에 대한 **가장 강력한 저항**으로 나타나는지가 우리에게는 수수께끼 같은 문제다. 환자의 자유연상 freien Assoziationen/free associations이 실패했을 때[10] 그가 지금 의사라는 인물에 대한 연상 또는 의사와 관련된 어떤 것에 대한 연상에 의해 지배되고 있다는 것을 확신시키면 항상 그 지체가 제거될

· ·

8. 남동생 이마고, 오빠 이마고를 뜻할 수도 있다. [韓]
9. 최면 치료 등을 염두에 둔 말일 것이다. [韓]
10. [떠오른 것을 이야기했을 때 느낄 수 있는] 그런 불쾌감 때문에 그것을 말하지 않고 숨기는 경우가 아니라 진짜로 떠오르지 않는 경우를 말하는 것이다. [原]

수 있다는 사실은 언제든 경험을 통해 입증될 수 있다. 이런 설명을 해주자마자 그 지체는 제거된다. 또는 상황이 바뀌는데, 전에는 연상이 실패했었는데 이제는 [떠오르기는 했지만] 말을 안 하고 숨기는 상황으로 바뀌는 것이다.

전이가 다른 곳에서는 성공을 위한 아주 강력한 지렛대인데 정신분석에서는 아주 강력한 저항의 수단이라는 사실을 얼핏 생각해 보면 정신분석에 방법론적으로 엄청난 단점이 있는 것처럼 보인다. 하지만 좀더 자세히 살펴보면 적어도 두 가지 문제 중 첫 번째 것은 해결된다. 정신분석에서의 전이가 그 외에서의 전이보다 더 강렬하고 더 고삐 풀린 상태로 나타난다는 것은 사실이 아니다. 신경병자들Nervöse/nerve patients이 분석적이지 않은 방식으로 치료되는 공공병원Anstalten/institutions에서, 우리는 아주 강력하며 아주 부적절한 형태를 취해서 예속 상태Hörigkeit/mental bondage에까지 이르기도 하는 전이를 볼 수 있다. 또한 명백히 성적인erotisch/erotic 성향을 띠는 전이도 볼 수 있다. 섬세한 [여성] 관찰자인 **가브리엘레 로이터**Gabriele Reuter는 정신분석이란 것이 존재하지도 않던 때에 한 주목할 만한 책에서 이에 대해 묘사한 적이 있다.[11] 이 책은 대체로 신경증Neurosen/neuroses의 본질과 기원Entstehung/genesis/발생에 대한 최고의 통찰을 드러내고 있다. 따라서 전이의 이런 성격은 정신분석이 아니라 신경증 자체에 기인한다고 보아야 한다. 두 번째 문제는 당장은 다루어지지 않은 상태로 남아 있다.

● ●

11 『훌륭한 가족에서(*Aus guter Familie*)』, [Berlin [英]], 1895. [原]

이 문제, 즉 왜 전이가 정신분석에서 저항으로 나타나는가에 대해 우리는 이제 가까이 다가가야 한다. 치료의 심리적 상황을 눈앞에 그려 보자. **모든** 정신신경증의 발병에 항상 등장하는 불가결한 전제 조건은 **융**이 리비도의 **내향**Introversion이라고 적절히 이름 붙인 과정이다.[12] 즉 리비도의 의식될 수 있는, 현실을 향한 부분이 줄어들고 현실을 등진, 무의식적인, 여전히 그 사람의 환상에 무언가를 공급할 수 있지만 여전히 무의식에 속하는 부분이 그만큼 늘어나는 것이다. 리비도가 (전체적으로 또는 부분적으로) 퇴행 Regression/regression의 길로 접어들며 유아기의 이마고들을 소생시키는 것이다.[13] 이제 분석 치료는 그곳[퇴행]의 길에서 그것[리비도]을

· ·

12. 비록 **융**의 여러 표현을 보면 그가 이 내향을 조발성 치매(Dementia praecox/dementia praecox/정신분열증)에 특징적인 어떤 것으로 여기며 다른 신경증에는 같은 식으로 관련된다고 생각하지 않는다는 인상을 받지만. [原]

여기에서 프로이트가 출간된 글에서는 처음으로 '내향'이란 용어를 사용한 것으로 보인다. 이 용어는 융에 의해 처음 도입되었다(Jung, 1910c, p. 38). 하지만 프로이트가 비판하는 것은 아마 Jung, 1911~1912, pp. 135~136의 주일 것이다(영역본, 1916, p. 487). 융이 이 용어를 사용한 것에 대한 다른 의견은 이후에 쓰여진 기법에 대한 논문(1913c, 아래 125쪽)의 각주, 나르시시즘에 대한 프로이트의 논문(1914c, *Standard Ed.*, vol. 14, p. 74), 『정신분석 입문 강의(*Introductory Lectures*)』(1916~1917)의 23강 끝부분에 있는 구절에서 찾아볼 수 있다. 프로이트는 후기 저작들에서 이 용어를 극히 드물게 사용했다. [英]

이 책의 4장 「치료의 개시에 대하여」의 주)9를 보라.

「나르시시즘 서론」, 『정신분석학의 근본 개념(프로이트 전집, 11권)』, 윤희기 옮김(열린책들, 2003), 47쪽을 보라.

『정신분석 강의(프로이트 전집, 1권)』, 임홍빈·홍혜경 옮김(열린책들, 2003), 504쪽을 보라. [韓]

13. 다음과 같이 말한다면 편리하기는 할 것이다. 그것[리비도]이 유아기적 "콤플렉스들 (Komplexe/complexes)"을 다시 점령했다(besetzen/cathect)[리비도가 유아기적 "콤플렉스들"에 다시 집중되었다]. 하지만 그것은 맞는 말이 아닐 것이다. 정당화될 수

따라간다. 분석 치료는 리비도를 찾아내서 다시 의식에 접근할 수 있게 만들고 마침내 현실을 위해 봉사할 수 있도록 만들려고 한다. 분석적 탐색Forschung/investigations이 은신처에 물러나 있는 리비도와 마주치는 곳에서 투쟁이 일어나기 마련이다. 리비도의 퇴행을 초래한 모든 힘들[세력들]이 새로운 상태를 보존하기 위해 [분석] 작업에 대한 "저항들"로서["저항들"이 되어] 떨쳐 일어선다. 만약 외부 세계와의 특정한 관계 — 아주 일반적으로 말하자면 만족의 좌절Versagung/frustration/거절14 —에 의해 리비도의 내향이나 퇴행이 정당화되지 않고 내향이나 퇴행 자체가 당분간이라도 도움이 되지 못했더라면 내향이나 퇴행은 절대 일어나지도 않았을 것이다. 그러나 이런 기원을 갖는 저항만 있는 것도 아니고 그것이 가장 강력한 것도 아니다. 퍼스낼리티가 사용할 수 있었던 리비도는 언제나 무의식적 콤플렉스들(더 정확히 말하자면 이[유아기적] 콤플렉스들 중 무의식에 속하는 부분15)의 끌어당김의 영향을 받고

• •

있는 유일한 표현은 다음과 같을 것이다: [리비도가] 이[유아기적] 콤플렉스들 중 무의식적 부분[을 점령했다]. 이 논문에서 다루는 테마가 유별나게 얽혀있기 때문에 몇몇 인접한 문제들—여기서 서술되는 정신적 과정을 애매하지 않은 말로 서술하기 위해서는 사실 이 문제들에 대한 해명이 선행되어야 한다—을 다루어야겠다는 유혹이 든다. 그런 문제들에는 다음과 같은 것들이 있다: 내향[개념]과 퇴행[개념] 사이의 경계 설정의 문제, 리비도 이론에 콤플렉스 이론을 어떻게 접목할 것인가 하는 문제, 환상(Phantasieren/phantasying)과 현실 사이의 관계뿐 아니라 환상이 의식, 무의식과 맺는 관계 등등. 내가 여기서 이런 유혹에 저항한다(widerstehen/resist)해도 용서를 구할 필요는 없을 것이다. [原]

14. 이에 대한 자세한 논의는 아래 231쪽 이하에 있는 「신경증 발병의 유형들에 대하여 (Types of Onset of Neurosis)」(1912c)를 보라. [英]
　「신경증 발병의 유형들」, 『정신 병리학의 문제들(프로이트 전집, 10권)』, 황보석 옮김(열린책들, 2003), 95쪽을 보라. [韓]

있었는데 현실에서의 끌어당김이 늦추어졌기 때문에 퇴행의 길로 접어든 것이다. 그것[퇴행한 리비도]을 해방하기 위해서는 이제 무의식의 이런 끌어당김을 극복해야 한다. 즉 그때부터 그 사람 안에 만들어져 있던 억압— 무의식적 욕동과 그것의 생산물 Produktionen/productions에 대한 억압— 을 해소aufheben/remove해야 한다. 이것[억압]은 저항의 아주 큰 부분을 낳는다. 그리고 현실로부터 의 도피가 잠시 정당화될 수 있었지만 곧 다시 그 정당성을 잃었음에 도 불구하고 너무나 자주 병이 지속되게 만들기도 한다. 분석은 두 원천에서 오는 저항 모두에 맞서 싸워야 한다. 치료 중 도처에서 저항이 수반된다. 치료받는 사람의 모든 개개의 연상과 행위가 저항을 고려하게Rechnung tragen/reckon with[16] 된다. 그리고 그것들[연 상과 행위]은 회복을 목표로 하는 힘과 위에서 언급한, 그에 반항하 는 힘 사이의 타협물임이 드러난다.

이제 우리가 병인이 되는 콤플렉스를 의식에서의 그것의 대리물 Vertretung/representation — 그것이 증상으로서 눈에 띄는 것이든 아니 면 [증상으로 나타나지 않아서] 전혀 눈에 띄지 않는 것이든 — 에 서 무의식에서의 그것의 뿌리로 추적해 가다 보면 곧 저항이 아주 뚜렷하게 세력을 누리고 있어서 다음에 연상이 바로 이 저항을 고려하게Rechnung tragen 되어 저항의 요구와 탐색 작업의 요구 사이 의 타협물로 나타나는 지역에 도달하게 된다. 경험에 의하면 바로

• •

15. 앞쪽의 각주 2의 앞부분을 참조하라. [英]
    이 글의 주)13을 보라. [韓]
16. 저항의 눈치를 보게. [韓]

여기가 전이가 생기는eintreten/enter on the scene/등장하는 곳이다. 만약 콤플렉스의 재료(콤플렉스의 내용) 중에 어떤 것이라도 의사라는 인물에 전이되기에 적당하다면 그런 전이가 만들어진다. 그것[전이]은 바로 다음의 연상을 낳으며 저항의 조짐, 예컨대 [연상의] 지체 등으로 자신의 존재를 알린다. 우리는 이런 경험으로부터, 전이에서 비롯한 생각Übertragungsidee/transference-idea이 가능성이 있었던 다른 연상들andere Einfallsmöglichkeiten/other possible associations을 모두 물리치고 의식에 도달할 수 있었던 것은 그것이 저항도 만족시키기 **때문이라고** 추론한다. 이런 일은 한 건의 분석 과정에서도 셀 수도 없이 많이 되풀이된다. 우리가 병인이 되는 콤플렉스에 접근하면 먼저 콤플렉스 중 전이가 될 수 있는 부분이 의식에 밀려오고 그것이 아주 완고하게 방어되는 일이 계속 되풀이된다.[17]

이것을 극복하고 나면 콤플렉스의 다른 구성 요소는 그리 큰 어려움을 주지 않는다. 분석 치료가 오래 지속되고 환자가 병인이 되는 재료의 왜곡 자체만으로는 그것이 드러나는 것을 막기 힘들다는 것을 깨닫게 될수록 환자는 [병인이 되는 재료를 숨기는 데

· ·

17. 하지만 우리는 이로부터 전이 저항(Übertragungswiderstand/transference-resistance)으로 선택된 요소가 일반적으로 병인으로서 특히 중요하다고 결론 내려서는 안 될 것이다. 전투 중에 어떤 조그만 교회나 어떤 농장 하나를 차지하기 위해 아주 격렬하게 싸운다고 해서 우리는 그 교회가 예컨대 민족적 성지라고 생각하거나 [그 농장에 있는] 집에 군수품이 숨겨져 있다고 생각할 필요는 없다. 이 대상들[교회나 농장]의 가치는 순전히 전술에서 비롯된 것일 수 있으며 아마도 이번 전투에서만 유효할 것이다. [原]
   전이 저항에 대해서는 138쪽도 보라. [英]
   이 책의 101쪽을 보라. [韓]

있어서] 그에게 명백히 아주 큰 이점을 제공하는 어떤 종류의 왜곡 즉 전이를 통한 왜곡을 시종일관 사용하게 된다. 이런 상황 때문에 마침내 모든 갈등이 전이의 영역으로 옮겨가서 거기서 싸움이 벌어지는 사태가 된다.

따라서 분석 치료에서 전이는 항상 저항의 가장 강력한 무기일 뿐인 것으로 보이며 우리는 전이의 강렬함과 완고함이 저항의 작용Wirkung/effect이자 표현이라고 결론 내릴 수 있을 것이다. 전이의 메커니즘은 유아기적인 이마고를 기꺼이 점유하고 있으려는 리비도로 추적해가면 끝장낼erledigen/deal with/처리할 수 있지만 치료에서의 전이의 역할은 전이와 저항의 관계를 연구해야 해명할 수 있다.

무엇 때문에 전이는 저항의 수단으로서 그렇게도 아주 적합한 가? 우리는 이에 대한 대답이 어렵지 않게 주어질 수 있을 것이라고 생각할 수 있다. 만약 금기시되는 소원 충동을 그 충동 자체하고 관련된 바로 그 사람 앞에서 고백해야 한다면 그 고백이 특히 어려워질 것이 분명하기 때문이다. 만약 그런 상황에서 [고백을] 강요한다면 현실에서는 [그 고백은] 거의 실현될 수 없어 보인다.[18] 자신의 감정 충동Gefühlsregungen/emotional impulses/감정 흥분의 대상과 의사를 일치시킬zusammenfallen lassen/make coincide/동일시할 때 피분석자

• •

18. 독일어판: "Diese Nötigung ergibt Situationen, die in der Wirklichkeit als kaum durchführbar erscheinen."
영역판: "Such a necessity gives rise to situations which in the real world seem scarcely possible." [韓]

가 노리는 것이 바로 이것이다. 이것이 이득[19]을 주는 것 같지만 좀 더 깊이 생각해 보면 문제의 해결책이 될 수는 없다. 그것은 애정 어린 그리고 아주 헌신적인 애착 관계가 다른 한편으로 고백에 따르는 모든 어려움을 극복하는 데 도움이 되기 때문이다. 실제[분석 상황이 아니라] 상황에서 비슷한 경우에 우리는 이렇게 말하곤 한다. 당신 앞에서는 나는 부끄럽지 않아요. 나는 모든 것을 당신에게 말할 수 있어요.[20] 그러므로 의사에의 전이는 고백을 쉽게 하는 데에도 마찬가지로 기여할 수 있다. 따라서 우리는 왜 전이가 [분석에] 어려움을 불러일으키는지 이해할 수가 없다.

여기서 되풀이해서 제기되는 이 문제에 대한 답은 깊이 생각해 본다고 얻을 수 있는 것이 아니다. 그것은 치료 중에 나타나는 각각의 전이 저항Übertragswiderstände[21]에 대해 연구하는 과정에서 경험을 통해 얻을 수 있다. 마침내 우리는 "전이"를 단순히 생각하는 한 전이가 저항으로 이용된다는 사실을 이해할 수 없다는 것을 깨닫는다. 우리는 "긍정적positiv/positive" 전이를 "부정적negativ/negative" 전이로부터, 애정 어린 감정의 전이를 적대적인 감정의 전이로부터 구분해야 하며 의사에의 전이의 두 종류를 다르게 다루어야 한다. 긍정적 전이는 더 나아가 우호적인 또는 애정 어린 감정 — 이

⠀⠀
19. 예컨대 여성 환자가 남성 의사를 아버지와 동일시한다면 고백하지 않으려는 의도 즉 환자의 저항에 이득이 될지도 모른다. 그것은 아버지에 대한 금기되는 소원 충동을 아버지에게 고백하기 힘들 듯이 아버지와 동일시되는 의사에게 고백하기도 힘들기 때문이다. [韓]
20. 원문에는 존칭인 Sie(당신)가 아니라 친칭인 du(너)가 쓰였다. [韓]
21. Übertragungs가 아니라 Übertrags라고 되어 있다. 오자인 듯하다. [韓]

는 의식될 수 있다― 과 그것의 무의식에서의 연장으로 분해된다. 후자와 관련해서 분석은 그것이 항상 성적erotisch/erotic 근원으로 소급될 수 있다는 것을 입증한다. 따라서 우리는 우리의 삶에 이용되는 모든 감정 관계Gefühlsbeziehungen/emotional relations, 즉 동정심, 우정, 신뢰 등이 발생적으로 볼 때 성적인 것Sexualität/sexuality과 연관되어 있으며 그것이 우리의 의식적인 자기 인식Selbstwahrnehmung/self-perception/자기 지각에서는 아무리 순수하고 비관능적으로 나타날지라도 순수한 성적 욕망sexuelle Begehrungen/sexual desires에서 비롯해서 성적 목표가 약화됨으로써 발전했다는 통찰에 이르게 된다. 원래 우리는 성적 대상만 알 뿐이다. 우리가 현실에서 단지 존경하거나 숭배하는 사람일지라도 우리의 무의식에서는 항상 성적 대상에 불과하다는 것을 정신분석은 보여 준다.

의사에의 전이는 그것이 부정적인 전이이거나 성적 충동erotische Regungen/erotic impulses/성적 흥분이 억압된 긍정적인 전이인 한에서만 치료에 대한 저항에 적합하다고 생각하면 수수께끼가 풀릴 것이다. 우리가 의식화Bewußtmachen/making conscious함으로써 전이를 "해소 aufheben/remove"하는 것은 의사라는 인물에 대한 감정Gefühlsakt/emotional act 중 이 두 요소만을 떼어놓는 것이다. 그 외의, 의식화될 수 있으며 불쾌감을 유발하지 않는 요소는 그대로 남아 있으며 다른 치료 방법에서와 꼭 마찬가지로 정신분석에서도 그것은 성공의 담지자이다. 이런 점에서 우리는 정신분석의 성과가 암시에 의존한다는 것을 기꺼이 인정한다. 단 여기서 암시를 페렌찌[22]와 같이 '어떤 사람이 자신에게 가능한 전이 현상을 이용해서 [다른

사람에게] 영향을 미치는 것'으로 이해해야만 할 것이다. 우리는
환자가 결국 자립할 수 있도록 하기 위해 암시를 이용해서 그가
그의 정신적 상태의 영구한 개선이라는 필연적 결과를 얻을 수
있는 정신적 작업을 완성할 수 있도록 하는 데 신경을 쓴다.

왜 전이의 저항 현상이 정신분석에서만 나타나고 예컨대 공공병
원에서의 냉담한 치료에서는 나타나지 않는가라는 질문이 여전히
제기될 수 있다. 그에 대한 답은 다음과 같다. 그것은 거기에서도
나타난다. 단지 그런 것으로 여겨지지 않을 뿐이다. 게다가 공공병
원에서 부정적인 전이가 표출되는 일은 아주 흔하다. 부정적 전이
의 지배를 받게 되자마자 환자는 차도가 없는 상태로 또는 병이
도진 상태로 공공병원을 떠난다. 공공병원에서 성적 전이는 [부정
적 전이만큼] 그렇게 방해하는hemmend/inhibiting 작용을 하지 않는다.
왜냐하면 거기서 그것은 드러내지는 대신 [실제] 삶에서처럼 얼버
무려지기beschönigt/glossed over/미화되기 때문이다. 하지만 그것은 환자
를 공공병원에서 내몰지는 않지만 반대로 그를 공공병원에 붙잡아
둠으로써, 따라서 그를 [실제] 삶에서 멀어지게 함으로써 아주
분명히 회복에 대한 저항으로서 표현된다. 회복이라는 면에서
볼 때 환자가 공공병원 안에서 이런저런 불안 또는 억제Hemmung/in-
hibition/심리적 압박를 극복했는지의 여부는 중요하지 않다. 중요한
것은 그가 현실에서의[병원 밖에서의] 삶에서도 그런 것들로부터
자유로워지느냐이다.

• •

22. **Ferenczi**, 「내투영과 전이(Introjektion und Übertragung)」, 『정신분석 연보(*Jahrbuch
  für Psychoanalyse*, vol. 1)』, 1909. [原]

부정적 전이는 더 깊은 논의를 요하며 그것은 이 글의 한계를 넘어선다. 정신신경증 중 치료될 수 있는 형태에서 그것은 애정 어린 전이와 함께 존재하며, 종종 그 둘이 동시에 같은 사람에게 향하기도 한다. **블로일러**는 이 사태를 나타내기 위해 **양가감정** Ambivalenz/ambivalence이라는 훌륭한 표현을 만들어냈다.[23] 그런 양가 감정Ambivalenz der Gefühle/ambivalence of feeling/감정의 양가성이 어느 정도 있는 것은 정상이라고 할 수 있다. 하지만 양가감정이 강렬한 수준으로 존재하는 것은 분명 신경증적인 사람의 유별난 특징이다. "대립쌍의 분리Trennung der Gegensatzpaare/separation of the pairs of opposites[24]

• •

23. E. Bleuler, 「조발성 치매 또는 정신분열증군(Dementia praecox oder Gruppe der Schizophreien)」, 『아샤펜부르크스 정신 의학 개론(Aschaffenburgs *Handbuch der Psychiatrie*)』, 1911. 1910년 베른에서 이루어진 양가감정에 대한 강연(Vortrag über Amivalenz in Bern 1910), 『정신분석 중앙지(*Zentrallblatt für Psychoanalsye*, vol. 1)』, p. 266에 발표됨. 같은 현상에 대해 **쉬테켈**(W. Stekel)은 이전에 "Bipolarität/bipolarity/양극성"이 라는 명칭을 제안한 바 있다. [原]

　　Bleuler, 1911, pp. 43~44, pp. 305~306.

　　여기서 프로이트가 '양가감정(ambivalence)'이라는 단어를 처음 언급한 것으로 보인다. 그는 때때로 이 단어를 블로일러와는 다른 의미로, 즉 능동적인 충동(impulse) 과 수동적 충동이 동시에 존재하는 것을 기술하기 위해 사용했다. *Standard Ed.*, vol. 14, p. 131의 편집자 각주를 보라. [英]

　　「본능과 그 변화」, 『정신분석학의 근본 개념(프로이트 전집, 11권)』, 윤희기 옮김(열 린책들, 2003), 119쪽의 주)20을 보라. [韓]

24. 프로이트는 대립쌍 본능(pairs of opposite instincts)에 대해 「성이론에 대한 세 편의 논문(Three Essays)」(1905d, *Standard Ed.*, vol. 7의 p. 160, pp. 166~167)에서 처음 서술했으 며 나중에는 「욕동과 욕동의 운명(Instincts and their Vicissitudes)」(1915c, *Standard Ed.*, vol. 14, p. 127 이하)에서 다루었다. 강박 신경증에서의 그것의 중요성은 '쥐 사나이(Rat Man)'의 병력에서 논의된다(1909d, *Standard Ed.*, vol. 10, p. 237 이하). [英]

　　「성욕에 관한 세 편의 에세이」, 『성욕에 관한 세 편의 에세이(프로이트 전집, 7권)』, 김정일 옮김(열린책들, 2003), 50쪽과 59쪽을 보라.

　　「본능과 그 변화」, 『정신분석학의 근본 개념(프로이트 전집, 11권)』, 윤희기 옮김(열가 너무 일찍 일어나는 것이 강박 신경증의 욕동 생활Triebleben/instinctual life을 특징짓는 것으로 보이며 또한 강박 신경증의 기질적konstitutionellen/constitutional 조건들 중 하나인 것으로 보인다. 감정 경향의 양가성Ambivalenz der Gefühlsrichtungen/ambivalence in the emotional trends은 [강박] 신경증 환자에게 전이를 저항을 위해 이용할 수 있는 능력이 있다는 사실을 가장 잘 설명해 준다. 망상증 환자들Paranoide/paranoics 에서처럼 본질적으로 부정적인 전이만 가능할 때에는 [환자에게] 영향을 줄 가능성과 회복의 가능성이 없다.

그런데 이제까지의 이 모든 논의는 전이 현상의 한 측면만을 다루었다. 우리의 주의를 이 문제의 다른 측면으로 돌릴 필요가 있다. 피분석자가 상당한 전이 저항의 지배를 받자마자 어떻게 의사와의 현실적 관계에서 튕겨져 나가는지, 어떻게 정신분석의 기본 규칙psychoanalytische Grundregel/fundamental rule of psycho-analysis[25]—

린책들, 2003), 114쪽을 보라.

「쥐 인간―강박 신경증에 관하여」, 『늑대 인간(프로이트 전집, 9권)』, 김명희 옮김(열린책들, 2003), 90쪽을 보라. [韓]

25. 여기서 이후에 기법에 대한 근본적인 규칙을 기술할 때 보통 사용되는 표현이 처음 사용되는 듯하다. 하지만 아주 비슷한 어구('the main rule of psycho-analysis(정신분석의 주요 규칙)')가 이미 프로이트의 클라크대학 강연(1910a) 중 세 번째 강연에서 사용되었다(Standard Ed., vol. 11, p. 33). 물론 그 아이디어는 아주 오래전으로 거슬러 올라간다. 그것은 예를 들어 『꿈의 해석』(1900a), Standard Ed., vol. 4, p. 101에서 「치료의 개시에 대하여(On Beginning the Treatment)」(1914c)라는 논문―아래 p. 134, 그리고 거기에서는 이 주제가 긴 각주에서 논의된다―에 있는 용어와 본질적으로 같은 표현으로 서술되었다. [英]

「정신분석에 대하여」, 『꿈과 정신분석』, 임진수 옮김(계명대학교출판부, 2002), 197쪽을 보라.

「정신분석에 관한 다섯 번의 강의」, 『프로이트의 두 발자취』, 이재광 옮김(하나의 이 규칙은 마음속에 떠오르는 것을 비판 없이 모두 이야기할 것을 요구한다 — 을 마음대로 무시하는지, 어떻게 그가 치료를 시작하면서 했던 결심을 잊어버리는지, 그리고 어떻게 바로 전까지 그에게 아주 커다란 인상을 주었던 논리적 관계와 결론이 이젠 무의미해지는지 등에 대해 제대로 된 인상을 얻게 되면 이 인상이 지금까지 언급된 요소와는 다른 어떤 요인으로 설명되어야 할 필요성을 느끼게 된다. 그리고 그것[다른 어떤 요인]은 사실 멀리서 찾을 필요가 없다. 이런 것들은 치료에 의해 피분석자가 놓이게 되는 심리적 상황에 의해서도 일어나는 것이다.

의식에서 사라진 리비도를 발견하는 과정에서 우리는 무의식의 영역에 들어가게eingedrungen/penetrate into/침범하게 되었다. 우리가 꿈에 대한 연구를 통해 무의식적 과정의 특징들 중 많은 것들을 알게 되었듯이 우리가 초래한 반응[26]은 그것들에 빛을 비추어 주고 있다. 무의식적 충동은 기억 — 이것이 치료에 바람직한 방식이다 — 되지 않으려 한다. 대신 그것은 무의식의 무시간성과 환각 유발 능력Halluzinationsfähigkeit/capacity for hallucination에 상응하도록 자신을 재생산하려 한다.[27] 환자는 그의 무의식적 충동이 일깨워져서

학사, 1995), 72쪽을 보라.

『꿈의 해석(프로이트 전집, 4권)』, 김인순 옮김(열린책들, 2003), 140쪽을 보라. 이 책의 4장 「치료의 개시에 대하여」의 92쪽 그리고 같은 글의 주)40을 보라. [韓]

26. 전이를 말하는 듯하다. [韓]

27. 이것에 대해서는 나중에 쓰여진 기법에 대한 논문인 「기억하기, 되풀이하기 그리고 훈습하기(Recollecting, Repeating and Working-Through)」(1914g)에서 더 자세히 논의된다. 아래 150쪽 이하. [英]

표준판에서의 논문 제목은 Recollecting이 아니라 Remembering으로 번역되어 있다.

생긴 결과를 꿈에서와 같이 현재 현실에서 일어나는 것으로 여긴다. 그는 자신의 열정을 현실의 상황에 대한 고려 없이 실연하려agieren/put into action 한다. 의사는 환자가 감정 충동Gefühlsregungen/emotional impulses을 치료와 그의 인생사의 맥락에 위치시킬 수 있도록, 그것을 지적 고찰denkende Betrachtung/intellectual consideration에 종속시킬 수 있도록, 그리고 그것을 정신적 가치에 따라nach ihrem psychischen Werte/in the light of their psychical value 인식할 수 있도록 만들려 한다. 의사와 환자 사이의, 지성과 욕동 생활 사이의, 인식과 실연實演하려는 성향Agierenwollen/seeking to act 사이의 이런 투쟁은 거의 전적으로 전이현상 내에서 벌어진다. 이 싸움터에서 승리를 얻어야 한다. 그래야만 신경증으로부터 영구히 회복될 수 있다. 전이 현상을 제압하는 것이 정신분석가에게 가장 어렵다는 것에는 이론의 여지가 없다. 하지만 바로 그것이 환자의 숨겨지고 잊혀진 사랑 충동Liebesregungen/erotic impulses/성적 충동을 활성화하고 드러나게 하는 데 더없이 유용하다는 사실을 잊지 말아야 한다. 결국 우리는 부재중in absentia이거나 초상으로 존재할in effigie[28] 때에는 어떤 것도 때려잡을 수 없는 법이다.[29]

* *

오기인 듯하다.
　이 책의 118쪽을 보라. [韓]
28. 'in absentia'는 궐석 재판을, 'in effigie'는 적의 초상화를 불태우는 것을 떠올리면 될 것이다. [韓]
29. 아래의 152쪽에 있는 비슷한 내용을 보라. [英]
　적을 때려잡기 위해서는 먼저 적이 우리 앞에 실제로 존재해야 한다.
　이 책의 123쪽을 보라. [韓]

3. 정신분석 치료를 행하는 의사에게
하고 싶은 조언

표준판 편집자 주

Ratschälge für den Arzt bei der psychoanalytischen Behandlung
Recommendations to Physicians Practising Psycho-Analysis

(a) 독일어판:
1912 *Zentralblatt für Psychoanalyse*, vol. 2(9), p. 483, vol. 9.
1918 *S. K. S. N.*, vol. 4, pp. 399~411. (1922, 2판.)
1924 *Zur Technik der Psychoanalyse und zur Metapsychologie*, pp. 64~75.
1925 *G. S.*, vol. 6, pp. 64~75.
1931 *Schriften zur Neurosenlehre und zur psychoanalytischen Technik*, pp. 340~351.
1943 *G. W.*, vol. 8, pp. 376~387.

(b) 영역판:
"Recommendations for Physicians on the Psycho-Analytic Method of Treatment"
1924 *C. P.*, vol. 2, pp. 323~333. (조운 리비어 옮김)

여기에 있는 번역은 1924년에 출간된 번역을 수정한 것이며 제목도 수정했다.

이 논문은 1912년 6월에 처음 선보였다.

여기에서 제안하는 기법에 대한 규칙들은 여러 해에 걸친 나 자신의 경험에서 비롯되었다. 이런 규칙들을 정립하기에 이르기까지 다른 방법들을 써 보았지만 결과가 좋지 않아서 그 방법들은 버리게 되었다. 쉽게 알아차릴 수 있듯이 그 규칙들은— 적어도 그 규칙들 중 대부분은— 하나의 지침으로 요약될 수 있다.[1] 나는 분석에 종사하는 의사들이 이 규칙들을 고려함으로써 불필요한 노력을 절약하고 여러 가지를 간과하지 않도록 하는 데 도움이 되었으면 한다. 하지만 이 기법이 바로 나의 개성에 맞게 만들어졌다는 사실을 분명히 지적해야겠다. 나는 완전히 다른 기질의 퍼스낼리티를 가진 의사가 환자에 대해 그리고 풀어야 할 과제에 대해 나와는 다른 태도를 취할 수밖에 없을지도 모른다는 것을 감히 부정할 생각은 없다.

　a) 하루에 한 명이 아니라 여러 명을 치료해야 하는 분석가에게 우선 주어지는 과제는 그에게는 아주 힘든 일로 보일 것이다. 그 과제라는 것은 바로 한 환자가 수개월 혹은 수년간에 걸쳐서 말해 준 수많은 이름들, 날짜들, 기억의 세부 사항들, 연상들Einfälle[2]

- -
1. 115쪽을 참조하라. [英]
　이 글의 58~59쪽을 보라. [韓]

그리고 병리적 형성물들을 모두 기억 속에 간직하고 그것을 동시에 치료하는 또는 이전에 치료했던 다른 환자의 비슷한 내용과 혼동하지 않는 것이다. 하루에 여섯 명, 여덟 명 심지어 더 많은 수의 환자들을 분석해야만 하는 상황에 처하는 것을 문외한이 본다면 그는 그 분석을 이루기 위해 요구되는 기억능력에 대해 믿을 수 없거나 경탄하거나 또는 심지어 연민을 느낄 것이다. 하여튼 그는 그런 많은 것을 해치울 수[그 많은 것을 기억할 수] 있게 하는 기법에 대해 알고 싶어질 것이고 뭔가 특별한 보조 수단을 사용할 것이라고 기대할 것이다.

하지만 그 기법은 아주 단순하다. 그 기법을 사용하려면 모든 보조 수단, 앞으로 언급하겠지만, 심지어 메모를 하는 것도 거부해야 한다. 그 기법은 그야말로 어떤 것에도 특별한 주의를 기울이려 하지 않고 우리가 듣게 되는 모든 것에 내가 언젠가 언급했던[3]

••

2. 영역판에는 'Einfälle'가 번역에서 **빠졌다**. [韓]

3. '꼬마 한스(Little Hans)'의 병력(1909b)에 있는 문장을 말하는 것 같다. *Standard Ed.*, vol. 10, p. 23. 하지만 거기에는 약간 다르게 표현되어 있다. 여기에 있는 구절은 나중에 「"정신분석"과 "리비도 이론"(Two Encyclopaedia Articles)」(1923a)에도 나온다. *Standard Ed.*, vol. 18, p. 239. [英]

   '꼬마 한스'의 병력에 나오는 문제의 그 문장은 다음과 같다: "당분간 우리는 우리의 판단을 유보하고 관찰된 모든 것을 한결같은 주의력으로 받아들일 것이다."(Vorläufig lassen wir unser Urteil in Schwebe und nehmen alles zu Beobachtende mit gleicher Aufmerksamkeit hin./For the present we will suspend our judgement and give our impartial attention to everything that there is to observe.)

   「다섯 살배기 꼬마 한스의 공포증 분석」, 『꼬마 한스와 도라(프로이트 전집, 8권)』, 김재혁·권세훈 옮김(열린책들, 2003), 33쪽을 보라.

   「정신분석학」과 '리비도 이론」, 『정신분석학 개요(프로이트 전집, 15권)』, 박성수·한승완 옮김(열린책들, 2003), 140쪽을 보라. [韓]

바로 그 "한결같이 부유하는[유보적인] 주의력gleichschwebende Auf-merksamkeit/evenly-suspended attention"을 유지하는 데 있다. 우리는 이런 식으로 주의력의 긴장[집중]을 절약할 수 있다. 우리는 하여튼 매일 몇 시간 동안 내내 집중 상태에 있을 수는 없다. 그리고 이런 식으로 하면 의도적인 주의[집중]absichtliches Aufmerken/exercise of deliberate attention와 밀접하게 결합되어 있는 위험을 피할 수 있다. 왜냐하면 어느 정도 이상으로 주의력을 의도적으로 긴장[집중]시키자마자 우리는 [환자가] 제공하는 재료를 대할 때 선택을 하게 되기 때문이다. 우리는 어떤 부분에는 특별히 강렬하게 매달리는 반면 다른 부분은 간과하게 된다. 그리고 이러한 선택은 우리의 기대와 성향에 따라 이루어진다. 하지만 바로 이런 일은 일어나서는 안 되는 것들이다. 우리의 기대에 따라 선택이 이루어진다면 우리가 이미 아는 것 이외의 것들은 아무것도 발견하지 못할 위험이 있다. 우리의 성향에 따라 선택이 이루어진다면 우리는 틀림없이 우리의 지각을 왜곡하게fälschen/falsify 될 것이다. 우리는 우리가 듣게 되는 것의 대부분의 의미를 나중에야 인식하게 된다는 것을 잊어서는 안 된다.

조금만 생각해 보면 알 수 있듯이 [환자가 말하는] 모든 것에 한결같은gleichmässig/equal 정도로 주의력을 기울여야 한다는 지침은 피분석자가 지켜야 하는 요구 사항, 즉 떠오른 것을 비판과 선택 없이 모두 이야기해야 한다는 것에 필연적으로 대응되는 지침이다. 만약 의사가 다른 식으로 처신한다면 환자가 "정신분석의 기본 규칙psychoanalytische Grundregel/fundamental rule of psycho-analysis"[4]을 준수함으로써 얻게 된 소득의 커다란 부분을 무효로 만들게 될 것이다. 의사가 지켜야 할 규칙을 다음과 같이 표현할 수 있을 것이다: 의사는 주의력의 모든 의식적 영향을 멀리하고 "무의식적 기억"에 모든 것을 맡겨야 한다. 또는 순전히 기술적으로technisch/in terms of technique 표현한다면 다음과 같을 것이다: 의사는 귀를 기울여 듣되 어떤 것을 알아챘는지merke/keeping in mind 여부에 전혀 신경 쓰지 말아야 한다.

이런 식으로 얻은 것으로 치료 중의 모든 요구를 충족시킬 수 있다. [환자가 이야기한] 재료 중 벌써 맥락 속에 맞아 들어가는 요소들은 의사가 의식적으로도 사용할 수 있다. 아직은 연결점이 없는 혼란 속에 있으며 체계에 속하지 못하는 다른 요소들은 처음에는 가라앉는[묻히는] 것처럼 보이지만 피분석자가 그 요소들과 관련되어 있으며 연결된 어떤 새로운 것을 말하자마자 곧 [분석가의] 기억에 떠오른다. 1년이나 지난 후에nach Jahr und Tag/after a year and a day[5] 세부적인 것을 기억해냈을 때 피분석자가 "정말 기억력이 좋다"고 분에 넘치는 찬사를 하면 우리는 미소를 지으면서 그 찬사를 받아들이면 된다. 하지만 의식적으로 그것을 기억해 내려고 했다면 아마 실패했을 것이다.

이런 식으로 떠오른 기억이 틀리는 경우는 우리[의사]가 자기

• •

4. 앞의 107쪽의 각주 2를 보라. [英]
   이 책의 2장 「전이의 역동에 대하여」의 주25를 보라. [韓]
5. 원래는 고대 독일법에서 그 기간이 지난 후에나 법을 바꿀 수 있었다는 1년 6개월 3일을 뜻하는 말이다. [韓]

자신의 문제 때문에 방해를 받을 때— 아래를 보라[6] — 즉 분석가
의 이상에 훨씬 못 미칠 때뿐이다. 다른 환자가 말해 준 재료Materiale
/material/내용와 혼동하는 경우는 극히 적다. 어떤 것을 말했는지
안 했는지 또는 그것을 어떻게 말했는지에 대해 피분석자와 언쟁을
하게 될 때에는 대부분의 경우 의사가 옳다.[7]

b) 나는 피분석자와의 세션Sitzungen/sessions/치료시간[8] 중에 많은
양의 메모를 하거나 진료 기록을 작성하는 것 등등을 추천하고
싶지 않다. 이것은 많은 환자에게 안 좋은 인생[불쾌감]을 줄 뿐
아니라 우리가 주의력과 관련해서 그 가치를 인정한 관점[주의력
을 균일하게 유지해야 한다]과도 충돌한다.[9] 메모를 하거나 속기로
기록을 하는 동안에 어쩔 수 없이 내용에 대한 선택 — 이는 [분석에]

* *

6. 116쪽. [英]
    이 글의 59~60쪽을 보라. [韓]
7. 피분석자는 종종 어떤 이야기를 이미 전에 한 적이 있다고 주장하기도 한다. 이때
    우리는 조용히 우월감을 느끼며 그에게 그 이야기는 지금 처음 하는 것이라고 단언할
    수 있다. 나중에 피분석자에게 언젠가 그런 말을 할 의도가 있었지만 당시에 아직도
    존재하고 있던 저항 때문에 그 의도의 실행이 방해받았다는 것이 드러난다. 그는
    이 의도에 대한 기억을 그 실행에 대한 기억과 구분할 수 없었던 것이다. [原]
    얼마 지나지 않아서 쓴 분석 중에 일어나는 '기억 착오(Fausse Reconnaissance)'에
    대한 소논문에서 프로이트는 이 점에 대해 더 자세히 다룬다. (1914a), *Standard Ed.*,
    vol. 13, p. 201. [英]
    이 책의 12장 「정신분석 작업 중의 기억 착오(이미 말한 것 같음)에 대하여」를
    보라. [韓]
8. Sitzung은 원래 회의, 심리 등을 뜻하는 말이다. [韓]
9. '쥐 사나이'의 병력에 있는 각주에서 프로이트는 같은 영향[기록의 부작용]에 대해
    언급했다. (1909d), *Standard Ed.*, vol. 10, p. 159. [英]
    「쥐 인간 — 강박 신경증에 관하여」, 『늑대 인간(프로이트 전집, 9권)』, 김명희 옮김(열
    린책들, 2003), 15쪽의 주4를 보라. [韓]

해를 끼친다 ─ 이 이루어질 수밖에 없으며 우리의 정신적 능력의 일부를 기록하는 데 투자할 수밖에 없는데 이를 듣고 있는 내용을 해석하는 데 사용하는 것이 더 낫다. 날짜나 꿈텍스트Traumtexte/text of dreams 그리고 특히 맥락에서 쉽게 떼어낼 수 있고 독립적인 사례로서 사용될 수 있는[10] 주목할 가치가 있는 사건을 기록하는 것은 이 규칙에 대한 예외로서 비난받지 않고 허용될 수 있을 것이다. 하지만 나는 보통 이런 것도 기록하지 않는다. [논문 등에서] 사례로 쓸 필요가 있을 경우에는 일이 끝난 후 저녁에 기억을 바탕으로 적어둔다. 꿈텍스트 ─ 이것은 나에게 소중하다 ─ 의 경우에는 환자가 꿈을 이야기한 다음에 고정시킨다.[11]

c) 치료 사례를 과학적 문헌으로 출간할 의도라면 환자와의 세션 중에 기록을 하는 것이 정당화될 수 있을 것이다. 원칙적으로는 이에 대해 뭐라고 할 수는 없다. 하지만 분석 [치료] 병력에 대한 정확한 진료 기록이 우리가 기대하는 만큼 효력이 있는 것은 아니라는 것을 명심해야 한다. 그런 기록은 엄밀히 말해서 겉으로만 정확할 뿐이다. 그런 식의 겉으로만 정확한 기록이라면 "현대" 정신 의학이 많은 주목할 만한 사례들을 제공하고 있다. 그것은

● ●

10. 아마 과학적 목적[논문 등에서 사례로 쓰기 위해]을 위해 사용하는 것을 말하는 것 같다. [英]

11. 독일어판: "Traumtexte, an denen mir gelegen ist, lasse ich von den Patienten nach der Erzählung des Traumes fixieren." 영역판: "as regards texts of dreams to which I attach importance, I get the patient to repeat them to me after he has related them so that I can fix them in my mind." (꿈텍스트─이것은 나에게 소중하다─의 경우에는 환자에게 꿈을 이야기한 다음에 반복해서 말해달라고 한다. 그렇게 함으로써 나는 그것을 마음속에 새겨둘 수 있다.) [韓]

보통 독자를 피곤하게 만든다. 그렇다고 분석에 실제로 참여했을 때 얻게 되는 어떤 것을 전달해 줄 수 있는 것도 아니다. 경험에 의하면 대체로 만약 독자가 분석가를 믿으려 한다면 내용에 약간 수정을 가해도 그것을 신뢰하며 만약 분석과 분석가를 진지하게 받아들이려 하지 않는다면 정확한 진료 기록도 무시해 버린다. 이것[정확한 진료 기록]은 정신분석 서술[문헌]에 부족한 증거를 보충하는 길이 아닌 것 같다.

d) 연구와 치료가 동시에 진행된다는 것이 분석 작업의 영예 중에 하나이긴 하지만 어느 시점부터는 그중 하나를 위한 기법이 다른 하나를 위한 기법과 충돌하게 된다. 치료가 아직 끝나기도 전에 하나의 사례를 과학적으로 다루는 것, 즉 과학적 관심에 따라 그 구조를 짜맞추고, 앞으로의 진행을 예측하고, 때때로 현재의 상태를 평가하는 것은 좋지 않다. 처음부터 과학적으로 이용하기로 정해놓고 그 필요성에 따라 치료하는 사례는 결과가 좋지 않다. 반면 아무 다른 의도 없이 치료하며, 여러 전환[상황의 급반전] 때문에 놀라기도 하고, 계속해서 선입관이나 전제 없이 대할 때 가장 큰 성공을 거둔다. 분석가의 바람직한 태도로는 필요에 따라 이런 정신적 태도psychische Einstellung/mental attitude를 취했다가도 저런 정신적 태도를 취하는 것, 분석이 진행 중일 때는 이러쿵저러쿵 추측하거나 골똘히 생각하지 않는 것, 얻은 재료를 사고 분석이 끝난 후에야 작업을 통하여 종합하는 것 등을 들 수 있다. 만약 정신분석 작업을 통해서 얻을 수 있는 무의식의 심리와 신경증의 구조에 대해 모두 또는 적어도 근본적인 것들이라

도 이미 인식한 상태라면 두 가지 태도 사이의 구별은 의미가 없을 것이다. 현재로서는 이러한 목표로부터 아직 너무나 멀리 떨어져 있다. 따라서 우리는 우리가 지금까지 알게 된 것을 확인하고 새로운 것을 발견할 수 있는 길을 없애서는 안 될 것이다.

e) 정신분석 치료 중에는 모든 감정Affekte/feelings과 심지어 인간적 동정심마저도 옆으로 제쳐놓고 자신의 모든 정신적 능력을 하나의 목적 — 수술을 최대한 솜씨 있게 하는 것 — 에 쏟아붓는 외과 의사를 모범으로 삼으라는 말을 동료들에게 아무리 강조해도 지나치지 않을 것이다. 오늘날의 상황에서 분석가에게 가장 위험한 열망은 많은 반발을 얻고 있는 새로운 방법[정신분석]을 사용하여 다른 사람들에게 설득력이 있을 만한 것을 이루어내려고 하는 치료에 대한 야심이다. 이런 야심 때문에 분석가는 [분석] 작업에 해로운 상태에 빠질 뿐 아니라 환자 — 그의 회복은 그의 내부에서 일어나는 힘들의 상호작용에 주로 의존한다 — 의 어떤 저항에 무방비 상태로 노출되게 된다. 분석가에게 감정적 냉정함을 요구하는 것은 그로써 양 편 모두에게 아주 유리한 상태가 만들어지기 때문에 정당하다고 할 수 있다. 의사는 바람직스럽게도 자신의 감정 생활Affektleben/emotional life/정동 생활을 보호할 수 있으며 환자는 우리가 오늘날 제공할 수 있는 도움을 최대한으로 받을 수 있다. 오래 전의 어떤 외과 의사는 다음과 같은 말을 자신의 모토로 삼았다: *Je le pansai, Dieu le guérit* (나는 붕대를 감아 주었을 뿐이고 신이 고치셨다).[12] 분석가는 이와 비슷한 것으로 만족해야 한다.

f) 내가 이야기한 각각의 규칙들이 어떤 목표로 수렴하는가를

알아내기란 그리 어렵지 않을 것이다.[13] 그것들은 모두 피분석자가 지켜야 할 "정신분석의 기본 규칙"에 상응하는 어떤 것을 의사에게도 만들어 주는 것을 겨냥하고 있다. 피분석자가 선택을 하게 만드는 모든 논리적, 감정적 이의제기를 억제Hintanhaltung/keep back하고 자기 관찰에 포착된 모든 것을 이야기해야 하는 것처럼 의사는 피분석자가 한 이야기 모두를 해석의 목적을 위해, 즉 숨겨진 무의식을 알아내는 데 사용해야 한다. 그렇지 않으면 환자가 기껏 선택하지 않고 들려준 내용을 의사 자신의 검열에 의한 선택에 맡기는 꼴이 되고 만다. 이것을 정식화하면 다음과 같을 것이다: 의사는 자신의 무의식이, 감각 기관처럼, 송신하는gebend/transmitting 환자의 무의식을 향하도록 해야 한다. 즉 전화기의 수화기가 [상대편 전화기의] 송화기에 맞춰 조율되듯이 자신을 피분석자에 맞춰 조율해야 한다. 수화기가 음파에 의해 만들어져서 전화선을 타고 온 전기 신호를 다시 음파로 바꾸어 주듯이 의사의 무의식은 환자가 이야기해 준 무의식의 파생물Abkömmlingen/derivatives로부터 환자의 연상Einfälle/free associations을 결정했던 그 무의식을 재구성할 수 있다.

만약 의사가 그 자신의 무의식을 이런 식으로 분석을 위한 도구로 사용하길 바란다면 그 자신이 아주 많은 심리적 조건을

· ·

12. "I dressed his wounds, God cured him." 이 말은 프랑스의 외과 의사 앙브르와스 빠레 Ambroise Paré(1517년경~1590년)가 했다고 한다. [英]

13. 111쪽을 보라. [英]
   이 책의 3장 「정신분석 치료를 행하는 의사에게 하고 싶은 조언」을 보라. [韓]

만족시켜야 한다. 그는 자기 자신 안에서, 자신의 무의식에 알려진 어떤 것이 의식화되는 것을 가로막는 저항을 어떤 것도 용납해서는 안 된다. 그런 저항이 있다면 새로운 종류의 선택과 왜곡이 일어나는데 이것은 의식적 주의력 긴장[집중]에 의한 것보다 훨씬 더 분석에 해롭다. 이를 위해서는 의사가 대체로 정상적인 사람인 정도로는 부족하다. 의사 자신이 정신분석적 정화Purifizierung/purification를 거쳐야 하며 피분석자가 제공하는 것[피분석자가 이야기한 것을 파악할 수 없도록 방해하는 그 자신의 콤플렉스들을 알아내야 한다. 분명 의심의 여지 없이 의사 자신에게 그런 결함이 있다면 그는 [분석가로서의] 자격에 미달한다고 할 수 있다. 의사에게 존재하는 모든 해결되지 않은 억압들은 **쉬테켈**W. Stekel[14]이 적절히 표현했듯이 그의 분석적 지각에서의 "맹점"이라고 할 수 있다.

몇 년 전에 나는 어떻게 분석가가 될 수 있는가라는 질문에 다음과 같이 대답한 적이 있다. 자신의 꿈을 분석함으로써.[15] 분명히 많은 사람들에게는 이런 준비로도 충분하다. 하지만 분석을 배우려

● ●

14. Stekel, 1911a, 532쪽. [英]
15. 이것은 클라크대학에서의 프로이트의 강의 중 세 번째 강의를 말하는 것이다 (1910a[1909], *Standard Ed.*, vol. 11, p. 33). 이 주제에 대한 그의 다양한 견해에 대해서는 「정신분석 운동의 역사에 대하여(History of the Psycho-Analytic Movement)」에 붙인 편집자의 각주를 참조하라. (1914d), *Standard Ed.*, vol. 14, pp. 20~21. [英]
「정신분석에 대하여」, 『꿈과 정신분석』, 임진수 옮김(계명대학교출판부, 2002), 198쪽을 보라.
「정신분석에 관한 다섯 번의 강의」, 『프로이트의 두 발자취』, 이재광 옮김(하나의학사, 1995), 73쪽을 보라.
「정신분석 운동의 역사」, 『정신분석학 개요(프로이트 전집, 15권)』, 박성수·한승완 옮김(열린책들, 2003), 67쪽의 주)21을 보라. [韓]

는 모든 사람에게 충분한 것은 아니다. 또한 모든 사람이 다른 사람의 도움 없이 자신의 꿈을 해석하는 데 성공하는 것도 아니다. 나는 이 조건을 강화하여[16] 다른 사람을 분석하고자 하는 모든 사람은 그 자신이 먼저 [분석에] 정통한 사람으로부터 분석을 받아야 한다는 요구를 내세운 것이 쮀리히 분석학파Züriche analytische Schule/Zurich school of analysis의 많은 공로 중 하나라고 생각한다. [분석 이라는] 임무를 진심으로 떠맡을 사람이라면 하나 이상의 장점이 있는 이 길을 선택해야 한다. 병[신경증]이 없는데도 자기의 마음을 다른 사람에게 털어놓아야만 하는 희생은 충분히 보상받을 것이다. 이를 통해 자신의 퍼스낼리티에 숨겨진 것을 훨씬 짧은 시간 안에 그리고 더 적은 감정의 비용[마음 고생]만 투자해서 알아낼 수 있을 뿐 아니라 책을 보고 공부하거나 강연을 듣는 것만으로는 거의 얻기 힘든 인상과 확신을 몸소 체험함으로써 얻을 수 있다. 마지막으로 피분석자와 그의 안내자 사이에 형성되는 경향이 있는 지속적인 정신적 관계의 이점 역시 과소평가되어서는 안 될 것이 다.[17]

사실상 건강한 사람에 대한 그런 분석은 당연히 종결되지 않은

· ·

16. "die Bedingung verschärft hat." 영역판에서는 "have increased emphasis on the requirement" (이 조건을 더욱 강조하여)'라고 번역했다. [韓]

17. 하지만 「끝낼 수 있는 분석과 끝낼 수 없는 분석(Analysis Terminable and Intermi-nable)」(1937c)의 섹션 2에 표명된 덜 낙관적인 견해를 보라. 프로이트의 말기의 글 중 하나인 그 논문은 이 문단과 다음 문단에서 논의되는 주제에 대한 많은 다른 논점(특히 섹션 7에서)들을 다룬다. [英]

이 책의 15장 「끝낼 수 있는 분석과 끝낼 수 없는 분석」의 2절과 7절을 보라. [韓]

상태로 남아 있게 된다. 분석을 통해 자기 인식을 얻게 되고 자기 통제력이 증가하게 된 것에 커다란 가치가 있다는 것을 인정할 줄 알게 된 사람은 이후에도 자기분석Selbstanalyse/self-analysis/자신에 대한 분석을 통해서 자신의 퍼스낼리티에 대한 분석적 탐구를 계속할 것이며 외부 세계뿐 아니라 자기 자신에게서도 항상 새로운 것을 발견할 수 있다는 것에 만족할 것이다. 반면 만약 분석가가 자기 자신에 대한 분석Eigenanalyse의 필요성을 무시해버린다면[18] 그는 그 대가로 환자로부터 어느 정도 이상을 배우는 데 무능력해질 뿐 아니라 그 자신이 심각한 위험에 빠지며 그 위험은 다른 사람의 위험이 될 수도 있다[그것 때문에 다른 사람도 위험에 처할 수 있다]. 그는 자기 자신의 퍼스낼리티의 특이성들Eigentümlichkeiten에 대한 어렴풋한 자기 인식[자기 지각]Selbstwahrnehmung 속에서 깨달은 것[19]을 학문에 투영하여hinausprojizieren/project outwards 보편타당한 이론이라고 인식하고 싶은 유혹에 쉽게 빠져서 정신분석적 방법의 신뢰를 떨어뜨릴 것이며 미숙한 사람들을 잘못 인도할 것이다.

g) 나는 몇몇 다른 규칙들을 추가할 생각이다. 이제까지 의사의 태도가 어떠해야 하는가를 다루었다면 이제 추가할 규칙들에서는

* *

18. "Wer aber als Analytiker die Vorsicht der Eigenanalyse verschmäht hat." Vorsicht에는 예방[책]이라는 뜻도 있다. 영역판에서는 "But anyone who has scorned to take the precaution of being analysed himself"라고 번역했다. 분석도 받지 않고 분석가가 되는 것을 말한다. [韓]

19. "was in dumpfer Selbstwahrnehmung von den Eigentümlichkeiten seiner eigenen Person erkennt." 영역판에서는 "some of the peculiarities of his own personality, which he has dimly perceived"고 번역했다. [韓]

피분석자를 어떻게 다루어야 하는가를 다룰 것이다.

분명히 젊고 열정적인 정신분석가는 자신의 개인적인 것을 많이 드러냄으로써 환자를 감복시켜서 환자가 그의 속 좁은 퍼스낼리티에 쳐진 장벽을 뛰어넘게 하고 싶은 유혹이 들 것이다. 이런 것이 절대적으로 허용되어야 한다고 생각될 것이다. 그뿐만 아니라 환자가 의사의 정신적 결함과 갈등을 들여다볼 수 있도록 허용하고 의사가 자신의 삶의 은밀한 부분에 대해 이야기해 줌으로써 의사와 환자가 동등한 입장에 설 수 있다면 이것이 환자에게 존재하는 저항을 극복하는 데 도움이 될 것이라고 생각될 것이다. 비밀을 터놓는 사람에게만 비밀을 터놓으려고 할 것이므로 누군가가 자신에게 은밀한 것을 이야기해 주길 요구하려면 자신도 그에게 그런 것을 이야기해 주어야 한다는 것이다.[20]

그렇지만 정신분석적 관계Verkehre/relations/거래에서는 우리가 의식심리학에서 가정하는 것과는 다른 일이 많이 일어난다. 경험은 그런 식의 감정적인 기법affektive Technik/affective technique에 장점이 있다는 것을 보여 주지 않는다. 또한 그럼으로써 정신분석적 기반에서 이탈하여 암시 치료에 접근하게 된다는 것을 알아내기도 그리 어렵지 않다. 환자가 알고[의식하고] 있었지만 관습적인 저항 때문에[21] 얼마간 말하지 않았을 것들을 [그런 식으로 해서] 더

. .

20. 독일어판의 앞부분을 직역하면 다음과 같다: "하나의-비밀을-털어놓기(ein Vertauen /one confidence)의 가치는 또 다른 하나의-비밀을-털어놓기의 가치와 상응하므로." [韓]

21. 창피하기 때문에. [韓]

빠르고 더 쉽게 말하도록 하는 데까지는 성공할 수 있다. [하지만 환자에게도 무의식적인 것을 밝혀내는 데에는 이 기법이 아무런 쓸모가 없다. 그것은 더 깊은 저항을 극복하는 데 환자를 더 무능력하게 만들 뿐이며 더 심각한 사례에서는 항상 환자를 만족할 줄 모르게[22] 만들어서 실패하게 된다. 환자는 이제 관계를 기꺼이 뒤집어 놓으려 하며 자신에 대한 분석보다 의사에 대한 분석에 더 관심을 기울이게 된다. 또한 치료의 주요 과제라 할 수 있는 전이의 해결Lösung/resolution이 의사의 친밀한intim/intimate/자신의 은밀한 부분을 내보이는 태도 때문에 더 어려워진다. 따라서 어쩌면 있을지도 모르는 시작할 때의 이점에 비하면 나중의 손해가 너무 큰 것이다. 따라서 나는 이런 식의 기법이 잘못된 것이므로 주저 없이 이를 배척하는 바이다. 의사는 피분석자에게 불투명해야undurchsichtig/opaque/내심을 드러내지 말아야 하며 거울처럼 자신에게 보여진 것만 보여 주어야 한다. 물론 정신과 임상 의사가 예를 들어 공공병원에서처럼 짧은 기간 안에 눈에 띄는 성과를 이룰 필요가 있을 때 분석에 어느 정도의 암시를 통한 영향을 섞는다고 해서 그것에 대해 사실상 뭐라 할 말은 없다. 하지만 그때에도 자신이 무엇을 하려고 하는지에 대해 의심하지 말아야 하며[23] 자신이 쓰는 방법이 정확한 정신분석의 방법이 아님을 알아야 한다.

h) 다른 유혹은 정신분석 치료 중에 의사가 특별히 의도한 것도

. .

22. 만족할 줄 모르고 끝없이 의사의 은밀한 부분에 대해 알려고 하게. [韓]
23. 자신이 빠른 시간 내에 성과를 얻기 위해 편법을 쓰고 있음을 분명히 알고 있어야 한다는 뜻인 듯하다. [韓]

아닌데 의사에게 떨어지게 되는 교육적 활동erzieherische Tätigkeit/edu-cative activity/교육의 임무에서 발생한다. 발전의 억제Entwicklungshemmun-gen/developmental inhibitions가 해소되었을 때 의사는 해방된 열망 Strebung/trends/목표 실현 욕구에 새로운 목표를 지시하게 되는 위치에 저절로 서게 된다. 의사가 신경증에서 해방되기 위해 너무나 고생 했던 사람에게 무언가 아주 훌륭한 것을 해주고 싶어서 그의 소원이 높은 목표를 향하도록 지시하려고vorschreiben/prescribe/처방하려고 한다 면 그것은 충분히 이해할 수 있을 만한 야심이다. 하지만 여기서도 의사는 자제해야 하며 의사 자신의 소원보다는 피분석자의 적성에 의해 방향이 정해지도록 해야 한다. 모든 신경증 환자들이 승화 Sublimierung/sublimation에 많은 재능Talent/소질이 있는 것은 아니다. 그들 중 많은 사람들을 보면 만약 그들에게 그들의 욕동을 승화할 수 있는 솜씨Kunst/art/요령가 있었다면 병에 걸리지도 않았을 것이라 는 추측을 하게 된다. 만약 그들을 과도하게 승화로 밀어붙이고 아주 손쉽고 편안한 욕동 만족으로부터 분리시키면 안 그래도 힘들 그들의 삶을 대체로 더욱 힘들게 만들 것이다. 의사로서 우리는 무엇보다도 환자의 약점에 너그러워야 하며 완전하진 않더 라도[24] 어느 정도의 일할 수 있는 능력과 즐길 수 있는 능력을 회복시켜 준 것으로 만족해야 한다. 교육에 대한 야심은 치료에 대한 야심과 마찬가지로 별로 도움이 못 된다. 또한 많은 사람들이 그들의 [정신] 조직에게 허용된 수준 이상으로[25] 욕동을 승화하려

• •

24. 인간으로서 완전한 가치를 가지고 있지 않더라도 [韓]
25. 그들의 정신 조직이 감당할 수 있는 수준 이상으로 [韓]

하기 때문에 바로 그 이유로 병에 걸린다는 점과 승화할 능력이 있는 사람이라면 분석을 통해 억제Hemmungen/inhibitions가 극복되자마자 저절로 그 과정[승화과정]이 이루어지는 경향이 있다는 점을 염두에 두어야 한다. 따라서 내 생각에는 분석 치료를 통해 항상 욕동 승화를 이루려고 하는 것은 언제나 칭찬할 만한 일이긴 하지만 모든 경우에 권할 수 있는 것은 절대 아니다.

i) 어느 한계[정도]까지 우리는 치료에서 피분석자의 지적 협력을 요구해야 할까? 여기에 대해 일반적으로 타당한 것을 말하기는 어렵다. 우선 환자의 퍼스낼리티가 결정적으로 중요하다. 하지만 어떤 경우이든 여기에는 주의와 신중함이 요구된다. 피분석자에게 그의 기억들을 모으라든가 그의 인생의 특정 시기에 대해 숙고하라든가 등등의 과제를 부여하는 것은 옳지 않다. 오히려 그는 무엇보다, 쉽게 받아들일 수 없겠지만, 숙고와 같은 정신적 활동 즉 의지력이나 주의력의 긴장[집중]을 통해서는 신경증의 수수께끼를 전혀 풀 수 없으며 무의식과 그 파생물에 대한 어떠한 비판도 배제하라는 정신분석의 규칙을 참을성 있게 따를 때만 그것이 가능하다는 것을 배워야 한다. 특히 치료 중에 지적인 것으로 빠져나가려는 환자들에게 이 규칙을 따를 것을 가차 없이 요구해야 한다. 이들은 자신의 상태에 대해 많이 그리고 때때로 아주 현명하게 성찰하며 그런 식으로 그것을 극복하기 위해 무엇인가를 하는 것을 회피한다. 그 때문에 나는 환자에게 도움을 얻기 위해 분석에 대한 글을 읽으라고 권하지 않는다. 나는 그에게 그 자신을 통해서 배울 것을 요구하며 정신분석 문헌 전체를 읽는 것보다 그것[자신에 대한

분석 경험]을 통해서 더 많이 그리고 더 가치 있는 것을 배울 수 있다고 단언한다. 하지만 나는 공공병원에 입원한 상태라면 피분석자들이 준비 단계로 [정신분석에 대한 글을] 읽게 해서 [의사가 환자에게] 영향력을 발휘하기 쉬운 분위기를 만드는 것이 유리할 수 있다는 것을 인식하고 있다.

만약 환자의 부모나 가족Angehörige/relatives/친족에게 우리의 문헌에 있는 저작—입문서이든 더 깊이 있는 것이든—을 읽게 해서 [분석 치료에 대한] 동의나 지지를 얻어내려 한다면 나는 그것에 대해 아주 강력히 경고하고 싶다. 정신분석 치료에 대한 가족의 적대적인 태도는 피할 수 없으며 자연히naturgemäß/natural[26] 언젠가는 나타날 수밖에 없지만, 만약 의도는 좋다 해도 그들이 분석에 대한 글을 읽게 한다면 대개 그것만으로도 그 적대적 태도가 아주 일찍 폭발해서 치료는 시작도 하지 못할 것이다.

정신분석가의 경험이 진척됨에 따라 곧 기법에 대한 문제 즉 어떻게 하면 신경증 환자를 가장 잘 치료할 수 있을까에 대한 합의가 이루어지길 빈다. "가족"을 어떻게 다루어야 하는가와 관련해서는 나 자신이 완전히 속수무책임을 고백해야겠다. 그리고 나는 그들을 개별적으로 다루는 것이 소용이 있을 것이라고는 거의 믿지 않는다.

● ●

26. naturgemäß는 '본능적인'을 뜻하기도 한다. 따라서 '정신분석에 대한 본능적인 적개심'을 암시할 수도 있다. [韓]

4. 치료의 개시에 대하여[1]

• •

1. 초판에만 여기에 다음과 같은 각주가 있었다: 『정신분석 중앙지(*Zentralblatt für Psychoanalyse*, vol. 2)』(3, 4, 9)에 출간된 일련의 논문들에 이어지는 글이다.(「정신분석에 서 꿈해석 다루기(The Handling of Dream-Interpretation in Psycho-Analysis)」,「전이의 역동에 대하여(The Dynamics of Transference)」, 그리고「정신분석 치료를 행하는 의사에 게 하고 싶은 조언(Recommendations to Physicians Practising Psycho-Analysis)」) [英]

표준판 편집자 주

Zur Einleitung der Behandlung

On Beginning the Treatment (Further Recommendations on the Technique of Psycho-Analysis, I)

(a) 독일어판:

1913 *Internationale Zeitschrift für Psychoanalyse* vol. 1(1), pp. 1~10, 그리고 (2), pp. 139~146.

1918 *S. K. S. N.*, vol. 4, pp. 412~440. (1922, 2판.)

1924 *Zur Technik der Psychoanalyse und zur Metapsychologie*, pp. 84~108.

1925 *G. S.*, vol. 6, pp. 84~108.

1931 *Schriften zur Neurosenlehre und zur psychoanalytischen Technik*, pp. 359~385.

1943 *G. W.*, vol. 8, pp. 454~478.

(b) 영역판:

"Further Recommendations in the Technique of Psycho-Analysis: On Be- ginning the Treatment. The Question of the First Communications. The Dynamics of the Cure"

1924 *C. P.*, vol. 2, pp. 342~365. (조운 리비어 옮김.)

여기에 있는 번역은 1924년에 출간된 번역을 수정한 것이며 제목도 수정했다.

이 논문은 1913년 1월과 3월에 2회에 걸쳐 출간되었다. 첫 회는 (아래 134쪽의) 'with what material is the treatment to begin?'으로 끝나며[2] 'Weitere Ratschläge zur Technik der Psychoanalyse: 1. Zur Einleitung der Behandlung(정신분석 기법에 대한 계속되는 조언: I. 치료의 개시에 대하여)'라는 제목을 달고 있었다. 두 번째 회는 같은 제목을 달고 있었지만 제목에 다음과 같은 문구가 덧붙여 있었다. '— Die Frage der ersten Mitteilungen — Die Dynamik der Heilung.(— 첫 말해주기의 문제 — 치료의 역동.)' 이 전체 제목은 위에 소개되어 있듯이 첫 번째 영어 번역판의 제목으로 쓰였다. 1924년

●　●

2. 이 글의 92쪽에 있다. "(…) 그리고 어떤 재료로부터 치료를 시작할 것인가라는 문제가 떠오른다." [韓]

부터 나온 모든 독일어판에서는 더 짧은 제목인 'Zur Einleitung der Behandlung(치료의 개시에 대하여)'를, 아무것도 덧붙이지 않은 채, 채택했다. (그의 원고에서 알 수 있듯이) 저자의 원래의 관점에서는 이 논문이 세 섹션으로 나누어지며 각각에 제목이 있었다. 첫째 섹션은 139쪽에서 끝나는[3] 'On Beginning the Treatment(치료의 개시에 대하여)', 둘째 섹션은 141쪽에서 끝나는[4] 'The Question of the First Communications(첫 말해주기의 문제)', 셋째 섹션은 'The Dynamics of the Cure(치료의 역동)'.

. .

3. 이 글의 101쪽에 있다. "(…) 가장 까다로운 이 절차[전이의 처리]를 미루어야 한다."
   [韓]
4. 이 글의 104쪽에 있다. "(…) 앎의 의미와 정신분석 치료의 메커니즘에 대해 다루어야
   한다." [韓]

책을 통하여 고상한 체스 게임을 배우려는 사람은 오프닝과 엔드게임에 대해서는 남김없이 그리고 체계적으로 설명될 수 있지만 오프닝 이후의 무한히 다양한 진행[중반전]에 대해서는 그런 식의 설명이 불가능하다는 것을 곧 알게 될 것이다. [책을 통한] 이런 가르침의 공백은 대개[체스 고수]들이 둔 게임들을 한판한판 열심히 연구해야만 메워질 수 있다. 정신분석 치료를 행하는데 대한 규칙들에도 비슷한 제한이 따른다.

나는 이 글에서 실제 치료를 하는 분석가에게 필요한, 치료의 개시에 관련된 몇몇 규칙들을 모아볼 생각이다. 그중에는 사소해 보이는 — 사실 실제로도 사소한 것들이다 — 규정들이 있다. 그에 대해 변명을 하자면 그것들[그 규정들은 단지 경기 규칙일 뿐이며 그 의미는 실제로 벌어지는 경기의 맥락 속에서 만들어진다는 말을 할 수 있을 것이다. 하지만 나는 신중하게 이 규칙들을 "조언들 Ratschläge/recommendations"로서 제시할 것이며 무조건적으로 지킬 의무가 있다고 요구할 생각은 없다. 문제가 되고 있는 정신적인 것의 배합Konstellationen/constellations/조합의 엄청난 다양성, 모든 정신적 과정의 구체성 그리고 결정하는 요소들의 풍부함 등을 생각해 볼 때 기법을 기계화Mechanisierung/mechanization/도식화하기는 힘들다.

보통 때는 정당했던 처치가 때때로 효력이 없을 때도 있고 보통 때는 잘못된 처치라고 할 수 있는 것을 사용했는데도 목적이 달성되는 경우도 있다. 그렇지만 이런 상황 때문에 평균적으로 효과적인 의사의 태도가 어떤 것인지를 정리할 수 없는 것은 아니다.

환자를 선택할 때의 기준들Indikationen/indications 중 아주 중요한 것들은 이미 몇 년 전에 다른 곳에서 다룬 적이 있다.[5] 따라서 그것들을 여기서 되풀이하지는 않을 것이다. 다른 정신분석가들이 그동안에 그것들에 대해 동의하게 되었다[는 정도만 언급하겠다]. 거기에 덧붙이자면 그때 이후로 나는 환자에 대해서 잘 모를 때는 보통 우선 1주에서 2주 동안 임시로만 그 환자를 맡는다. 만약 이 기간 안에 [치료를] 중단하면 환자는 실패한 치료 시도에서 오는 고통스러운 인상Eindruck/impression/느낌을 덜 받을 수 있을 것이다. [이 기간 동안에는] 그 [환자의] 사례에 대해 알아보고 환자가 정신분석에 적합한지를 결정하기 위해 타진Sondierung/sounding[6]만 하는 것이다. 그런 식의 시도 말고 다른 식의 검사 방식을 사용할 수는 없다. 면담 시간 동안에 하는, 아주 긴 시간 계속되는 대화와 질문으로도 그것을 대체할 수 없다. 하지만 이 예비 시도Vorversuch /preliminary experiment에서 이미 정신분석이 시작되었다고 보아야

. .

5. 「정신요법에 대하여(Über Psychotherapie)」, 1905. [原]
   『전집 5권』. [獨]
   「정신요법에 대하여(On Psychotherapy)」(1905a). [英]
   이 책의 9장 「정신요법에 대하여」를 보라. [韓]
6. Sondierung은 원래 수심 측정을 뜻하지만 Sondierungsgespräch([상대방의 입장을 타진하기 위한] 예비 회담)을 뜻하기도 한다. [韓]

하며 그 규칙을 따라야 한다. [본격적인 분석과] 다른 점이 있다면 아마도 이때에는 주로 환자가 말을 하도록 놔두고 환자가 자신의 이야기를 계속하는 데 절대적으로 필요한 만큼 이상으로는 환자에게 해명Aufklärungen/explain을 해주지 않는다는 점일 것이다.

이런 식으로 1~2주einige Wochen/one or two weeks[7]로 기한을 정한 시험 기간Probezeit/trial period/예비 기간과 함께 치료를 개시하는 것은 진단을 위해서이기도 하다. 아주 뚜렷하지는 않고 짧은 기간 지속된 히스테리의 증상이나 강박증의 증상을 보이는 신경증을 보게 될 때가 많은데 그것으로 보아서는 [분석] 치료에 알맞은 바로 그 형태이다. 하지만 그 사례가 소위 조발성 치매 — 블로일러Bleuler에 따르면 정신분열증Schizophrenie/schizophrenia, 나는 이상 정신Paraphrenie/paraphrenia이라는 용어를 제안한 바 있다[8] — 의 초기 단계가 아닌지 의심해 보아야 한다. 만약 그렇다면 짧은 시간 후에 또는 오랜 시간 후에 그 질환의 뚜렷한 용태를 보이게 된다. 나는 그것을 구별해내기가 항상 그렇게 쉽다고 생각하지 않는다. 나는 그것들을 감별 진단Differentialdiagnose/differential diagnosis하는 데 별로 망설이지 않는 정신과 의사들이 있다는 것을 알고 있는데 나는 그들도 [다른 의사들과] 마찬가지의 빈도로 오진한다고 믿게 되었다. 그 오류[오진]는 소위 임상 정신과 의사보다도 정신분석가에게 더 치명적이

· ·

7. einig는 '두서넛' 또는 '몇몇'을 뜻한다. 하지만 위에서 명시적으로 '1주에서 2주'라고 했기 때문에 '1, 2주'라고 번역했다. [韓]
8. 위의 76쪽의 주)1을 보라. [英]
「편집증 환자 슈레버—자서전적 기록에 의한 정신분석」, 『늑대 인간(프로이트 전집, 9권)』, 김명희 옮김(열린책들, 2003) 186쪽의 주)95를 보라. [韓]

다. 왜냐하면 임상 정신과 의사들은 이 경우이든 저 경우이든 뭔가 도움이 되는 조치를 거의 취하지 않기 때문이다. 그들에게는 단지 이론적 오류의 위험밖에 없으며 진단은 아카데믹한 관심 대상일 뿐이다. 하지만 정신분석가에 있어서는 잘못될 경우[오진일 경우]에는 실천적인 잘못을 저지르는 것이 된다. 그는 헛되이 낭비된 비용-Aufwand/expenditure/노력에 대해 책임져야 할 것이며 그의 치료법의 신용이 떨어질 것이다. 만약 환자가 히스테리나 강박 신경증이 아니라 이상정신에 걸린 것이라면 정신분석가는 치료 약속을 지킬 수 없다. 따라서 그에게는 오진을 피해야 할 특별히 커다란 이유가 있는 것이다. 1~2주 간의 시험적인 치료 중에 미심쩍은 것을 관찰하여 치료를 더 이상 계속하지 않기로 결정하게 될 경우도 종종 있을 수 있다. 유감스럽게도 그런 시험적 치료를 통해 항상 확실한 판단을 내릴 수 있다고 주장할 수는 없다. 단지 더 신중해질 수 있을 뿐이다.[9]

분석 치료를 시작하기 전에 하는 긴 예비상담, [분석가가 그 환자에게] 이전에 다른 방식의 요법을 써본 것 등은 의사와 분석

• •

9. 진단에서의 이런 불확실성, 이상정신의 가벼운 형태에서의 분석의 가망성, 두 질환에 비슷한 점이 있는 이유 등의 테마에 대해서는 아주 할 말이 많다. 하지만 지금의 맥락에서 이것에 대해 상술할 수는 없다. 만약 (리비도의) "내향(Introversion/introversion)" 이란 개념이 정당화될 수 있는 유일한 의미에서 벗어나지 않는다면 나는 기꺼이 융의 선례에 따라 히스테리와 강박 신경증을 "**전이 신경증**(Übertragungsneurosen/transference neuroses)"이라고 부르고 그와 대조해서 이상 정신 질환(paraphrenische Affektionen/paraphrenic affections)을 "**내향 신경증**(Introversionsneurosen/introvesion neuroses)"이라고 부르겠다.

102쪽의 주)1을 보라. [英]

이 책의 2장 「전이의 역동에 대하여」의 주)12를 보라. [韓]

받을 사람이 이전부터 아는 사이인 것과 마찬가지로 어느 정도 해로운 결과를 초래하기 때문에 그에 대비해야 한다. 이런 경우에는 환자가 의사를 만날 때 이미 전이의 태도가 만들어진 상태인 것이다. 의사는 우선 천천히 이것을 밝혀내야 한다. 이런 경우가 아니었다면 의사는 전이가 발생하고 발달하는 것을 처음부터 관찰할 수 있는 기회가 있었을 것이다. 환자는 이렇게 한동안 앞서가게 되는데 이것은 우리가 치료에서 바라지 않는 것이다.

환자가 치료를 시작하기도 전에 치료를 연기하려 한다면 어떤 경우라도 의심을 해보아야 한다. 경험으로 볼 때 연기의 동기 즉 [연기를 하려는] 의도의 합리화Rationalisierung/rationalization가 모르는 사람Uneingeweihte/the uninitiated[10]이 볼 때는 흠 잡을 데가 없어 보일 때에도 그들은 새로 잡은 약속 시간이 되어도 나타나지 않는다.

의사와 분석을 받으려고 하는 환자나 그 가족이 친교를 나누는 사이이거나 사회적인 관계를 맺는 사이라면 특별한 어려움이 발생한다. 친구의 아내나 자식을 치료해 달라는 요청을 받은 정신분석가는 그 일을 맡을 때는 결과가 어떻게 나오든 우정이 희생될 각오를 해야 한다. 하지만 대신해 줄 믿을 만한 의사가 없을 때는 희생을 할 수밖에 없다.

정신분석을 여전히 암시치료와 혼동하고 싶어 하는 문외한들과 의사들은 환자가 이 새로운 치료에 품게 되는 기대에 커다란 가치를

· ·

10. '사정을 잘 모르는 사람'을 뜻하는지 '정신분석에 입문하지 않은 사람'을 뜻하는지의 여부는 모호하다. [韓]

두곤 한다. 그들은 종종 정신분석을 크게 신뢰하며 그것이 진리이며 효력이 있을 것이라고 완전히 믿은 환자의 경우에는 우리가 큰 고생을 하지 않을 것이라고 생각한다. 그리고 회의적인 태도를 보이며 자기 자신의 경험을 통해 그 성과를 보기 전까지는 아무것도 믿지 않으려는 환자의 경우에는 틀림없이 더 어려울 것이라고 생각한다. 사실 [정신분석에 대한] 환자의 태도는 거의 의미가 없다. 그가 처음에 [정신분석을] 신뢰하는지 아니면 불신하는지 여부는 신경증을 고정시키는verankern/hold firmly in place[11] 내적 저항에 비하면 아무것도 아니다. 환자의 [정신분석에 대한] 믿음 덕분에 처음에는 환자와 편안한 관계를 유지할 수 있으며 우리는 그에 대해 환자에게 고마워할 수 있을 것이다. 하지만 치료 중에 처음으로 떠오르게 되는 어려움만으로도 그의 호의적인 선입견을 산산조각 내기에 충분하다는 것을 그 환자에게 경고해야 한다. [정신분석에] 회의적인 환자에게는 분석을 받기 위해 그것을 믿어야 할 필요는 없으며 원한다면 아주 비판적이거나 믿지 않아도 된다는 것, 그가 이 점에 대해 신뢰할 수 있는 판단을 내릴 수 있는 처지에 있지 않기 때문에 우리는 그의 [정신분석에 대한] 태도를 그의 [이성적] 판단의 결과라고 생각하지 않는다는 것, 그의 불신도 그의 다른 증상들과 마찬가지로 하나의 증상이라는 것, 그리고 그가 치료의 규칙을 성실하게 따르려고만 한다면 그런 것은 전혀 방해가 되지 않을 것이라는 것 등을 말해 줄 수 있을 것이다.

• •

11. Anker는 닻을 뜻하며 verankern은 '(닻으로 배를) 고정시키다', '계류하다' 등을 뜻한다. [韓]

신경증의 본질에 대해 정통한 사람은 다른 사람을 정신분석할 때는 아주 잘하는 사람조차도 자기 자신이 정신분석의 대상이 되자마자 다른 인간Sterblicher/mortal[12]과 같은 태도를 취하며 아주 강렬한 저항을 보일 수 있다는 말을 들어도 그리 놀라지 않을 것이다. 이때 우리는 다시 한번 정신이 얼마나 심층적인지에 대해 깨닫게 되며 신경증이 분석적 지식이 아직 파헤치지 못한 정신적 층에 뿌리박고 있다는 것 ― 이는 그리 놀랄 만한 일이 아니다 ― 을 알게 된다.[13]

시간과 **돈**에 대해 정하는 것은 분석 치료를 시작하는 데 있어 중요한 문제이다.

시간에 관련해서 나는 [하루 중] 일정한 시간 동안 분석하는 것을 원칙으로 하며 이를 철저히 지킨다.[14] 모든 환자는 내가 일하는 날의 내 근무 시간 중 일정한 시간을 할당받는다. 그 시간은 그 환자를 위한 시간이며 그가 그 시간을 이용하지 못하더라도 그것은 그의 책임이다. 음악이나 외국어 [개인] 교사가 이런 식으로 시간을 정하는 것이 우리의 상류 사회에서 당연한 것으로 받아들여지고

· ·

12. sterben은 '죽다'를 뜻한다. Sterblicher는 죽지 않는 신과는 대조적으로 죽을 수밖에 없는 인간을 말한다. 여기서는 '불완전한 인간'을 뜻한다고 보면 될 것이다. [韓]
13. 독일어판: "Man bekommt dann wieder einmal den Eindruck der psychischen Tiefendimension und findet nichts Überraschendes daran, daß die Neurose in psychischen Schichten wurzelt, bis zu denen die analytische Bildung nicht hinabgedrungen ist."

    영역판: "When this happens we are once again reminded of the dimension of depth in the mind, and it does not surprise us to find that the neurosis has its roots in psychical strata to which an intellectual knowledge of analysis has not penetrated." [韓]
14. 원문에는 '일정한 시간을 임대하는(vermieten) 것을'이라고 되어 있다. [韓]

있지만 의사가 이런 식으로 시간을 정한다면 아마 너무 가혹하거나 심지어 의사라는 지위에는 걸맞지 않는 것으로 보일 것이다. 사람들은 우발적인 사건 때문에 환자가 항상 같은 시간에 의사에게 올 수 없는 경우가 많이 있을 것이라고 말할 것이다. 또한 긴 기간 계속되는 분석 치료 동안에 간헐적으로 발병할 수 있는 많은 병도 고려해야 한다고 요구할 것이다. 하지만 내 대답은 '다른 방도가 없다'는 것이다. 관대한 처리 방식을 적용하면 "이따금씩" 있는 [환자에 의한 진료의] 취소가 너무 잦아져서 의사의 생계가 위협받을 정도가 된다. 그에 비해 이런 규칙을 엄격히 지키면 우발적인 사건에 의한 방해가 전혀 일어나지 않고 간헐적인 발병도 아주 가끔씩만 일어난다는 것이 드러난다. [그렇게 하면] 보수를 받은 시간이 [환자가 약속을 깸으로써] 여가 시간이 되어서 부끄러워할 일도 거의 없어진다. 또한 [분석] 작업을 방해받지 않고 계속할 수 있으며 특히 중요하고 내용이 풍부할 것 같은 바로 그때 분석가의 잘못이 아닌데도 [분석] 작업이 항상 멈추어 버리는 곤혹스럽고도 당황스러운 경험을 면할 수 있는 것이다. 몇 년간 줄곧 시간 배정 Stundemiete/leasing by the hour[15]의 원칙을 엄격하게 지키면서 정신분석을 행하는 것만큼 인간의 일상생활에서의 심인성 요인Psychogenie/psychogenic factor의 중요성, "꾀병Schulkrankheiten/malingering"[16]의 빈번함 그리고 우연이란 없다는 것을 상당히 확신하게 만드는 것도 없다. [분석에 참여하려는] 정신적 관심으로는 없앨 수 없는, 의심의

⸰ ⸰

15. 글자 그대로의 뜻은 '시간 임대'이다. [韓]
16. 원래 '학교 적응 장애' 또는 '(학교에 가기 싫어서 부리는) 꾀병'을 뜻한다. [韓]

여지가 없는 기질성organisch/organic/신체적 질환일 경우에는 치료를 중단하고 자유로워진 시간을 다른 데에 쓰는 것이 정당하다고 생각한다. 나중에 환자가 회복되고 나에게 남는 시간이 있다면 그 환자를 곧바로 다시 받아들인다.

　나는 일요일과 공휴일을 제외하면 매일 환자를 치료한다. 따라서 보통 일주일에 여섯 번 치료하게 된다. 경미한 사례나 치료가 상당히 순조롭게 진행된 경우에는 일주일에 세 시간으로도 충분하다. 다른 경우에는 시간을 줄이는 것이 의사에게나 환자에게나 이익이 안 된다. [치료를] 시작할 때는 말할 필요도 없이 시간을 줄이면 안 된다. 짧은 중단조차도 [분석] 작업에 약간은 방해가 된다verschütten/have an obscuring effect[17]. 우리는 일요일에 쉬고 다시 일을 시작할 때 농담 삼아 "월요병Montagskruste/Monday crust"이라는 말을 하곤 한다. [분석] 작업을 띄엄띄엄 하게 되면 우리가 환자의 현실 경험과 보조를 맞추지 못할 위험, 즉 치료가 현재와의 접촉점을 잃고 샛길로 빠질 위험이 있다. 가끔 평균적인 수준인 한 시간 이상을 들여야 하는 환자들을 만나기도 한다. 왜냐하면 그들이 한 시간의 대부분을 [서먹한 분위기가] 풀어져서 [마음속의] 이야기를 털어놓게 되는 데 써버리기 때문이다.

　[치료를] 시작할 때마다 환자가 의사에게 하는 달갑지 않은 질문이 있는데 다음과 같다: 치료가 얼마나 긴 시간[기간] 동안 계속되나요? 나를 고통으로부터 해방해 주기 위해서는 얼마나

• •

17. verschütten은 '파묻다', '(흙, 모래 등으로) 덮다'를 뜻한다. 눈이 오면 발자국이 뒤덮여서 잘 안보이게 된다는 사실을 떠올리면 될 것이다. [韓]

많은 시간이 필요한가요? 만약 우리가 1, 2주 동안의 시험적 치료를 제안했다면 시험적 기간이 지난 후에 좀 더 신뢰할 만한 답을 할 수 있을 것이라고 약속함으로써 이 질문에 직접적으로 답변하는 것을 회피할 수 있을 것이다. 우리는 말하자면 여행이 얼마나 걸릴지 묻는 나그네에게 '걸어보시오'라고 요구한 다음에 그렇게 대답한 이유는 여행자의 보폭을 알아야 여행에 걸리는 시간을 계산해낼 수 있다고 설명하는 **이솝** 우화에서처럼 답변할 수 있는 것이다.[18] 이런 식으로 처음의 어려움을 회피할 수 있겠지만 이 비유가 잘 맞아 떨어지는 것은 아니다. 왜냐하면 신경증 환자는 쉽게 속도Tempo/pace를 바꿀 수 있으며 가끔 아주 천천히 전진할 수도 있기 때문이다. 사실 [치료] 기간을 예측해 달라는 질문에는 거의 대답하기가 불가능하다.

환자의 무분별함과 의사의 부정직함이 합쳐져서 분석에서 터무니없는 욕심을 부려서 아주 **빠듯한** 기간 안에 분석을 해내려 할 수 있다. 예를 들어 며칠 전에 내가 받은, 러시아에 있는 어떤 부인이 보낸 편지를 보자. 내용은 다음과 같다. 그녀는 53세[19]이며

..

18. 명료성을 위해 약간 더 추가하여 번역했다. [옮]

독일어판: "Man antwortet gleichsam wie der Äsop der Fabel dem Wanderer, der nach der Länge des Weges fragt, mit der Aufforderung: Geh, und erläutert dem Bescheid durch die Begründung, man müsse zuerst den Schritt des Wanderers kennen lernen, ehe man die Dauer seiner Wanderung berechnen könne."

영역판: "Our answer is like the answer given by the Philosopher to the Wayfarer in Aesop's fable. When the Wayfarer asked how long a journey lay ahead, the Philosopher merely answered 'Walk!' and afterwards explained his apparently unhelpful reply on the ground that he must know the length of the Wayfarer's stride before he could tell how long his journey would take." [韓]

23년 동안 병에 걸린 상태였다. 10년 전부터는 지속되는 일을 더 이상 할 수가 없었다. "몇몇 신경과 병원Nervenheilanstalten/institutions for nervous cases에서 치료를 받았지만" 그녀가 "활동적인 삶"을 살 수 있도록 해주지 못했다. 그녀는 정신분석 — 그녀는 이에 대해 읽어본 적이 있었다 — 을 통해 완전히 치료되길 바라고 있었다. 하지만 그녀의 가족이 그녀의 치료를 위해 벌써 아주 많은 비용을 들였기 때문에 빈Wien에는 6주에서 두 달 정도만 체류할 수 있다는 것이다. 설상가상으로 처음부터 글로써만 [자신의 증상을] "설명하겠다"는 것이다. 왜냐하면 그녀가 콤플렉스에 대해 가볍게 언급하기만 해도 [감정이] 폭발하거나 "일시적으로 실어증에 걸리기" 때문이라는 것이다. 아무도 보통 때는 어떤 사람이 무거운 탁자를 가벼운 의자Schemel/light stool[20]처럼 손가락 두 개만으로 들어올릴 수 있다거나 커다란 집을 나무로 만든 조그만 오두막을 짓는 시간 동안에 지을 수 있다고 기대하지 않는다. 하지만 신경증 — 이것은 지금까지도 아직 인간의 사고 속에 제대로 자리잡지 못한 듯하다 — 이 문제일 때는 지적인 사람들도 시간, 작업[량] 그리고 성과 사이의 불가피한 비례 관계를 잊어버린다. 게다가 이것은 분명 신경증의 병인에 대한 심한 무지의 결과이다. 이런 무지 덕분에 그들은 신경증을 일종의 "이국에서 온 아가씨Mädchen aus der Fremde /maiden from afar"[21]라고 여기는 것이다. 사람들은 그녀가 어디서

• •

19. 1925년 이전 판에는 '33'이라고 되어 있다. [英]
20. (등받이가 없는) 의자 또는 발판을 뜻한다. [韓]
21. 쉴러(Schiller)의 시 「이국에서 온 아가씨(Das Mädchen aus der Fremde)」를 암시한다.

왔는지 모른다. 따라서 사람들은 그녀가 어느 날 사라져 버릴 것이라고 기대한다.

의사들이 이러한 잘못된 믿음을 부추기고 있다. 심지어 그들 중 [신경증에 대해] 잘 아는 의사들도 종종 신경질환의 심각성을 제대로 평가하지 못하곤 한다. 나의 친한 동료 의사는 수십 년간 다른 가설Voraussetzungen/principles을 바탕으로 학문적 작업을 한 후에 정신분석의 가치를 인정하기로 마음을 바꾸었는데 나는 이를 높이 평가한다. 그는 언젠가 나에게 다음과 같이 써 보냈다. 강박 신경증을 짧고, 편안하게 그리고 통원 치료를 통해 치료할 필요가 있습니다. 나는 부끄럽게도 그의 요구에 부응할 수 없었다. 나는 다음과 같은 말에서 변명거리를 찾았다. 아마 결핵이나 악성 종양을 그런 식으로 치료할 수 있다면 내과 의사들도 아주 만족해할 것입니다.

직접적으로 말한다면 정신분석에는 항상 오랜 기간이 필요하다. 환자들이 기대하는 것보다 더 긴, 반년 또는 꼬박 1년이 걸린다. 따라서 환자가 치료받을지를 최종적으로 결정하기 전에 이 사실을 알릴 의무가 있다. 일부러 겁을 줄 필요야 없겠지만 처음부터 분석 치료에 따르는 어려움과 희생을 알려 주는 것이 일반적으로 합당한[의사로서의 도리를 다하는] 일이기도 하지만 합목적적인 [의사에게 유리한] 것이기도 하다고 생각한다. 그렇게 함으로써 환자가 나중에 그 범위Umfang/extent[22]와 의미Bedeutung/implications[23]도

. .
[英]
22. 치료에 걸리는 기간을 말하는 듯하다. [韓]
23. 치료에 따르는 어려움을 말하는 듯하다. [韓]

모르고 그런 치료를 받으라는 꼬임을 받았다고 주장할 수 없게 만들 수 있다. 이런 것을 알려 주었을 때 치료를 받지 않으려고 하는 사람은 나중에도 [분석 치료에] 적합하지 않다는 것이 드러난 다. 치료를 시작하기 전에 이런 식으로 선택하는 것은 좋은 일이다. 환자들 사이에서의 계몽이 진전되면서 이 첫 번째 시험을 통과하는 사람들이 증가할 것이다.

나는 환자가 일정한 기간 동안은 의무적으로 참으면서 치료를 받아야 한다고 요구하지는 않는다. 누구든 원한다면 언제든지 치료를 중단하도록 한다. 하지만 짧은 기간 동안 분석을 받은 후에 그만둔다면 아무 성과도 없을 것이며 완전히 끝내지 못한 수술처럼 불만족스러운 상태가 되기 쉽다는 것을 숨기지 않는다. 내가 처음 정신분석을 했던 시절에는 치료를 계속하도록 환자를 설득하는 것이 가장 어려웠다. [하지만] 오래전에 이 어려움이 옮겨져서verschoben/shift 이제는 치료를 그만두게 하는 데에도 골머 리를 앓아야 한다.

분석 치료 기간을 단축하려는 것은 여전히 정당한 소원이다. 곧 다루게 되듯이 그것을 위해 다양한 방법이 시도되었다. 유감스 럽게도 정신의 근본적 변화는 천천히 일어난다는 아주 중요한 사실 그리고 결국에는 물론 우리의 무의식적 과정의 "무시간성 Zeitlosigkeit/timelessness"이 그것을 가로막고 있다.[24] 환자가 분석에

••

24. 「무의식(The Unconscious)」(1915e), *Standard Ed.*, vol. 14, p. 187의 본문과 각주를 보라. [英]
「무의식에 관하여」, 『정신분석학의 근본 개념(프로이트 전집, 11권)』, 윤희기 옮김(열

오랜 기간을 투자해야 하는 어려움에 직면하게 되면 드물지 않게 모종의 방편을 제안하곤 한다. 그들은 그들의 고통[증상들]을 참을 수 없는 것들과 사소한 것들로 나눈다. 그런 다음 이렇게 말한다: 그중에 하나(예를 들어 두통 또는 특정한 불안[25])만으로부터라도 저를 자유롭게 해주신다면 나머지는 스스로 어떻게든 견디며[해결하며] 살아가겠습니다. 하지만 그것은 분석의 선택적인 [치료] 능력을 과대평가하는 것이다. 분명 분석의analytischer Arzt/analyst는 많은 것을 할 수 있지만 미래에 무엇을 이루어낼 수 있을지를 미리 정확히 아는 것은 아니다. 그는 존재하는 억압을 해소하는 과정을 개시해서 그 과정을 관리하고 촉진하고 방해물을 제거할 수 있으며 물론 많은 것을 망칠 수도 있다. 하지만 전체적으로 보면 한 번 개시된 과정은 자기 나름의 길을 가며 [의사가] 그 방향이나 순서를 규정할 수는 없다. 병의 증상들에 대한 분석가의 능력은 남성의 생식 능력과 대략 비슷하다. 아주 [생식력이] 강한 남자라도 전체로서의 아기가 만들어지게 할 수는 있겠지만 여자의 몸에 머리만 또는 팔이나 다리만 생기게 할 수는 없다. 그는 아기의 성별조차도 정할 수 없다. 그 역시 오랜 사건들을 통해 결정된durch alte Geschehnisse determinierten/determined by events in the remote past[26] 아주 복잡한 과정을 개시하는 것이다. 이 과정은 아기가 엄마로부터

● ●
   린책들, 2003) 190쪽의 본문과 주)38을 보라. [韓]
25. "bestimmte Angst." 영역판에서는 'particular fear'라고 번역했다. Angst는 불안을 뜻하지만 공포를 뜻하기도 한다. 여기에서는 '특정한 것에 대한 공포(증)'를 말하는 것 같다. [韓]
26. 진화를 말하는 듯하다. [韓]

분리되면서 끝난다. 한 인간의 신경증도 유기체의 특성을 가진다. 신경증의 부분 증상Teilerscheinungen/component manifestations들은 서로 독립되어 있지 않다. 그것들은 서로를 규정하며 서로를 지지해 주기도 한다. 사람은 항상 단 하나의 신경증에 걸리는 것이지 우연히 한 개인 안에서 만난 여러 신경증들에 걸리는 것이 아니다. 어떤 환자가 그의 소원대로 치료를 받아서 참을 수 없었던 하나의 증상으로부터 자유로워졌다면 이제까지는 가벼웠던 어떤 증상이 참을 수 없을 만큼 심해지는 경험을 하기 쉽다. 암시적 상황 즉 전이 상황으로부터 가능한 한 [치료] 효과를 분리시키고 싶다면 치료 효과에 선택적인 영향력을 어느 정도 행사할 수 있더라도 그것을 완전히 포기하는 것이 좋을 것이다. 정신분석가에게는 가능한 한 완전히 건강하게 해달라고 요구하며 의사에게 회복과정에 필요한 아주 많은 시간을 제공하는 환자가 가장 적합하다. 물론 이런 유리한 조건을 기대할 수 있는 경우는 별로 없다.

치료를 시작할 때 결정해야 할 다음 문제는 돈 즉 의사의 보수이다. 분석가는 돈이 우선은 자기 보존과 권력 획득의 수단으로 간주되어야 한다는 것을 부정하지 않는다. 하지만 분석가는 돈에 대한 평가에는 강력한 성적 요인도 관련되어 있다고 주장한다. 그는 그 증거로 돈 문제가 문명인에게는 성적인 것과 아주 비슷하게 ― 똑같이 모순되고Zwiespältigkeit/inconsistency/분열되고, 얌전한 체하고, 위선적으로 ― 다루어진다는 사실을 지적할 수 있을 것이다. 따라서 그는 단호하게 처음부터 그러한 태도에 동참하지 말아야 한다. 그는 성생활의 문제에 대해서 환자에게 솔직해질 것을 요구하듯이 돈 관계에서도 환자 앞에서 거리낌 없는 솔직한 태도를 보여야 한다. 그는 자신의 시간을 어떻게 평가하는지[시간당 진료비가 얼마인지]를 자발적으로[27] 말해 줌으로써 그 자신이 그런 잘못된 수치심을 버렸다는 것을 환자에게 보여 주어야 한다. 그리고 큰 액수가 모이게 두지 말고 다소 짧은 기간(한 달에 한 번 정도)마다 규칙적으로 지급을 받는 것이 현명할 것이다. (잘 알려져 있듯이 아주 저렴하게 치료해 준다고 해서 환자가 치료의 가치를 더 높게 평가하는 것은 아니다.) 이것은 알다시피 유럽 사회의 신경과 의사Nervenarzt/nerve specialists나 내과 의사에게 익숙한 관습은 아니다. 정신분석가는 도움을 줄 수 있는 치료 능력이 있기 때문에 솔직하게 고비용을 요구하는 외과 의사와 같은 입장에 있다고 생각할 수 있을 것이다. 내 생각에는 자신의 현실적인 요구와 필요를 인정하는 것이 그럴 수 있는 입장에 있지도 않으면서 사심 없는 박애주의자인 양 하면서 — 지금도 의사들은 이런 태도에 익숙해 있다 — 한편으로는 환자들이 사려가 없다느니 의사를 착취해 먹으려 한다느니 하면서 남몰래 속을 썩이거나 그것에 대해 소리 높여 비난하는 것보다 더 합당하며 윤리적으로도 우려의 소지가 적다. 분석가는 보수를 요구할 때Anspruch auf Bezahlung[28] 힘든 일에도 불구하고bei schwerer Arbeit[29] 결코 다른 전문의만큼 많이 벌 수는 없다는 사실도 고려해야 할 것이다.

- -
27. 환자가 물어보기도 전에 말해 주라는 말인 것 같다. [韓]
28. 영역판에서는 'In fixing his fee(수수료를 책정할 때)'라고 번역했다. [韓]
29. 영역판에서는 'hard as he may work(아무리 힘들여 일하더라도)'라고 번역했다. [韓]

같은 이유로 분석가는 무료로 치료하는 것 역시 거부해야 하며 동료나 그 가족 역시 예외로 하면 안 된다. 마지막 요구는 동료 의사들 간의 우의友誼에 어긋나는 것처럼 보인다. 하지만 정신분석 가에게 있어서 무료 치료는 다른 어떤 의사들보다도 훨씬 더 많은 것을 의미한다는 사실을 염두에 두어야 한다. 즉 생계를 위해 일할 시간의 상당한 부분(8분의 1, 7분의 1 정도)을 수개월 동안 빼앗기는 것이다. 동시에 두 건의 무료 치료를 행한다면 수입능력 의 4분의 1 또는 3분의 1이나 빼앗기게 되는데 이는 심각한 사고를 당해 다쳤을 때와 맞먹는 정도이다.

　　그렇다면 의사의 희생이 환자가 얻는 이득에 의해 어느 정도 보상이 되는지 여부가 궁금해질 것이다. 나는 내가 그러한 것에 대해 판단을 내릴 수 있는 위치에 있다고 믿는다. 왜냐하면 신경증 을 가능한 한 저항이 없는 상태에서 치료할 수 있는 방법을 찾기 위해서 나는 약 10년 동안 매일 한 시간을, 때때로는 두 시간을, 무료 치료에 바쳤기 때문이다. 하지만 나는 기대했던 [치료에서의] 이득을 찾아낼 수 없었다. 신경증 환자의 저항 중 많은 것들이 무료 치료를 통해서 엄청나게 강해졌다. 젊은 여성의 경우에는 전이 관계Übertragungsbeziehung/transference-relation 에 내재된 유혹[30]이 강해지며 젊은 남성의 경우에는 아버지 콤플렉스에서 유래하는, 은혜를 입어 채무를 지게 되는 것에 대한 반항이 강해지는데 이는 의사의 조력을 정말로 어렵게 하는 것 중의 하나다. 의사에게

----

30. 아마도 의사와의 성교에의 유혹을 말하는 듯하다. 무료 치료를 받는 대신 성교를 통해 보답하겠다는 생각이 끼어들어서 그 유혹이 강해질 수 있을 것이다. [韓]

보수를 지불하는 것을 통해 주어지는 조절 효과의 부재는 아주 곤혹스러운 결과를 낳는다.[31] 전체 관계가 실제 세계 밖으로 밀쳐진 다. 치료를 끝내기 위해 노력해야만 하는 아주 좋은 동기가 환자에 게서 사라진다.

돈을 저주하는 금욕주의자의 태도를 전혀 받아들이지 않더라도 가난한 사람들이 내적인 이유뿐 아니라 외적인 이유 때문에[돈이 없어서] 분석 치료를 거의 받을 수 없다는 사실을 유감으로 생각할 수 있을 것이다. 그것에 대해서는 할 수 있는 일이 거의 없다. 삶의 필요 때문에[먹고 살기 위해] 힘든 일을 해야만 하는 사람은 신경증에 잘 걸리지 않는다는 널리 유포된 주장이 옳을지도 모른다. 하지만 경험에 의하면 가난한 사람이 신경증에 한 번 걸리고 나면 그것으로 부터 벗어나기는 의심의 여지 없이 아주 힘들다. 신경증은 자기주장 [자기유지]을 위한 투쟁에서im Kampfe um die Selbstbehauptung[32] 환자에게 너무나 커다란 도움을 준다. 신경증이 그에게 제공하는, 병으로부터 얻는 이차적 이득sekundärer Krankheitsgewinn/secondary gain from illness[33]은

· ·

31. 독일어판: "Der Wegfall der Regulierung, die doch durch die Bezahlung an den Arzt gegeben ist, macht sich sehr peinlich fühlbar."

　　영역판: "The absence of the regulating effect offered by the payment of a fee to the doctor makes itself very painfully felt." [韓]

32. 영역판에서는 'in the struggle for existence(생존을 위한 투쟁에서)'라고 번역했다. [韓]

33. '병으로부터 얻는 이차적 이득'이라는 표현은 여기서 처음 사용된 것 같지만 그런 생각은 히스테리 발작(hysterical attacks)에 대한 논문(1909a)의 섹션 B에 나타나고 있다. 더 자세한 논의는 '도라'의 병력(1905e)에 프로이트가 1923년에 붙인 각주를 보라. *Standard Ed.*, vol. 7, p. 43. [英]

　　「히스테리 발작에 관하여」, 『정신 병리학의 문제들(프로이트 전집, 10권)』, 황보석

너무나 중요하다. 사람들이 그의 생활고에 대해 연민을 보내길 거부해 왔는데 그는 이제 신경증이라는 이름으로 연민을 요구할 수 있는 것이다. 그리고 그는 일을 해서 가난을 극복해야만 한다는 요구로부터 스스로를 면제시킬 수 있다. 따라서 가난한 사람의 신경증을 심리 요법Psychotherapie/psychotherapy이라는 수단으로 공략해본 사람은 경험을 통해서 보통 이 경우에는 완전히 다른 방식의 실제적 요법Aktualtherapie/practical therapy, 전해 내려오는 이야기에 따르면 황제 요제프 2세[34]가 시행했다고 하는 그 요법이 요구된다는 것을 깨닫게 된다. 물론 가끔은 그 자신은 잘못이 없는데도 곤경에 처한 가치 있는 사람을 만나기도 한다. 그들에게는 무료 치료를 하더라도 위에서 언급한 방해에 부딪치지 않으며 훌륭한 성과를 얻을 수 있다.

중간 계층에게는 정신분석에 필요한 금전적 비용이 보기에만 과도할 뿐이다. 건강, 일할 수 있는 능력과 적당한 금전적 지출을 비교하는 것 자체가 말도 안 된다는 사실을 논외로 하더라도 요양원과 의학적 치료에 드는 끝없는 비용을 합산해 본다면 그리고 그것을 분석 치료가 성공적으로 끝난 후의 일할 수 있는 능력과 그리고 수입 능력의 증가와 대조해 본다면 환자가 수지맞는 거래를 했다고 말할 수 있을 것이다. 삶에서 병과 우둔함만큼 값비싼 것은 없다.

옮김(열린책들, 2003) 76쪽을 보라.

「도라의 히스테리 분석」, 『꼬마 한스와 도라(프로이트 전집, 8권)』, 김재혁·권세훈 옮김(열린책들, 2003) 229쪽의 주)37을 보라. [韓]

34. 신성 로마 제국의 황제인 요제프 2세는 교육 제도를 정비했으며 공중 보건에 힘쓰는 등 여러 가지 개혁적인 조치를 취했다고 한다. [韓]

분석 치료의 개시에 대한 내 소견의 진술을 마치기 전에 치료가 진행될 때의 위치와 관련된 어떤 의식gewisses Zeremoniell der Situation /certain ceremonial which concerns the position에 대해 한마디 해야겠다. 나는 환자를 소파Ruhebett/sofa/휴식용 침대, 휴식용 소파에 눕게 하고 의사는 그가 볼 수 없는 그의 뒤쪽에 자리를 잡아 앉아 있는 방식을 고수한다. 이런 방식에는 역사적인 의미가 있다. 이것은 정신분석이 거기서 발전해 나온 최면 치료의 유물이다. 하지만 여러 가지 이유로 그것은 고수할 만하다. 우선은 개인적인 동기 때문이긴 하지만 다른 사람들도 나와 마찬가지일 것이다. 나는 다른 사람이 나를 하루에 8시간 (또는 그 이상) 동안 응시하는 것을 견딜 수 없다. [환자의 말을] 경청하면서 나도 나 자신을 나의 무의식적 사고의 흐름에 맡겨버리는데 나의 표정이 환자에게 해석할 소재를 제공하거나 환자가 이야기하는 내용에 영향을 주는 것을 나는 바라지 않는다. 환자는 보통 그에게 강요된 이런 자리 배치를 힘들어한다als Entbehrung auffassen/regard as a hardship.[35] 그는 그것에 반항하는데 그의 신경증 중에서 보고자 하는 욕동[36](관음증[37])이 중요한 역할을 할 때 특히 더 그렇다. 하지만 나는 이 방식을 고수한다. 환자의 전이가 환자에게 연상들과 알게 모르게 섞이는 것을 방지하며 전이를 고립시켜서 전이가 지금 저항으로 명확하게 한정되어 드러날 수 있게 하는 것이 이 방식의 의도이며 또한

· ·

35. 글자 그대로 번역하면 '결핍으로 받아들인다'이다. [韓]
36. Schautrieb/instinct for looking/시각 욕동 [韓]
37. Voyeurtum/scopophillia [韓]

[실제로] 그런 성과를 얻고 있다. 나는 많은 분석가들이 다른 식으로 한다는 것을 알고 있다. 하지만 그것이 단지 뭔가를 다르게 하는 것을 좋아하기 때문인지 이 방식에 변이를 주는 것에 뭔가 장점이 있기 때문인지는 잘 모르겠다.[38]

이런 식으로 치료의 조건이 마련되었다면 어느 점에서부터 그리고 어떤 재료로부터 치료를 시작할 것인가라는 문제가 떠오른다.

어떤 소재로부터 치료를 시작하는지 즉 환자의 인생 역정에서 시작하는지 아니면 병력에서 시작하는지 또는 어린 시절의 기억에서 시작하는지는 전체적으로 볼 때 상관이 없다. 하지만 어쨌든 우리는 환자가 이야기할 수 있도록 내버려두어야 하며 그가 어디에서 시작할지를 선택할 수 있도록 해야 한다. 따라서 우리는 환자에게 다음과 같이 말하면 된다: 내가 당신에게 뭔가를 말해 줄 수 있기 위해서는 당신에 대해 많은 것을 알아야 합니다. 당신이 자기 자신에 대해 알고 있는 것을 내게 말해 주시기 바랍니다.

환자가 지켜야만 하는 정신분석 기법의 기본 규칙[39]만은 예외다. 이것에 대해서는 그에게 아주 처음에 알려 주어야 한다: 당신이 시작하기 전에 한 가지만 더 말하지요. 당신의 이야기는 한 가지 점에서는 일상적인 대화와 달라야 합니다. 보통 때는 말을 할 때 맥락을 쭉 유지하며 방해가 되는 모든 연상이나 부수적 생각을

* *

38. 아래 139쪽도 보라. [獨]
   이 글의 102~103쪽을 보라. [韓]
39. 107쪽의 주)2를 보라. [獨]
   이 책의 2장 「전이의 역동에 대하여」의 주)25를 보라. [韓]

물리치려 합니다. 이는 엉뚱한 길로 빠지지 않기 위해서이며 이렇게 하는 것이 옳습니다. 하지만 여기서는 다르게 해야 합니다. 당신은 당신이 이야기하는 중에 다양한 생각들이 떠오르며 어떤 비판적인 이의제기 때문에 그것들을 물리치고 싶어 하는 당신을 관찰하게 될 것입니다. 당신은 스스로에게 '이것 또는 저것은 지금 다루는 것과는 관계가 없다, 또는 이건 전혀 중요하지 않다, 또는 이건 말도 안 된다. 그러므로 이것을 이야기할 필요는 없다'라고 말하고 싶은 유혹이 들 것입니다. 이런 비판에 절대 굴복하지 마십시오. 그런 비판에도 불구하고 그것에 대해 말해야 합니다. 사실 그것을 말하려고 하는 것에 대해 꺼림칙하게 느껴진다는 바로 그 이유 때문에 당신은 그것을 말해야만 하는 것입니다. 이러한 규칙 — 사실 당신이 지켜야 할 유일한 규칙입니다 — 의 이유에 대해서는 나중에 경험을 통해 이해할 수 있을 것입니다. 따라서 마음속에 떠오르는 것이 있으면 모두 말하십시오. 예컨대 기차의 창가의 좌석에 앉아서 안쪽에 앉아 있는 사람에게 [기차가 달림에 따라] 변화하는 바깥의 풍경에 대해 묘사하는 여행객과 같이 행동하십시오. 마지막으로 당신이 완전히 솔직해지겠다고 약속했다는 것을 잊지 마십시오. 그리고 뭔가를 말하는 것이 어떤 이유에서든지 불쾌하다고 해서 그것을 빼먹지 마십시오.[40]

• •

40. 정신분석의 기본 규칙(φα Grundregel/fundamental rule of psycho-analysis)에 대한 경험에 대해서는 할 말이 많다. 우리는 가끔 이 규칙을 자기 자신이 만들기라도 한 듯이 [잘 지키는] 사람을 만난다. 어떤 사람들은 시작하자마자 이 규칙을 어긴다. 이 규칙을 치료의 처음 단계에서 말해 주는 것은 필수불가결하며 유리하기도 하다. 나중에는 저항이 지배적이기 때문에 이 규칙에 순순히 따르려 하지 않으며 어떤

자신의 병이 특정한 시점에서 시작되었다고 생각하는 환자들은 보통 병을 유발한 요인[Krankheitsveranlassung/precipitating cause]에 초점을 맞춰 이야기한다. 자신의 신경증과 어린 시절의 관계를 스스로도 아는 환자들은 종종 그의 전체 인생 역정에 대한 이야기로 시작한다. 우리는 어떤 경우에도 체계적인 설명을 기대해서는 안 되며

• •

경우이든 언젠가는 환자가 이 규칙에서 벗어나는 때가 온다. 우리는 자기분석에서 어떤 연상을 비판이란 핑계로 거부하고 싶은 유혹을 떨쳐버리기가 얼마나 힘들었나를 기억할 수 있을 것이다. 정신분석의 기본 규칙을 지키기로 환자와 약속을 했다 하더라도 그 약속의 효과가 얼마나 보잘것없는가는 처음으로 제삼자의 은밀한 부분에 대해 말해야만 할 때 항상 드러난다. 환자는 모든 것을 말해야 한다는 것을 알고 있다. 하지만 그는 다른 사람에 대한 배려(Diskretion/discretion/비밀 엄수)를 내세워 말하지 않으려 한다. "내가 정말 모든 것을 말해야 하나요? 나는 그것이 나 자신에 관련된 것에만 해당하는 줄 알았는데요." 만약 다른 사람에 대한 환자의 관계나 그것에 대한 환자의 생각을 이야기해 주지 않는다면 물론 분석 치료를 계속 진행하는 것이 불가능하다. 성공을 위해서는 약간의 희생은 불가피하다. (Pour faire une omelette il faut casser des oeufs. 오믈렛을 만들기 위해서는 달걀을 깨야 한다.) 품위 있는 사람[의사]은 낯선 사람들의 그런 비밀들 중에 그에게 [치료하는 데] 중요해 보이지 않는 것을 기꺼이 잊어버린다. 우리는 이름도 꼭 말해달라고 해야 한다. 그렇지 않으면 환자의 이야기가 괴테(Goethe)의 『자연의 딸(Die natürliche Tochter)』에 나오는 장면에서처럼 어느 정도 희미해져서 의사의 기억에 남기 힘들 것이다. 게다가 말하지 않은 이름 때문에 온갖 중요한 관계를 밝혀 줄 수 있는 통로가 막힌다. 피분석자가 의사와 [분석 치료의] 방식에 좀더 익숙해질(vertrauter/more familiar) 때까지 이름을 말하는 것을 어느 정도 유예할 수는 있을 것이다. 한 가지 점에 대해서라도 말하지 않는 것을 허락해 주자마자 전체 과업의 해결이 불가능해질 수 있다는 점이 매우 기묘해 보일 것이다. 하지만 예컨대 어떤 도시의 한 지역에서 망명자의 피보호권이 인정된다면 그 도시의 온갖 불량배들이 그곳에 모여드는 데 얼마나 걸릴지를 생각해 보라. 나는 언젠가 어떤 것들을 국가기밀이기 때문에 이야기하지 않겠다고 취임 선서를 한 고위공무원을 치료한 적이 있는데 이 제한 때문에 치료가 실패한 적이 있다. 정신분석 치료는 모든 배려를 배제해야 한다. 왜냐하면 신경증과 신경증의 저항은 배려를 하지 않기 때문이다. [原]

vertraut는 vertrauen(신뢰하다)에서 파생된 말이다. '의사와 [분석 치료의] 방식을 좀 더 신뢰하게 될 때까지'를 뜻하는지도 모르겠다. [韓]

그것을 장려하는 어떤 일도 해서는 안 된다. 그 이야기의 모든 부분이 나중에 새로 이야기될 것이며 이렇게 되풀이될 때야 환자가 알지 못했던 중요한 관계를 알려 주는 것들이 덧붙여질 것이다.

첫 시간부터 이야기할 것을 주의 깊게 준비해 오는 환자가 있는데 명목상의 이유는 치료 시간을 더 잘 활용하기 위해서이다. 그런 열정의 탈을 쓴 것은 바로 저항이다. 원하지 않는 연상Einfälle이 떠오르는 것을 막기 위한 것일 뿐인 이런 준비를 하지 말라고 해야 한다.[41] 환자가 아무리 진짜로 자신의 훌륭한 의도를 믿고 있더라도 이런 의도적인 준비에 저항이 끼어들어서 아주 가치 있는 재료가 미끄러져 나가서 이야기되지 않게 할 것이다. 우리는 환자가 치료에 요구되는 것을 제공하지 않기 위해 또 다른 방식을 찾아낸다는 것을 곧 알아채게 된다. 환자가 절친한 친구와 거의 매일 치료에 대해 의논을 하며 이 대화에서 의사에게 이야기해야만 할 생각들을 몽땅 이야기할 수도 있다. 치료에 구멍이 생겨서 바로 가장 중요한 것들이 거기로 새는 것이다. 그렇다면 즉시 환자에게 분석 치료를 의사와 환자 자신 사이에서의 일로 여길 것을 그리고 다른 모든 사람과는 — 그들이 아무리 친하더라도 그리고 그들이 아무리 알고 싶어 하더라도 — 그것에 대한 비밀을 공유하지 말 것을 권고해야 한다. 치료의 나중 단계에서는 보통 환자들이 그런 유혹에 빠지지 않는다.

치료를 비밀로 하려는 환자들 — 그것은 종종 그 환자가 신경증

· ·

41. 가족 관계, 거주, 수술 등에 대한 자료만은 예외로 할 수 있을 것이다. [原]

또한 비밀로 해왔기 때문이다 — 이 있는데 나는 그것을 전혀 방해하지 않는다. 그 결과 몇몇 아주 성공적인 치료 성과가 세상에 알려지지 않는다 해도 물론 문제가 안 된다. 환자가 비밀로 하기로 결심했다는 사실 자체가 분명히 그의 비밀 이야기의 성격을 드러내고 있다.[42]

만약 치료를 시작할 때에 되도록 소수의 사람들에게만 [치료에 관한] 비밀을 공유하도록 명심시키면 이간질을 통해 환자를 분석으로부터 떼어놓으려 하는 많은 적대적 영향으로부터 환자를 어느 정도는 보호하는 효과도 얻을 수 있다. 치료를 시작할 때는 그런 영향이 치명적일 수 있다. [하지만] 나중에는 그런 영향이 중요하지 않거나 심지어 숨어 있으려는 저항을 드러나게 하는 데 유용할 수도 있다.

분석 치료를 받는 동안 환자가 일시적으로 다른 내과적인 또는 전문적인 치료interne oder spezialistische Therapie/medical or specialist treatment 를 받을 필요가 생겼다면 다른 비분석 의사nicht analytischer Kollege/non-analytic colleague에게 그것을 맡아달라고 부탁하는 것이 자신이 직접 치료하는 것보다 훨씬 낫다.[43] 강력한 기질적 근원organische Anlehnung

· ·

42. 독일어판: "Die Entscheidung der Patienten für das Geheimnis bringt selbstvestädlich bereits einen Zug ihrer Geheimgeschichte ans Licht."

영역판: "It is obvious that a patient's decision in favour of secrecy already reveals a feature of his secret history." [韓]

43. 이것을 『히스테리 연구(Studies on Hysteria)』(1895d)에 서술된 프로이트 자신의 매우 이른 시기의 사례와 비교해 보라. Standard Ed., vol. 2, p. 50, p. 138. [英]

『히스테리 연구(프로이트 전집, 3권)』, 김미리혜 옮김(열린책들, 2003), 71쪽과 184쪽을 보라. [韓]

/organic basis이 있는 신경질환일 때는 그 둘을 함께 치료하는 것이 대개는 실현 불가능하다. 환자에게 회복으로 인도하는 하나 이상의 길이 제시되자마자 환자는 그의 관심을 분석으로부터 [다른 곳으로] 돌린다. 기질적 [질병에 대한] 치료를 정신적 [질병에 대한] 치료가 끝날 때까지 미루는 것이 가장 좋다. 전자를 먼저 하면 대개의 경우 성과가 없을 것이다.

치료의 개시에 대한 문제로 되돌아가 보자. 인생 역정과 병력 전체에서 아무거나 택해서 이야기할 수 있음에도 불구하고 이야기할 수 있는 것이 아무것도 떠오르지 않는다고 치료를 시작할 때부터 단언하는 환자를 가끔 보게 된다.[44] 환자가 자신이 무엇에 대해 이야기하면 좋을지 의사더러 결정해 달라고 부탁할 때 나중에도 그 부탁을 들어주면 안 되겠지만 아예 처음부터 그 부탁을 들어주지 말아야 한다. 이런 경우에 어떤 것이 관련되어 있는지를 염두에 두어야 한다. 강력한 저항이 신경증을 지키기 위한 전선에 출동한 것이다. 우리는 이 도전에 응해서 즉시 정면 대결을 해야 한다. 처음부터 아무것도 떠오르지 않는 일은 일어나지 않으며 그것[아무것도 떠오르지 않는 것]은 분석에 대한 저항과 관련이 있다는 것을 정력적으로 되풀이해서 단언하면 환자는 곧 [우리가] 기대했던 것처럼 그것을 인정하거나 그의 콤플렉스의 첫 단편을 드러낸다.

· ·

44. 『히스테리 연구』에 있는 프로이트의 글 중 마지막 부분에 이미 이런 기법적 문제가 논의되고 있다. *Standard Ed.*, vol. 2, pp. 301~304. [英]

『히스테리 연구(프로이트 전집, 3권)』, 김미리혜 옮김(열린책들, 2003), 389~393쪽을 보라. [韓]

환자가 기본 규칙에 대해 듣는 동안에 그래도 이런저런 것들을 이야기하지 말아야겠다고 마음먹었다면 그것은 나쁜 징조다.[45] 그가 말해 주어야 할 것이[그가 마음속에 품고 있었던 것이] 단지 그가 분석에 대해 어떤 의혹을 품었는지 또는 그가 분석에 대해 어떤 지독한 이야기를 들었는지에 대한 것뿐이라면 덜 나쁘다. 만약 우리가 이런 또는 비슷한 가능성을 제시했을 때 환자가 그것을 부정한다면 우리는 압박을 해서 그가 적어도 자신이 몰두했던 특정한 생각을 무시하고 [우리에게 이야기하지 않았다는] 것을 시인하게 만들 수 있을 것이다. 그는 치료 자체에 대해 —[치료에 대한] 특정한 어떤 것은 아니더라도— 생각했을 수도 있고, 그 자신이 있는 방에 있는 그림에 몰두했을 수도 있고, 진료실에 있는 물건들에 대해 생각했을 수도 있고, 그 자신이 여기 소파 위에 누워 있다는 것을 생각했을 수도 있는데 그는 이 모든 것을 "아무것도 생각하지 않았다Nichts"는 말로 대체한 것이다. 이런 징후Andeutungen/indications는 충분히 이해될 수 있다. 현재의 상황[치료가 이루어지는 바로 그 당시의 상황]과 관련된 모든 것은 의사에 대한 전이 — 이것은 저항에 적합하다는 것이 드러난다 — 에 대응한다.[46] 따라서 우리는 이 전이를 밝혀내는 것에서부터 시작해야

• •

45. 원문에는 '(…) 마음먹었다는 것을 고백해야만 한다면 (…)'으로 되어 있다. [韓]
46. 「전이의 역동에 대하여(The Dynamics of Transference)」를 참조하라. 앞의 101쪽과 그 다음 쪽.—「군중 심리와 자아 분석(Group Psychology)」(1921c)의 10장에 있는 각주에서 프로이트는 이 상황과 특정 최면 기법의 유사성에 주목한다. *Standard Ed.*, vol. 18, p. 126. [英]

독일어판: "alles was an die gegenwärtige Situation anknüpft, entspricht einer Übertragung

한다. 이것으로부터 환자의 병인이 되는 재료pathogenes Material/patho-
genic material에 접근할 수 있는 길이 즉시 열리게 된다. 자신의 인생
역정에서의 내용들에 따라 [의사에 대한] 성적 공격을 준비하고
있는 여성들과 과도하게 강한, 억압된 동성애가 있는 남성들이
분석의 아주 초기부터 연상들을 이야기하기를 그런 식으로 거부한
다.[47]

첫 번째 저항처럼 환자의 첫 번째 증상Symptome/symptoms과 우발
적인 행동Zufallshandlungen/chance actions도 특히 관심을 기울일 만하며
그의 신경증을 지배하는 콤플렉스를 드러낸다. 미적 감각이 예민한

● ●

auf den Arzt, die sich zu einem Widerstande geeignet erweist."

영역판: "everything connected with the present situation represents a transference to
the doctor, which proves suitable to serve as a first resistance."

현재의 상황과 관련된 것 각각이 하나의 전이에 대응하며 이 하나의 전이는
또한 하나의 저항에 적합하다는 말인 듯하다. 영역판에는 'first'가 있는데 원문에는
이에 해당하는 단어가 없다.

이 책의 34쪽을 보라.

「집단 심리학과 자아 분석」, 『문명 속의 불만(프로이트 전집, 12권)』, 김석희
옮김, (열린책들, 2003) 141쪽의 주)77을 보라. [韓]

47. 독일어판: "Frauen, die nach dem Inhalte ihrer Lebensgeschichte auf eine sexuelle Aggression
vorbereitet sind, Männer mit überstarker verdrängter Homosexualität werden am ehesten
der Analyse eine solche Verweigerung der Einfälle vorausschicken."

영역판: "Women who are prepared by events in their past history to be subjected
to sexual aggression and men with over-strong repressed homosexuality are the most apt
thus to withhold the ideas that occur to them at the outset of their analysis."

의사가 남성이라고 가정할 때 의사에게 성적 욕망을 느끼기 쉬운 사람은 여성과
동성애 성향이 강한 남성이다. 예컨대 여성의 경우에는 아버지에 대한 성적 욕망[자신
의 인생 역정에서의 내용]을 의사에게 전이하여 의사를 성적으로 공격[유혹]할 수
있을 것이다. 또는 영역판에서 번역한 대로 의사의 성적 공격을 기대할 수 있을
것이다. [韓]

총명하고 젊은 철학자가 첫 번째 치료 시간에 치료를 위해 눕기 전에 서둘러 바지의 주름을 편다면 그가 이전에 아주 세련된 호분증자-Koprophile von höchstem Raffinement/coprophilic of the highest refinement였다는 것을 드러내는 것이며 나중에 [다른] 심미가를 만나더라도 비슷한 것을 기대할 수 있다. 젊은 아가씨가 그와 같은 상황에서 서둘러서 드러난 발목을 치마의 가장자리로 덮으려 한다면 나중에 분석을 통해 밝혀지듯이 그 행동은 그녀의 육체적 아름다움에 대한 나르시시즘적 자부심과 노출증적 성향Exhibitionsneigungen/inclinations to exhibitionism을 아주 잘 드러내는 것이다.

특히 많은 환자들이 의사가 제안한 누운 자세 — 이때 의사는 보이지 않는 곳인 뒤에 앉아 있다 — 에 대해 반항한다.[48] 그리고 다른 위치에 자리 잡은 채로 치료를 계속할 수 있도록 해 달라고 부탁하는데 이는 대개 의사를 보기 위해서이다. 그럴 때마다 항상 거절해야 한다. 하지만 환자가 "세션"이 시작되기 전에 또는 세션이 끝났음을 [의사가] 알려서 환자가 소파에서 일어난 다음에 몇 문장을 말하는 식으로 나오는 것을 막을 수는 없을 것이다. 그들은 그런 식으로 치료를 공식적인 부분 — 이때는 대개 매우 억제된gehemmt/inhibited 상태로 있다 — 과 "느긋한gemütlich/friendly" 부분 — 이때는 그 자신은 치료에 포함된다고 생각하지 않는 온갖 것들을 정말 자유롭게 이야기한다 — 으로 나눈다. 의사는 이런 구분을 오랫동안 용납해서는 안 된다. 그는 세션 전이나 후에 [환자가]

48. 위의 133쪽과 그다음 쪽을 보라. [英]
   이 책의 91쪽을 보라. [韓]

말한 것에 주목해야 하며 그것을 이용할 수 있는 기회가 생긴다면 바로 이용해야 한다. 이런 식으로 환자가 쌓아 올리려고 하는 칸막이 벽을 무너뜨려야 한다. 이것 또한 전이 저항Übertragungswiderstand/transference-resistance의 재료로부터 만들어진 것이다.

환자가 멈춤 없이 이야기하고 멈춤 없이 생각을 떠올리는[연상하는] 한 전이의 테마를 건드리지 않고 놔두어야 한다. 우리는 전이가 저항으로 될 때까지 모든 절차 중 가장 까다로운 이 절차[전이의 처리]를 미루어야 한다.[49]

우리가 직면하게 될 다음 문제는 원칙적인 것이다. 그것은 다음과 같다: 언제 우리는 피분석자에게 말하기 시작해야 하는가? 언제 그에게 떠오른 생각의 비밀스러운 의미를 드러내 주고 그를 분석의 가설Voraussetzungen/postulates과 기법적 절차에 입회시킬einweihen/initiate 것인가?

그에 대한 답은 다음과 같을 수밖에 없다: 효과적인 전이, 진정한 교감이 환자에게 형성되기 전에는 안 된다. 그를 치료에 그리고 의사라는 인물에 결합시키는 것이 치료의 첫 번째 목표이다. 그것을 위해서는 그에게 시간을 주는 것 말고 다른 어떤 것도 필요치 않다. 우리가 그에게 진지한 관심을 가지고 있다는 것을 보여 주고 처음에 떠오르는 저항들을 조심스럽게 제거하고 어떤 실수들

· ·

49. 독일어판: "Man warte mit dieser heikelsten aller Prozeduren, bis die Übertragung zum Widerstande geworden ist."

영역판: "One must wait until the transference, which is the most delicate of all procedures, has become a resistance." [韓]

을 피한다면 환자는 스스로 그런 애착Attachement/attachment을 형성하고 의사를 어떤 사람들 — 환자는 이 사람들로부터 사랑을 받는 것에 익숙해 있었다 — 의 이마고Imagines/imagos 중 하나에 연결시킬 것이다. 만약 우리가 처음부터 감정이입Einfühlung/sympathetic understanding 이외에 다른 태도를 취해서 가령 도덕적인 태도를 보인다거나 어느 쪽 편 — 가령 환자의 배우자 — 을 옹호한다거나 하면 이 첫 성과를 물론 잃을 수 있다.[50]

이 대답은 물론 우리가 증상에 대한 번역Übersetzungen/translation/해석을 추측해 내자마자 첫 번째 면담 때에 그에게 이 "해답Lösungen/solutions"을 대놓고 말해 주는 것에 아주 의기양양해하는 것에 대한 비난을 내포하고 있다. 숙련된 분석가는 환자의 [증상에 대한] 호소와 병에 대한 보고만 듣고도 감추어진 소원을 어렵지 않게 뚜렷이 간파해 낼 수 있다. 하지만 알게 된 지도 아주 조금밖에 안 되었으며 분석의 가설Voraussetzungen/tenets에 대해서 완전히 모르는 낯선 사람에게 그의 어머니에게 근친 성교적inzestuös/incestuous/근친상간적으로 집착하고 있다느니, 사랑하는 것으로 보이는 아내에 대한 죽음 소원Todeswünsche/wishes for the death을 품고 있다느니, 그의

· ·

50. 1판에서만 이 문장의 뒷부분은 다음과 같다: "(…) if one behaves like a representative or advocate of some contending party with whom the patient is engaged in a conflict-of his parents, for instance, or the other member of a married couple." [英]
　　1판에서는 이 문장이 다음과 같을 것이다. '만약 우리가 처음부터 감정이입 이외에 다른 태도를 취해서 가령 도덕적인 태도를 보인다거나 환자와 갈등 관계에 있는 다른 쪽 편―가령 그의 부모나 배우자―을 옹호하거나 한다면 이 첫 성과를 물론 잃을 수 있다.' [韓]

상사를 기만하려는 [무의식적] 의도가 있다느니 등등의 것을 알린다면 그것은 엄청난 자아 도취Selbstgefälligkeit/selfcomplacency이자 무분별한 행위인 것이다![51] 나는 그런 식의 순간 진단과 빠른 치료를 뽐내는 분석가들이 있다는 것을 들어 알고 있지만 모든 사람들에게 그런 예를 따르지 말라고 경고한다. 그런 식으로 하다가는 그 추측이 맞든 틀리든 그 자신과 자신의 일에 대한 모든 신용을 잃을 것이며 아주 강력한 반대에 부딪힐 것이다. 사실 그 추측이 맞을수록 저항은 더 강력해진다. 그렇게 되면 보통 우선 치료의 효과는 사실상 전혀 없을 것이며 환자는 [겁을 먹고] 분석을 그만둘 것이며 그것은 되돌릴 수 없을 것이다. 치료의 나중 단계에서도 증상의 해답Symptomlösung/solution of a symptom과 소원의 번역Wunschübersetzung/translation of a wish/소원의 해석을, 환자가 그것에 아주 가까이 다가가서 스스로 그 해답을 알아내기 위해서는 단 한 발짝만 내디디면 될 때가 되기 전에는, 말해 주지 않도록 조심해야 한다. 이전 시기에 나는 해답을 너무 일찍 말해 주었다가 치료가 너무 일찍 끝나버리는 경험을 자주 했다. 이는 너무나 갑자기 일깨워진 저항 때문이기도 했지만 그 해결책이 제공한 완화Erleichterung/relief/홀가분해짐 때문이기도 했다.

여기서 다음과 같은 이의제기가 나올 것이다: 그렇다면 우리의 과제는 치료를 가능한 한 빨리 끝내는 것이 아니라 질질 끄는 것인가?

· ·

51. 프로이트가 이미 그의 논문 「'야생' 정신분석에 대하여("Wild" Psycho-Analysis)」(1910k)에서 다룬 이에 대한 자세한 예를 참조하라. [英]
    이 책의 11장 「'야생' 정신분석에 대하여」를 보라. [韓]

환자가 고통을 당하는 이유는 알지 못함과 이해하지 못함 때문이 아닌가? 그러므로 가능한 한 빨리, 따라서 의사 자신이 알게 되자마자, 환자가 알 수 있도록 하는 것이 우리의 의무가 아닌가?

이 질문에 대답하기 위해서는 약간 본론에서 벗어나서 앎의 의미와 정신분석 치료의 메커니즘에 대해 다루어야 한다.

분석 기법의 아주 초기 시절에 우리[52]는 물론 주지주의적으로in-tellektualistisch/intellectualist 생각해서 환자가 자신이 잊었던 것을 아는 것을 높이 평가했으며 그러면서 우리의 앎과 환자의 앎을 거의 구분하지 않았다. 잊혀진 어린 시절의 외상에 대해 [환자가 아닌] 다른 사람으로부터 예를 들어 부모나 돌보아 주었던 사람 또는 유혹했던 사람 자신으로부터 알게 되었을 때 — 이는 몇몇 경우에 가능했다 — 우리는 이를 특별한 행운으로 여겼으며 서둘러 그 정보와 그것이 사실이라는 증거를 환자에게 알렸으며 그럼으로써 신경증과 [신경증의] 치료를 빨리 끝낼 수 있을 것이라고 확신에 차서 기대했다. 기대했던 성과가 보이지 않아서 실망이 컸다. 이제 자신의 외상적 경험을 알게 된 환자의 상태가 어떻게 해서 전과 마찬가지로 아무것도 모르는 것처럼 그대로인가? 억압된 외상에 대해 이야기해 주고 묘사해 준다 해도 그것에 대한 기억조차도 떠오르지 않았다.

어떤 사례에서 히스테리에 걸린 아가씨의 어머니가 그 아가씨의

..

52. 책 또는 논문에서 우리(wir)는 나(ich)를 뜻할 수도 있다. 초기 시절에는 프로이트 혼자 정신분석을 했으므로 '나'라고 보아야 할 것이다. 아니면 '우리'가 프로이트와 브로이어를 가리키는 것일 수도 있을 것이다. [韓]

발작이 고착된 것에 커다란 영향을 끼친 동성애적 경험에 대해 내게 은밀히 말해 주었다. 그 광경을 바로 어머니에게 들켰다. 하지만 환자는 그때 이미 사춘기에 가까워지고 있을 나이였는데도 그것을 완전히 잊어버렸다. 나는 당시 교훈적인 경험을 할 수 있었다. 내가 어머니가 해준 이야기를 그 아가씨 앞에서 되풀이할 때마다 그녀는 히스테리 발작으로 반응했으며 그 후에는 내가 해준 이야기도 잊어버렸다. 환자가 자신에게 강요된 앎에 대한 강력한 저항을 표출하고 있다는 것에는 의심의 여지가 없었다. 마침내 그녀는 내가 이야기한 것으로부터 자신을 보호하기 위해 정신 박약Schwachsin/feeble-mindedness과 완전한 기억 상실을 가장했다 simulieren/simulate. 그 후 앎 자체에 부여했던 의미Bedeutung/importance/중요성를 부정하고 당시에[과거에] 알지 못함Nichtwissen/state of not knowing을 초래했고 현재[치료가 진행될 때]에도 그 알지 못함을 지킬 준비가 되어 있는 저항에 강조점을 둘 수밖에 없었다. 의식적 앎은 다시 추방되지 않더라도 이런 저항에 대해 무력하다.[53]

의식적 앎과 알지 못함을 조화시킬 수 있는[알고 있으면서도 동시에 알지 못할 수 있는] 환자의 이상한 태도를 소위 정상 심리학 Normalpsychologie/normal psychology으로는 설명할 수 없을 것이다. 무의식에 대한 인정을 바탕으로 한 정신분석에게는 그것이 어떠한

• •

53. 브로이어 시기(Breuer period)에 프로이트가 이 주제에 대해 품었던 아주 다른 견해가 『히스테리 연구』(1895d)에 있는 비슷한 사례에 대한 이야기에 분명히 나와 있다. *Standard Ed.*, vol. 2, pp. 274~275. [英]
　　　『히스테리 연구(프로이트 전집, 3권)』, 김미리혜 옮김(열린책들, 2003), 356쪽을 보라. [韓]

어려움도 야기하지 않는다. 오히려 위에서 서술한 현상은 정신적 과정을 위치론적 구분topisch differenziert/topographical differentiation/위치론적 세분화[54]을 통해서 접근하는 견해를 아주 잘 지지해 준다. 환자가 이젠 억압된 경험을 그의 사고Denken/conscious thought 속에서 알고 있기는 하지만 이것은 억압된 기억이 이런저런 방식으로 포함되어 있는 장소Stelle/place[55]와의 연결점이 결여되어 있다. 의식적 사고 과정이 그 대목까지 뚫고 들어가서 거기서 억압 저항Verdrängungswiderstände/resistances of repression을 극복해야만 변화가 비로소 이루어질 수 있다. 이것은 법무부에서 청소년 범죄는 어느 정도 가벼운 방식으로 교정되어야 한다는 법령을 고시할 때와 꼭 마찬가지이다. 개별 지방 법원에서 이 법령에 대해 알지 못하거나 지방 법원의 판사가 이 법령을 따르려 하지 않고 자기 방식대로 재판을 하려 하는 경우 개별 청소년 범법자에 대한 처우는 바뀌지 않을 것이다. 위에서 한 말을 약간 정정한다면, 억압된 것을 환자의 의식에 말해 주는 것이 효과가 전혀 없는 것은 아니다. 원했던 효과 즉 증상을 없애는 효과가 아니라 다른 결과가 나타난다. 먼저 저항이 나타난다. 하지만 만약 그것을 극복하는 데 성공한다면 어떤 사고 과정이 촉발되어서 그것이 진행되면서 마침내 기대하던 것 즉

• •

54. topisch를 '지형학적'이라고 번역하기도 한다. [韓]

55. Stelle는 '장소', '자리', '위치' 등을 뜻하는 말이지만 '[소설 등에서의] 대목'을 뜻하기도 한다. 만약 프로이트가 소설에의 비유를 염두에 두었다면 이 구절을 "소설 속의 한 단편적인 사건을 알고 있지만 그 사건이 어느 대목에 나오며 그 대목의 다른 사건들과 어떻게 연결되는지를 모르"는 상황과 연관 지어 이해할 수 있을 것이다. [韓]

무의식적 기억의 영향력Beeinflussung der unbewußten Erinnerung/influencing of the unconscious recollection이 발휘된다.[56]

이제는 치료에 의해 시작되는 힘들의 상호 작용Kräftespiel/play of forces/힘들의 힘겨루기에 대해 조망할 때가 되었다. 치료를 위한 첫 번째 동력은 환자의 고통과 그것에서 연유하는 회복되고자 하는 소원이다. 이 원동력Triebkraft/motive force의 크기는 여러 가지 요인 ― 이것들은 분석이 진행되면서 비로소 밝혀진다 ―, 특히 병에서 얻는 이차적 이득 때문에 줄어든다.[57] 하지만 상태가 호전될 때마다 감소하긴 하겠지만 이 원동력 자체는 치료가 끝날 때까지 유지될 것이다. 하지만 이것만으로는 병을 제거할 수 없다. 이 원동력은 두 가지를 결여하고 있다: [회복이라는] 목표에 도달하기 위한 길을 알지 못하며 저항에 대항하기 위해 필요한 에너지량을 조달할 수 없다. 분석 치료가 이 두 가지 부족한 점을 메워 줄

• •

56. 프로이트는 무의식적 표상(ideas)과 의식적 표상을 구분하는 위치론적 파악(topographi-cal picture)에 대해 이미 '꼬마 한스(Little Hans)'의 병력(1909b)에서 논의한다(Standard Ed., vol. 10, pp. 120~121). 그리고 그는 '야생' 정신분석('wild' analysis)에 대한 논문 (1910k)에서 이것에 대해 암시적으로 언급한다(Standard Ed., vol. 11, p. 225). 이런 식의 파악(picture)의 난점과 불충분함은 이 글이 출간된 지 2년 후에 메타심리학을 다룬 논문 「무의식(The Unconscious)」(1915e)의 섹션 2와 섹션 7에서 지적되는데 이 논문에서는 이 구분에 대한 더 깊은 논의가 제출되어 있다. [英]
　　「다섯 살배기 꼬마 한스의 공포증 분석」, 『꼬마 한스와 도라(프로이트 전집, 8권)』, 김재혁·권세훈 옮김(열린책들, 2003), 153쪽을 보라.
　　이 책의 257쪽을 보라.
　　「무의식에 관하여」, 『정신분석학의 근본 개념(프로이트 전집, 11권)』, 윤희기 옮김(열린책들, 2003), 섹션 2와 섹션 7을 보라. [韓]
57. 위 133쪽의 각주를 보라. [英]
　　이 글의 주)33을 보라. [韓]

수 있다. 분석 치료는 저항을 극복하는 데 필요한 정동의 양 Affektgrößen/amounts of energy을 전이에 쓰일 준비가 되어 있는 에너지를 동원함으로써 제공한다. 그리고 적시에 정보를 제공함으로써 분석 치료는 환자에게 그 에너지가 쓰여야 할 길을 제시해 준다. 전이는 종종 그 자체로 질병의 증상을 제거하기에 충분하다. 하지만 잠시 동안만, 전이 자체가 유지되는 동안만 그렇다. 그렇다면[전이 그 자체로만 치료한다면] 그것은 암시 치료이지 정신분석이 아니다. 전이의 강렬함이 저항을 극복하는 데 사용될 때에만 그 치료에 정신분석이란 이름을 붙일 수 있다. 그럴 때에만 전이가 해소되어 사라지더라도 — 이것이 전이의 운명이다 — 병이 [재발하는 것이] 불가능해질 것이다.

치료가 진행되는 동안 [치료를] 촉진하는 또 다른 요인도 일깨워지는데 그것은 환자의 지적 관심과 이해력이다. 이것 자체는 서로 싸우는 다른 힘들에 비한다면 거의 고려 사항이 못 된다. 저항 때문에 판단력이 흐려져서 이것은 항상 손상될 위험이 있기 때문이다. 따라서 전이와 ([의사가 환자에게] 말해 주는 것을 통한) 지도가 새로운 힘의 원천으로서 필요하게 되는데 이것은 분석가가 환자에게 줄 수 있는 것이다. 하지만 환자는 전이를 통해서 그러고 싶은 마음이 생겨야만 그 지도를 따른다. 따라서 강력한 전이가 형성될 때까지 처음으로 무엇인가를 말해 주는 것을 미루어야 한다. 그리고 덧붙이자면, 나중에도 계속해서 떠오르는 전이 저항 때문에 전이가 방해받는데 항상 이 방해가 제거된 다음에 말해 주어야 한다.[58]

58. 정신분석 치료의 메커니즘에 대한 전체 문제와 특히 전이에 대해서는 『정신분석 입문 강의(*Introductory Lectures*)』(1916~1917)의 27강의와 28강의에서 아주 길게 논의된다. 프로이트는 「억제, 증상 그리고 불안(Inhibitions, Symptoms and Anxiety)」(1926d)의 6장에서 '정신분석의 기본 규칙'(위의 134쪽 이하를 보라)을 관철시키는 데 있어서의 어려움에 대한 어느 정도 흥미로운 언급을 한다. [英]

　　『정신분석 강의(프로이트 전집, 1권)』, 임홍빈·홍혜경 옮김(열린책들, 2003), 27강의와 28강의를 보라.

　　「억압, 증상 그리고 불안」, 『정신 병리학의 문제들(프로이트 전집, 10권)』, 황보석 옮김(열린책들, 2003), 6장을 보라.

　　이 책의 91~92쪽을 보라. [韓]

5. 기억하기, 되풀이하기 그리고 훈습하기

표준판 편집자 주

Erinnern, Wiederholen und Durcharbeiten

Remembering, Repeating and Working-Through (Further Recommendations on the Technique of Psycho-Analysis, II)

(a) 독일어판:

1914 *Internationale Zeitschrift für Psychoanalyse* vol. 2(6), pp. 485~491.

1918 *S. K. S. N.*, vol. 4, pp. 441~452. (1922, 2판.)

1924 *Zur Technik der Psychoanalyse und zur Metapsychologie*, pp. 109~119.

1925 *G. S.*, vol. 6, pp. 109~119.

1931 *Schriften zur Neurosenlehre und zur psychoanalytischen Technik*, pp. 385~396.

1946 *G. W.*, vol. 10, pp. 126~136.

(b) 영역판:

"Further Recommendations in the Technique of Psycho-Analysis: Recollection, Repetition, and Working-Through"

1924 *C. P.*, vol. 2, pp. 366~376. (조운 리비어 옮김.)

여기에 있는 번역은 1924년에 출간된 번역을 수정한 것이며 제목도 수정했다.

(1914년 말에) 처음 선보였을 때 이 논문의 제목은 다음과 같았다: 'Weitere Ratschläge zur Technik der Psychoanalyse (II): Erinnern, Wiederholen und Durcharbeiten.(정신분석 기법에 대한 계속되는 조언 (II): 기억하기, 되풀이하기 그리고 훈습하기.)' 위에 인용된 1924년의 영역판의 제목은 이것을 번역한 것이다. 1924년 이후의 독일어판에서는 짧은 제목을 채택했다.

이 논문은 기법적 문제를 제외하더라도 '되풀이 강박'(150쪽[1])과 '훈습하기'(155쪽[2])라는 개념이 처음 나타난다는 점에서도 주목할 만하다.

• •

1. 이 책의 119~120쪽을 보라. [韓]

2. 이 책의 128쪽을 보라. [韓]

수습 분석가에게 정신분석 기법이 그 초기 시절과 비교해 볼 때 어떤 근본적 변화를 겪었나를 끊임없이 상기시키는 것이 쓸데없는 일은 아니라고 생각된다. 최초에는 즉 **브로이어**Breuer의 카타르시스Katharsis/catharsis의 단계에서는 증상이 만들어졌던 시점에 직접적으로 초점을 맞추고 당시 상황의 정신적 과정을 재생산해 내서 그것이 의식적 활동을 통해 방출될 수 있도록 하기 위해 집요한 노력을 기울였다. 기억하기와 소산시키기Abreagieren/abreacting가 당시에 최면 상태의 도움으로 이루어내야 할 목표였다. 그 후 최면을 포기하면서 피분석자에게 자유연상을 통해서 그가 무엇을 기억해 내는 데 실패했는지versagen/fail[1]를 추측해 내는 것이 과업으로 떠올랐다. 해석 작업과 환자에게 해석 작업의 결과를 말해 주는 것을 통해서 저항을 우회해야 했다. 증상이 만들어진 상황과 발병의 시점과 관련된 다른 상황은 계속해서 관심의 초점으로 남았지만 소산시키기는 뒤로 물러나고 피분석자가 자신에게 떠오른 생각들에 대한 비판을 (정신분석의 기본 규칙[2]을 준수함으로써) 극복하는

• •

1. versagen은 '거부하다'를 뜻하기도 한다. 그렇다면 '그가 무엇을 기억해 내기를 [무의식적으로] 거부했는지를'이 될 것이다. [韓]

2. φα Grundregel/fundamental rule of psycho-analysis [韓]

것 — 이는 [의사에 의해] 강요된다 — 을 위해 노력하는 것으로 대체되는 것으로 보였다. 마지막으로 현재의 일관성 있는 기법이 만들어졌다. 이제 의사는 특정 시점이나 문제에 초점을 맞추기를 포기한다. 그는 피분석자의 그때그때의 정신적 표면을 연구하는 데 만족하며 해석기술Deutungskunst/art of interpretation은 주로 여기에 나타나는 저항을 인식하고 그것을 환자가 의식할 수 있도록 하는 데 사용한다. 이리하여 일종의 분업이 새로 만들어진다. 의사는 환자에게 알려지지 않은 저항을 밝혀낸다. 일단 이 저항이 극복되고 나면 환자는 종종 전혀 힘들이지 않고도 잊혀졌던 상황과 관계에 대해 이야기한다. 이 기법의 목적은 물론 전과 마찬가지이다. 서술적으로는deskriptiv/descriptively speaking 기억의 틈새를 메우는 것이며 역동적으로는dynamisch/dynamically speaking 억압 저항Verdrängungswider-stände/resistances due to repression을 극복하는 것이다.

우리는 분석에서의 정신적 과정들 하나하나를 고립되고 단순화된 형태로 보여 준 것에 대해 여전히 이전의 최면 기법에 고마워해야 한다. 우리는 그것을 통해서만 분석 치료에서의 복잡한 상황 자체를 만들어내고 그것을 명료하게 유지할 용기를 얻을 수 있었다.

최면 치료에서는 기억하기가 아주 단순하게 이루어졌다. 환자는 과거의 한 상황 — 환자가 이 과거의 상황을 현재의 상황으로 혼동하는 일은 전혀 없는 것 같다 — 으로 돌아가서 그때의 정신적 과정들 — 그것들이 정상적이었던 한 — 에 대해 이야기해 주며, 당시에는 무의식적이었던 과정을 의식적 과정으로 변환함으로써 밝혀질 수 있는 것을 거기에 덧붙인다.

여기서 나는 모든 분석가들이 경험을 통해 확인할 수 있었던 몇몇 소견을 덧붙이겠다.[3] 인상, 장면, 경험 등을 잊어버리는 것은 대개 그것에 대한 "차단Absperrung/shutting off"으로 환원된다. 환자가 이 "잊어버린 것들Vergessenen/forgotten things"에 대해 이야기할 때 그들이 다음과 같은 말을 덧붙이지 않는 경우는 드물다: 나는 그것을 사실 항상 알고 있었어요. 단지 그것에 생각이 미치지 못했을 뿐이에요.[4] 그들은 드물지 않게, 자신이 "잊어버렸다"고 인정할 수 있는 일, 즉 그 일이 일어난 이후에 한 번도 그것에 대해 생각해 본 적이 없는 그런 일이 충분히 많이 떠오르지[연상되지] 않는다며 실망을 표한다. 하지만 특히 전환 히스테리Konversionshysterien/conversion hysterias의 경우에는 이런 갈망도 만족된다. 아주 일반적으로 존재하는 차폐 기억Deckerinnerungen/screen memories에 대한 인정이 이루어지면서 "잊어버리기"는 더욱 제한적으로 된다. 많은 경우에 나는 우리에게 익숙한 그리고 이론적으로 너무나 중요한 어린 시절에 대한 망각Kindheitsamnesie/childhood amnesia이 차폐 기억으로 완전히 보상된다는 인상을 받았다. 이 차폐 기억에는 어린 시절의 삶 중 본질적인 것 몇몇만이 아니라 사실 본질적인 것 모두가 포함되어 있다. 우리는 차폐 기억으로부터 그것을 분석을 통해서 풀어내는 방법만 알면 될 정도이다. 차폐 기억은 현시된

---

3. 초판에서만 이 문단과 다음 세 문단('덧붙인' 것에 해당한다)은 작은 글자체로 인쇄되었다. [英]

4. 독일어판: "das habe ich eigentlich immer gewußt, nur nicht daran gedacht."
   영역판: "As a matter of fact I've always known it; only I've never thought of it." [韓]

꿈내용manifester Trauminhalt/manifest content of a dream이 꿈–생각들 Traumgedanken/dream-thouhts을 대신하는repräsentieren/represent 만큼이나 잊혀진 어린 시절을 풍부하게 대신한다.

다른 그룹의 정신적 과정 즉 환상Phantasien/phantasies, 관련시키기 Beziehungsvorgänge/proccesses of reference[5], 감정 흥분Gefühlsregungen/emotional impulses, 연결Zusammenhänge/thought-connections[6] 등은 순수하게 내적인 활동이며 인상, 경험과는 대조를 이룬다. 따라서 이것들이 잊어버리기, 기억하기와 맺는 관계도 구분해서 고려되어야 할 것이다. 여기에서, 한 번도 인지된 적이 없기 때문에 즉 한 번도 의식된 적이 없기 때문에 "잊어버릴" 수도 없었던 어떤 것을 "기억해 내는" 일이 아주 자주 일어난다. 게다가 정신적 과정에서는 그런 "연관Zusammenhang/thought-connection"을 의식했다가 그다음에 잊어버렸는지 아니면 그것을 한 번도 의식한 적이 없었는지는 전혀 중요하지 않은 것으로 보인다. 분석 과정에서 환자가 얻는 확신은 이런 기억에 전혀 의존하지 않는다.

특히 다양한 형태의 강박 신경증에서는 잊어버리기가 대부분 맥락에서 떼어놓기Auflösung von Zusammenhängen/dissolving thought-connections/연관을 해체하기, 순서를 혼동하기Verkennung von Abfolgen/failing to draw the right conclusions, [각각의] 기억들을 고립시키기Isolierung von Erinnerungen/isolating memories 등으로 제한된다.

• •

5. 두 개의 표상을 관련시키는 것을 말하는 듯하다. 참고로 Beziehungswahn은 관계 망상을 뜻한다. [韓]
6. 여러 표상들을 한데 모아 하나의 맥락을 만들어내는 것을 말하는 듯하다. [韓]

특별한 종류의 너무나 중요한 경험 — 이것은 아주 어린 시절에 하게 되는 경험인데 당시에는 이해하지 못한 채 경험되었다가 **나중에**nachträglich/subsequently/사후적으로 이해되고 해석된다Deutung gefunden haben/interpreted[7] — 의 경우에는 대개 기억이 떠오르지 않는다. 우리는 꿈을 통해서 그것[그런 경험의 존재]을 알게 되며 신경증 조직의 모티프들 — 이 모티프들은 [그런 경험의 존재를] 아주 설득력 있게 보여 준다 — 때문에 그것을 믿어야 할 필요를 느끼게 된다.[8] 또한 우리는 환자가 저항을 극복한 다음에는, 그것이 기억 속에 있다는 느낌(그것에 대해 알고 있다는 느낌)이 없다는 이유로 그것을 인정하기를 거부하지는 않는다고 확신할 수 있다. 아무튼 이 주제는 아주 주의 깊은 비판[적 고찰]을 할 필요가 있으며 아주 새롭고 낯선 것을 야기한다. 따라서 나는 적절한 자료[9]를

• •

7. 여기서 '해석된다'는 '의미를 알게 된다'를 뜻한다. 정신분석에서의 '해석'이 아니다. 예컨대 2살 때 부모의 성교 장면을 의미를 모른 채 보았다가 5살 때 그 의미를 알게 되는 경우가 있을 수 있다. [韓]

8. 독일어판: "[Man] wird durch die zwingendsten Motive aus dem Gefüge der Neurose genötigt, an sie zu glauben."

영역판: "one is obliged to believe in them on the most compelling evidence provided by the fabric of the neurosis." [韓]

9. 이는 물론 '늑대 사나이(Wolf Man)'와 그의 네 살 때의 꿈을 말한다. 프로이트는 최근에 그에 대한 분석을 끝냈으며 아마도 그 병력에 대해서 이 논문과 어느 정도 동시에 썼을 것이다. 하지만 그 글은 약 4년 후에나 출간된다(1918b). 하지만 그 전에 프로이트는 『정신분석 입문 강의(*Introductory Lectures*)』(1916~1917)의 제23강의의 뒷부분에서 이 특별한 종류의 어린시절의 기억에 대해 논의한다. [英]

「늑대 인간 — 유아기 신경증에 관하여」, 『늑대 인간(프로이트 전집, 9권)』, 김명희 옮김(열린책들, 2003).

『정신분석 강의(프로이트 전집, 1권)』, 임홍빈 · 홍혜경 옮김(열린책들, 2003), 499쪽을 보라. [韓]

독립적으로 다룰 때를 위해 [그것에 대한 논의를] 유보할 것이다.

새로운 기법을 사용하면서 [최면에서의] 이런 즐겁고 매끄러운 진행은 아주 드물게 일어나거나 전혀 일어나지 않는 경우도 많다.[10] 어느 지점까지는 최면 기법에서와 비슷하고 그 이후부터만 달라지는 경우도 있지만 다른 경우에는 처음부터 다르다. 차이를 드러내기 위해서 두 번째 타입[최면 기법에서와는 처음부터 다른 경우]에만 국한하여 이야기한다면 우리는 피분석자가 잊어버린 것들과 억압된 것들 중 어떤 것도 **기억해 내지** 못하고 대신 그것들을 **실연한다고**agiere/act out 말할 수 있을 것이다.[11] 그는 그것을 기억이 아니라 행위로 재생산한다. 그는 그것을 되풀이하고 있다는 것을 물론 알지 못한 채 그것을 **되풀이한다.**

예를 들어 피분석자는 그가 부모의 권위에 대해 반항적이었으며 부모의 권위를 불신했었다는 것을 기억한다고 말하지 않는다. 대신 그는 그런 식으로 의사를 대한다. 그는 유아기의 성적 탐구에서 어찌할 바 모르게 되는 교착 상태에 빠졌었다는 것을 기억해 내지 못한다. 대신 그는 수많은 뒤얽힌 꿈들과 연상들Einfälle에 대해 말하며 자신은 항상 성공하지 못한다고 한탄하며 시작한 일을 결코 끝내지 못하는 것이 그의 운명이라고 주장한다. 그는

. .

10. 프로이트는 '덧붙인' 부분의 바로 전에서 했던 논의를 계속하고 있다. [英]
　　'(…) 변환함으로써 밝혀질 수 있는 것을 거기에 덧붙인다.'에 이어진다. [韓]
11. 프로이트는 아주 이전에 '도라'에 대한 분석(1905e)에 붙인 후기 중 전이의 문제를 다루는 부분에서 이 점을 분명히 했다. *Standard Ed.*, vol. 7, p. 119. [英]
　　「도라의 히스테리 분석」, 『꼬마 한스와 도라(프로이트 전집, 8권)』, 김재혁·권세훈 옮김(열린책들, 2003), 310쪽 이하를 보라. [韓]

어떤 성적 행위에 대해 무척 부끄러워했으며 그것을 들킬까 봐 걱정했었다는 것을 기억해 내지 못한다. 대신 그는 이제 받기 시작하는 치료에 대해 부끄럽다고 그리고 그것을 모든 사람에게 비밀로 하고 싶다고 말한다, 등등.

특히 그는 이런 되풀이와 함께 치료를 시작한다. 인생 역정이 파란만장하고 긴 병력이 있는 환자에게 정신분석의 기본 규칙에 대해 말해 주고 연상을 말해달라고 요구한 다음에 우리는 그가 말을 줄줄이 쏟아낼 것이라고 기대한다. 하지만 종종 그가 아무 말도 할 수 없다는 것을 알게 된다. 그는 침묵하며 아무것도 떠오르지 않는다고 주장한다. 이것은 물론 기억하기에 대한 저항으로 전면에 나타나는 동성애적 태도의 되풀이에 다름아니다.[12] 그가 치료를 계속하는 한 그는 이런 되풀이 강박Zwang zur Wiederholung/compulsion to repeat[13]에서 더 이상 자유로울 수 없다.

• •

12. 138쪽을 보라. [英]
　　이 책의 99쪽을 보라.
　　앞 문장에서 남성 인칭대명사 'er(그)'가 사용된 것으로 보아 남성 환자와 남성 의사를 전제로 한 이야기일 것이다. [韓]
13. 여기가 [되풀이 강박에 대핸 아이디어가 처음으로 나타나는 곳인 것 같다. 이 아이디어 는 훨씬 더 일반화된 형태로 프로이트의 후기 본능 이론(theory of the instincts)에서 아주 중요한 부분을 차지하게 된다. 이 아이디어는 여기와 같이 임상에 적용되는 방식으로 「으스스한 것(The Uncanny)」(1919h)이라는 논문에서도 다시 다루어진다. *Standard Ed.*, vol. 17, p. 238. 그리고 이것은 『쾌락 원리를 넘어서(*Beyond the Pleasure Principle*)』(1920g)의 3장에 있는 일반적 테제를 뒷받침하는 증거로도 쓰이며 거기에는 이 논문에 대한 언급이 있다. *Standard Ed.*, vol. 18, p. 18 이하. [英]
　　「두려운 낯설음」, 『예술, 문학, 정신분석(프로이트 전집, 14권)』, 정장진 옮김(열린책 들, 2003), 430쪽을 보라.
　　「쾌락 원칙을 넘어서」, 『정신분석학의 근본 개념(프로이트 전집, 11권)』, 윤희기 우리는 마침내 이것이 그가 기억하는 방식이라는 것을 이해하게 된다.

물론 우선 이런 되풀이 강박이 전이, 저항과 맺는 관계가 우리의 관심을 끈다. 우리는 전이 자체가 되풀이하기의 한 단편일 뿐이며 되풀이하기가 잊혀진 과거를 의사뿐 아니라 현재 상황의 다른 모든 영역에도 전이하는 것임을 곧 알아차리게 된다. 따라서 우리는, 이제 기억 충동Impuls zur Erinnerung/impulsion to remember을 대체하는 되풀이 강박Zwang zur Wiederholung/compulsion to repeat[14]에 피분석자가 자신을 내맡길 때에 그것은 의사에 대한 개인적 관계뿐 아니라 치료 당시의 그의 삶의 모든 다른 활동과 관계 — 예를 들어 그가 치료 중에 사랑 대상을 선택할ein Liebesobjeckt wählen/fall in love 때, 어떤 일이나 사업에 착수할 때 — 에도 해당할 것임을 각오해야 한다. 저항이 차지하는 부분[저항의 역할]도 쉽게 알아낼 수 있다. 저항이 클수록 기억하기가 더 많이 실연하기[15](되풀이하기)로 대체된다. 잊혀진 것을 이상적으로 기억해 내는 최면 상태는 저항이 완전히 옆으로 치워진 상태에 상응한다. 만약 치료가 부드럽고 온화한 긍정적 전이positive Übertragung/positive transference의 비호 아래 시작된다면 우선은 최면에서처럼 기억하기가 깊이 있게 진행될 수 있을 것이며 그동안에는 병의 증상조차도 진정된다. 하지만 [치료가] 더 진행되면서 이 전이가 적대적으로 되거나 너무 강렬해

* *

옮김(열린책들, 2003), 284쪽 이하를 보라. [韓]
14. Zwang은 충동을 뜻하기도 한다. [韓]
15. Agieren/acting out [韓]

져서 억압할 필요가 생긴다면 곧바로 기억하기가 실연하기에 자리를 내줄 것이다. 이제 그때부터는 저항이 되풀이되는 일련의 것들을 결정한다. 환자는 과거라는 무기고에서 무기를 꺼내서 치료의 진전으로부터 자신을 보호한다. 우리는 환자로부터 그 무기를 하나하나 빼앗아야 한다.

우리는 이제, 피분석자가 기억하는 대신 되풀이하며 저항의 조건 아래에서 되풀이한다는 것을 알았다. 우리는 이제 도대체 그가 되풀이하는 또는 실연하는 것이 무엇인지를 질문해야 할 것이다. 그 대답은 다음과 같다. 억압된 것이 이미 관철되어 드러나는 그의 특성이 된 모든 것 즉 억제, 부적절한 태도, 병리적인 성격 특성 등을 그는 되풀이한다.[16] 그는 치료 중에 그의 모든 증상들도 되풀이한다. 우리는 되풀이 강박을 강조함으로써 새로운 사실을 알게 되는 것이 아니라 더욱 일관성 있는 견해에 이르게 되는 것일 뿐임을 이젠 알 수 있다. 피분석자의 병이 분석의 시작과 함께 사라질 수 없다는 것이 그리고 우리가 그의 병을 역사적historisch/of the past/과거의 문제로서가 아니라 현실의aktuell/present-day/현재의 힘으로서 다루어야만 한다는 것이 이제 분명해졌다. 이 병의 단편단편이 치료의 시야와 영향권 안으로 밀려 들어오고 환자가 그것을

16. 독일어판: "Die Antwort lautet, er wiederholt alles, was sich aus den Quellen seines Verdrängten bereits in seinem offenkundigen Wesen durchgesetzt hat, seine Hemmungen und unbrauchbaren Einstellungen, seine pathologischen Charakterzüge."

영역판: "The answer is that he repeats everything that has already made its way from the sources of the repressed into his manifest personality-his inhibitions and unserviceable attitudes and his pathological character-traits." [韓]

실제로서, 현실로서[현재의 것으로서] 체험하게 될 때 우리는 그것에 대해 치료 작업 — 이것의 많은 부분은 과거로 추적해 가는 것으로 이루어져 있다 — 을 행해야 한다.

최면에서의 기억해 내게 하기Erinnernlassen/remembering, as it was in-duced는 실험실에서의 실험이라는 인상을 준다. 새로운 기법에 따른 분석 치료 중의 되풀이하게 하기Wiederholenlassen/repeating, as it is induced는 실제 삶의 부분을 불러일으켜야 할 필요가 있고 따라서 모든 경우에 무해하며 우려할 필요가 없는 것은 아니다. 종종 피할 수 없는 "치료 중의 [병의] 악화"와 관련된 모든 문제가 여기에 연결되어 있다.

무엇보다도 먼저 치료의 개시 자체가 환자의 병에 대한 의식적 태도를 변화시킨다. 그는 대개 병을 한탄하거나 어처구니없는 일이라며 얕보거나 그 중요성을 과소평가하는 것에 만족해 왔다. 그렇지 않으면 그것의 기원에 대해 취했던 억압의 방식 즉 [머리를 모래에 처박고 문제가 해결되었다고 믿는] 타조의 처세술을 그것의 표현Äußerungen/manifestations/증상을 대할 때도 취해 왔다. 따라서 그는 자신의 공포증Phobie/phobia의 조건을 제대로 인식하지 못할 수 있었으며 그의 강박 관념Zwangsideen/obsessional ideas의 정확한 표현에 귀 기울이지 않을 수 있었으며 그의 강박 충동Zwangsimpuls/obses-sional impulse의 원래 의도를 파악하지 못할 수 있었다.[17] 이런 것들은

· ·

17. 이것의 예로는 '꼬마 한스'의 병력(1909b, *Standard Ed.*, vol. 10, p. 124)과 '쥐 사나이'의 병력(1909d, *Standard Ed.*, vol. 10, p. 223)을 보라. [英]
　　「다섯 살배기 꼬마 한스의 공포증 분석」, 『꼬마 한스와 도라(프로이트 전집, 8권)』,

당연히 치료에 도움이 안 된다.[18] 그는 자기 병의 현상Erscheinungen /phenomena/증상에 주의를 기울일 수 있도록 용기를 내야 한다. 병 자체가 더 이상 얕볼 수 있는 것이 아니라 오히려 맞설 가치가 있는 적수, 자기 존재Wesen/personality/성격의 일부 — 확실한 이유 때문에 그것이 존재하는 것이며 그로부터 나중의 그의 삶을 위한 가치 있는 것을 이끌어낼 수 있다 — 로 인식되어야 한다. 그리하여 증상으로 표현되는 억압된 것과의 화해가 처음부터 준비되며, 병에 대한 어느 정도의 용인을 위한 자리 또한 마련된다. 만약 병에 대한 이러한 새로운 관계Verhältnis/attitude 때문에 갈등이 격화되 고 이전에는 불분명했던 증상이 전면에 드러난다면, 이것은 필요 한, 일시적인 악화이며 앞에 있지도 않은 적을 또는 충분히 가까이 있지 않은 적을 죽일 수는 없다는 것을 환자에게 인식시킴으로써 쉽게 그를 안도시킬 수 있을 것이다. 하지만 저항이 이 상황을 자신의 의도를 위해 이용할 수 있으며 병들어 있는 것에 대한 허가Erlaubnis/licence를 남용하려 할 수 있다.[19] 저항이 다음과 같이 말하는demonstrieren/say/시위하는 것만 같다: 이것 보세요. 내가 정말로 이런 것들과 관여하니까einlassen/give way to 어떤 일이 생기는지를. 그것들을 억압에 맡겼던 것이 옳지 않았나요? 특히 청소년들과

* *

김재혁·권세훈 옮김(열린책들, 2003), 156쪽을 보라.

「쥐 인간 — 강박 신경증에 관하여」, 『늑대 인간(프로이트 전집, 9권)』, 김명희 옮김(열린책들, 2003), 77쪽을 보라. [韓]

18. 독일어판: "Das kann die Kur natürlich nicht brauchen."

영역판: "The treatment, of course, is not helped by this." [韓]

19. Erlaubnis는 허가, 허락, 인가, 동의, 허가증 등을 뜻한다. [韓]

어린이들은 치료에서 요구되는 병과의 마주 대하기를 병의 증상을 탐닉하는 데 기꺼이 이용하는 경향이 있다.[20]

치료가 진전되면서 아직까지 관철되지 못한, 새로운, 더 깊숙이 놓여 있는 욕동 충동Triebregungen/instinctual impulses도 되풀이될 수 있게 됨으로써 더한 위험이 발생한다. 마침내 전이 밖에서의 환자의 활동이 환자의 삶에 일시적으로 해를 끼칠 수 있으며 더 나아가 그런 활동이 건강의 달성을 영구히 무효화하도록 선택될 수 있다.

이런 상황에서 의사가 택해야 할 전략은 쉽게 정당화될 수 있다. 비록 새로운 기법하에서는 도달할 수 없다는 것을 알고 있다 하더라도 의사는 이전 방식[최면]에 따른 기억하기 즉 정신적 영역에서의 재생산을 목표로서 고수하고 있어야 한다. 의사는 모든 충동—환자는 이것을 운동성으로 돌리려 한다—이 정신적 영역에서만 [표현될 수] 있도록 제한하기 위해 환자와 끝없이 투쟁할 준비가 되어 있어야 한다. 그리고 만약 환자가 행위를 통해서 방출하려고 한 어떤 것을 기억 작용Erinnerungsarbeit/work of remebering/기억 작업으로 처리하는 데 성공했다면 그것을 치료의 승리로 축하할 수 있을 것이다. 전이를 통한 애착Bindung/attachment이 어떻게든 쓸모 있을 정도가 되었다면 치료를 통해 환자의 더 중대한

· ·

20. 독일어판: "Besonders jugendliche und kindliche Personen pflegen die in der Kur erforderliche Einlenkung auf das Kranksein gern zu einem Schwelgen in den Krankheitssymptomen zu benützen."

  영역판: "Young and childish people in particular are inclined to make the necessity imposed by the treatment for paying attention to their illness a welcome excuse for luxuriating in their symptoms." [韓]

되풀이 행위Wiederholungsaktionen/repetitive actions가 어떤 것도 실현되지 못하도록 막을 수 있으며 그러려는 의도를 생성 단계에서in statu nascendi 치료 작업을 위한 재료로 사용할 수 있다. 환자가 자신의 충동을 실행에 옮김으로써 해를 입는 것을 막는 가장 좋은 방법은 치료가 지속되는 동안에는 인생에서 중요한 어떤 결정도— 예를 들어 직업을 선택하거나 결정적으로 중요한 사랑 대상을 선택하는 것[결혼]— 하지 않고 그것을 병이 나을 때까지 미루게 하는 것이다.

우리는 이렇게 조심하는 것과 충돌하지 않는다면 피분석자 개인의 자유를 기꺼이 보장해 줄 것이며 그가 비록 어처구니없는 의도를 관철하려고 하더라도 그것이 그리 중요한 것이 아니라면 방해하지 않을 것이다. 우리가 잘 알고 있듯이 사람은 원래 손해를 보면서만 그리고 자기 자신의 경험을 통해서만 현명해질 수 있는 법이니까. 치료가 진행되는 중에 완전히 부적절한 어떤 일을 벌이는 것을 막을 수 없는 환자들도 물론 있다. 그들은 나중에야 지쳐서 분석에 의한 접근이 가능해진다.[21] 가끔은 거친 욕동에 전이라는 고삐를 맬 시간이 없는 경우 또는 환자가 되풀이 행위 속에서 자신과 치료를 묶어 주는 끈을 끊어버리는 경우가 있기 마련이다.

• •

21. 독일어판: "Es gibt wohl auch Fälle, die man nicht abhalten kann, sich während der Behandlung in irgend eine ganz unzweckmäßige Unternehmung einzulassen, und die erst nachher mürbe und für die analytische Bearbeitung zugänglich werden."

영역판: "There are also people whom one cannot restrain from plunging into some quite undesirable project during the treatment and who only afterwards become ready for, and accessible to, analysis." [韓]

극단적인 예로는 다음과 같은 사례가 있다. 어떤 나이가 지긋한 부인이 몽롱한 상태Dämmerzustände/twilight state에서 그녀의 집과 남편을 떠나 어디론가 도망치는 일을 되풀이했었다. 그녀는 이 "도망치기Durchgehen"의 어떤 동기도 의식한 적이 없었다. 그녀는 두드러진 애정 어린 전이와 함께 치료를 시작했다. 그 전이는 처음 며칠 동안 엄청나게unheimlich/uncanny/섬뜩하게 **빠른** 속도로 강렬해졌으며 그녀는 첫 주가 끝날 때에 나로부터도 "도망쳤다durchgegangen/decamped."[22] 이런 되풀이를 막을 수도 있었던 어떤 말을 내가 할 시간을 갖기도 전이었다.

하지만 환자의 되풀이 강박을 억제하고bändigen/curb/통제하고 그것을 기억하기를 위한 모티프로 변환시키기 위한 주요 수단은 전이를 다루는 것에 놓여 있다. 우리는 그것[되풀이 강박]의 권리를 인정함으로써, 그것이 어떤 영역에서는 마음대로 하도록 내버려둠으로써 그것을 무해하게 아니 오히려 유용하게 만든다. 우리는 그것에게 전이라는 운동장을 열어 준다. 그것은 그곳에서 거의 완전히 자유롭게 자신을 펼치는 것이 허용되며 피분석자의 정신생활에 숨겨져 있었으며 병인이 된 욕동과 연관되었던 것을 모두 보여 줄 것이 요구된다. 환자가 치료의 존재 조건Existenzbedingungen/ecessary conditions/필요 조건을 존중할 정도로만 잘 따라 준다면 우리는 항상 병의 모든 증상에 새로운 전이 의미Übertragungsbedeutung/transference meaning[23]를 부여할 수 있으며 보통의 신경증을 전이 신경증

· ·

22. Durchgehen은 durchgehen의 명사형이며 durchgegangen은 durchgehen의 과거분사형이다. [韓]

Übertragungsneurose/transference-neurosis[24] — 환자는 치료 작업을 통해 이 전이 신경증으로부터 회복될 수 있다 — 으로 대체할 수 있다. 따라서 전이는 병과 삶 사이의 중간 영역을 형성하며 그것을 통해서 병에서 삶으로의 이행이 이루어진다. 이 새로운 상태[전이]는 병의 모든 특성을 넘겨받는다. 하지만 그것은 인위적인 병을 나타내며 모든 부분에서 우리의 개입을 허용한다. 그것은 실제 경험의 단편이긴 하지만 동시에 특별히 유리한 조건하에서 만들어진 것이기도 하며 잠정적인 성격을 띤다. 전이에서 나타나는 되풀이 반응-Wiederholungsreaktionen/repetitive reactions[25]은 이젠 잘 알려진 길인 기억의 각성 — 저항이 극복된 후에는 힘들이지 않고 나타난다 — 으로 인도된다.

만약 이 논문의 제목이 나로 하여금 분석 기법에 대해 더 이야기하도록 강제하지 않았다면[26] 나는 여기서 끝마칠 수 있었을 것이다. 저항의 극복은 잘 알다시피 의사가 피분석자에겐 결코 알려지지 않은 저항을 밝혀내고 그것을 환자에게 말해 주는 것으로 시작된다. 분석의 초심자들은 시작에 불과한 이런 것을 그가 해야 할 작업의

. .

23. 1924년 이전 판에서는 이것이 'Übertragungsbedingung/transference-determinant/전이조건'으로 되어 있었다. [英]
24. 이 용어의 특별한 용법과 보통의 용법(히스테리와 강박 신경증을 지칭한다(denote)) 사이의 연관에 대해서는 『정신분석 입문 강의(Intorductory Lectures)』(1916~1917)의 27강의에서 다루어진다. [英]
    『정신분석 강의(프로이트 전집, 1권)』, 임홍빈·홍혜경 옮김(열린책들, 2003), 27강의를 보라. [韓]
25. 초판에서만 'repetitive actions(되풀이 행위)'라고 되어 있었다. [英]
26. 이 논문의 제목 중 '훈습하기(Durcharbeiten)'에 대한 서술이 아직 남아 있다는 말일 것이다. [韓]

전체로 여기는 경향이 있는 것 같다. 나는 종종 어떤 사례들에 대한 충고를 부탁받는다. 그런 사례들에서 의사는 환자에게 환자의 저항에 관해 설명해 주었는데도 [바라던 방향으로의] 변화가 있기는커녕 오히려 저항은 더 강렬해질 뿐이고 전체 상황이 더욱 불투명해졌다고 한탄했다. 치료에 진전이 없어 보인다는 것이다. 그 후 이런 비관적인 예상이 잘못된 것이었다는 것이 항상 드러난다. 치료는 보통 아주 잘 진척된다. 저항에 이름을 붙이는 것[환자에게 어떤 것이 저항이라고 말해 주는 것]만으로는 곧바로 저항을 사라지게 할 수 없다는 점을 의사가 잊고 있었을 뿐이다. 우리는 환자가 저항을 무릅쓰고 분석의 기본 규칙을 따라 [분석]작업을 계속함으로써 그에게 이제 알려진 저항에 몰두할[27], 그것을 **훈습할**durch-arbeiten/work through, 그것을 극복할überwinden/overcome 시간을 주어야 한다.[28] 강렬한 저항 속에서만 우리는 피분석자와의 공동 작업을 통해서 저항에 [에너지를] 공급하는 억압된 욕동 충동Triebregungen을 밝혀낼 수 있으며 그런 경험을 통해서 환자는 그것[억압된

· ·

27. 초판에만 '(…) sich in den ihm nun bekannten widerstand zu vertiefen(그에게 이제 알려진 저항에 몰두할)'이라고 되어 있다. 이후의 모든 독일어판에서는 'nun bekannten'이 'unbekannten'으로 바뀌었다. 하지만 'to become more conversant with the resistance that is unknown to him(그에게 알려지지 않은 저항과 더 친밀해지고)'는 말이 안 되는 것 같다. [英]

28. 독일어판: "Man muß dem Kranken die Zeit lassen, sich in den ihm unbekannten Widerstand zu vertiefen(그에게 알려지지 않은 저항에 몰두할), ihn **durchzuarbeiten**, ihn zu überwinden, indem er ihm zum Trotze die Arbeit nach der analytischen Grundregel fortsetzt."

영역판: "One must allow the patient time to become more conversant with this resistance with which he has now become acquainted, to work through it, to overcome it, by continuing, in defiance of it, the analytic work according to the fundamental rule of analysis." [韓]

욕동 충동]이 존재하며 강력하다는 것을 납득할 수 있다. 거기에서 의사에게는 잠자코 기다리며 일이 진행 ─ 그 진행을 피할 수도 없으며 그 진행을 촉진시키는 것이 항상 가능하지도 않다 ─ 되도록 놔두는 것 이외에 다른 할 일이 없다. 의사가 이런 식의 통찰을 고수한다면 올바른 길에 따라 치료를 잘 이끌어가고 있는데도 일을 망쳤다고 실망하는 일을 종종 피할 수 있다.

이런 식의 저항 훈습하기]Durcharbeiten/working-through는 실제 치료에서 피분석자에게는 까다로운 과업일 수 있으며 의사에게는 인내심에 대한 시험일 수 있다. 하지만 이것은 [분석] 작업 중 환자를 가장 크게 변화시키는 작용을 하는 부분이며 분석 치료 암시를 통한 모든 영향[치료]과 구분할 수 있게 하는 것이다. 이론적으로 우리는 이것을 억압에 의해 끼인eingeklemmt/strangulated[29] 일정량의 정동Affektbeträge/quotas of affect이 "소산Abreagieren/abreacting" ─ 이것이 없다면 최면 치료의 효과가 없을 것이다 ─ 되는 것과 동렬에 놓을 수 있을 것이다.[30]

. .

29. eingeklemmt는 '[문틈 같은 곳에] 끼인', '죄여진', '감돈된' 등을 뜻한다. strangulated는 '괄약된'을 뜻하기도 한다. 대변[일정량의 정동]이 괄약근[억압]에 의해 괄약되어 직장 밖으로 배출되지 못하는 것을 떠올릴 수 있을 것이다. [韓]

30. 이 논문에서 소개된 '훈습(working-through)'이라는 개념은 분명히, 프로이트가 여러 곳에서 논한 '정신적 관성(psychical inertia)'과 연관되어 있다. 이런 논의들 중 일부는 망상증(paranoia) 사례에 대한 논문(1915f)에 붙인 편집자의 각주에 나열되어 있다 (*Standard Ed.*, vol. 14, p. 272). 『억제, 증상 그리고 불안(*Inhibitions, Symptoms and Anxiety*)』(1926d)의 11장의 섹션 A(a)에서 프로이트는 무의식의(또는 이드의) 저항 때문에 '훈습'이 필요하다고 했다. 그는 이 주제를 「끝낼 수 있는 분석과 끝낼 수 없는 분석(Analysis Terminable and Interminable)」(1937c)의 섹션 6에서 다시 다룬다. [英]

・ ・

　「억압, 증상 그리고 불안」, 『정신 병리학의 문제들(프로이트 전집, 10권)』, 황보석 옮김(열린책들, 2003), 291쪽을 보라.
　이 책의 15장 「끝낼 수 있는 분석과 끝낼 수 없는 분석」의 6절을 보라. [韓]

6. 전이 사랑에 대한 소견[1]

• •

1. 영역판에서는 Bemerkung을 observation이라고 번역했다. Bemerkung과 observation에는
모두 '소견', '촌평'이란 뜻도 있고 '관찰'이란 뜻도 있다. [韓]

표준판 편집자 주

Bermerkungen über die Übertragungsliebe

Observations on Transfernce-Love (Further Recommendations on the Technique of Psycho-Analysis, III)

(a) 독일어판:

1915 *Internationale Zeitschrift für Psychoanalyse* vol. 3(1), pp. 1~11.

1918 *S. K. S. N.*, vol. 4, pp. 453~469. (1922, 2판.)

1924 *Zur Technik der Psychoanalyse und zur Metapsychologie*, pp. 120~135.

1925 *G. S.*, vol. 6, pp. 120~135.

1931 *Schriften zur Neurosenlehre und zur psychoanalytischen Technik*, pp. 385~396.

1946 *G. W.*, vol. 10, pp. 306~321.

(b) 영역판:

"Further Recommendations in the Technique of Psycho-Analysis: Observations on Transference-Love"

1924 *C. P.*, vol. 2, pp. 377~391. (조운 리비어 옮김.)

여기에 있는 번역은 1924년에 출간된 번역을 수정한 것이며 제목도 수정했다.

처음 출간되었을 때(1915년 초) 이 논문의 제목은 다음과 같았다: 'Weitere Ratschläge zur Technik der Psychoanalyse (III): Bemerkungen über die Übertragungsliebe.(정신분석 기법에 대한 계속되는 조언 (III): 전이 사랑에 대한 소견.)' 1924년의 영어 번역본의 제목은, 위에 소개되어 있듯이, 이것을 번역한 것이다. 1924년 이후의 독일어판에서는 짧은 제목이 쓰였다.

어니스트 존스(Ernest Jones) 박사는(1955, 266쪽) 프로이트가 이 논문을 기법에 대한 논문 시리즈 중에서 최고로 생각했다고 전한다. 1931년 12월 13일에 프로이트가 페렌찌(Ferenczi)에게 쓴 편지는 페렌찌에 의해 도입된 기법에서의 혁신과 관련하여 이 논문의 흥미로운 후기라고 생각할 수 있다. 이 편지는 존스 박사의 프로이트 전기의 제3권(1957, 174쪽 이하)의 4장의 끝부분에 출간되었다.

모든 정신분석 초심자가 아마도 처음에는 환자에게 떠오른 생각들을 해석하고 억압된 것을 재생산하는 과제가 안겨 줄 어려움 때문에 걱정할 것이다. 하지만 곧 이런 어려움이 별것 아니라는 것을 깨닫게 되고 대신 유일한 진짜 어려움은 전이를 다루는 것이라고 확신하게 된다.

여기서[전이와 관련하여] 발생하는 상황들 중에서 나는 뚜렷하게 한정된 하나의 상황만을 뽑아내서 그에 대해 논할 것이다. 그 상황은 자주 발생하며 현실적으로 중요하기 때문에 선택되기도 했지만 이론적으로도 흥미롭기 때문에 선택되기도 했다. 내가 염두에 두고 있는 것은 여성 환자가 자신을 분석하는 [남성] 의사와 다른 인간 여성과 마찬가지로, 사랑에 **빠졌다**는 것을 애매하지 않은 암시Andeutungen/indications[2]를 통해서 드러내거나 내놓고 말하는 경우이다. 이 상황은 그것이 심각한 만큼이나 고통스러우면서도 희극적인 측면이 있다. 이것은 또한 너무나 복잡하고 다면적으로 조건 지어지며 정말로 피할 수 없으며 해결하기가 너무나 힘들기 때문에 오래전부터 이에 대한 논의는 분석 기법을 위해 정말로

• •

2. andeuten은 '(은근히) 드러내다', '암시하다', '변죽을 울리다'를 뜻한다. [韓]

필요했다. 하지만 남의 결점을 비웃는 우리 역시 그런 결점에서 항상 자유롭지는 않기 때문에 우리는 지금까지 이 과업의 수행에 서둘러 달려들지 못했다.[3] 계속해서 우리는 여기서 의사의 비밀 엄수 의무와 충돌하게 되는데 이 의무는 [실제] 삶에서는 반드시 필요하지만 우리의 학문에는 필요가 없는 것이다. 정신분석 Psychoanalytik/psycho-analytic[4] 문헌 역시 실제 삶에 속하는 한 우리는 여기서 풀 수 없는 모순에 직면하게 된다. 나는 최근에 어떤 곳에서 이 비밀 엄수의 의무를 저버리고 바로 그런 전이 상황 때문에 초기 시절에 정신분석 치료의 발전이 10년은 지체되었다는 것을 시사한 바 있다.[5]

훌륭한 교육을 받은 문외한 — 그들이 아마도 정신분석과 관련

- -

3. 정신분석가들은 껄끄러운 문제—예를 들어 성을 담론화하는 것—를 회피하려는 사람들을 비웃었다. 하지만 정신분석가도 그런 결점으로부터 완전히 자유로울 수는 없었다. 그들도 전이 사랑이라는 껄끄러운 문제를 다루는 것을 회피해온 것이다. [韓]

4. 여기에서는 특이하게 Psychoanalyse가 아니라 Psychoanalytik이라고 표기했다. [韓]

5. 『정신분석 운동의 역사에 대하여(*Zur Geschichte der psychoanalytischen Bewegung*)』, 1914. [原]

　　이 책[독일어판 전집 제10권]에 포함되어 있음. [獨]

　　정신분석 운동의 역사에 대한 프로이트의 글(1914d)의 첫 섹션. 이것은 안나 O.(Anna O.)의 사례에서 브로이어가 전이 때문에 어려움을 겪은 것을 말한다. *Standard Ed.*, vol. 14, p. 12. [英]

　　독일어판: "Ich habe mich kürzlich an einer Stelle über die Diskretion hinausgesetzt und angedeutet, daß die nämliche Übertragungssituation die Entwicklung der psychonanaly-tischen Therapie um ihr erstes Jahrzehnt verzögert hat."

　　영역판: "I have recently disregarded this matter of discretion at one point, and shown how this same transference situation held back the development of psycho-analytic therapy during its first decade."

　　「정신분석 운동의 역사」, 『정신분석학 개요(프로이트 전집, 15권)』, 박성수·한승완 옮김(열린책들, 2003), 56쪽을 보라. [韓]

해서는 이상적인 문화인일 것이다 — 에게 애정 사건은 다른 어떤 것과도 비교가 불가능하다. 그것은 다른 어떤 것도 쓰여질 수 없는 특별한 페이지에 있어야만 한다.[6] 따라서 만약 여성 환자가 [남성] 의사와 사랑에 빠졌다면 문외한에게는 두 가지 결말만이 가능한 것으로 생각될 것이다. 하나는 드문 경우로 모든 상황이 둘의 지속적이고 합법적인 결합[결혼]을 허용할 때이고, 다른 하나는 더 흔한 경우로 의사와 환자는 헤어져야 하며 환자의 회복을 위해 시작한 [치료] 작업을 마치 천재지변이나 일어난 것처럼 포기해야 하는 경우이다. 물론 제3의 결말도 생각해 볼 수 있다. 이것은 게다가 치료의 지속과도 조화될 수 있는 것처럼 보인다. 불법적인, 하지만 영원히 지속되지는 않는 사랑 관계를 맺는 것이 그것이다. 하지만 이것은 일반적인 도덕뿐 아니라 의사의 품위를 생각해서도 안 될 말이다. 어쨌든 문외한은 분석가에게 이 세 번째 경우를 배제한다고 가능한 한 분명히 단언해 달라고, 그래서 자신을 안심시켜 달라고 부탁할 것이다.

정신분석가가 이 문제를 다른 관점에서 바라보아야 한다는 것은 분명하다.

우리가 논의했던 상황의 두 번째 결말의 경우를 가정해 보자. 여성 환자가 의사와 사랑에 빠진 후 의사와 환자는 헤어지며 치료는 포기된다. 그러나 환자의 상태 때문에 곧 다른 의사와 두 번째로 분석을 시도해야 할 필요가 생긴다. 그런데 그 환자는 이 두 번째

----

6. 의사와 환자 사이의 연애 사건은 뒷구멍으로만 이야기해야 될, 쉬쉬해야 될 것이라는 뜻인 듯하다. [韓]

의사와도 사랑에 빠졌다는 것을 깨닫게 된다. 그리고 그녀가 다시 [치료를] 중단하고 다시 [다른 의사와 치료를] 시작하더라도 상황은 마찬가지이다. 이런 일은 계속될 것이다. 틀림없이 일어나는 이런 사실[전이 사랑]은 잘 알다시피 정신분석 이론의 근거 중 하나이며 분석을 행하는 의사[분석의]에 의해 이용될 수도 있고 분석을 받을 필요가 있는 여성 환자에 의해 이용될 수도 있다.[7]

의사에게 이것[전이 사랑이 항상 나타나기 마련이라는 사실]은 귀중한 깨달음을 주며 그에게 이미 어쩌면 존재할 역전이에 대한 좋은 경고이다.[8] 의사는 여성 환자가 사랑에 빠진 것은 분석 상황에 의해 강요된erzwungen/induced 것이며 그의 사람됨에 어떤 장점이 있어서 그러는 것이 아니라는 것을, 따라서 그런 "정복Eroberung/con-

· ·

7. 독일어판: "Diese mit Sicherheit eintreffende Tatsache, bekanntlich eine der Grundlagen der psychoanalytischen Theorie, gestattet zwei Verwertungen, eine für den analysierenden Arzt, die andere für die der Analyse bedürftige Patientin."

　　영역판: "This phenomenon, which occurs without fail and which is, as we know, one of the foundations of the psycho-analytic theory, may be evaluated from two points of view, that of the doctor who is carrying out the analysis and that of the patient who is in need of it." [韓]

8. 프로이트는 '역전이(counter-transference)'의 문제를 이미 누렘베르크 대회 논문(Nuremberg Congress paper (1910d))에서 제기한 바 있다(*Standard Ed.*, vol. 11, pp. 144~145). 그는 아래의 165쪽 이하 그리고 169쪽 이하에서 그것에 대해 다시 다룬다. 이런 몇몇 군데를 제외하면 프로이트가 출간된 저작에서 그 주제에 대해 명시적으로 다룬 곳을 찾기가 힘들다. [英]

　　독일어판: "Für den Arzt bedeutet sie eine kostbare Aufklärung und eine gute Warnung vor einer etwa bei ihn bereitliegenden Gegenübertragung."

　　영역판: "For the doctor the phenomenon signifies a valuable piece of enlightenment and a useful warning against any tendency to a counter-transference which may be present in his own mind."

　　이 책의 144~145, 153~154, 236쪽을 보라. [韓]

quest" — 사람들은 보통[분석 상황이 아닐 때] 이런 식으로 말한다 wie man sie außerhalb der Analyse heißen würde/as it would be called outside analysis — 에는 그가 자랑스러워할 만한 이유 또한 전혀 없다는 것을 알아야 한다. 그리고 그것을 항상 염두에 두는 것이 좋다. 여성 환자는 양자택일을 해야 한다: 정신분석 치료를 포기하거나 아니면 의사와 사랑에 빠지는 것을 피할 수 없는 운명으로 받아들이거나.[9]

분석의analysierender Arzt/analyst가 두 번째 것을 선택해야 한다고 단언하는 만큼이나 단호하게 여성 환자의 가족은 첫째 것을 선택해야 한다고 단언할 것임을 나는 의심하지 않는다. 하지만 이것은 가족의 애정 어린—또는 오히려 이기적이고 질투 어린—염려에 의해 결정되도록 놔두어서는 안 되는 경우라고 나는 생각한다. 환자의 이익만을 고려해서 결정이 내려져야 한다. 가족의 사랑으로는 어떤 신경증도 고칠 수 없다. 정신분석가가 자신을 [지나치게] 내세울 필요는 없겠지만 특정한 성과를 위해서는 자신이 없어서는 안 된다는 것을 주지시켜야 할 것이다. 이 문제에 대해 가족으로서

● ●

9. 전이가 다른 식의, 덜 애정 어린 감정으로 표출될 수도 있다는 것[부정적 전이를 말하는 듯하대은 잘 알려져 있다. 그것에 대해서는 이 논문에서는 다루지 않을 것이다. [原]

'전이의 역동(The Dynamics of Transference)'에 대한 논문(1912b) 중 앞의 105쪽을 보라. [英]

독일어에는 [남성] 의사를 뜻하는 Arzt와 그 여성형인 Arztin이 있다. 이 글에서는 Arzt만 쓰인다. 당시에 의사가 모두 남자였기 때문에 여성 환자가 여성 의사에게 분석 받는 경우는 생각하지도 않은 듯하다.

이 책의 41~42쪽을 보라. [韓]

톨스토이|Tolstoi/Tolstoy의 태도를 취하는 사람은 방해받지 않고 그의 아내나 딸을 소유할 수 있을 것이다. 하지만 그는 그의 아내나 딸 역시 그녀의 신경증을 유지한다는 사실 그리고 사랑의 능력에 대한 장해 — 이는 그 신경증과 결합되어 있다 — 를 유지한다는 사실을 참아내야 할 것이다. 이는 결국 부인과 치료의 경우와 비슷하다.[10] 게다가 만약 신경증을 퇴치하기 위해 분석 치료가 아닌 다른 치료법을 택한다고 해서 아내나 딸이 의사와 사랑에 빠지지 않을 것이라고 생각했다면 그 질투에 찬 아버지 또는 남편은 크게 잘못 생각하고 있는 것이다. 차이가 있다면 오히려 그때에는 사랑에 빠졌다는 사실이 말해지지도 않고 분석되지도 않기 마련이기 때문에 환자의 회복을 위해 전혀 기여할 수 없다는 것뿐이다. 분석에서는 그것이 회복을 위해 기여하도록 강제한다.

분석을 행하는 몇몇 의사들이 통례적으로 häufig/frequently[11] 환자를 사랑 전이|Liebesübertragung/erotic transference의 출현에 대비시키거나 심지어 "분석을 진전시켜야 하니까 어서 의사와 사랑에 빠지라고" 요구하기도 한다는 것을 나는 들어 알고 있다. 나로서는 이보다 더 말도 안 되는 기법을 생각해 내기도 쉽지 않다. 그들은 그럼으로써 그 현상에게서 자연발생성 — 이는 설득력을 더해 준다 — 을

· ·

10. 남편이 질투심 때문에 즉 아내의 성기를 독점하기 위해 아내가 산부인과 치료를 받으러 가는 것을 꺼리듯이 아내의 사랑을 독점하기 위해 아내가 정신분석 치료를 받는 것을 꺼린다는 말인 듯하다. 그리고 만약 산부인과에서 아내의 병을 치료받지 못한다면 아내와 성교하는 것이 불가능할 수도 있다. 마찬가지로 정신분석 치료를 받지 않는다면 아내와 사랑을 나누는 것이 불가능할 수도 있다. [韓]
11. 초판에서만 'frühzeitig/early/미리'라고 되어 있었다. [英]

빼앗고 제거하기 힘든 장애물을 스스로 만들어내는 꼴이 된다.[12]

처음에는 물론 전이 속에서 사랑에 빠지는 것Verliebtheit in der Übertragung/falling in love in the transference에서 치료를 촉진하는 어떤 것이 생길 것으로 보이지 않는다. 아주 잘 따르던 여성 환자조차도 갑자기 치료에 대한 이해와 관심을 잃어버리고 그녀의 사랑 ― 그녀는 그 사랑이 보답을 받기를[의사도 환자를 사랑하기를] 요구한다 ― 이외의 것에 대해서는 어떤 것에 대해서도 말하거나 들으려 하지 않는다. 그녀는 증상을 포기하거나 등한시한다. 심지어 그녀는 자신이 건강하다고 선언한다. 마치 극장에서 상연 중에 화재 경보가 울리는 경우처럼 갑자기 끼어든 현실 때문에 연극이 망쳐지는 것과 같이 [치료] 장면이 완전히 변하게 된다.[13] 이런 것을 처음 경험하는 의사는 분석 상황을 틀어쥐기가 그리고 치료가

* *

12. 초판에서만 (삽입구의 성격을 갖는) 이 문단이 작은 글자체로 인쇄되어 있었다. [英]
    독일어판: "Man raubt damit dem Phänomen den überzeugenden Charakter der Spontaneität und bereitet sich selbst schwer zu beseitigende Hidernisse."
    영역판: "In doing so, an analyst robs the phenomenon of the element of spontaneity which is so convincing and lays up obstacles for himself in the future which are hard to overcome."
    만약 미리 전이사랑에 대해 대비하라는 식으로 말한다면 사람들은 전이 사랑이 자연발생적으로 일어난 것이 아니라 의사의 암시 때문이라고 생각할 것이다. 그리고 이는 분석의 설득력을 떨어뜨릴 것이다. [韓]
13. 독일어판: "Es gibt einen völligen Wechsel der Szene, wie wenn ein Spiel durch eine plötzlich hereinbrechende Wirklichkeit abgelöst würde, etwa wie wenn sich während einer Theatervorstellung Feuerlärm erhebt."
    영역판: "There is a complete change of scene; it is as thought some piece of make-believe had been stopped by the sudden irruption of reality-as when, for instance, a cry of fire is raised during a theatrical performance." [韓]

정말로 끝장났다는 착각Täuschung/illusion/실망에서 벗어나기가 쉽지 않을 것이다.

어느 정도 정신을 가다듬으면 어떤 일이 벌어지고 있는지를 알 수 있다. 무엇보다도 치료가 계속되는 것을 방해하는 모든 것은 저항의 표현일 수 있다는 의혹을 제기해야 한다.[14] 격정적인 사랑의 요구가 나타나는 데에는 의심의 여지 없이 저항이 커다란 역할을 한다. 의사는 오래전부터 여성 환자의 애정 어린 전이의 징조를 알아차릴 수 있다. 그리고 그녀의 순종, 분석의 해명에 대한 동의, 거기서 보여 준 그녀의 뛰어난 이해와 높은 수준의 지성이 틀림없이 의사에 대한 그녀의 그러한[애정 어린 전이의] 태도에 기인한다고 생각할 수 있다. 이제 모든 것이 휩쓸려 나가 버린 것 같아 보인다. 환자는 통찰력을 완전히 잃어버린다. 그녀는 사랑 속에서 소멸된 것처럼 보인다. 그리고 이런 변화는 우리가 그녀의 인생 역정에서 특별히 고통스럽고 강하게 억압된 부분을 고백하거나 기억해 내게 하려고 할 바로 그때 항상 일어난다. 따라서 그녀는 오래전부터 사랑에 빠진 상태였던 것이다. 하지만 이제 저항이 치료가 계속되는 것을 저지하기 위해, 모든 관심을 [분석] 작업으로부터 [다른 데로] 돌리기 위해, 그리고 분석하는

. .

14. 프로이트는 이미 『꿈의 해석』(1900a, *Standard Ed.*, vol. 5, p. 517)의 초판에서 훨씬 더 단정적으로 이런 진술을 한 바 있다. 하지만 1925년에 그는 그 구절에 그 구절의 의미를 설명하고 자신이 했던 표현을 완화하는(qualifying the terms in which he had expressed himself) 긴 각주를 달았다. [英]

『꿈의 해석(프로이트 전집, 4권)』, 김인순 옮김(열린책들, 2003), 602쪽의 본문과 주)6을 보라. [韓]

의사를 곤혹스럽고 당황스럽게 만들기 위해 그 사랑을 이용하기 시작한 것이다.

좀 더 자세히 살펴보면 우리는 거기에서 상황을 복잡하게 만드는 동기들의 영향을 역시 인식할 수 있는데 그 일부는 사랑에 빠진 것과 관계되는 것들이지만 다른 일부는 저항의 특별한 표현이다. 첫 번째 것에 해당하는 것으로는 자신의 불가항력적 매력을 확인하려는, 애인으로 끌어내림으로써 의사의 권위를 깨뜨리려는, 그리고 사랑의 충족에서 부수적으로 얻을 것으로 보이는 이익을 얻으려는 여성 환자의 노력이 있다. 저항과 관련해서는 저항이 가끔 사랑의 고백을 분석가의 엄격함을 시험하는 데 이용한다고 추측할 수 있다. 분석가가 [환자의 유혹에] 순응하게 되면 그것에 대해 질책을 받을 것이라고 그는 예상할 수 있을 것이다. 하지만 무엇보다도 저항이 **선동 분자**agent provocateur로서 사랑에 빠진 상태를 강화하고 기꺼이 성적으로 항복하려 하는 것을 과시하게 한다는 인상을 받게 된다. 그럼으로써 그런 방탕함의 위험을 핑계로 억압의 필요성을 더욱 더 정당화할 수 있는 것이다.[15] 좀 더 순수한 사례에서는 없을 수도 있는 이런 모든 부수적인 것을 **알프레트 아들러**Alfred Adler는 잘 알려져 있다시피 전체 과정에 본질적인 것으로 보았다.

이런 사랑 전이Liebesübertragung/erotic transference를 무릅쓰고 헤치고 나아가서 치료를 계속해야 한다는 것을 분석가가 확신하고 있다면

• •

15. 152~153쪽을 참조하라. [英]
     이 책의 123쪽을 참조하라. [韓]

그는 이러한 상황에서 좌초하지 않기 위해서 어떻게 처신해야만 할까?

분석가가 그에게 보여지는 애정을 받아주지도 그에 응답하지도 말아야 한다는 일반적으로 유효한 윤리를 더욱더 강조해야 한다고 내가 주장할 것이라고 여러분들은 기대할 것이다. 사랑에 빠진 여성에게 윤리적 요구와 [무모한 사랑을] 포기할 필요성을 제기할 때가 왔으며 그녀가 자신의 욕망을 포기하고 자신의 자아Ich/self의 동물적 일부를 극복해서 분석 작업을 계속할 수 있을 시점이 되었다고 여겨야 한다고 내가 주장할 것이라고 여러분들은 기대할 것이다.

하지만 나는 이런 기대들—첫 번째 부분과 두 번째 부분 모두—을 저버릴 것이다. 첫 번째 부분에 대해서 기대를 저버리는 이유는 내가 의뢰인을 위해서가 아니라 심각한 어려움과 맞서 싸워야 하는 의사를 위해서 글을 쓰는 것이기 때문이기도 하고 게다가 여기서는 도덕적 처방을 그 기원 즉 합목적성까지 추적해 갈 수 있기 때문이다. 나는 이 경우에는 도덕적 제한moralische Oktroi/moral embargo을 결과의 변화 없이 분석 기법에 대한 고려로 대체할 수 있는 운 좋은 입장에 있다.

두 번째로 언급했던 부분에 대해서는 나는 더욱 단호하게 기대를 저버릴 것이다. 여성 환자가 사랑 전이를 시인하자마자 욕동을 억제하라고, 포기하라고, 승화시키라고 요구하는 것은 분석적인 것이 아니라 무분별한 것이다. 이것은 마치 정교한 주문을 통해서 저승으로부터 유령을 불러낸 다음에 질문 하나 던지지 않고 그 유령을 다시 저승에 보내려는 것과 같다. 억압된 것을 의식으로 불러일으키곤 놀라서 새로 억압하는 꼴밖에 안 되는 것이다. 또한 우리는 그런 식으로 얻은 성과에 속아서도 안 된다. 잘 알려져 있다시피 고상한 말을 통해서는 열정에 거의 영향을 끼칠 수 없다. 여성 환자는 경멸에 찬 거부를 당했다고 느낄 뿐이고 곧 그에 대해 보복할 것이다.

중간적인 길 즉 환자의 애정 어린 감정에는 응답을 해 주면서도 그 애정이 육체적인 것으로 발현되는 것은 모두 피하면서 [환자와의] 관계를 좀 더 평온한 길로 인도하고 더 높은 단계로 이끌어 가는 방법이 많은 사람들에게는 아주 현명해 보이겠지만 나는 그것도 마찬가지로 권할 수 없다. 정신분석 치료법이 정직함을 토대로 만들어졌기 때문에 나는 이런 방책에 반대할 수밖에 없다. 여기[정직함이란 토대]에는 정신분석 치료법의 교육적 효과와 윤리적 가치의 많은 부분이 놓여 있다. 이런 토대에서 멀어지는 것은 위험하다. 정신분석 기법에 친숙해진 사람은 이제는 거짓말이나 가장假裝 — 정신분석이 아닌 경우에 의사는 이런 것들을 피할 수 없다 — 을 전혀 하지 않는다. 그리고 아주 좋은 의도로 그런 것을 한 번 해보더라도 보통 [그것이 거짓말이나 가장이었음을 자신도 모르게] 드러내고 만다. 우리가 환자에게 극도로 정직할 것을 요구하기 때문에 만약 우리가 정직함에서 벗어났다는 것을 환자에게 한 번이라도 들키게 되면 우리의 권위 전체가 위험에 빠지게 된다. 게다가 여성 환자에 대한 애정 어린 감정을 조절하려는 시도도 전혀 위험하지 않은 것은 아니다. 어느 날 갑자기 처음에 의도했던 선을 넘어 [감정에 휩쓸리는] 일이 일어나지 않게 할 만큼 우리가 우리 자신을 아주 잘 통제할 수 있는 것은 아니다. 따라서 내 생각에는, 우리는 역전이를 억제Niederhaltung/keeping in check함으로써 얻은 [환자에 대한] 무감정Indifferenz/neutrality을 포기해서는 안 된다.

여기까지 읽은 독자는 내 말에, 사랑을 필요로 하는 여성 환자가 요구하는 만족을 거절할 것을 분석 기법이 규칙으로서 의사에게 요구한다는 사실이 함축되어 있음을 벌써 추측할 수 있었을 것이다. 치료는 금욕Abstinenz/abstinence/절제 속에서 수행되어야 한다. 나는 여기서 육체적 결핍körperliche Entbehrung/physical abstinence[16]만을 말하는 것이 아니다. 또한 사람이 욕망하는 모든 것에서의 결핍을 말하는 것도 아니다. 왜냐하면 그렇게 하면 어떤 환자도 참을 수 없을 것이기 때문이다. 대신 나는 다음과 같은 원칙을 제시하고자 한다. 환자의 욕구Bedürfnis/need와 갈망Sehnsucht/longing이 [분석] 작업과 변화를 위한 추진력으로서 존재하도록 해야 하며 그것들이 대용물Surrogate[17]에 의해 달래지지 않도록 경계해야 한다. 환자는 [신경증적] 상태 때문에, 억압이 제거되지 않는 한 진짜 만족을 얻을 수 없다. 따라서 우리가 제공할 수 있는 것은 대용물밖에 없다.

분석 치료가 결핍 속에서 이루어져야 한다는 원칙은 여기서 고찰되는 특수한 경우를 훨씬 넘어서며 그것이 어디까지 적용될

---

16. 환자가 육체적인 만족(성교를 포함하여)을 원할 때 그것을 채워 주지 않는 것을 말한다. [韓]
17. 사람이 될 수도 있을 것이다. [韓]

수 있는지를 한계 짓기 위해서는 깊은 논의가 필요하다는 것을 인정하자.[18] 하지만 여기서 그에 대해 깊이 논의하지는 않을 것이다. 여기서는 가능한 한 우리의 논의가 시작되었던 그 상황만으로 좁혀서 논의할 것이다. 만약 의사가 다른 식으로 행동한다면, 즉 쌍방에 주어진 어느 정도의 자유를 이용해서 여성 환자의 사랑에 응답을 해주고 그녀의 애정에 대한 욕구를 만족시켜 준다면stillen/still[19] 어떤 일이 벌어질까?

만약 의사가 그런 응낙Entgegenkommen/compliance[20]을 통해 환자에 대한 통제력을 확고히 해서 그녀가 치료의 과제를 해결하고 영구히 신경증으로부터 자유로워지게 할 수 있다는 계산하에서 행동한다면 경험을 통해 그것이 오산이었음을 깨닫게 될 것이다. 여성 환자는 자신의 목표를 달성할 것이지만 의사는 결코 자신의 목표를 달성할 수 없을 것이다. 이것은 목사와 보험 외판원에 대한 재미있는 이야기가 의사와 여성 환자 사이에 재현되는 것에 불과하다. 신앙심이 없는 보험 외판원이 중병에 걸렸다. 그의 가족은 그가 죽기 전에 그를 교화하기[기독교인으로 만들기] 위해 성직자를 불러왔다. 대화가 아주 오래 지속되어서 [밖에서] 기다리던 사람들은 희망을 품게 되었다. 마침내 병자가 있던 방의 문이 열렸다. 신앙심이 없던 사람은 교화되지 않았지만 목사는 보험에 든 채

· ·

18. 프로이트는 부다페스트 대회 논문(Budapest Congress paper (1919a))에서 이 주제를 다시 다룬다. Standard Ed., vol. 17, pp. 162~163을 보라. [英]
　　이 책의 281쪽을 보라. [韓]
19. still은 '조용한'을 뜻한다. stillen은 욕구를 채워서 진정시키는 것을 뜻한다. [韓]
20. 의사가 환자의 애정에 대한 요구에 응낙하는 것. [韓]

떠나게 되었다.

만약 여성 환자의 구애가 응답을 얻어낸다면 그것은 환자에게는 커다란 승리이겠지만 치료에게는 완전한 패배이다. 모든 환자가 분석 중에 이루려고 하는 것 — 기억해 내기만 해야 할, 정신적 재료로 재생산해야 하며 정신적 영역 내로 제한해야 할 것을 실연하는agieren/acting out 것 즉 삶 속에서 되풀이하는 것 — 에 환자가 성공한 꼴이 되는 것이다.[21] 애정 관계가 더 진전됨에 따라 그녀는 자신의 애정 생활Liebesleben/erotic life/성 생활의 모든 억제Hemmungen/inhibitions와 병리적 반응을 드러내게 된다. 다만 이때에는 그것이 교정될 가능성이 없으며 이 고통스러운 경험은 결국 후회와 억압 경향의 심한 강화로 귀결된다. 이 애정 관계 때문에 [환자가] 분석 치료에 의해 영향을 받을 가능성까지도 끝장나게 된다. 이 둘[분석 치료와 애정 관계]은 공존할 수 없다.

따라서 여성 환자의 사랑의 요구를 들어주는 것은 그것을 억제Unterdrückung하는 것만큼이나 분석에 치명적이다. 분석가가 따라가야 할 길은 [이 둘 모두가 아닌] 다른 길이며 그것은 현실의 삶에서 모델을 찾을 수 없는 그런 길이다. 우리는 [우리의 관심이] 사랑 전이Liebesübertragung/transference-love에서 벗어나지 않도록, [우리가] 그것을 [위협하여] 쫓아버리지 않도록, 환자가 그것을 혐오하게

· ·

21. 이 논문에 선행하는 논문인 "Erinnern···(기억하기···)"를 보라. 123쪽 이하. [原]
   150쪽을 보라. [英]
   이 책의 118쪽을 보라.
   독일어판 전집에서 "Erinnern, Wiederholen und Durcharbeiten"은 p. 123이 아니라
   p. 125에 있다. [韓]

만들지 않도록 조심해야 한다. 우리는 마찬가지로 단호하게 그것에 어떤 응답도 하지 않도록 자제해야 한다. 우리는 사랑 전이를 틀어쥐고 있어야 한다. 하지만 우리는 그것을 일종의 비현실적인 것으로서, 치료 중에 겪어야 하는 상황으로서, 그것의 무의식적 원천으로 거슬러 올라가야 하는 상황으로서, 환자의 애정 생활에 아주 깊이 숨겨져 있는 것을 의식화함으로써 환자가 통제할 수 있도록 도움을 주는 상황으로서 다루어야 한다. 우리가 어떤 유혹에도 끄떡없다는 인상을 더 강하게 줄수록 우리는 더 빨리 그 상황으로부터 그것의 분석적 내용[사랑 전이의 의미]을 추출해낼 수 있다. 여성 환자의 성적 억압이 배경으로 밀쳐졌을 뿐 제거된 것은 아니지만 이제 그녀는 사랑에 빠지는 조건들 모두를, 성적 갈망Sexualsehnsucht/sexual desires에서 비롯되는 모든 환상들을, 그녀가 사랑에 빠질 때의 모든 세세한 특성들을 내보일 수 있을 만큼 충분히 안심하게 된다. 그러면 이런 것들로부터 그녀의 사랑의 유아기적 토대로 이끄는 길이 열리게 된다.

물론 어떤 부류의 여성들은 사랑 전이를 만족시키지 않으면서 분석 작업을 위해 그것을 유지하려는 이런 시도에 성공하지 못한다. 그들은 불가항력적인 정열Leidenschaftlichkeit/passionateness/욕정을 가진 여성들로서 어떤 대용물도 참아내지 못한다. 그들은 자연의 아이들 Naturkinder/children of nature/야성적인 사람들로서 물질적인 것 대신 정신적인 것을 받아들이려 하지 않는다. 시인의 표현에 따른다면 그들에게는 오직 "만두의 논거를 곁들인 수프의 논리Suppenlogik mit Knödelargumenten/the logic of soup, with dumplings for arguments[22]"로만 접근할 수 있다. 이런 사람을 대할 때에는 선택의 여지가 두 가지밖에 없다: 사랑으로 응답하거나 거절당하여verschmäht/scorned/경멸당하여 온통 적개심으로 가득 차게 된 여성에게 자신을 맡기거나. 둘 중 어떤 경우든 우리는 치료의 이익을 지켜낼 수 없다. 우리는 성과 없이 물러나는 수밖에 없다. 우리가 할 수 있는 일이라곤 어떻게 신경증의 소질과 사랑에 대한 그런 불굴의 욕구가 결합될 수 있는가라는 문제에 대해 생각해 보는 정도일 것이다.

덜 난폭하게 사랑에 빠진, [위에서 언급한 자연의 아이들과는] 다른 환자를 어떤 방식으로 점차 분석적 이해Auffassung/attitude에 이르도록 할 것인가에 대해서는 많은 분석가들이 동의할 것이다. 우리는 [환자에게] 무엇보다도 이 "사랑" 중에서 명백한 저항의 부분을 강조해 보인다. 진짜로 사랑에 빠졌다면 여성 환자는 순종적이 될 것이며 사랑하는 남자가 그것을 요구한다는 이유만으로도 그녀의 경우에서의 문제를 기꺼이 해결하려는 의지가 강화될 것이다. 그런 경우에 그녀는 의사에게 가치 있어 보이기 위해 기꺼이 치료를 완료하는 일을 선택할 것이며 현실 — 여기에서 그녀의 애정이 제자리를 찾을 수 있다 — 에 대비하려 할 것이다. 이러는 대신에 여성 환자는 완고함을 보이며 순종적이지 않으려 한다. 그녀는 치료에 대한 모든 관심을 내팽개치며 아주 근거 있는 의사의 설득도 분명히 전혀 존중하지 않는다. 따라서 그녀는 사랑에-빠짐

• •

22. "Suppenlogik mit Knödelgründen," 하이네(Heine)의 'Die Wanderratten(시궁쥐)'에서. (프로이트는 Knödelgründen을 Knödelargumenten으로 잘못 인용했다.) [英] Grund는 기초, 이유, 동기 등을 뜻한다. [韓]

Verliebtheit/being in love의 탈을 쓰고 저항을 하는 것이다. 게다가 그녀는 주저하지 않고 의사를 소위 "외통수"에 빠지게 만든다. 만약 그가 [사랑해 달라는 그녀의 요구를] 거절하면 — 이는 그의 의무이며 그의 [상황에 대한] 이해에서 오는 불가피한 행동이다 — 그녀는 실연당한 사람Verschmähte/woman scorned/경멸당한 사람인 양 행동할 수 있을 것이며 복수심과 분노 때문에 그에 의한 치료에서 벗어나려 할 것이다. 지금 소위 사랑에–빠짐 때문에 그에 의한 치료에서 벗어나려 하는 것처럼.

이것이 진짜 사랑이 아님을 보여 주는 두 번째 근거로 우리는 이것이 현재의 상황에서 유래하는 새로운 특성을 하나도 보유하지 않으며 오로지 이전의 — 유아기를 포함하여 — 반응들을 되풀이하는 것과 모조하는 것으로 구성되어 있다는 사실을 들 수 있다. 우리는 여성 환자의 사랑에 대한 태도를 상세히 분석함으로써 이것을 입증해야 한다.

이런 논거들에 필요한 만큼의 인내를 덧붙인다면[23] 우리는 대개 어려운 상황을 극복하고 완화된 또는 "파산 가격의umgeworfen/trans-formed"[24] 사랑에–빠짐 상태에서 [분석] 작업을 계속할 수 있을 것이며 이제 [분석] 작업의 목표는 유아기의 대상 선택Objectwahl/ob-jectchoice과 그것을 둘러싸고 엮어지는 환상들Phantasien/phantasies을 드러내는 것이 될 것이다. 하지만 나는 위에서 언급한 논거들을

• •

23. 인내심을 가지고 이런 논거들을 환자에게 제시한다면. [韓]
24. "망했음"이라고 써 붙이고 엄청나게 싼 가격으로 파는 그런 가격을 말하는 듯하다. 그렇다면 '엄청나게 완화된'을 뜻한다고 할 수 있다. [韓]

비판적으로 고찰하려 하며 우리가 그 논거들을 통해 여성 환자에게 진실을 말하는 것인지 아니면 우리의 곤란으로부터 피난처를 찾기 위해 [진실을] 은폐하고 왜곡Entstellungen/misrepresentations하는지를 묻고자 한다. 다른 말로 하면 다음과 같을 것이다. 분석 치료에서 나타나게 되는 사랑에−빠짐이 정말로 진짜가 아니라고 말할 수 있는가?

나는 우리가 결과에 상관없이 여성 환자에게 진실을 말했지만 모든 진실을 말한 것은 아니라고 생각한다. 우리의 두 논거 중 첫 번째 논거가 더 강력하다. 전이 사랑에서 저항이 한몫한다는 사실에는 이론의 여지가 없으며 저항은 매우 현저한 역할을 한다. 그러나 저항이 이 사랑을 만들어낸 것은 아니다. 저항은 이 사랑을 발견하여 그것을 이용하고 그것의 표현을 과장하는 것이다. 그 현상의 진실성[그 사랑이 진짜라는 것]이 저항에 의해서 무효화되는 것도 아니다. 우리의 두 번째 논거는 훨씬 더 약하다. 이 사랑에−빠짐이 이전의 특성들의 재판들Neuauflagen/new editions로 구성되어 있으며 유아기의 반응들을 되풀이하는 것은 사실이다. 하지만 이것은 모든 사랑에−빠짐의 본질적 특성이다. 유아기의 전형들을 되풀이하지 않는 사랑에−빠짐은 없다. 사랑에−빠짐에 병리적인 것을 떠올리게 하는 강박적인 특성이 있는 것도 바로 그것이 유아기적인 것에 의해 제약되기 때문이다. 아마도 전이 사랑에서는 [보통의] 삶에서 생기는, 정상적이라 불리는 사랑에서보다 자유도Grad von Freiheit/degree of freedom가 더 작을 것이다. 또한 전이 사랑이 유아기의 본보기에 의존한다는 사실은 더 명확히 인식될 수 있으며 전이 사랑에는 융통성과 변화 능력이 더 적다. 하지만 이것이 [둘 사이에서의 차이점의] 전부이며 본질적인 [차이도] 아니다.

우리는 어떤 사랑의 진정성 여부를 다른 어떤 것을 통해서 알아낼 수 있을까? 사랑의 목표를 관철시키는 데 있어서 능력, 즉 유용성이 있느냐 여부를 통해서?[25] 이런 점에서는 전이 사랑이 다른 어떤 사랑에도 뒤지지 않는다. 우리는 전이 사랑에서 모든 것을 얻을 수 있다는 인상을 받는다.

자, 이제 요약해 보자: 우리에게는 분석 치료 중에 나타나는 사랑에-빠짐이 "진짜" 사랑의 성격을 갖지 않는다고 부인할 권리가 없다. 만약 그것이 너무나 정상성을 결여한 것처럼 보인다면 그것은 분석 치료 밖에서 일어나는 다른 사랑에-빠짐 역시 정상적 정신 현상보다는 비정상적 정신 현상을 떠올리게 한다는 사실에 의해 충분히 설명된다. 물론 전이 사랑에는 몇몇 두드러진 특성이 있어서 확실히 특별한 위치를 차지한다는 것은 사실이다. 첫째, 그것은 분석 상황에 의해 유발된다. 둘째, 그것은 이 [분석] 상황을 지배하는 저항에 의해 격화된다. 셋째, 그것은 현실에 대한 고려를 아주 결여하고 있으며 그것의 결과에 대해 덜 신중하며 더 개의치 않는다. 그리고 정상적인 사랑에-빠짐에서도 사랑하는 사람에 대한 평가에서는 눈이 먼 상태라는 것을 기꺼이 인정할 수 있지만 전이 사랑에서는 그것이 우리가 인정할 수 있는 정도를 넘어선다.

· ·

25. 독일어판: "An ihrer Leistungsfähigkeit, ihrer Brauchbarkeit zur Durchsetzung des Liebeszieles?"

영역판: "By its efficacy, its serviceability in achieving the aim of love?" [韓]

하지만 정상성에서 벗어나는 바로 이런 특성들이 사랑에–빠짐의 본질을 형성한다는 것을 잊지 말아야 할 것이다.

의사의 행위라는 측면에서 볼 때 위에서 언급한 전이 사랑의 세 가지 특성 중 첫 번째 것이 결정적이다. 의사가 신경증을 낫게 하기 위해 분석 치료를 시작함으로써 이 사랑에–빠짐을 유발한 것이다. 이것은 [검사를 위해] 환자를 육체적으로 노출시켜야 할 때나 [환자가] 중대한 비밀을 말해야 할 때와 마찬가지로 의사로서는 피할 수 없는 의료 상황의 결과이다. 따라서 그에게 무슨 장점이 있어서 이런 일이 벌어지는 것이 아님이 분명하다. 여성 환자가 기꺼이 [사랑에 빠진다고] 해서 상황이 달라지는 것은 아니며 모든 책임이 의사 자신에게 떨어질 뿐이다. 사실 의사가 알고 있어야 하듯이 환자는 치료의 다른 메커니즘에는 준비되어 있지 않다.[26] 모든 어려움을 성공적으로 극복한 후에, 종종 여성 환자는 치료를 시작할 때 만약 자신이 훌륭히 처신한다면 끝에 가서 의사의 애정을 통해 보답받게 될 것이라는 기대 환상Erwartungsphantasie/antici-patory phantasy을 품었음을 시인한다.

의사는 이젠 윤리적 이유와 함께 기법적인 이유 때문에 환자에게 사랑을 베푸는 것을 자제하게 된다. 유아기적 고착infantile Fixierungen/infantile fixations[27] 때문에 사랑 능력에 장애가 있는 여성이 그녀에게 너무나 중요한 이 기능을 자유롭게 사용할 수 있게 되는 것이, 하지만 이것을 치료 중에 소진하지 않고 치료가 끝난 후에 실제

26. 환자는 전이에 빠짐으로써만 치료될 수 있다. [韓]
27. '유아기에의 고착'을 뜻하는 듯하다. [韓]

삶에서 필요해질 때를 위해 준비해 놓는 것이 [치료의] 목표라는 것을 의사는 염두에 두어야 한다. 의사는 화환 모양으로 엮은 소시지가 상으로 주어지는 개 경주를 어떤 장난꾼이 트랙에 소시지 하나를 던짐으로써 망칠 때처럼 하면 안 될 것이다. 개들은 그 소시지 하나에 덤벼들 것이며 경주도, 멀리서 윙크하는 승자를 위한 [소시지] 화환도 모두 잊어버리게 될 것이다. 나는 의사가 윤리와 기법에 의해 규정되는 한계 내에 머무는 것이 항상 쉽다고 주장할 생각은 없다. 특히 젊고 아직 확고한 결속[28]이 없는 남성에게는 이 과업이 힘들게 느껴질 것이다. 의심의 여지 없이, 성적인 사랑은 인생에서 중요한 것 중 하나이며, 사랑의 즐거움 속에서 정신적 만족과 육체적 만족이 결합되는 것은 바로 인생의 절정 중 하나이다. 몇몇 괴상한 광신자들을 제외하면 모든 사람들이 이것을 알고 있으며 그에 따라 삶을 살아가고 있는데 과학에서만 점잖은 척하면서 이것을 인정하지 않는다. 다른 한편으로 여성이 구애를 할 때 그것을 거부하고 거절하는 것은 남자로서는 곤혹스러운 일이다. 그리고 고상한 여성이 그녀의 열정을 고백할 때는 신경증과 저항에도 불구하고 비교할 수 없는 [마법 같은] 매력이 흘러넘친다. 유혹적인 것은 여성 환자의 육욕적인 요구가 아니다. 이것은 오히려 혐오감을 불러일으킨다. [하지만] 우리는 이것을 자연적인 현상으로 여겨야 하며 완전한 관용을 베풀 필요가 있다. 아마도 세련되고 목적이 억제된[29] 여성의 소원 충동이 훌륭한

28. 결혼을 말하는 듯하다. [韓]
29. 직접적 목적인 성교를 통한 육체적 만족에 대한 추구가 억제된. [韓]

경험[30]을 위해 기법과 의사의 과업을 잊어버릴 위험을 초래할 것이다.

이때에도 분석가는 굴복하지 말아야 한다. 분석가는 그 사랑을 얼마나 높게 평가하든 여성 환자가 그녀의 삶에서 결정적으로 한 단계 고양되게 할 수 있는 기회를 더 중요시해야 한다. 그녀는 분석가로부터 쾌락 원리Lustprinzip/pleasure principle를 극복하는 법을 배워야 하며 멀리 있지만 ─ 아마도 너무나 불확실하지만 ─ 심리적으로나 사회적으로 나무랄 데 없는 만족을 위해 가까이 있지만 사회적으로 인정받지 못하는 만족을 포기하는 법을 배워야 한다. 이 극복을 위해서 그녀는 그녀의 정신적 발전의 원시 시대를 통과해야 하며 그 길에서 의식적 정신 활동 ─ 조직적 의미에서의 ─ 을 무의식적 정신 활동으로부터 구분해 주는 정신적 자유의 여분을 얻어야 한다.[31]

분석적 심리치료사analytische Psychotherapeut/analytic psychotherapist는 따라서 삼중의 전투를 치러야 한다. 그는 자신의 내부에서 자신을 분석의 수준으로부터 끌어내리려는 힘과 싸워야 한다. 분석 밖에서 그는 성적 원동력Triebkräfte/instinctual forces[32]의 중요성을 부인하려 하고 그것을 과학적 기법에 응용하려는 것을 방해하는 반대자와

· ·

30. 환자와 정신적 사랑을 나누는 경험을 말하는 듯하다. [韓]
31. 이 차이에 대해서는 아래 266쪽에서 설명된다. [英]
　　「정신분석에서의 무의식에 관한 노트」,『정신분석학의 근본 개념(프로이트 전집, 11권)』, 윤희기 옮김(열린책들, 2003), 36쪽을 보라. [韓]
32. 영역판에서 Triebkraft를 보통 'motive force(원동력)'로 번역했는데 여기에서는 특이하게 'instinctual force(본능의 힘, 욕동의 힘)'라고 번역했다. [韓]

싸워야 한다. 그리고 그는 분석 안에서 처음에는 반대자처럼 행동하다가[33] 이후에는 성생활의 과대평가 — 이것이 그들을 지배한다 — 를 시위하며[34] 의사를 자신의, 사회적으로 길들여지지 않은 열정의 포로로 만들려 하는 환자들과 싸워야 한다.

문외한들 — 정신분석에 대한 이들의 태도에 대해 나는 이 글의 첫 부분에서 다룬 바 있다 — 은 분명 전이 사랑에 대한 여기에서의 논의 역시 이 치료법의 위험성에 세상의 이목을 집중시킬 수 있는 기회로 삼으려 할 것이다. 정신분석가는 자신이 아주 폭발성이 강한 힘을 다루고 있으며 따라서 화학자처럼 조심성과 양심을 갖춰야 한다는 것을 알고 있다. 하지만 언제 위험하다는 이유로 화학자가 그 작용 때문에 꼭 필요한 폭발 물질을 가지고 작업하는 것을 금지당한 때가 있었단 말인가? 다른 의료 행위가 오래전부터 승인받았던 허가권을 정신분석은 이제 모두 새로 얻어내야 한다는 사실은 주목할 만하다. 나는 무해한 치료법을 포기해야 한다고 주장할 생각은 분명히 없다. 많은 경우에 그것으로 충분하다. 그리고 결국 인간 사회에서는 다른 어떤 열광과 마찬가지로 치료에 대한 열광furor sanandi[35]도 없을수록 좋다. 하지만 정신 신경증을

· ·

33. 성을 중요시하지 않으려 하다가. [韓]
34. 독일어판: "die sie beherrschende Überschätzung des Sexuallebens kundgeben."
    영역판: "reveal the overvaluation of sexual life which dominates them."
    영역판에서는 '그들을 지배'하는 것이 '성 생활'인지 '성 생활의 과대평가'인지 여부가 애매하다. 하지만 원문에 따르면 '그들을 지배'하는 것은 '성 생활의 과대평가'이다. [韓]
35. 'Passion for curing people (사람들을 치료해 주려는 열정).' [英]

무해한 수단-Mittelchen/little remedies[36]과 절차-Operationen/operating[37]를 통해 극복해야 한다고 믿는다면 이 질환의 기원과 실제적인 의미를 대단히 과소평가하는 것이다. 그래서는 안 된다. 의료 행위에는 약-medicina[38] 옆에 철-ferrum과 불-ignis-을 위한 자리가 항상 있을 것이다. 마찬가지로 아주 위험한 정신적 충동[흥분]을 다루고 환자의 건강을 위해 그것에 능통해지는 일을 꺼리지 않는 전문적이고 희석되지 않은 정신분석도 없어서는 안 될 것이다.

● ●

36. Mittel(수단)의 축소형으로 '사소한 수단'을 뜻하며 '소량의 약'을 뜻하기도 한다. [韓]
37. Operation은 수술을 뜻하기도 한다. [韓]
38. 히포크라테스가 했다는 말을 암시한다: '약이 치료할 수 없는 병은 철(칼knife?)이 치료하고 철이 치료하지 못하면 불이 치료한다. 불이 치료할 수 없는 병은 정말 치료할 수 없다고 칭할 수 있다.' 『금언들(*Aphorisms*)』, VII, 87(1849년 번역). [英]

7. 프로이트의 정신분석적 방법

표준판 편집자 주

Die Freud'sche psychoanalytische Methode
Freud's Psycho-Analytic Procedure

(a) 독일어판:
(1903 논문이 아마 이 해에 작성된 듯하다.)
1904 뢰벤펠트의 『정신적 강박 현상(*Die psychischen Zwangserscheinungen)*』, pp.
545~551. (Wiesbaden: Bergmann.)
  1906 *S. K. S. N.*, vol. 1, pp. 218~224. (1911, 2판, pp. 213~219; 1920, 3판; 1922, 4판)
  1924 *Zur Technik der Psychoanalyse und zur Metapsychologie*, pp. 3~10.
  1925 *G. S.*, vol. 6, pp. 3~10.
  1942 *G. W.*, vol. 5, pp. 3~10.

(b) 영역판:
"Freud's Psycho-Analytic Method"
  1924 *C. P.*, vol. 1, pp. 264~271. (버네이스(J. Bernays) 옮김.)

여기에 있는 번역은 제목을 'Freud's Psycho-Analytic Procedure'라고 새로 번역했으며 1924년에 출간된 것을 상당 부분 수정한 것이다.

프로이트는 '쥐 사나이'에 대한 병력(1909d, 2부의 처음 부분에 있는 각주)에서 이 논문이 처음 기고된 강박적 현상(obsessional phenomena)에 대한 뢰벤펠트(Löwenfeld)의 책을 강박 신경증에 대한 '표준적인 교과서(standard text-book)'라고 평했다. 프로이트의 기법이 『히스테리 연구』(1895d)에 기술된 이후로 너무 많이 바뀌었기 때문에 자신이 이 글을 써 달라고 프로이트를 설득했다고 뢰벤펠트는 전한다. 뢰벤펠트의 서문의 날짜는 '1903년 11월'로 되어 있다. 따라서 프로이트는 아마 그해의 11월 이전에 이 논문을 썼을 것이다.

이 논문은 [정신분석에] 남아 있는 원래의 최면 절차의 유일한 흔적은 프로이트가 환자에게 누워 있을 것을 요구한 것뿐이었음을 보여준다. 외형적인 면을 볼 때 그의 기법은 이때 이후로 바뀌지 않았다. 세인트루이스 워싱턴대학교의 사울 로젠즈윅

(Saul Rosenzweig) 교수가 발견했듯이 프로이트 자신이 뢰벤펠트의 이 책에 대한 서평을 썼다. 그 서평은 *Journal für Psychologie und Neurologie*(『심리학 및 신경학 저널』 3호, 1904)의 pp. 190~191에 실렸다(Freud, 1904f).

프로이트[1]가 행하고 있는, 정신분석이라고 이름 붙인 독특한 정신치료 방법은 소위 카타르시스kathartisch/cathartic 요법에서 유래한 것이다. 카타르시스 요법에 대해서 그는 당시에 브로이어J. Breuer와 같이 쓴 『히스테리 연구Studien über Hysterie』(1895)에서 논한 바 있다. 카타르시스 요법은 브로이어가 발견했으며 그는 약 10년 전에 처음으로 이 요법의 도움으로 한 히스테리 환자를 회복시켰고 그것을 통해 그 [여성] 환자의 증상의 병인Pathogenese/pathogenesis/발병에 대한 통찰을 얻었다. 그 후 브로이어의 개인적인 제안으로 프로이트는 이 요법을 이어받아서 상당한 수의 환자에게 시험했다.

카타르시스 요법은 환자가 최면에 걸릴 수 있다는 것을 전제하며 최면하에서 일어나는 의식의 확장에 근거한다. 그것은 병의 증상을 제거하는 것을 목적으로 삼으며 환자를 증상이 처음으로 나타났던 정신 상태로 되돌림으로써 이것을 이룬다. 그러면 그때까지는 의식 밖에 있던, 최면에 걸린 환자의 기억, 생각, 충동이 떠오르며 이 정신적 과정이 강렬한 정동 표출Affektäußerungen/expression of emotion과 함께 의사에게 말해지면 증상은 극복되고 그것은 되돌아오지

- -

1. 원문에는 이 논문 전체가 큰따옴표로 싸여 있다. [韓]

않는다. 두 저자는 같이 쓴 글에서 증상이, 억제되어unterdrückt/suppressed 의식에 도달하지 못한 정신적 과정의 자리를 차지하며 따라서 그 정신적 과정의 변환²("전환³")을 나타낸다고 언제나 되풀이되는 이 경험Erfahrung/experience/관찰을 해명했다. 그들은 그들의 요법의 치료 효과를, 그때까지는 말하자면 "끼어 있던eingeklemmt/strangulated⁴" 정동 — 이것은 억제된 정신 활동에 부착되어 있었다 — 의 방출Abfuhr/discharge로 설명했다("소산⁵"). 하지만 치료적 개입에 대한 이런 단순한 도식은 거의 언제나 하나의 ("외상적인⁶") 인상이 아니라 대개는, 전모를 파악하기 어려운, 일련의 그런 인상들이 증상의 생성에 관여하기 때문에 더 복잡해진다.

따라서 다른 모든 정신치료 요법과 대조되는 카타르시스적 방법Methode/method/요법의 주된 특징은 치료 효과가 의사의 금지암시suggestives Verbot/prohibitive suggestion⁷에 의한 것이 아니라는 데 있다. 카타르시스 요법에서는 오히려 정신적 메커니즘에 대한 어떤 가설에 기반하는 [치료적] 개입이 성공하여 정신적 과정이 이제까지는 증상 형성Symtombildung/formation of the symptom과 합류하는 통로로 흐르던 것이 다른 곳으로 흐르게 되어서 증상이 스스로

- -

2. Umwandlung/transformation [韓]
3. Konversion/conversion [韓]
4. 이 책의 5장 「기억하기, 되풀이하기, 그리고 훈습하기」의 주)29를 보라. [韓]
5. Abreagiere/abreaction [韓]
6. traumatisch/traumatic [韓]
7. 예컨대 최면을 건 다음에 '당신은 더 이상 오른쪽 팔에 통증을 느끼지 않을 것입니다'라고 암시를 주는 것을 말하는 듯하다. [韓]

사라지기를 기대한다.

프로이트가 **브로이어**의 카타르시스 요법에 가져온 개량은 우선은 기법에서의 변화였다. 하지만 이것은 새로운 성과로 이어졌고 결국은 치료 작업에 대한 다른 식의 이해 — 그것이 이전의 것과 모순되는 것은 아니지만 — 가 필요해졌다.

카타르시스적 방법에서 이미 암시를 포기했는데 **프로이트**는 한발 더 나아가 최면도 포기했다. 그는 현재 환자를 다음과 같이 치료한다. 다른 식의 영향[8]을 배제한 채 환자를 휴식용 침대에 편안히 눕게 한 후 그 자신은 환자가 볼 수 없도록 뒤에 있는 의자에 앉는다. 그는 환자에게 눈을 감으라고도 요구하지 않으며[9] 최면을 떠올리게 하는 다른 모든 절차와 마찬가지로 어떤 신체 접촉도 피한다. 따라서 두 명 중 한 명[환자]은 주의력을 자신의 정신적 활동에 집중하는 데 방해가 될 수 있는 모든 근육 사용을 삼가고 [주의를] 산란시키는 모든 감각적 인상을 피해야 하지만 이런 세션은 동일하게 깨어있는[10] 사람들 사이의 대화와 마찬가지로 진행된다.

잘 알려져 있다시피 의사가 아무리 숙련되어 있다 해도 최면에 걸릴지 여부는 환자의 자유 의지Willkür/choice에 달려 있고 많은 수의 신경증적인 사람들은 어떤 절차를 쓰더라도 최면에 걸리지

· ·

8. 최면이나 신체적 접촉(이마 압박 등)을 말하는 듯하다. [韓]
9. 『꿈의 해석』(1900a, 2장, *Standard Ed.*, vol. 4, p. 101)에 있는 절차에 대한 언급에서 프로이트는 여전히 피분석자가 눈을 감고 있어야 한다고 권고한다. [英]
    『꿈의 해석(프로이트 전집, 4권)』, 김인순 옮김(열린책들, 2003), 140쪽을 보라. [韓]
10. 최면에 걸리지 않았음을 말한다. [韓]

않으므로 최면을 포기함으로써 이 요법의 적용 가능성은 제한되지 않은 수의 환자에게 보장되었다. 다른 한편으로 의사에게 기억과 표상Vorstellungen/images과 같은 정신적 재료를 제공해 주던, 의식의 확장이 일어나지 않게 되었는데 의사는 바로 그 재료의 도움으로 증상을 변환Umsetzung/transformation하고 정동을 해방했었다. 이런 탈락[의식의 확장이 없는 것을 대체할 것이 만들어지지 않았다면 치료 효과 역시 불가능했을 것이다.

프로이트는 이제 아주 충분한 그런 대체를 환자에게 연상들, 즉 의도치 않은, 대개는 성가시게 느껴져서 일상적인 상황에서는 옆으로 제쳐놓는 생각들— 이것은 의도한 이야기의 맥락에 끼어드는 경향이 있다— 에서 찾았다. 이런 연상들을 확보하기[bemächtigen/secure[11] 위해 그는 환자에게 "밑도 끝도 없이 이 얘기 저 얘기 하듯이" 그냥 이야기가 스스로 말하도록 내버려두라고 요청한다.[12] 그는 환자들에게 자신의 병력에 대해 자세히 이야기해 달라고 요청하기 전에 머리에 떠오르는 것이 있다면 그것이 중요하지

· ·

11. bemächtigen은 '(힘으로) 빼앗다'를 뜻한다. 강도가 물건을 빼앗듯이 의사는 환자에게서 연상된 것들을 빼앗아야 한다. 왜냐하면 환자가 순순히 내주려 하지 않기 때문이다. [韓]

12. 독일어판: "Um sich dieser Einfälle zu bemächtigen, fordert er die Kranken auf, sich in ihren Mitteilungen gehen zu lassen, "wie man es etwa in einem Gespräche tut, bei welchem man aus dem Hundertsten in das Tausendste gerät."

영역판: "In order to secure these ideas and associations he asks the patient to 'let himself go' in what he says, 'as you would do in a conversation in which you were rambling on quite disconnectedly and at random.'"

'aus dem Hundertsten in das Tausendste gerät'은 '백 가지 이야기에서 시작해서 천 가지 이야기를 한다'를 뜻한다. [韓]

않거나 관계가 없거나 말도 안 된다고 생각되더라도 모두 말해야 함을 명심하도록 한다. 하지만 그가 특별히 강조하는 것은 어떤 생각이나 연상을 그것에 대해 이야기하는 것이 창피하거나 괴롭다고 해서 빼먹지 말라는 것이다. 보통은 무시되는 이런 연상 재료를 모으려는 노력 속에서 **프로이트**는 이제 그의 전체 견해에서 결정적인 것이 된 것을 관찰하게 된다. 자신의 병력을 말할 때부터 이미 환자의 기억에 틈이 있음이 드러난다. 실제로 일어난 사건이 잊혀지고 시간 관계가 뒤죽박죽되고 인과 관계가 찢겨져서 이해할 수 없게 되는 것이다. 어떤 식으로든 기억 상실Amnesie/amnesia이 없는 신경증의 병력[13]은 없다. 이야기를 하는 사람[환자]에게 이 기억의 틈을 주의력을 집중해서 메우라고 재촉하면 우리는 이와 관련하여 연상들이 온갖 비판 수단에 의해 되밀쳐지며 마침내 기억이 진짜로 떠오를 때에는 곧바로 불쾌감Unbehagen/discomfort/불편함을 느끼기에 이르는 것을 관찰할 수 있다.[14] 이런 경험으로부터 **프로이트**는 기억 상실이 그가 **억압**Verdrägung/repression이라고 부른 과정의 결과라고 결론 내렸으며 이 억압의 동기가 불쾌감이라는 것을 깨달았다. 그는 억압을 초래했던 정신적 힘을 복구[회복][15] Wiederherstellung에 대한 **저항**Widerstand/resistance에서도 감지할 수 있다

• •

13. 물론 이것은 환자가 처음 이야기해 준 병력을 말한다. [韓]

14. 이 문장에서 Erinnerung이 틈을 메우는 기억 자체라면 Einfälle는 그 기억과 연결된 연상이라고 할 수 있을 것이다. [韓]

15. 원문에는 memory(기억)에 해당하는 단어가 없지만 영역판에서는 'recovery of the lost memories(잃어버린 기억의 복구)'라고 번역했다. Wiederherstellung은 '(병으로부터의) 회복'을 뜻하기도 한다. [韓]

고 생각한다.

저항이라는 요인은 그의 이론의 초석 중 하나가 되었다. 보통 (위에서 열거했던) 온갖 변명하에 옆으로 제쳐지는 연상들을 그는 재생산[16]에 맞서는 저항에 의해 왜곡된, 억압된 정신적 형성물[17](생각들[18]과 충동들[19])의 파생물이라고 여겼다.

저항이 클수록 이 왜곡이 풍부해진다ausgiebiger/greater/많아진다. 의도치 않게 연상들이 억압된 정신적 재료와 맺는 이 관계에 치료 기법에 대한 이 연상들의 가치가 놓여 있다. 만약 우리에게 연상들로부터 억압된 것에, 왜곡되어 만들어진 것Entstellungen/distortions으로부터 왜곡된 것Entstellten/distorted material[20]에 도달할 수 있게 하는 절차가 있다면 우리는 최면 없이도 정신생활에서 이전의 무의식적이었던 것이 의식에 접근하도록 만들 수 있을 것이다.

위에서 이야기한 것으로부터 **프로이트**는 소위 의도치 않게 연상들이라는 광석으로부터 억압된 생각들이라는 금속을 추출해내는 **해석 기술**Deutungskunst/art of interpretation을 발전시켰다. 환자에게 연상들뿐 아니라 무의식에 대한 인식으로 가는 가장 직접적인 통로를 열어주는 꿈과 의도치 않은 또는 목적 없는 동작(증상적 동작[21])과

· ·

16. 정신적 형성물의 재생산을 말한다. [韓]
17. Gebilde/phenomena [韓]
18. Gedanken/thoughts [韓]
19. Regungen/impulses [韓]
20. Entstellten은 억압된 것을, Entstellungen은 억압된 것의 파생물 즉 왜곡의 결과로 만들어진 것을 뜻한다. 즉 Entstellten이 왜곡되어서 Entstellungen이 만들어진 것이다. [韓]
21. Symptomhandlungen/symptomatic acts/증상 행위 [韓]

일상생활에서의 실수[22](잘못 말하기[23], 잘못 잡기[24] 등등)도 이 해석 작업의 대상이 될 수 있다. **프로이트**는 이 해석 기법 또는 번역 기법에 대한 상세한 내용을 아직 출간하지 않았다. 그가 시사하는 바에 따르면 그 상세한 내용은 연상들로부터 무의식적 재료를 어떻게 구성할konstruieren/reconstruct 것인가와 관련된 경험적으로 얻은 일련의 규칙들, 환자의 연상이 잘 안될 때 그것을 어떻게 이해해야 하는가와 관련된 지침들, 그리고 이런 치료 과정에서 일어나는 아주 중요하고 전형적인 저항들에 대한 경험들로 이루어져 있다. 1900년에 **프로이트**가 출간한 "꿈의 해석Traumdeutung"에 대한 방대한 책을 이 기법에 대한 소개의 선행자라고 여길 수 있을 것이다.

정신분석적 방법의 기법에 대한 이런 시사로부터 우리는 그것의 창시자가 덜 복잡한 최면 요법을 그만둔 것이 헛수고이며 잘못이라는 결론을 끌어낼 수도 있을 것이다. 하지만 한편으로는 정신분석 기법은 그것을 한 번 배우기만 하면 그것에 대한 묘사에서 보이는 것보다 훨씬 더 수행하기 쉽다. 그리고 다른 한편으로 목표를 달성하기 위한 다른 길이 없다면 힘겨운 길이 여전히 가장 짧은 길이다. 최면은 저항을 덮어둠으로써 의사가 정신적 힘들의 활동Spiel/play/상호 작용을 통찰하는 것을 방해하기 때문에 문제가 있다.

· ·

22. Irrungen seiner Leistung/blunders [韓]
23. Versprechen/slips of the tongue [韓]
24. Vergreifen/bungled actions. 바이올린을 켤 때 줄을 잘못 눌러서 엉뚱한 음이 나게 하는 경우, 컵을 잘못 잡아서 놓치는 바람에 깨지게 되는 경우 등을 생각하면 될 것이다. [韓]

최면에서는 저항이 제거되지 않고 단지 회피되기 때문에 그로부터 얻을 수 있는 정보도 불충분하고 성과도 일시적일 뿐이다.

정신분석적 방법이 풀려고 하는 과제는 다양한 공식으로 표현될 수 있지만 본질적으로는 동등하다. 우리는 다음과 같이 말할 수 있을 것이다: 치료의 과제는 기억 상실을 해소하는 것이다. 만약 모든 기억의 틈이 메워진다면 그리고 정신생활의 모든 수수께끼 같은 효과가 해명된다면 병의 존속뿐 아니라 새로운 형성[재발]도 불가능해질 것이다. 우리는 [치료의] 조건을 다른 식으로 표현할 수도 있다: 모든 억압들을 무효화해야 한다. 그러면 정신적 상태가 모든 기억 상실이 메워진 상태와 같아진다. 더 나아가 다음과 같이 표현할 수도 있다: 중요한 것은 무의식이 의식에 접근할 수 있도록 만드는 것인데 이는 저항의 극복으로 이루어진다. 하지만 이렇게 이상적인 상태는 정상적인 사람에게도 존재하지 않으며 치료를 그와 근접할 정도로 진행할 수 있는 경우도 드물게 밖에 없다는 것을 잊지 말아야 한다. 건강과 병이 근본적으로 다른 것이 아니라 실제적으로praktisch/in practice 결정될 수 있는 [이러저러한 것들의] 합계에 의해 경계 지워질 수 있을 뿐이듯이 우리는 치료의 목표로 환자가 실제적으로 회복되는 것, 즉 일할 수 있고 즐길 수 있는 능력을 되찾을 수 있도록 하는 것 이외의 것을 상정해서는 안 될 것이다. 완전하지 않은 치료 또는 완벽하지 않은 치료 성과에서도 우선은 일반적 정신 상태에서의 의미 있는 개선이 이루어진다. 이때 증상이 존속될 수도 있지만 환자에게는 덜 중요하며 그를 환자라고 낙인찍을 정도도 아닐 것이다.

사소한 수정을 제외한다면 치료 절차는 히스테리의 다양한 모든 증상 형태Symtombilder/clinical pictures에서 심지어 강박 신경증의 모든 형태에서도 그대로 남을 것이다. 하지만 이것을 제한 없이 적용하는 것은[25] 불가능하다. 정신분석적 방법의 본성 때문에 병의 증상 뿐 아니라 치료받아야 할 사람에 따라서도 치료 요건과 치료 금기가 있다. 정신분석에 가장 유리한 사례에는 증상이 그리 격렬하거나 위험하지 않은 만성적인 정신신경증Psychoneurosen/psychoneuroses, 즉 무엇보다도 모든 종류의 강박 신경증(강박 사고와 강박 행동), 공포증과 무의지증Abulien/abulias이 중요한 역할을 하는 히스테리의 사례들, 더 나아가서 식욕 부진증Anorexie/anorexia처럼 증상을 빨리 제거하는 것이 의사의 주요 의무가 아니라면[26] 히스테리의 모든 신체적 발현이 있다. 급성 히스테리의 사례에서는 좀 더 잠잠해지는 단계에 들어설 때까지 기다려야 할 것이다. 신경성 쇠약Erschöpfung/exhaustion/소모이 우세한 모든 사례에서는, [치료] 자체가 노력Anstrengung/effort[27]을 요구하며 진전은 천천히 이루어질 뿐이며 증상이 계속되는 것을 한동안 방관할 수밖에 없는 요법[28]은 피해야 할 것이다.

정신분석으로부터 이익을 얻고자 하는 사람은 여러 요건을 충족해야 한다. 그는 우선 정신적 정상 상태를 유지할 수 있어야

* *

25. 정신분석 치료를 모든 신경 장애와 정신 장애에 적용하는 것은. [韓]
26. 식욕 부진증에 걸리면 사실상 굶어서 죽는 경우가 많다. [韓]
27. anstrengen은 '전력을 다하다', '긴장시키다', '피곤하게 하다', '노력하다' 등을 뜻한다. [韓]
28. 즉 정신분석 요법. [韓]

한다. 히스테리의 경우에도 혼란 상태Verworrenheit/confusion[29]나 우울 증적 우울 상태melancholische Depression/melancholic depression의 시기에는 아무것도 이룰 수 없다. 그리고 더 나아가 어느 정도의 자연적인natürlich/natural[30] 지능과 도덕 발달이 요구된다고 할 수 있다. 가치 없는 wertlos/worthless 사람의 경우에 의사는 환자의 정신생활에 깊이 들어가게 할 관심을 곧바로 잃어버릴 것이다. 현저한 성격 기형 Charakterverbildungen/malformations of character과 실제로 퇴화한 기질degenerative Konstitution/degenerate constitution의 특성은 치료에서 절대로 극복할 수 없는 저항의 원천으로 나타난다. 이 점에서 일반적으로 [환자의] 기질은 정신치료의 치료 가능성에 한계를 긋는다. 연령이 50대 가까이 되는 것도 정신분석에 유리하지 않은 조건이다. 그러면 정신적 재료가 극복하기엔 너무 많고[31] 회복에 요구되는 시간이 너무 길며 정신적 과정[32]을 무효화할 수 있는 능력이 약화되기 시작한다.

이 모든 제한에도 불구하고 정신분석에 적합한 사람의 수는 이례적으로 많으며 **프로이트**의 주장에 따르면 이 요법에 의한 우리의 치료 능력의 확장은 아주 현저하다. **프로이트**는 효과적인 치료를 위해서는 긴 기간 즉 반년에서 3년 정도가 요구된다고 한다. 하지만 그는 쉽게 추측할 수 있는 여러 상황 때문에 지금까지

· ·

29. 정신증적 상태를 말하는 듯하다. [韓]
30. natürlich는 '타고난', '정상적인', '평균적인' 등을 뜻하기도 한다. [韓]
31. 독일어판: "Die Masse des psychischen Materials ist dann nicht meher zu bewältigen."
    영역판: "The mass of psychical material is then no longer manageable." [韓]
32. 억압 등을 말하는 듯하다. [韓]

대개의 경우 매우 심각한 사례에 자신의 치료법을 시험할 위치에 있었다고 한다. 많은 해 동안 병이 지속되고 완전히 무력해진 사람들이 다른 모든 치료를 받았다가 실망한 후에 그의 새로운 그리고 의심을 많이 받는 요법을 말하자면 마지막 도피처로서 찾았다는 것이다. 좀 더 가벼운 사례에서는 치료 기간도 [위에서 이야기한 것보다] 훨씬 짧으며 미래에 [있을 수 있는 병에 대한] 예방 효과도 이례적으로 이룰 수 있다고 한다.

8. 정신치료(마음치료)

표준판 편집자 주

Psychische Behandlung (Seelenbehandlung)
Psychical (or Mental) Treatment

(a) 독일어판:

1890 *Die Gesundheit*(건강), vol. 1, R. Kossmann and J. Weiss 편집, 1판, pp. 368~384.
(Stuttgart, Berlin & Leipzig: Union Deutsche Verlagsgesellschaft.)

1937 *Z. Psychoanal.* Päd., vol. 11, pp. 133~147.

1942 *G. W.*, vol. 5, pp. 289~315.

(b) 영역판:

"Psychical (or Mental) Treatment"

여기에 이제 처음 선보이는 제임스 스트라치의 번역은 우리가 알고 있는 한 처음으로 출간되는 번역판이다.

*Die Gesundheit*는 의학에 대해 쓰여진 어느 정도는 대중적인 모음집이며 두 권으로 이루어져 있으며 많은 공저자가 참여했다. 피스터(Pfister)에게 보낸 1910년 6월 17일자 편지(1963a)에서 프로이트는 '내가 내 아이들에게 준 책은 대중 의학서 *Die Gesundheit*입니다. 이 책에 나도 기고했습니다. 이 책은 상당히 건조하고 사실에 입각한 내용으로 이루어져 있습니다'라고 했다. 프로이트가 쓴 이 글은 다양한 치료법을 다루는 섹션에 포함되어 있다. 이 글은 수정 없이 그 책의 2판과 3판에 그대로—1권에 쪽 수까지 그대로—다시 실렸다.

1966년까지는 계속 이 논문이 1905년에 쓰여진 것이라고 기술되었다(표준판 전집*Standard Edition*에 1905b로 매겨져 있었다). *Die Gesundheit*의 1905년 판만 조사해 보고 내린 결론이었다. 이제는 그 판이 사실은 3판이었다는 것—그 책의 편집자는 이 사실을 책에 적어 놓지 않았지만—이 알려졌다. 이 사실의 발견과 관련된 정보와 [표준판 전집 편집자의] 주석은 *Standard Ed.*, vol. 1, pp. 63~64에 있는, 프로이트의 최면과 암시에 대한 논문 모음—이 논문은 그 논문 모음에 속한다—에 대한 편집자의 서문을 참조하시오.

정신Psyche은 그리스어이며 독일어로는 **마음Seele/mind**으로 번역
된다.[1] 따라서 정신치료Psychische Behandlung/psychical treatment는 **마음치
료Seelenbehandlung/mental treatment**를 말한다. 따라서 우리는 그것을
다음과 같이 이해할 수도 있겠다: 정신생활Seelenleben/mental life에서
의 병적 현상을 치료하는 것. 하지만 이것은 이 말의 의미가 아니다.
정신치료는 오히려 다음을 의미한다: 마음으로부터의 치료, 장애
가 정신적이든 신체적이든 우선 그리고 직접적으로 인간의 정신적
인 것에 영향을 미치는 수단을 통한 치료.

이런 수단 중에는 무엇보다 말이 있으며 말은 마음치료의 본질적
도구이기도 하다. 문외한들은 육체와 마음의 병적 장애가 "순전히"
의사의 말을 통해서만 제거될 수 있다는 것을 틀림없이 이해하기
힘들 것이다. 마술을 믿으란 말인가라는 말을 할 만하다. 그런
말이 그리 틀린 것은 아닌데 우리가 일상적으로 쓰는 말은 퇴색된
마술과 다르지 않다. 하지만 과학이 어떻게 말에게 이전의 마력
중 적어도 일부를 되돌려 주려고 하는지를 이해하려면 긴 우회로를
택할 필요가 있다.

● ●

1. 'Seele'는 사실 영어 'mind'보다 그리스어 'psyche'에 더 가깝다. [英]

과학적 교육을 받은 의사가 마음치료의 가치를 존중하게 된 것도 최근에야 일어난 일이다. 지난 반세기 동안 의학이 어떤 발전 과정을 거쳤는지를 생각해 보면 이것은 쉽게 설명될 수 있다. 상당한 기간 동안 소위 자연철학Naturphilosophie/Philosophy of Nature[2]에 의존하면서 성과 없이 보내다가 의학은 자연과학의 유익한 영향하에 기술Kunst/art로서뿐 아니라 과학으로서도 커다란 진보를 이루었다. 유기체가 현미경적으로 미세한 단위(세포)로 구성되었다는 것이 규명되었고, 각각의 생명 작용(기능)이 물리적으로 그리고 화학적으로 이해되었고, 다양한 질병 과정의 결과로 발생하는 신체 부분의 가시적이며 명료하게 파악할 수 있는 변형을 구분할 수 있게 되었고, 다른 한편으로 생명체 깊숙이 진행되고 있는 질병 과정을 추측할 수 있게 하는 징후를 찾아낼 수 있게 되었고, 더 나아가 많은 수의 살아있는 병원체를 발견했고, 새로 얻게 된 인식 덕분에 심각한 외과 수술의 위험을 아주 현저하게 줄일 수 있게 되었다. 이 모든 진보와 발견은 인간의 신체적인 것과 연관되어 있었다. 그래서 옳지는 않지만 쉽게 이해할 수 있는 사고 경향Urteilsrichtung/trend of thought의 결과로 의사는 정신적인 것을 다루는 일은 자신들이 경멸하는 철학자들에게 기꺼이 맡기고 자신들은 육체적인 것에만 관심을 기울여야 한다는 생각이 생긴 것이다.

현대 의학은 육체적인 것과 정신적인 것 사이에 존재하는 부정할

. .

2. 이것은 주로 셸링(Schelling)이라는 이름과 연관된, 범신론적 양식의 사상 유파였으며 19세기 초반에 독일에서 지배적이었다. 베른펠트(Bernfeld) (1944)를 참조하라. [英]

수 없는 관계를 연구할 충분한 이유가 있었지만, 정신적인 것을 육체적인 것에 의해 결정되며 그것에 의존하는 것으로 서술하기를 멈추지 않았다. 따라서 정신적 기능이 정상적으로 발육되고 영양 공급을 충분히 받은 뇌의 존재에 의존하며 이 기관의 모든 질병은 [정신적] 장애로 이어지며 [이 기관에] 독소가 순환되게 되면 특정한 정신병Geisteskrankheit/mental illness 상태에 빠지게 되고, 사소한 문제를 말하자면 잠자는 사람의 꿈을 실험의 목적으로 가하는 자극에 의해 바꿀 수 있다는 것을 강조하게 되었다.[3]

신체적인 것과 정신적인 것의 관계는 (인간에게서나 동물에게서나) 상호 작용하는 관계이다. 하지만 이 관계의 다른 면 즉 육체에 대한 정신적인 것의 작용은 초기에는 의사의 눈을 별로 사로잡지 못했다. 그들은 정신생활에 어느 정도 독립성을 인정하면 과학성의 토대를 포기하는 것이나 되는 양 그것을 인정하기를 꺼렸던 것으로 보인다.

육체적인 것에 편중된 의학의 이런 경향은 지난 15년간에 걸쳐 서서히 바뀌어왔는데 이는 의료 활동의 직접적인 결과이다. 즉 경중이든 중증이든 많은 수의 환자들이 장애를 보이고 [증상을] 호소함으로써 의사의 기술Kunst/skill을 크게 요구하는 데 과학적 의학의 진찰 방법에서의 그 모든 진보에도 불구하고 그 환자가 살아있을 때든 죽어있을 때든[4] 눈에 보이는 명료한 질병 과정의

• •

3. 『꿈의 해석』(Freud, 1900a), 1장, 섹션 C(1)를 참조하라. *Standard Ed.*, vol. 4, p. 24 이하. [英]

『꿈의 해석(프로이트 전집, 4권)』, 김인순 옮김(열린책들, 2003), 48쪽 이하를 보라. [韓]

징후를 발견할 수가 없는 것이다. 이 중 한 그룹의 환자들은 병의 증상의 풍부함과 다양성에서 두드러진다. 그들은 두통이나 주의력 산란 때문에 정신적인 작업을 할 수 없다. 그들은 무언가를 읽을 때 눈이 아프다. 그들은 걸을 때 다리가 피로하다. 그들은 둔통dumpf schmerzhaft/dull pains/鈍痛을 느끼거나 잠에 빠져든다. 그들은 고통스러운 느낌 때문에 소화 장애가 있다. 그들은 트림을 하거나 위경련을 일으킨다. 그들은 하제Nachhilfe/aperients가 없으면 배변을 못한다. 그들은 잠을 못 이룬다, 등등. 이 모든 고통을 동시에 겪을 수도 있고 차례로 겪을 수도 있다. 또는 이 중 일부만 겪을 수도 있다. 하지만 어떤 경우이든 같은 병을 앓고 있음이 분명하다. 게다가 이 병의 징후들은 종종 변덕스러워서 서로 교대하거나 서로를 대체하기도 한다. 이제까지는 두통 때문에 일을 못하지만 소화는 꽤 잘 시키던 바로 그 환자가 다음날부터는 두통은 없지만 대부분의 음식을 소화시키지 못하는 것이다. 삶의 상황이 현저하게 바뀔 때도 고통이 갑자기 사라질 수 있다. 여행 중에는 아주 편안해하고 갖가지 음식을 아무 일 없이 즐기다가도 집에 돌아오면 다시 응유 Sauermilch/sour milk/발효 우유만 먹어야 하는 처지가 될 수도 있는 것이다. 몇몇 환자들의 경우에는 장애 — 통증이든 마비에 의한 무기력이든 — 가 아주 갑자기 신체의 다른 쪽으로 옮겨갈 수 있다. 예컨대 오른쪽 신체 부위에서 대응하는 왼쪽 부위로 옮겨가는 것이다. 하지만 모든 경우에 우리는 병의 징후가 아주 분명히 흥분, 감정의

• •

4. 부검을 말하는 듯하다. [韓]

변화, 근심 등의 영향을 받는다는 것을 관찰할 수 있다. 또한 징후가 오랫동안 존재하고 있었는데도 흔적도 없이 사라져서 완전히 건강해지기도 한다.

의학적 연구는 마침내 이런 사람들이 위병, 눈병 등에 걸린 것이 아니라 전체로서의 신경계에 병이 든 것이며 그에 따라 치료해야 한다는 것을 입증하였다. 하지만 지금까지는 그런 환자의 뇌와 신경을 검사해도 어떤 명확한 변화도 찾아내지 못했으며 게다가 병의 증상들의 여러 특성들로 볼 때 검사 방법이 더 나아지면 언젠가 병을 설명해 줄 수 있는 그런 변화를 밝혀낼 수 있으리라는 기대를 할 수도 없다. 사람들은 이 상태를 신경성[5](신경쇠약[6], 히스테리[7])이라고 부르게 되었고 그것을 신경계의 순전히 "기능적인" 질병이라고 지칭하게 되었다. (2권, 10부, 4장을 참조하시오.)[8] 게다가 더 지속적인 많은 신경병과 정신적인 징후(소위 강박 관념, 망상, 정신착란[9])만을 보이는 병의 경우에도 (환자가 사망한 후에) 뇌를 정밀 검사해도 성과가 없었다.

의사들에게 이런 신경성 환자 또는 신경증 환자의 병의 증상들의 본성과 기원을 연구해야 하는 과제가 주어진 것이다. 이런 연구

. .

5. Nervosität/nervousness [韓]
6. Neurosthenie/neurasthenia [韓]
7. Hysterie/hysteria [韓]
8. 저작집 『건강(Die Gesundheit)』의 2권을 보라. [獨]
   프로이트의 이 논문이 처음 실렸던 『건강』의 2권, 10부, 4장(Volume II, Part X, Chapter 4)을 보라. [英]
9. 독일어판: "sogenannte Zwangsideen, Wahnideen, Verrücktheit."
   영역판: "such as what are known as obsessions and delusional insanity." [韓]

과정에서 이런 환자 중 적어도 일부의 경우에는 병의 징후가 바로 **정신생활이 육체에 끼친 악영향**[10]에서 유래했으며, 따라서 장애의 직접적 원인을 정신적인 것에서 찾아야 한다는 것을 발견했다. 더 먼 원인 즉 육체적인 것에 장애를 일으키게 한 정신적인 장애의 원인 — 이것은 정신적인 것과 관련되어 있다 — 이 무엇인가는 또 다른 문제이며 우리는 정당하게 이 문제를 여기서는 배제할 수 있다. 하지만 의학은 여기서 이제까지 무시되어 왔던 신체와 정신의 상호관계의 한 측면[정신이 신체에 끼치는 영향]에 완전한 주의를 기울일 연결점을 찾은 것이다.

병리적인 것을 연구할 때에만 정상적인 것을 이해할 수 있다. 육체에 대한 정신적인 것의 영향은 오래전부터 많이 알려져 있었지만 이제야 제대로 조명을 받게 되었다. 육체에 대한 정신의 작용 중 아주 일상적이며 항상 볼 수 있으며 모든 사람에게서 관찰되는 예로는 소위 **감정 변화에 따른 표정[의 변화]**Ausdruck der Gemütsbewegungen/expression of the emotions[11]이 있다. 인간의 거의 모든 정신적 상태는 얼굴 근육의 긴장과 이완, 눈의 상태Einstellung/adaptations/초점, 피부의 충혈, 발성기관의 과도한 사용, 팔다리 특히 손의 자세로

. .

10. 독일어판: veränderten Einfluß ihres Seelenlebens auf ihren Körper.
    영역판: a change in the action of their minds upon their bodies.
    verändern은 '변화시키다'를 뜻한다. 앞에서도("…… 어떤 명확한 변화도 찾아내지 못했으며…….") '변화Veränderung'라는 단어가 쓰였는데 신체의 '병적 변형'을 뜻하는 듯하다. 여기서 'veränderten Einfluß'는 '해로운 변화를 일으키는 영향'을 뜻하는 듯하다. [韓]
11. Ausdruck은 표정, 안색을 뜻하기도 하지만 표현을 뜻하기도 한다. [韓]

표현된다. [정신적 상태에] 수반하는 이런 육체의 변화는 대부분 당사자에게 도움이 안 된다. 반대로 종종 그의 의도에 방해가 되는데, 자신의 정신 과정을 남들에게 숨기고 싶을 때 그렇다. 다른 사람들은 그것을 신뢰할 수 있는 징후로 여기며 그로부터 그의 정신적 과정을 추론해 낸다. 그들은 그 당사자가 동시에 하는, 자신의 의도에 따른 말보다 그 징후를 더 신뢰한다.[12] 만약 특정한 정신적 활동이 이루어지고 있을 때 그 사람을 더 정밀하게 검사할 수 있다면 그 정신적 활동의 결과로 나타나는 심장 활동의 변화, 육체에 공급되는 피의 양의 변화 등과 같은 더 자세한 육체적 결과를 찾아낼 수 있을 것이다.

우리가 **"정동Affekte/affects"**이라고 부르는 특정한 정신 상태에 관여하는 육체적인 것이 너무나 눈에 띄고 크게 나타나기 때문에 많은 심리학자가 정동의 실체가 이런 육체적 표현만으로 되어 있다고 주장한다. 예컨대 공포, 분노, 정신적 고통, 성적 황홀경 등의 영향 때문에 얼굴 표정, 혈액 순환, 분비, 수의근의 흥분 상태에서 이례적인 변화가 일어난다는 것이 일반적으로 알려져 있다. 정동의 표정Ausdruck/expression/표현이라고 할 수는 없는 정동의 육체에 대한 다른 식의 작용에 대해서는 완전하게 입증되어 있지만 덜 알려져 있다. 근심, 걱정, 슬픔과 같이 고통스럽거나 소위 "우울한-depressiv/depressive' 성격을 갖는 정동 상태가 지속되면 육체에의

• •

12. '도라'의 사례에서의 예를 참조하라(이 책의 76쪽). [英]
    「도라의 히스테리 분석」, 『꼬마 한스와 도라(프로이트 전집, 8권)』, 김재혁·권세훈 옮김(열린책들, 2003), 266쪽을 보라. [韓]

영양 공급이 대체로 줄어들고, 머리가 세고, 지방이 줄고[살이 빠지고], 혈관벽이 병리적으로 변형된다. 반대로 기쁨의 흥분, "행복"의 영향하에서는 전체 육체가 활짝 피어나며 젊음의 많은 징후를 되찾는다. 강한 정동은 분명히 전염병에 대한 저항력과 많은 관계가 있다. 그에 대한 좋은 예로 의사들의 관찰에 의하면 승리한 군대보다 패배한 군대의 구성원 사이에서 발진티푸스와 이질에 걸리는 경향이 훨씬 현저하다고 한다. 정동은— 이것은 거의 전적으로 우울한 정동에 해당하는 일이다— 종종 그 자체로 다른 기관의 병뿐 아니라 해부학적으로 입증 가능한 변화를 일으키는 신경계의 병에 대한 병인이 되기에 충분하다. 이때 우리는 그 사람에게 그때까지는 효력이 없었지만, 이미 이전부터 이 병에 대한 소질이 있었다고 가정해야 할 것이다.

이미 만들어진 병의 상태가 격렬한 정동에 의해 아주 현저한 영향을 받을 수 있다. 대개의 경우 악화되지만 커다란 경악이나 갑작스러운 불행Kummer[13]에 의해 유기체가 특이한 변화를 겪어서 확실한 토대를 가진 병의 상태가 호전되거나 완치되는 예도 없지는 않다. 의심의 여지 없이, 우울한 정동은 마침내 삶을 현저하게 단축시킬 수 있으며 격렬한 경악, 심한 "**모욕**Kränkung/humiliation"[14] 또는 수치 때문에 갑자기 죽을 수도 있다. 진기하게도 기대하지

---

13. 영역판에서는 bereavement라고 번역했다. bereavement는 가까운 사람이 죽는 것을 말한다. [韓]

14. kränken은 '모욕하다'를 뜻하는데 아주 비슷한 단어 kranken은 '병을 앓다'를 뜻한다. [韓]

않던 커다란 기쁨 때문에 갑자기 죽는 경우도 관찰되었다.

좁은 의미의 정동은 육체적 과정에 대한 아주 특별한 관계로 특징지을 수 있다. 하지만 엄밀히 말하자면 모든 정신 상태, 심지어 우리가 보통 "사고 과정"이라고 여기는 정신 상태도 어느 정도는 **"정동적"**이며 육체적 표현과 육체적 과정을 변화시킬 수 있는 능력을 결여한 정신 상태는 하나도 없다. 우리가 "표상들Vorstellungen /ideas"에 대해 조용히 생각할 때조차도 그 표상들의 내용에 상응해서 민무늬근과 가로무늬근을 끊임없이 자극하게 된다. 이것들은 적절하게 강화Verstärkung/reinforced되면 명료해질 수 있으며 많은 인상적인 소위 "초자연적" 현상이 이것으로 설명될 수 있다. 예를 들어 소위 **"생각 알아맞히기**Gedankenerraten/thoughtreading" — "영매" 의 [텔레파시를 통한] 유도를 통해서 다른 사람이 숨겨진 물건을 찾아내는 실험 — 는 그 "영매"의 작은 불수의적 근육운동으로 설명될 수 있을 것이다. 이 전체 현상에는 **생각을 무심코 드러내기** Gedankenverraten/thought-betraying라는 명칭이 더 적절하다.

의지 과정과 주의력 집중과정도 마찬가지로 신체적 과정에 심대한 영향을 줄 수 있으며 육체적 질병을 촉진하거나 억제하는 데 커다란 역할을 할 수도 있다. 영국의 한 위대한 의사는 어떤 신체 부위든지 그곳에 주의력을 집중함으로써 여러 가지 느낌과 통증을 이끌어내는 데 성공했다고 보고했으며 많은 사람들이 그 의사처럼 할 수 있는 것으로 보인다. 통증 — 사람들은 보통 이것이 육체적 현상에 속한다고 생각한다 — 에 대한 판단을 내릴 때는 일반적으로 그것이 아주 분명하게 정신적 상태에 의존한다는 사실을 고려해야 한다. 정신의 그런 영향을 "상상Einbildung/imagination"이라는 명칭으로 개괄하려 하는 문외한들은 상해, 질병, 염증에 의해 유발된 통증에 비해 상상에 의한 통증을 중요시하지 않는 경향이 있다. 하지만 그것은 명백히 잘못된 생각이다. 통증의 원인이 무엇이든 간에, 심지어 그것이 상상에 의한 것이라 하더라도 그 때문에 그 통증 자체가 덜 현실적이라거나 덜 심한 것은 아니다.

주의력을 집중함으로써 통증이 만들어지거나 심화되는 것과 마찬가지로 주의력이 다른 곳을 향하면 통증이 줄어든다. 우리는 이 지식을 [통증을 느끼고 있는] 아이들을 달래는 데 사용한다. 그리고 성인인[15] 전사는 전투의 열띤 흥분 속에서는 상해로 인한 고통을 느끼지 못한다. 또한 종교적 감정에 휩싸여 있으며 자신의 모든 생각을 앞으로 있을 천상의 보답에 집중하고 있는 순교자는 아마도 고문에서 오는 통증에 완전히 무감각할 가능성이 크다. 육체적 질병 과정에 의지가 끼치는 영향을 사례를 통해 입증하기는 더 어렵다. 하지만 건강해지고자 하는 결의나 죽고자 하는 의지가 심각하거나 의심스러운 발병 사례의 결말에 아무런 의미가 없지는 않을 것이다.[16]

기대라는 정신적 상태 — 이 상태 때문에 육체적 질병의 발병과 그로부터의 회복에 아주 큰 효력을 발휘하는 일련의 정신적 힘이 활성화될 수 있다 — 는 우리의 관심을 끌 만한 커다란 이유가

﹒﹒

15. 원문에는 erwechsene라고 되어 있는데 erwachsene(성인인)의 오자일 것이다. [韓]
16. 살고자 하는 의지가 강하면 심각한 병도 나을 가능성이 크고 죽고자 하는 의지가 강하면 진짜 병인지도 의심스러운 병 때문에 죽을 수도 있다는 말일 것이다. [韓]

있다. **불안에 찬**ängstlich/fearful/두려움에 찬 기대는 분명 결과와 무관하지 않다. 그리고 그것이[불안에 찬 기대] 병에 걸리는 것에 사람들이 그렇다고 믿는 만큼이나 큰 영향을 끼치는지, 예컨대 전염병이 창궐할 때 병에 걸릴 것을 두려워하는 사람들이 가장 먼저 위험에 처한다는 말이 사실에 근거하는 것인지 여부를 확실히 알아내는 일은 중요할 것이다. 반대의 상태, 즉 희망에 찬 또는 **믿음에 찬 기대**gläubige Erwartung/expecation is coloured by faith[17]는 효과가 있는 힘이다. 우리는 엄밀히 말해서 모든 처치와 치료의 시도에서 이것을 고려해야 한다. 우리는 약물 및 의료 개입에서 관찰하는 진기한 효과를 다른 식으로 설명할 수 없다. 이것의 가장 명료한 예는 의학적 기술의 도움 없이 오늘날에도 우리 눈앞에서 성공적으로 이루어지는 소위 기적의 치료에서의 **믿음에 찬 기대**의 영향이다. 제대로 된 기적의 치료는 신자들을 대상으로 하며 종교적 감정을 상승시키는 데 적합한 [종교] 행사Veranstaltungen/adjuncts의 영향하에 행해진다. 즉 기적을 행한다는 은총 조상Gnadebild/image/影像/은총 그림이 숭배되는 곳, 거룩하고 신성한 인물Person/personage[18]이 사람의 자식들 앞에 자신의 모습을 드러내서 숭배에 대한 보답으로 고통을 덜어 주겠다고 약속한 곳, 또는 어떤 성자Heilige/saint의 성스러운 유물이 보물로 보관되고 있는 곳에서 행해진다. 기적의 치료

. .

17. gläubig는 종교적 믿음을 의미한다. 여기서는 예컨대 '하나님이 나의 병을 치료해 주실 것이다'라고 믿는 것을 말한다. [韓]
18. Person은 사람이 아닐 수도 있다. 예를 들어 성부, 성자, 성령도 Person이라 칭할 수 있다. [韓]

에서 대개는 다른 [연출된] 상황들Veranstaltungen/contrivances/[종교] 행사)
도 어떤 역할을 하는 것으로 보아 기대라는 수단으로 병을 억압하는
verdrängen/suppress[19] 것이 종교적 믿음만으로는 쉽지 않아 보인다.
[어떤 신성한 사건과] 특별히 관계가 있는 시기여야만 신성한
은총을 구할 수 있으며 환자가 이런 은총을 입기 위해서는 육체적
고역, 성지 순례를 하는 고난과 희생을 감수해야 한다.

　이런 기적의 치료를 전혀 믿지 않으려 하고 이런 것들에 대한
이야기를 종교를 빙자한 속임수frommer Betrug/pious fraud[20]와 부정확
한 관찰의 결합으로 설명하려 한다면 편리하긴 하겠지만 아주
잘못된 것이다. 이런 설명이 아주 많은 경우에 맞다고 하더라도
이 설명으로 기적의 치료라는 사실을 모두 무효화할 수는 없다.
기적의 치료는 실제로 일어나며 모든 시대에 있어 왔다. 그것은
그 근저에 "상상"이 있으며 성지 순례의 상황에 의해 영향을 많이
받을 수 있는, 정신적인 기원을 갖는 질병뿐만 아니라 "기질적인"
근원을 갖는 병상Krankheitszustände/illnesses/病狀 — 그리고 [기적의 치
료를 하기] 전에는 모든 의학적 노력에 저항했던 — 과 관련해서도
일어난다.

　그렇지만 기적의 치료를 설명하기 위해 정신적 힘 말고 다른
어떤 것을 끌어올 필요는 없다. 그런 상황[기적의 치료]에서도

---

19. 원문에는 보통 'repress'로 번역되는 'verdrängen'으로 되어 있다. 하지만 이 논문은
　　억압(repression)이라는 개념이 프로이트의 생각들의 한 부분을 차지하기 전인 1890년
　　에 쓰여졌다. [英]
20. 'frommer Betrug'는 '선의의 거짓말'을 뜻하기도 한다. [韓]

우리의 인식을 뛰어넘는 것이라고 여길 수 있는 작용은 일어나지 않는다. 모든 것이 자연스럽게 진행된다. 실로 여기에서는 종교적 믿음의 힘이 인간적인 여러 원동력에 의해 강화되는 것이다. 한 개인은 보통 군중 속에서 거룩한 장소로 가게 되는데 군중의 열광 때문에 개인의 경건한 믿음이 강화된다. 그런 군중의 영향으로 개인의 모든 정신적 흥분Regungen/impulses/충동이 극도로 상승할 수 있다. 혼자서 순례지에서의 치료를 구하는 경우에는 그 장소의 평판과 명성이 군중의 영향을 대신하게 되며 따라서 여기에서도 군중의 힘이 작용하는 것이다. 이런 영향이 관철되는 또 다른 길도 있다. 언제나 신성한 은총은 그것을 구하는 많은 사람들 중 몇몇 사람에게만 내려진다는 것이 잘 알려져 있기 때문에 모두가 이 돋보이는 사람 즉 선택되는 사람이 되고 싶어 한다. 모든 개인에 잠재되어 있는 공명심이 경건한 믿음을 강화하는 것이다. 이렇게 많은 강력한 힘들이 함께 작용한다면 가끔 목적이 진짜로 이루어진 다 해도 그리 놀랄 일은 아니다.

종교적 믿음이 없는 사람도 기적의 치료를 포기할 필요가 없다. 그런 사람의 경우에는 명성과 군중의 영향이 종교적 믿음을 완전히 대신할 수 있다. 어느 시대에나 특히 상류 사회를 지배하는 유행하는 치료법과 유행하는 의사가 있었다. 상류 사회에서는 서로가 서로를 능가하려는 또는 가장 고귀한 사람을 모방하려는 노력이 가장 강력한 정신적 원동력이기 때문이다. 그런 인기 있는 치료법은 그 치료법 자체의 능력 이상의 치료 효과를 보이며 같은 [치료] 수단을 써도 다른 의사가 치료했을 때에 비해 예컨대 저명인사를 치료했다고 알려진 인기 있는 의사가 치료했을 때 훨씬 더 효과가 뛰어나다. 따라서 신의 은총에 의한 기적이 있는 것과 마찬가지로 인간적인 것에 의한 기적도 있는 것이다.[21] 단, 유행과 모방 덕분에 명성을 얻은 사람은 그에게 명성을 주었던 힘[유행과 모방]이 그렇듯이 곧 그 명성을 곧 잃게 된다.

종종 불충분한 의학적 기술의 도움에 대한 이해할 만한 불만 때문에 — 아마도, 자연의 무정함이 인간에게 반영된 것인 과학적 사고의 강압에 대한 내적 저항 때문이기도 할 것이다 — 모든 시대에 걸쳐 그리고 우리 시대에도 역시 어떤 사람과 어떤 [치료] 수단Mitteln/procedures[22]에 치유력이 부여되는 조건이 만들어지는 것이다. 믿음에 찬 기대는, 도움을 주는 사람이 의사가 아닐 때에만, 그가 의술의 과학적 기초에 대해서 아무것도 모른다는 것을 자랑할 수 있을 때에만, [치료] 수단이 엄밀한 시험을 거치지 않았고 대신 예컨대 대중적인 사랑을 받는다는 사실에 의해서 권고될 때에만 생긴다. 따라서 수많은 자연요법들Naturkünsten/nature cures과 지금도 의사와 직업상 경쟁 관계에 있는 자연요법가들Naturkünstler/nature healers이 있는 것이다. 우리는 적어도 어느 정도의 확신을 가지고 그들이 치료를 구하는 사람들에게 이득보다는 해를 훨씬 많이 끼친다고 주장할 수 있다. 여기에 우리가 환자의 믿음에 찬 기대를

• •

21. 독일어판: "So gibt es menschlich Wundertäter ebenso wie göttlicher."
   영역판: "Thus there are human as well as divine miracle-workers."
   직역하면 "따라서 신적인 기적을 – 행하는 – 자와 마찬가지로 인간적인 기적을 – 행하는 – 자도 있는 것이다"가 된다. [韓]
22. Mittel은 약을 뜻하기도 한다. [韓]

질책할 근거가 있다면 같은 힘이 끊임없이 우리 자신의 의학적 노력에 촉진 효과를 제공하고 있다는 사실을 잊어버리는 배은망덕함을 우리가 저지르고 있다고 할 수는 없을 것이다. 의사가 처방하는 모든 약과 그가 행하는 모든 치료의 작용은 두 가지 부분으로 이루어진 것 같다. 그 둘 중 한 부분은— 때로는 크기도 하고 때로는 작기도 하지만 결코 완전히 무시할 수는 없는데— 환자의 정신적 태도에 의해 결정된다. 그가 어느 정도의 믿음에 찬 기대를 품고 의학적 처치의 직접적 영향과 만나는가는 한편으로는 그가 회복에 대한 열망을 얼마나 품고 있는가에 달려 있고 다른 한편으로는 그가 회복으로 가는 길에 얼마나 제대로 된 발걸음을 떼었다고 믿느냐에 즉 그가 의술 일반을 얼마나 존중하는지 더 나아가서 그가 자신을 치료하는 의사의 능력을 얼마나 믿는지 그리고 심지어 그 의사가 그에게 불러일으킨 순전히 인간적인 호감이 어느 정도인지에 달려 있다. 의사들 중에는 환자의 신뢰를 얻는 데 있어 남보다 더 나은 자질을 갖춘 사람이 있어서 그런 의사가 방에 들어오는 것을 보는 것만으로도 환자는 종종 벌써 차도가 있다고 느낀다.

예로부터 의사는 마음치료Seelenbehandlung/mental treatment를 해왔으며 옛날에는 오늘날보다 더 많이 행했다. 만약 우리가 마음치료라는 말을 환자에게서 치료에 가장 유리한 정신적 상태와 조건을 이끌어내려는 노력이라고 이해한다면 이런 종류의 의학적 치료는 역사적으로 가장 오래된 것이다. 옛날 사람들에게는 정신치료psy-chische Behandlung/psychical treatment 말고 다른 것이 거의 없었으며 그들은 강렬한 마음치료를 통해 물약과 다른 치료 조치의 효과를 촉진하는 것 역시 게을리하지 않았다. 주문의 사용, 정화를 위한 목욕, 신전 경내에서 잠을 잠으로써 신탁의 꿈을 끌어내는 것 등의 잘 알려진 것들은 바로 정신적 수단을 통해 치료 효과를 발휘하는 것이다. 초기에는 의술이 사제의 손에 의해 행해졌기 때문에 의사라는 인물 자체가 신적인 힘으로부터 직접적으로 유래하는 명성을 얻을 수 있었다. 오늘날과 마찬가지로 그 당시에도 의사의 인격이 환자에게서 치료에 유리한 정신 상태를 이루기 위한 주요 상황 중 하나였다.

이제 우리는 말의 "마술" 역시 이해할 수 있게 되었다. 말은 한 사람이 다른 사람에게 영향을 끼치기 위해 쓸 수 있는 그야말로 가장 중요한 매개자이다. 말은 그 말을 듣는 사람에게서 정신적 변화를 이끌어낼 수 있는 훌륭한 수단이다. 따라서 말의 마술이 병의 증상을 없앨 수 있다고 특히 정신적 근원을 갖는 병의 증상을 없앨 수 있다고 주장한다고 해도 그것은 더 이상 수수께끼처럼 들리지 않는다.

병의 제거에 효과가 있다고 입증된 모든 정신적 영향에는 어느 정도 예측 불가능한 측면이 있다. 정동, 의지의 집중, 주의력을 딴 곳으로 돌리기, 믿음에 찬 기대 등 이 모든 힘들은 가끔 병을 없애 주기도 하지만 모든 경우에 그런 것은 아니다. 게다가 우리는 다양한 결과를 설명해 줄 수 있는 병의 특성을 알 수도 없다.[23] 분명히 퍼스낼리티 — 이것은 정신적으로 너무나 다양하다 — 의

• •

23. 우리는 병의 어떤 특성 때문에 어떤 경우에는 정신적 힘으로 치료가 되고 어떤 경우에는 안 되는지를 잘 모른다. [韓]

독단성이 치료 성과가 규칙적으로 나타나는 것을 방해한다. 치료에서 정신적 상태가 중요하다는 것을 의사들이 분명히 인식한 이후로, 환자가 [의사의 치료를] 어느 정도로 정신적으로 환영할 것인가를 더 이상 환자에게 맡기지 말고 목적의식적으로 적합한 수단을 사용하여 [치료에] 유리한 정신 상태를 만들어야겠다는 생각이 의사에게 떠오르게 되었다. 이런 노력과 함께 현대적인 **마음치료**가 시작되었다.

따라서 꽤 많은 수의 치료법이 생겼는데 그 중 몇몇은 자명한 것들이고 다른 것들은 복잡한 가설들을 통해서만 이해될 수 있는 것들이다. 의사가 오늘날에는 더 이상 사제로서 또는 신비한 지식을 가진 자로서 경탄을 자아낼 수 없으므로 환자의 신뢰를 얻고 어느 정도 호감을 살 수 있도록 자신의 인격을 이용해야 한다는 것은 어느 정도 자명하다. 어떤 의사가 제한된 수의 환자들에게서만 [신뢰와 호감을 얻는 데] 성공하고 반면에 다른 환자들은 그들의 교육정도와 취향에 따라 다른 의사에 끌린다면 이것은 유용한 분배이다. **만약 [환자가] 의사를 자유롭게 선택할 수 없게 한다면 환자에게 정신적 영향을 끼치는 데 중요한 조건이 되는 것이 파괴될 것이다.**

의사는 매우 효과적인 정신적 수단 중 아주 많은 것들을 포기해야 한다. 의사는 그것들을 이용할 능력이 없거나 [그럴 능력이 있더라도] 그것을 이용할 권리가 없다. 이것은 무엇보다도 정신적인 것이 육체적인 것에 작용하는 데 있어 가장 중요한 수단인 강렬한 정동·Affekte/affects[24]을 불러일으키는 것에 해당한다. 운명은 종종 커다란 기쁨에 찬 흥분, 욕구의 충족, 소원의 성취를 통해서 병을 낫게 한다. 자신의 [의학적] 기술 외의 다른 것에 있어서는 종종 무능력하기도 한 의사는 이런 운명과 경쟁할 수는 없다. 치료의 목적을 위해 공포와 경악을 불러일으키는 것은 좀 더 가능한 일일 수 있지만 어린이의 경우가 아니라면 그런 양날의 칼과 같은 수단을 사용하는 것에 대해서는 아주 신중해야 한다. 다른 한편으로 의사는 환자와 애정 어린 감정이 결합되어 있는 어떤 관계도 맺어서는 안 된다. 이런 정신 상태가 삶에서 갖는 의미 때문이다. 따라서 의사가 환자의 이런 정신적 변화를 위해 발휘할 수 있는 힘이 처음부터 너무나 제한되어 있어서 의도적으로 행해지는 마음치료가 이전 방식[25]에 비해 아무 장점도 없어 보인다.

의사는 예컨대 환자의 의지 활동과 주의력을 [어떤 방향으로] 유도해 볼 수 있으며 다양한 병상에서 그를 위한 훌륭한 계기를 찾을 수 있다. 만약 의사가 자신이 마비된 상태라고 믿는 환자에게 그 환자가 할 수 없다고 주장하는 움직임을 시도해 보라고 고집스럽게 강권한다면 또는 불안해하는 환자[26]가 없는 것이 분명한 병에 대한 검사를 해 달라고 요구할 때 검사하기를 거부한다면 그 의사는 올바른 치료를 하는 것이다. 하지만 이런 산발적인 경우들은 마음

. .

24. Affekt는 욕정을 뜻하기도 한다. [韓]
25. 앞에 있는 문장 "치료에서 정신적 상태가 중요하다는 (…) 떠오르게 되었다"(189쪽)에서 환자에게 맡기는 방식과 목적의식적으로 적합한 수단을 사용하는 방식이 대비되고 있다. '이전의 방식'은 그냥 환자에게 맡겨두는 방식 또는 영역판에서 번역한 대로 '되는 대로(haphazard) 내버려 두는 방식'을 말하는 것 같다. [韓]
26. 건강염려증 환자를 말하는 듯하다. [韓]

치료를 특별한 치료법으로서 내세울 만한 근거를 제공하지 못한다. 그에 비해 의사는 특이하고 예측 불가능한 수단을 통해 환자의 정신생활에 일시적이긴 하지만 깊이 있는 영향을 발휘할 그리고 그것을 치료의 목적을 위해 사용할 가능성을 제공받는다.

그것은 오래전부터 알려져 있었다. 하지만 인간을 특정한 부드러운 작용을 통해서 잠과 아주 비슷해서 **최면**Hypnose/hypnosis[27]이라고 이름 붙여진 특이한 정신적 상태에 빠뜨리는 것이 가능하다는 점에 어떤 의심의 여지도 없어진 것은 최근 수십 년 동안의 일이다. 얼핏 보면 최면을 유도하는 절차들 사이에 많은 공통점이 있는 것 같지 않다. 우리는 빛나는 물체를 몇 분 동안 계속 주시하게 함으로써 또는 같은 시간 동안 회중시계를 실험 대상자의 귀에 대고 있음으로써 또는 우리가 편 두 손을 반복해서 실험 대상자의 얼굴과 팔다리에 아주 가깝게 스치고 지나가게 함으로써 그를 최면에 빠지게 할 수 있다. 하지만 우리는 우리가 최면을 걸고자 하는 사람에게 최면 상태에 빠지고 있음을 그리고 그것의 특성을 조용히, 하지만 확신 있게 [미리] 알림으로써 즉 최면에 빠졌다고 "믿게 함으로써einreden/talking him into"[28] 같은 결과에 이를 수 있다. 우리는 두 가지 절차를 결합할 수도 있다. 우리는 예컨대 그 사람을 자리에 앉게 하고 그의 눈앞에 우리의 손가락 하나를 들고 있으면서 그에게 그것을 계속 응시하고 있으라고 한 뒤 이렇게 말하는 것이

• •

27. 최면(Hypnose/hypnosis)은 잠의 신 히프노스(Hypnos)에서 유래한 말이다. [韓]
28. reden은 '말하다'를 뜻한다. einreden은 말로써 어떤 것을 설득하거나 믿게 하는 것을 말한다. [韓]

다: 당신은 피곤함을 느낍니다. 당신의 눈은 곧 저절로 감깁니다. 당신은 눈을 뜬 채로 있을 수가 없습니다. 당신의 팔다리는 무겁습니다. 당신은 더 이상 움직일 수가 없습니다. 당신은 잠이 듭니다, 등등. 우리는 이 절차들 모두에서 주의력의 고정이 공통된다는 점에 주목할 수 있다. 처음 언급한 예[빛나는 물체, 회중시계, 손]에서는 약하고 단조로운 감각 자극을 통해서 주의력을 피로하게 한다. 단지 말로써 믿게 하는 것Einreden/talking을 통해서 어떻게 다른 절차를 이용할 때와 똑같은 상태로 유도할 수 있는지는 아직 만족스럽게 설명되지 않았다. 숙련된 최면술사들은 그런 방식으로 실험 대상자의 약 80퍼센트를 분명한 최면 상태에 빠지게 할 수 있다고 이야기한다. 하지만 어떤 사람이 최면에 걸릴 수 있고 어떤 사람이 그렇지 않은지를 사전에 알 수 있게 하는 어떤 징후도 없다. 병상[병에 걸리는 것]은 최면의 조건에 전혀 속하지 않는다. 정상적인 사람들도 아주 쉽게 최면에 걸린다고 한다. 신경병 환자들Nervösen/neurotics 중 일부는 최면을 걸기가 아주 힘들다. 한편 정신병 환자Geistekranke/insane는 최면에 절대적으로 저항한다. 최면 상태에는 아주 다양한 단계가 있다. 가장 낮은 수준에서는 최면에 걸린 사람이 약간의 [감각] 마비 같은 것을 경험할 뿐이다. 가장 높은 수준이며 특히 기묘한 수준은 **몽유병[적 상태]**Somnambulismus/som-nambulism이라고 불리는데 이는 자연적 현상으로 관찰되는 **몽유병** Schlafwandeln/sleep-walking과 유사하기 때문이다. 하지만 최면은 우리가 밤에 자는 잠 또는 수면제로 인위적으로 유도된 잠과 같은 잠이 절대 아니다. 최면에서는 변화[29]가 일어나며 정신적 활동이 유지되

는데 보통의 잠에서는 그렇지 않다.[30]

최면에서의 많은 현상 예컨대 근육 활동의 변화 같은 것은 학문적 관심의 대상일 뿐이다. 우리에게 가장 의미심장하고 가장 중요한 최면의 징후는 최면에 걸린 사람이 최면술사에게 보이는 태도이다. 최면에 걸린 사람은 다른 외부 세계에 대해서는 잠자는 사람처럼, 즉 자신의 모든 감각을 닫은 사람처럼 행동하는 반면 그를 최면에 빠뜨린 사람에 대해서는 **깨어 있다.** 그는 그 최면술사의 이야기만 들을 수 있고 그 사람만 볼 수 있으며 그 사람이 말하는 것을 이해하고 그것에 대해 답한다. 최면에서는 **라포르**Rapport/rapport/교감라고 부르는 이 현상은 많은 사람들이 — 예컨대 아이에게 젖을 먹이는 어머니가 — 자는 방식에 상응한다.[31] 그것은 너무나 인상적이어서 우리를 최면에 걸린 사람과 최면술사 사이의 관계에 대한 이해로 이끌 수 있을 것 같다.

하지만 최면에 걸린 사람의 세계가 말하자면 최면술사로 좁혀지는 것만이 전부가 아니다. 다음과 같은 사실이 추가되어야 한다. 최면에 걸린 사람은 최면술사에게 완전히 순종적으로 된다. 최면술사에게 **순응하며**gehorsam/obedient 최면술사를 **[쉽게] 믿는다**gläu-

• •

29. 다음 문장에 나오는 '근육 활동의 변화' 등을 말하는 것 같다. [韓]
30. 독일어판: "Es treten Veränderungen in ihr auf, und es zeigen sich seelische Leistungen bei ihr erhalten, die dem normalen Schlafe fehlen."
   영역판: "Changes occur in it and mental functions are retained during it which are absent in normal sleep." [韓]
31. 『꿈의 해석』(Freud, 1900a)에 있는 이 주제에 대한 다양한 언급, 예컨대 5장, 섹션 C, Standard Ed., vol. 4, p. 223을 참조하라. [英]
   『꿈의 해석(프로이트 전집, 4권)』, 김인순 옮김(열린책들, 2003), 276쪽을 보라. [韓]

big/credulous. 게다가 깊은 최면하에서는 거의 무제한적으로 그렇다. 그리고 이런 순응과 믿음이 작동하는 방식에서, 정신생활의 육체적인 것에 대한 영향력이 이례적으로 강화되는 것이 최면 상태의 특성임이 드러난다. 최면술사가 "당신은 팔을 움직일 수 없습니다"라고 말하면 팔이 굳어버린 듯이 뚝 떨어진다. 분명히 최면에 걸린 사람은 모든 힘을 모아 힘써보지만 팔을 움직일 수가 없다. 만약 최면술사가 "당신의 팔은 제멋대로 움직입니다. 당신은 그것을 멈출 수가 없습니다"라고 말하면 팔이 움직이며 최면에 걸린 사람이 하릴없이 힘써 보지만 그것을 정지시킬 수 없다는 것을 볼 수 있다. 최면술사가 최면에 걸린 사람에게 말을 통해 전달한 표상은 그 내용에 상응하는 바로 그 정신–신체적seelisch-körperlich/mental-physical 행위를 유발한다. 거기에는 한편으로 순응성이 다른 한편으로는 관념의 육체에 대한 영향력의 상승이 놓여 있다. 여기서 말은 다시 진짜로 마술이 되는 것이다.

같은 일이 감각 지각의 영역에서도 일어난다. 최면술사가 "당신은 뱀을 봅니다, 당신은 장미 향기를 맡습니다, 당신은 아주 훌륭한 음악을 듣습니다"라고 말하면 최면에 걸린 사람은 그에게 주어진 표상이 그에게 요구하는 대로 보고, 향기를 맡고, 듣는다. 우리는 최면에 걸린 사람이 진짜로 그런 것을 지각한다는 것을 어떻게 알 수 있나? 그 사람이 지각한 척하는 것일 뿐이라고 주장할 수도 있을 것이다. 하지만 그것[지각했다는 것]을 의심할 이유도 없다. 왜냐하면 그는 꼭 실제로 지각한 것처럼 행동하며 그에 상응하는 모든 정동을 표출하며 상황에 따라 최면이 끝난 후에 그가 상상적으로 지각한 것과 경험한 것에 대해 이야기할 수도 있기 때문이다. 그렇다면 우리는 그가 꿈에서 보고 듣는 것과 마찬가지로 보고 들었다고 즉 그가 **환각을 경험했다고**halluzinieren/hallucinating 생각할 수 있다. 그는 분명 최면술사를 너무나 믿고 있어서 최면술사가 [뱀을 보고 있다고] [미리] 알릴 때 뱀을 보고 있다고 **확신하게**über-zeugt/convinced 되며 그 확신이 너무 강렬하게 그의 육체에 영향을 미쳐서 그는 진짜로 뱀을 보게 되는데 이는 가끔 최면에 걸리지 않은 사람에게서도 일어날 수 있는 일이다.

덧붙여 말하자면 최면에 걸린 사람이 최면술사에게 보이는 그런 믿음은 최면 외에서의 실제 삶에서는 **사랑하는 부모를 대하는 어린이**에게서만 발견할 수 있다. 그리고 비슷한 복종을 수반하는, 다른 사람의 정신생활에 대한 한 사람의 정신생활의 그런 식의 태도에 꼭 대응하는 경우가 하나 있는데 완전한 헌신을 수반하는 많은 **애정 관계**가 그것이다. 한 사람만을 존중하는 것과 믿음에 찬 순응의 결합은 일반적으로 사랑의 징표 중 하나이다.[32]

최면 상태에 대해서 아직 몇 가지 더 할 이야기가 있다. 앞에서 기술한 마술적 작용을 보이는 최면술사의 말을 우리는 **암시**Suggestion/suggestion라고 칭하는데 우리는 이 단어를 비슷한 작용을 불러일으키려는 의도만 가지고 있을 때에도 사용하는 것에 익숙해

• •

32. 프로이트는 이 주제에 대해 많은 해가 지난 후에 『군중심리와 자아 분석(Group Psychology)』(1921c)의 8장에서 다시 다룬다. [英]
「집단 심리학과 자아 분석」, 『문명 속의 불만(프로이트 전집, 12권)』, 김석희 옮김(열린책들, 2003), 8장을 보라. [韓]

졌다.[33] 최면에 걸린 사람은 운동과 느낌에서뿐 아니라 다른 모든 정신 활동에서도 이런 암시에 순응하며 대체로 자발적으로는 아무것도 하지 않는다. 우리는 최면의 순응성을 이용한 일련의 아주 주목할 만한 실험을 통해 정신의 작동에 대한 깊은 통찰을 얻을 수 있고 그 실험을 관찰하는 사람은 육체적인 것에 대한 정신적인 것의 생각지도 못한 힘에 대한 사라지지 않는 확신을 얻을 것이다. 최면에 걸린 사람이 있지도 않은 것을 보게 만들 수 있는 것과 마찬가지로 실제로 존재하며 그의 감각에 밀쳐오는 어떤 것을 예컨대 특정한 사람을 보지 못하게 할 수도 있다(소위 음성적 환각[34]). 이 사람[앞 문장에의 '특정한 사람']은 최면에 걸린 사람에게 어떤 자극을 주어도 자신을 인식하게 만들 수가 없다. 그는 "마치 공기와 같이" 취급되는 것이다. 우리는 최면에 걸린 사람에게 최면에서 깨어난 지 일정 시간 후에 어떤 행위를 하라고 암시를 줄 수 있다(후최면 암시[35]). 그러면 최면에 걸렸던 사람은 그 시간이 지난 후에, 깨어있는 상태에서 암시된 행위를 실행하는데 그는 그것에 대해 어떠한 이유도 댈 수 없다. 그에게 왜 그런 행동을 했냐고 물으면 그는 저항할 수 없는 어떤 알 수 없는 충동 때문이었다고 하거나 어느 정도는 그럴듯한 구실을 만들어낸다. 하지만

⸱ ⸱

33. 프랑스어와 영어에서는 물론 '암시(suggestion)'라는 용어의 특수한(technical) 용법이 그 단어의 일상적 용법에서 유래했다. 독일어에서는 그 과정이 반대였다. 처음에 '암시(Suggestion)'가 특수한 의미로 독일어에 수입되었고 그 이후에 더 넓은 의미를 획득했다. [英]

34. negative Halluzination/negative hallucination [韓]

35. posthypnotische Suggestion/post-hypnotic suggestion [韓]

그는 진짜 이유 즉 그에게 주어진 암시는 기억하지 못한다.

최면술사의 강력한 말 '깨어나십시오' 한마디면 쉽게 최면에서 깨어난다. 아주 깊은 최면에서는 최면 중에 최면술사의 영향하에서 경험했던 것에 대한 기억이 모두 사라진다.[36] 정신생활의 이 단편은 말하자면 다른 것들로부터 분리되어 존재하는 것이다. 최면에 걸렸던 다른 사람들은[37] 몽롱한 기억을 가지고 있으며 또 다른 사람들은 모든 것을 기억하기도 한다. 하지만 그들은 저항할 수 없는 정신적 강박Zwang/compulsion/충동 상태에 있었다고 이야기한다.

최면과 관련한 사실에 대한 지식이 의사와 심리학자Seelenforscher/psychologists에게 가져다 준 과학적 이득은 아무리 높이 평가해도 지나치다고 할 수 없을 것이다. 하지만 이제 새로운 인식의 실천적 의미를 평가하기 위해서는 최면술사의 자리에 의사를, 최면에 걸리는 사람의 자리에 환자를 놓아야 한다. 그러면 최면이, 의사가 환자에게 "마음의사Seelenarzt/mind-doctor"[38]로서 나타나는 한, 의사의 필요를 모두 충족시켜 줄 것으로 보이지 않는가? 최면은 최면에 걸린 사람의 모든 정신적 관심을 의사라는 인물에 집중시킴으로써 아마도 사제와 기적요법가Wundermann/miracle man/마술사가 결코 가질 수 없었던 권위를 의사에게 선사한다. 최면은 우리가 알다시피 육체에 대한 정신의 영향이 발휘되는 것을 변덕스럽게 방해하는

· ·

36. 기억이 완전히 사라진다는 말이 아니라 특별한 수단을 쓰지 않는 한 기억해 낼 수 없다는 말이다. [韓]
37. 아주 깊지는 않은 최면에 걸렸던 사람들을 말하는 듯하다. [韓]
38. 마음치료(Seelenbehandlung)와 관련해서 이해해야 할 것이다. 정신과 의사라는 뜻도 있다. [韓]

환자의 정신생활의 전제성Eigenmächtigkeit/autocratic power/專制性/독립성
을 제거한다. 최면은 그 자체로, 보통 때에는 아주 강렬한 정동의
영향하에서만 관찰되던, 육체적인 것에 대한 정신의 지배력 상승
을 만들어낸다. 그리고 최면 중에 환자에게 말해진 것이 나중에
정상 상태[최면에서 깨어난 상태]가 되어서야 발현되게 하는 것이
가능하기 때문에(후최면 암시) 최면은 의사에게, 최면 중에 발휘할
수 있는 커다란 능력[영향력]을 이용해서 각성 상태에 환자에게서
변화가 일어나게 할 수 있는 수단을 제공한다. 따라서 마음치료를
통한 치료법의 단순한 전형이 나타날 것처럼 보인다. 의사는 환자
를 최면 상태에 빠지게 한 후 각각의 상황에 따라 다르겠지만
그에게 더 이상 병들어 있지 않으며 깨어난 후에는 병의 징후를
느끼지 못할 것이라는 암시를 준다. 그 후 그를 깨우면서 그 암시가
자신의 임무를 다해서 질병이 [치료될 것이라고] 기대할 수 있을
것이다. 만약 한 번의 시도로 충분하지 않다면 이 처치를 필요한
만큼 되풀이하면 될 것이다.

　의사와 환자가 이렇게 전도유망한 치료법을 사용하는 것을
주저하게 만들 수 있는 고려 사항은 단 하나이다. 최면을 통한
이득이 다른 면에서의 해악 때문에 상쇄될 가능성, 예컨대 최면에
걸렸던 사람의 정신생활에 영구적인 장애나 쇠약이 남을 가능성이
바로 그것이다. 하지만 지금까지의 경험은 그런 우려를 씻어내기에
충분하다. 몇 번 정도의 최면은 완전히 무해하며 최면을 자주
반복한다 해도 대체로 해가 없다. 한 가지는 주목할 필요가 있다:
상황에 의해 지속적인 최면이 필요하게 되면 최면이 습관화되며

최면을 거는 의사에 대한 의존성이 생기는데 이는 이 치료법이 의도치 않았던 것이다.

최면 치료는 이제 진짜로 의학이 힘을 미칠 수 있는 범위의 커다란 확장을 따라서 의술의 진보를 의미한다. 우리는 병에 걸린 모든 사람에게 그것이 노련하고 신뢰할 수 있는 의사에 의해 행해지는 한 최면 치료에 자신을 맡기라고 조언할 수 있을 것이다. 하지만 최면은 오늘날 대개 쓰이는 방식이 아니라 다른 방식으로 쓰여야 할 것이다. 보통 모든 다른 방법이 실패해서 병에 걸린 사람이 절망하고 낙담한 상태가 되고 나서야 이 치료법을 사용한다. 그때 사람들은 최면을 할 수 없거나 하지 않는, 지금까지 그를 치료하던 의사를 떠나 대개는 최면 이외에 다른 것을 하지 않거나 할 수 없는 낯선 의사의 도움을 구한다. 둘[39] 모두 환자에게 이익이 되지 않는다. 가정의는 최면 치료법에도 정통해야 하며 만약 병과 환자가 그것에 적합하다고 판단되면 처음부터 최면 치료법을 사용해야 한다. 최면은 그것이 필요한 곳이라면 다른 치료법과 동등하게 여겨져야 하며 마지막 피난처 또는 과학에서 돌팔이로의 전락으로 여겨져서는 안 된다. 최면 치료법은 모든 신경병nervösen Zustände/nervous conditions/신경성 상태과 "상상"에서 유래한 장애 그리고 병적인 습관(알코올 중독, 모르핀 중독, 성적 일탈[40])을 끊는 것뿐 아니라 많은 기질적 질병에서도, 심지어 염증성일 때에도, ─ 만약 근저에 있는 병이 존속하더라도 통증, 운동 억제 등의 괴로운 징후들이

─────
39. 최면만 행하는 의사와 최면 이외의 것만 행하는 의사를 말하는 듯하다. [韓]
40. geschlechtliche Verirrungen/sexual aberrations [韓]

제거될 수 있다고 기대할 수 있다면 — 필요하다. 어떤 사례에 최면 치료를 사용할 것인지에 대한 선택은 전적으로 의사의 결정에 달려 있다.

하지만 이제 최면이라는 수단을 통해 의사가 쉽게 기적을 행하는 시대가 열렸다는 인상을 날려버릴 때가 왔다. 여러 가지 상황을 고려해야 하며 그것을 고려하면 최면 치료법의 효과에 대한 우리의 기대는 현저히 낮추어질 것이며 부푼 환자의 희망도 적당한 수준으로 낮추어질 것이다. 무엇보다도, 근본적인 가정, 즉 환자의 전제적인 정신적 태도가 [치료에] 방해가 되는데 이것을 최면으로 없앨 수 있다는 가정에 대한 근거가 희박하다는 것이 드러난다. 환자들은 전제적 태도를 유지하며 최면을 걸려는 시도에 대한 그들의 태도에서 이미 그것을 드러낸다. 위에서 사람들 중 약 80퍼센트가 최면에 걸릴 수 있다고 했는데 이런 높은 수치는 조금이라도 [암시의] 영향을 받는 경우도 모두 포함했기 때문에 도달된 것이다. 우리가 본보기로 묘사하기 위해 선택하는 것과 같은, 완전한 순종을 보이는, 정말로 깊은 최면은 사실 드물다. 어쨌든 우리가 치료라는 관심하에 기대하는 것보다는 드물다. 우리는 최면의 깊이와 암시에 대한 순종의 정도가 완전히 정비례하지 않는다는 것, 따라서 가벼운 최면에 의한 마비Betäubung/insensibility[41]하에서도 암시가 훌륭하게 작용하는 것이 관찰될 때도 많다는 것을 강조함으로써 이 사실[모든 사람을 깊은 최면에 빠지게 할 수 없다는 사실]에

· ·

41. Betäubung은 '마비', '마취', '실신', '귀먹게 하기', '무감각' 등을 뜻한다. 최면에 의해 (최면술사에 의한 자극 외의) 자극에 무감각해지는 것을 말하는 듯하다. [韓]

의한 인상을 완화할 수 있을 것이다. 하지만 최면에서의 순종성[암시를 받아들이는 정도]을 최면 상태의 더 본질적인 것으로서 독립적으로 취급한다고 하더라도 각각의 사람들이 자신의 특성에 따라 어느 수준까지만 순종성을 보이고 그 이상의 순종성을 보이지는 않는다는 사실을 우리는 인정해야 한다. 따라서 각각의 사람들은 최면 치료법에 대한 적합성에서 아주 다양한 정도를 보인다. 각각의 최면 상태의 단계에서 완전한 최면으로 상승시킬 수 있는 수단을 찾아내는 데 성공한다면 환자마다의 특성을 무효화 할 수 있으며 마음치료의 이상이 실현될 수 있을 것이다. 하지만 이런 진전은 아직까지 이루어지지 않았다. 암시에 대한 순종성의 정도의 문제에서는 의사보다는 환자에게 훨씬 더 많은 것이 달려 있다. 즉 그것은 다시 환자가 무엇을 원하느냐에 달려 있는 것이다.

그리고 더 중요한 점이 또 있다. 최면 상태에서의 암시의 아주 유별난 성과를 묘사할 때 우리는 모든 정신적 작용에서와 마찬가지로 여기에서도 크기 또는 강도의 관계[저항의 힘과 암시의 힘 사이의 관계]를 고려해야 한다는 것을 잘 잊는 경향이 있다. 만약 어떤 건강한 사람을 깊은 최면에 빠뜨리고 나서 감자를 주면서 그것을 배라고 하면서 한 입 베물어 먹으라고 지시하거나 인사를 해야만 하는 지인을 보고 있다고 믿게 만들려 한다면 그가 쉽게 완전히 순종하는 것을 볼 수 있을 것이다. 왜냐하면 최면에 걸린 사람에게 암시를 거역할 만한 심각한 이유가 없기 때문이다. 하지만 다른 지시의 경우에는, 예컨대 평상시에 부끄럼을 많이 타는 아가씨에게 발가벗으라고 요구하거나 정직한 남자에게 비싼 물건

을 훔치라고 한다면 우리는 최면에 걸린 사람에게서 저항을 관찰할
수 있을 것이며, 그 저항이 암시에 대한 순응을 거부하게 만드는
정도까지 커질 수도 있다. 우리는 이로부터 최상의 최면하에서도
암시는 무한한 힘을 발휘하는 것이 아니라 어느 정도의 강도를
가진 힘만을 발휘한다는 것을 알 수 있다. 최면에 걸린 사람이
사소한 희생을 할 수는 있다. 하지만 커다란 희생의 경우에는
깨어있을 때와 꼭 마찬가지로 머뭇거릴 것이다. 이제 우리가 환자
를 다루며 그에게 암시를 통해 질병을 포기하라고 촉구한다면
우리는 그것이 그에게 사소한 희생이 아니라 커다란 희생을 의미한
다는 것에 주의해야 한다. 암시의 힘이, 병상을 만들어냈으며 유지
시키는 힘과 대결하게 되는데 경험에 의하면 후자는 최면의 영향과
는 크기의 정도가 완전히 다르다. 같은 환자일 경우에도 우리가
그를 어떤 식의 꿈 상태Traumlage/dream-situation[42] — 그것이 특별히
반발감을 살 만한 것이 아니라면 — 에 빠뜨리려 하더라도 완전히
순종적이지만 예컨대 상상에 의한 마비를 없애려는 암시에는 완전
히 반항적일 수 있다. 게다가 실제로는 바로 신경병 환자가 대개는
불충분하게만 최면에 걸릴 수 있는 사람들이어서 그 강력한 힘 —
이 힘에 의해 병이 정신생활에 닻을 내리게 되었다 — 과의 투쟁에
서 최면의 영향을 완전히 받아들이는 것이 아니라 그것의 단편만
받아들인다.

　따라서 최면에 성공했다고 해서, 심지어 깊은 최면에 성공했다

· ·

42. 최면 암시에 의해 자극에 무감각하게 되고 환각을 경험하게 되는 것을 꿈에 빗댄
　　말인 듯하다. [韓]

고 해도 암시가 처음부터 병에 대한 승리를 보장하지는 않는다. 계속되는 투쟁이 필요하며 그 결과가 어떻게 될지는 아주 많은 경우에 확실하지가 않다. 따라서 정신적 기원을 갖는 심각한 장애의 경우에는 한 번의 최면으로는 아무것도 이룰 수 없다. 하지만 최면을 되풀이하게 되면 환자가 아마도 기대했을 기적의 인상은 없어지게 된다. 우리는 되풀이되는 최면을 통해 처음에는 불충분했던 병에 대한 영향을 점점 강화해서 만족스러운 성과에 이를 수도 있을 것이다. 하지만 이런 식의 최면 치료는 다른 어떤 치료법과도 마찬가지로 힘겹고 시간을 소비하며 진행될 수 있다.

암시가 그것이 맞서 싸우는 질병에 비해 상대적으로 약하다는 것을 보여 주는 다른 것도 있다. 암시에 의해 병상이 사라지기는 하는데 짧은 시간 동안만 사라지는 것이다. 그 시간이 지나면 병의 증후가 다시 나타나고 새로 최면을 걸어 암시를 통해 다시 몰아내야 한다. 이런 식의 진행이 계속 되풀이되다 보면 보통 의사뿐 아니라 환자의 인내심도 한계에 도달하게 되고 결과적으로 최면 치료를 포기하게 된다. 또한 환자가 의사에게 의존하게 되고 최면에 대한 일종의 중독이 생기는 경향이 있다.

환자가 최면 치료법의 이런 여러 결점을 그리고 그것을 사용했을 때 실망할 가능성이 있다는 것을 안다면 그것은 좋은 일이다. 최면 암시의 치유력은 실제로 존재하는 어떤 것이며 과대 선전을 필요로 하지 않는다. 다른 한편으로 최면을 통한 마음치료에 큰 기대를 했다가 실제로 그 기대에 못 미치는 결과가 나온 것을 본 의사들이 지치지 않고 더 효과적으로 또는 더 예측할 수 있게 환자의 정신에 작용할 치료법을 찾아내려 한다면 그것은 쉽게 이해할 만한 일이다. 우리는 확신에 차서 목적의식적인 현대적 마음치료 — 이것은 오랜 치료법이 완전히 새로 부활한 것이다 — 가 병에 맞선 투쟁에서 의사에게 훨씬 강력한 무기를 제공할 것이라고 기대할 수 있을 것이다. 처음에는 바로 최면에 대한 경험에서 유래한, 정신생활의 과정에 대한 깊은 통찰이 그에 대한 수단과 길을 알려줄 것이다.[43]

· ·

43. 프로이트가 최면과 암시에 대해 쓴 다른 논문들은 『표준판 전집(*Standard Edition*)』의 1권에 있다. [英]

9. 정신요법에 대하여

표준판 편집자 주

Über Psychotherapie
On Psychotherapy

(a) 독일어판:

(1904 12월 12일. 빈 의학박사 협회(Wiener medizinisches Doktorenkollegium)에서 행한 강연임.)

1905 *Wien. med. Presse*, 1월 1일, pp. 9~16.

1906 *S. K. S. N.*, vol. 1, pp. 205~217. (1911, 2판, pp. 201~212; 1920, 3판; 1922, 4판.)

1924 *Zur Technik der Psychoanalyse und zur Metapsychologie*, pp. 11~24.

1925 *G. S.*, vol. 6, pp. 11~24.

1942 *G. W.*, vol. 5, pp. 13~26.

(b) 영역판:

"On Psychotherapy"

1909 *Selected Papers on Hysteria and Other Psychoneuroses*, pp. 175~185. (브릴(A. A. Brill) 옮김) (1912, 2판; 1920, 3판)

1924 *C. P.*, vol. 1, pp. 249~263. (버네이스(J. Bernays) 옮김)

여기에 있는 번역은 1924년에 출간된 것을 상당 부분 수정한 것이다.

이것이 비분석 의사들(purely medical audience) 앞에서 한 마지막 강의로 보인다 (Jones, 1955, 13쪽을 참조하시오).

신사 여러분! 이 협회의 회장이셨던 애도해 마지않는 **레더** 교수 님Professor **von Reder**의 요청으로 여러분 앞에서 히스테리라는 주제로 발표를 한 지도 대략 8년이 지났습니다.[1] 그 직전에(1895년) 저는 **요제프 브로이어**Josef Breuer 박사와 공동으로 『히스테리 연구*Studien über Hysterie/Studies on Hysteria*』를 출간했습니다. 우리는 그 책에서 이 연구자[브로이어] 덕분에 얻은 새로운 인식을 바탕으로 하여 신경 증의 새로운 치료법을 도입하려는 시도를 했습니다. 기쁘게도 저는 우리의 『[히스테리] 연구』에서의 노고가 성공을 거두었다고 말할 수 있습니다. 거기에서 표명했던, 정동의 억제를 통한 정신적 외상의 작동방식[2]에 대한 생각들, 히스테리 증상이 정신적인 것에

. .

1. 이것은 프로이트가 1895년 10월 14일, 21일 그리고 28일에 빈 의학박사 협회(Wiener medizinisches Doktorenkollegium)에서 세 번에 걸쳐서 히스테리에 대해 했던 강연을 말하는 것이다. 그러니까 9년 전의 일이다. 이 강연 내용은 프로이트 자신에 의해서는 출간되지 않았지만 빈 의학지(Vienna medical papers)에 아주 자세히 보고되었다(Freud, 1895g). 그는 비슷한 주제 즉 히스테리의 병인론에 대해 1년 후에(1896년 5월 2일, 1896c) 정신의학 및 신경학 협회(Verein für Psychiatrie und Neurologie)에서 강연했다. 본문의 '8년'은 이 둘을 혼동해서 잘못 쓴 것 같다. [英]
2. 독일어판: "Wirkungsweise psychischer Traumen durch Zurückhaltung von Affeckt."
   영역판: "the effects produced by psychical traumas owing to retention of affect."
   외상이 발생했을 때 정동이 억제된다는 말인 듯하다. 영역판에서는 정동의 정체 (retention)에 의해 외상이 발생한다고 해석했다. [韓]

서 육체적인 것으로 옮겨진 흥분Erregung/excitation의 결과로 발생한다는 견해, 우리가 "소산Abreagieren/abreaction", "전환Konversion/conversion" 등의 술어를 만들어내서 표현하고자 했던 생각들이 오늘날 일반적으로 알려졌으며 이해되고 있는 것입니다. 적어도 독일어권 나라들에서는 어느 정도라도 이것들을 참고하지 않고 히스테리에 대해 발표하는 예가 없으며 이 이론을 적어도 부분적으로라도 취하지 않는 전문가는 없습니다. 어쨌든 이런 명제들과 술어들이 아직 새로운 것이었을 때에는 그것들이 충분히 낯설게 들렸을 것입니다!

저는 우리의 이론과 동시에 전문가들에게 제시했던 바로 그 치료 절차에 대해 이야기할 수는 없습니다.[3] 그것은 오늘날에도 인정을 받기 위한 투쟁을 진행하고 있습니다. 그에 대해 특별한 이유를 댈 수도 있을 것입니다. 당시에 그 [치료] 절차의 기법은 아직 미발달된 상태였습니다. [따라서] 저는 그 책[4]을 읽는 의사인 독자들에게 그 치료를 완전히 수행하기에 충분할 정도의 지침을 줄 수가 없었습니다. 하지만 분명히 더 일반적인 이유도 함께 작용했을 것입니다. 오늘날에도 여전히 많은 의사들에게는 정신요

• •

3. 독일어판: "Ich kann nicht dasselbe von dem therapeutischen Verfahren sagen, das gleichzeitig mit unserer Lehre den Fachgenossen vorgeschlagen wurde."
  영역판: "I cannot say the same of the therapeutic procedure which was introduced to our colleagues at the same time as our theory."
  『히스테리 연구』를 출간했을 당시의 치료 절차에 대해서 말할 수 없다는 말인 듯하다. [韓]
4. 『히스테리 연구』를 말하는 듯하다. [韓]

법Psychotherapie/psychotherapy/심리요법이 현대의 신비주의의 산물로 보일 것이며 생리학적 지식을 바탕으로 한 물리–화학적 치료법 Heilmitteln/remedies[5]에 비하면 그것이 정말 비과학적이며 과학자의 관심의 대상으로서의 가치도 없는 것으로 보일 것입니다. 이제 제가 여러분 앞에서 정신요법을 옹호하고 정신요법에 대한 이런 비난에 어떤 잘못과 오류가 있을 수 있는지를 지적할 수 있도록 허락해 주십시오.

첫째로, 정신요법이 현대의 치료법이 절대 아니라는 사실을 상기하셔야 합니다. 반대로 그것은 의학에서 가장 오래된 치료법입니다. **뢰벤펠트**Löwenfeld의 교육적인 책(『일반 정신요법 교과서 *Lehrbuch der gesamten Psychotherapie*』)[1897–영역자]을 보시면 원시적 또는 고대적 의학의 방법들에 대해 알 수 있습니다. 그것들 중 대부분이 정신요법에 속한다고 할 수 있습니다. 치료를 위해 환자를 "믿음에 찬 기대"의 상태에 빠지게 하는데 오늘날에도 여전히 우리는 같은 일을 합니다. 의사들이 다른 치료법을 찾아낸 후에도 이런저런 방식의 정신요법적 노력Bestrebung/endeavours/시도은 의학에서 결코 사라지지 않았습니다.[6]

둘째로, 치료 과정에서 중요하게 고려되어야 할 다른 쪽 당사자 즉 환자들에게 정신요법을 포기할 의도가 없다는 이유 때문에

5. Heilmittel은 약을 뜻하기도 한다. [韓]
6. 이 문단과 이하 몇몇 문단에 있는 내용은 프로이트의 논문 「정신치료(Psychical Treatment)」(1890a, 이 책의 298쪽 이하)에 더 자세한 형태로 서술되어 있다. 이 논문을 그 글의 속편이라고 보아도 무방할 것이다. [英]
   이 책의 197쪽 이하를 보라. [韓]

라도 우리 의사들은 그것을 포기할 수 없다는 사실에 주목해 주십시오. 여러분은 우리가 이에 대한 설명에서 낭시Nancy 학파 (**리에보Liébault,**[7] **베르넹Bernheim**)에게 어떤 빚을 지고 있는지를 아실 것입니다. 우리가 의도하지도 않았는데도 환자의 정신적 기질에 의존하는 요소가, 의사가 시작한 모든 치료 과정의 작용에 개입됩니다. 대개는 치료 과정을 촉진하지만 종종 방해하기도 합니다. 우리는 이 현상에 "암시"라는 단어를 사용하게 되었으며 **뫼비우스 Moebius**[8]는 우리가 그 많은 치료법에서 유감스럽게 생각하는 불확실성이 바로 이 강력한 요소의 방해 작용으로 소급된다고 말했습니다. 따라서 우리들 의사들은, 그러니까 여러분들 모두는, 그것을 알지 못하고 의도하지 않았다 하더라도 항상 정신요법을 행하는 것입니다. 여러분들이 환자에게 작용하는 정신적 요소를 모두 환자에게 맡겨버린다면 손해만 끼칠 뿐입니다. 환자에게 모두 맡긴다면 그 요소를 통제할 수도, 측정할 수도, 강화할 수도 없는 것입니다. 그렇다면 이 요소를 장악하려고 의사가 노력하는 것은 즉 그것을 의도적으로 사용하고, 그것을 [원하는 방향으로] 유도하고 그것을 강화하려 하는 것은 정당한 노력이라 할 수 있지 않겠습니까? 과학적 정신요법이 여러분에게 제시하는 것은 바로 이것입니다.

셋째로, 동료 의사 여러분, 예로부터 잘 알려진 사실, 즉 특정한 질병 특히 정신신경증Psychoneurosen/psychoneuroses의 경우에는 다른 어떤 약물보다도 정신적 영향을 통해서 훨씬 더 잘 치료된다는

· ·

7. 영역판에는 Liébeault라고 표기되어 있다. [韓]
8. 영역판에는 Möbius라고 되어 있다. [韓]

것에 주목해 주십시오. 이런 병이 약이 아니라 의사에 의해 즉 의사의 퍼스낼리티Persönlichkeit에 의해 — 의사가 자신의 퍼스낼리티를 통해 정신적 영향력을 발휘하는 한 — 치료된다는 것은 현대의 주장이 아니라 옛 의사들의 말입니다. 동료 의사 여러분, 미학자 **비셔**Vischer가 파우스트Faust를 패러디한 자신의 작품(『파우스트, 비극 제3부』[9])에서 고전적으로 표현한 다음과 같은 견해가 여러분에게 매우 인기가 좋다는 것을 잘 알고 있습니다:

"Ich weiß, das Physikalische

Wirkt öfters aufs Moralische."

(나는 육체적인 것이 종종 도덕적인 것에 작용한다는 것을 알고 있다.)

하지만 도덕적인 즉 정신적인 수단을 통해 인간의 도덕적인 것에 작용할 수 있다는 말이 더 타당하고 더 많은 경우에 옳지 않을까요?

정신요법에는 많은 종류와 길이 있습니다. 치료의 목표로 인도한다면 어떤 것이든 좋습니다. 우리가 환자에게 아낌없이 하는 흔한 위안의 말인 "곧 좋아질 겁니다"도 정신요법적 방법에 상응하는 것입니다. 다만 우리가 신경증의 본성에 대해 더 깊이 이해하게 됨에 따라 이런 위안의 말로 우리의 방법을 제한할 필요가 없어졌습

· ·

9. 독일어판: *Faust, der Tragödie III. Teil.*

영역판: F. T. Vischer, *Faust: der Tragödie III Teil* (Scene 4). [韓]

니다. 우리는 최면 암시의 기법을 그리고 주의를 딴 곳으로 돌리기, 운동, 유용한 정동을 유도해 내기 등을 통한 정신요법의 기법을 발전시켰습니다. 저는 이런 것들 중 어떤 것도 경멸하지 않으며 적절한 상황이라면 어떤 것도 사용할 의향이 있습니다. 제가 실제로는 하나의 치료법 즉 브로이어가 "카타르시스적kathartisch/cathartic" 이라고 부른— 저는 "분석적analytisch/analytic"이라고 부르고 싶습니다— 방법만 사용했다면 그것은 순전히 주관적인 동기 때문이었습니다. 이 치료법의 기초를 다지는 데에서 제가 한 역할 때문에 저는 그것에 대해 연구하고 이 기법을 발전시키는 데 제 자신을 바쳐야 한다는 개인적인 의무감을 느낍니다. 정신요법 중 분석적 방법이 가장 철저하게 작용하며 [그 효과에 있어] 가장 멀리 나아가며 환자에게서 가장 광범위한 변화를 이룰 수 있다고 주장할 수 있을 것입니다. 그리고 잠시 치료적 관점을 도외시한다면 그것이 가장 흥미로우며 병상Krankheitserscheinungen/morbid phenomena의 기원과 맥락에 대해 무엇인가 알려 줄 수 있는 유일한 것이라고 말할 수 있을 것입니다. 그것이 우리에게 열어 준 정신적 병의 메커니즘에 대한 통찰 덕분에 오직 그것만이 그것 자체를 넘어서서 우리에게 치료를 위해 [환자에게] 어떤 방식으로 영향을 주어야 할지에 대해 [분석적 방식과는] 다른 길도 제시할 수 있을 것입니다.

이제 정신치료의 이 카타르시스적 또는 분석적 방법과 관련하여 몇 가지 오해를 교정하고 몇 가지에 대해 해명할 수 있도록 허락해 주십시오.

a) 저는 이 방법이 최면 암시치료와 혼동되는 경우가 아주 많다는

것을 알게 되었습니다. 그것을 알게 된 것은 비교적 많은 경우에 저를 신뢰할 수 있는 사람Vertrauensmann/confide[10] 으로 생각하지 않는 의사들도 환자를 — 물론 잘 치료가 안 되는 환자들입니다 — 저에게 보내면서 최면을 걸어달라고 요청했기 때문입니다. 저는 약 8년 전부터 치료의 목적으로 (가끔의 실험을 제외하면) 최면을 더 이상 이용하지 않습니다. 저는 그렇게 위탁된 경우에는 보통 최면을 신뢰하는 사람이라면 직접 해보라는 조언과 함께 돌려보냅니다. 사실 암시 기법과 분석 기법 사이에는 엄청난 차이가, 위대한 **레오나르도 다 빈치**Leonardo da Vinci가 미술에 대해서 *per via di porre*(덧붙이는 방법)와 *per via di levare*(떼어내는 방법)라고 정식화한 차이가 있습니다.[11] 회화는 *per via di porre*로 작업한다고, 즉 이전에는 아무것도 없었던 곳인 착색되지 않은 캔버스에 색의 조각을 입히는 일이라고 **레오나르도**는 말했습니다. 반면 조각은 *per via di levare*로 진행된다고, 즉 암석 속에 포함된 조상의 표면을 덮고 있는 것들을 떼어내는 일이라고 했습니다. 신사 여러분, 암시 기법은 *per via di porre*와 아주 비슷한 것을 추구합니다. 암시 기법에서는 병의 증상의 기원, 힘, 의미에 대해 신경을 쓰지 않으며 대신 어떤 것 즉 암시를 덧씌운 다음 그 암시가 충분히 강력해서 병인이 되는 관념이 표출되는 것을 막을 수 있기를 기대합니다. 그에 반해 분석 요법에서는 어떤 새로운 것도 덧씌우거나 도입하려 하지

. .

10. 환자의 상태에 대해 자문을 구하는 동료 의사를 말하는 듯하다. [韓]
11. 이에 대한 상세한 논의는 리히터(Richter, 1939), 1권, 87쪽 이하에서 찾을 수 있다. 거기에는 레오나르도의 해당 구절이 이탈리아어와 영어로 나와 있다. [英]

않습니다. 대신 [어떤 것을] 떼어내거나 제거하며 이 목적을 위해 병적 증상의 기원과 없애고자 하는, 병인이 되는 관념의 정신적 맥락에 대해 신경을 씁니다. 이런 조사 방법 때문에 우리의 이해가 현저하게 촉진되었습니다. 저는 암시를 영구적인 치료에 필요한 만큼 강력하고 오래 지속되게 하는 데에서 절망했기 때문에 암시 기법과 함께 최면을 그렇게 일찍 포기한 것입니다. 심각한 사례에 서는 해 주었던 암시가 항상 다시 약화되어 병 또는 그 병을 대체하 는 것[다른 병]이 다시 생겨나는 것을 보았습니다. 게다가 이 기법에 는 또 다른 문제가 있습니다. 그것은 정신적 힘들 사이의 상호작용 을 은폐해서 우리가 그것에 대해 통찰하는 것을 막습니다. 그것은 예컨대 우리가 **저항**Widerstand/resistance — 환자는 이것을 이용해 자 신의 병에 집착하며 심지어 회복에 맞서 싸우기도 합니다 — 을 인식하지 못하도록 하는데, 저항이야말로 그의 삶에서의 태도를 이해할 수 있게 하는 유일한 것입니다.

　b) 제가 보기에는 병의 동기에 대한 조사 기법과 이런 조사를 통한 증상의 제거가 쉽고 뻔하다는 오해가 의사들 사이에 널리 퍼져 있습니다. 제가 이런 생각을 하게 된 것은 저의 요법에 관심이 있거나 그것에 대해 확고한 판단을 내리는 많은 사람들 중 아무도 제가 실제로 어떻게 하는지에 대해서는 물어보지 않았기 때문입니다. 그것이 너무 자명해서 물어볼 필요도 없다고 생각하기 때문에 저에게 물어보지 않는다고밖에 생각할 수 없습니다. 또한 저는 때때로 병원의 이런저런 과에서 젊은 의사가 과장으로부터 히스테 리 환자를 "정신분석"해 보라는 지시를 받는다는 소리를 듣고

놀라곤 합니다. 만약 그 젊은 의사가 이미 조직학에 대한 기법에 익숙하다는 것을 인정받지 못했다면 적출된 종양을 조사하도록 맡기지는 않았을 것이라고 저는 확신합니다. 마찬가지로, 제가 보기엔 정신치료의 기법에 대해 아는 것이 없다는 것이 확실한 이런저런 의사가 정신치료를 하기 위해 환자와 진료 약속을 잡는다는 소식도 들었습니다. 그 의사는 환자가 자신의 비밀을 말해줄 것이라고 기대하고 있거나 어떤 식으로든 고해나 고백을 하면 치료가 될 것이라고 생각하는 것 같습니다. 만약 그런 식으로 치료받은 환자가 득보다는 해를 더 많이 입는다 해도 저는 놀라지 않을 것입니다. 정신이라는 기구Instrument는 다루기가spielen/play upon 그렇게 쉽지 않습니다.[12] 그런 것을 보면 세계적으로 유명한 신경증 환자 — 물론 실제로 의사의 치료를 받은 사람이 아니라 한 작가의 상상에서만 살았던 사람이긴 하지만 — 의 말이 생각납니다. 저는 덴마크의 왕자 **햄릿**Hamlet을 말하는 겁니다. 왕은 두 궁신, 로젠크란쯔Rosencrantz와 길덴스테른Guildenstern을 보내서 그가 왜 언짢아하는지 그 비밀을 탐문해 알아오라고 합니다. 햄릿은 그들의 [물음에 답하기를] 거부합니다. 그때 무대에 여러 개의 피리가 등장합니다. 햄릿은 피리 하나를 집어서 성가시게 하던 두 명 중 한 명에게 거짓말하는 것만큼 쉽다며 피리를 연주해spielen/play upon 보라고 합니다. 그 궁신은 연주법을 모른다며 거절합니다. 피리를 한번 연주해 보라고 계속 설득하다가 듣지 않자 햄릿은

. .

12. Instrument는 '악기'를 spielen은 '연주하다'를 뜻하기도 한다. [韓]

마침내 다음과 같은 말을 터뜨립니다: "당신들이 나한테서 얼마나 쓸데없는 짓을 벌이고 있는지를 보시오. 당신들은 나를 연주하려 spielen/play upon[13] 하고 있소. (…) 당신들은 내 비밀의 심장을 끄집어 내려고 하고 있소. 당신들은 내 음역의 가장 낮은 음에서 가장 높은 음까지 모든 음의 소리를 들어보려 하고 있소. 이 작은 악기에도 아주 많은 음악이, 훌륭한 목소리가 있는데도 당신들은 그것[피리]이 말하도록 할 수가 없소. **제기랄, 내가 이 피리보다 연주하기가 더 쉬워 보인단 말이오. 나를 당신들이 원하는 대로 어떤 악기라고 부르든 상관없소. 하지만 당신들이 나를 짜증나게 할 수 있을지는 몰라도 나를 연주할 수는 없을 것이오.**"(3막 2장)

c) 제가 말한 내용 중 어떤 부분으로부터 여러분은 분석 치료에 이상적인 치료법과는 거리가 먼 여러 특징이 있다는 것을 추측하셨을 겁니다. 확실히, 빠르게, 편안하게*Tuto, cito, iucunde*. 조사와 탐색은 [치료의] 성과가 신속하지 않다는 것을 의미하며 저항에 대한 제 언급은 불쾌한 것들을 각오해야 한다는 것을 뜻합니다. 분명히 정신분석 치료는 의사뿐 아니라 환자에게도 많은 것을 요구합니다. 환자에게는 완전히 솔직해야만 하는 희생이 요구되며 시간이 많이 걸리고 따라서 돈도 많이 듭니다. 의사에게도 마찬가지로 시간이 많이 소비되고 기법을 배우고 행하기도 상당히 어렵습니다. 만약 더 편안한 치료법을 써도 무엇인가를 이룰 수 있다는 전망이 있다면 그것을 쓰는 것도 아주 정당하다고 생각합니다. 여기서 중요한

· ·

13. play upon은 '이용해 먹다', '허점을 노리다' 등을 뜻하기도 한다. 비밀을 빼내려 하는 것을 피리 연주에 빗대어 말하고 있다. [韓]

것은 바로 다음과 같은 점입니다. 만약 고생스럽고 시간도 많이 걸리는 치료법을 통해 시간도 적게 걸리고 쉬운 치료법에 비해 현저하게 많은 것을 이룰 수 있다면 다른 모든 것에도 불구하고 전자가 정당화될 수 있는 것입니다. 신사 여러분, 낭창Lupus/lupus 치료법으로 이전에 통용되던 소작해서 긁어내는 방법Ätzen und Schaben/the method of cauterizing and scraping에 비해 **핀젠Finsen** 요법이 얼마나 불편하고 비용이 많이 드는지를 생각해 보십시오. 그럼에도 핀젠 요법이 더 많은 것을 이루기 때문에 즉 낭창을 근본적으로 치료하기 때문에 그것은 커다란 진보로 받아들여지는 것입니다. 저는 이 비유를 끝까지 밀고 나갈 생각은 없습니다. 하지만 정신분석적 방법은 비슷한 특권을 요구할 수 있을 것입니다. 실제로 저는 제 치료법을 심각한 또는 아주 심각한 사례들만을 통해서 정교화하고 시험했습니다. 왜냐하면 우선 제가 치료한 환자들은 다른 모든 치료법을 써 봐도 소용이 없었던 사람들이거나 몇 년간 공공병원에 입원했던 사람들뿐이었기 때문입니다. 저는 제 치료법이 더 가볍고 에피소드와 같은 병 — 우리는 그런 것들이 아주 여러 가지 영향하에서 심지어 자연발생적으로도 낫는 것을 봅니다 — 에 적용했을 때 어떤 결과가 나타나는지를 여러분에게 말할 수 있을 정도로 충분한 경험을 쌓지는 못했습니다. 정신분석 치료법은 영구적으로 생활이 불가능한 상태에 있는 환자들을 통해 그리고 그들을 위해 만들어졌으며 그것의 승리는 그것이 만족스러운 수의 그런 사람들을 생활이 가능한 상태로 영구적으로 만들었다는 데 있습니다. 이런 성과에 비추어 볼 때 모든 비용은 중요치 않아 보입니다. 우리가 심각한 신경증의 중요성이 그것에 예속된 사람에게는 악액질Kachexie/cachexia[14]이나 사람들이 두려워하는 일반질환Allgemeinleiden/major diseases에 못지않다는 것을 환자에게 부인하곤 한다는 사실을 숨길 수 없을 것입니다.

d) 제 [치료] 활동이 실천적으로 여러 가지 면에서 제한되어 있었기 때문에 이 치료법을 어떤 경우에 사용할 수 있고 어떤 경우에는 사용해서는 안 되는지에 대해 최종적으로 말할 수는 없습니다. 그럼에도 불구하고 여러분에게 몇 가지 점에 대해 이야기해 보겠습니다:

1) 우리는 질병 이외의 문제에 있어서의 그 사람의 가치[15]를 평가해야 하며 어느 정도의 교육 수준과 어느 정도 신뢰할 수 있는 품성을 갖추고 있는 사람이 아니라면 그 환자를 거부해야 할 것입니다. 건강한 사람들 중에도 아무 쓸모가 없는 사람들이 있다는 사실 그리고 그런 저열한[16] 인간들이 신경증의 징후를 조금이라도 보이면 생활 능력이 없는 이유가 모두 병 때문이라고 생각하려는 경향이 우리에게 너무 강하다는 사실을 잊어서는 안 됩니다. 저의 입장은 신경증 환자라고 해서 **퇴화했다고***dégénéré/degeneracy* 낙인찍을 수는 없지만 충분히 많은 경우에 한 개인에게서 신경증이 퇴화의 현상Erscheinungen der Degeneration/signs of degeneracy과 결합되어 나타나는 것을 볼 수 있다는 것입니다. 현재의 분석

• •

14. 암 따위에 의한 탈진. [韓]
15. 영역판에서는 'Wert(가치)'를 빼먹고 번역했다. [韓]
16. 영역판에서는 'minderwertig(저열한)'을 빼먹고 번역했다. [韓]

정신요법은 신경병리적neuropathisch/neuropathic 퇴화를 치료하기 위한 치료법이 아닙니다. 오히려 반대로 신경병리적 퇴화는 분석 정신요법을 적용하는 데 방해가 됩니다. 자신의 병 때문에 *스스로* 치료를 받아야겠다고 느껴서 온 것이 아니라 단지 가족의 강요 때문에 온 것이라면 그런 사람에게도 분석 정신요법을 사용할 수 없습니다. 정신분석 치료법에 적합한지 여부에서 중요한 특성 즉 교육할 수 있는 사람인가에 대해서는 여전히 다른 관점에서 평가해야 합니다.

2) 안전하게 하고 싶다면 정상상태를 보유한 사람들 내에서만 선택해야 합니다. 왜냐하면 정신분석 요법에서는 이 정상상태를 발판으로 삼아 병적인 것을 정복하기 때문입니다. 따라서 정신병 Psychosen/psychoses, 혼란된Verworrenheit/confusion/미친 상태, 그리고 뿌리 깊은(저는 '중독성인[17]'이라고 말하고 싶습니다) 정동장애Verstimmung/depression는 적어도 지금까지 행해지는 정신분석에는 적합하지 않습니다. 저는 [정신분석] 치료법을 적절하게 개선해서 이런 치료금기Gegenindikation/contraindication를 극복하고 정신병에 대한 정신요법에 착수하는 것이 전혀 불가능한 일이라고 생각하지는 않습니다.

3) 50살 가까이 되었거나 넘은 사람은 한편으로는 이 치료법이 의존하는, 정신 과정의 유연성이 부족한 경향이 있다는 면에서 — 나이 든 사람들은 더 이상 교육할 수가 없습니다 — 그리고 또

• •

17. toxisch/toxic [韓]

다른 한편으로는 훈습해야 할durcharbeiten/to be dealt 재료가 [많아서] 치료 기간이 예측할 수 없게 늘어날 수 있다는 면에서 정신분석 요법을 위한 선택에서 환자의 나이는 중요합니다. 아래쪽으로의 연령 제한은 개인마다 다릅니다. 사춘기도 되기 전인 나이에도 현저하게 영향을 끼칠 수 있는 경우도 많습니다.

4) 위급한 증상을 빨리 제거해야 할 때에는, 예컨대 히스테리성 식욕 부진증hysterische Anorexie/hysterical anorexia의 경우에는 정신분석 을 선택해서는 안 됩니다.

여러분들은 사실 저로부터 치료금기에 대해서만 들었기 때문에 이제 분석 정신요법의 적용 범위가 아주 제한되어 있다는 인상을 받으셨을 겁니다. 그럼에도 불구하고 모든 종류의 만성 히스테리와 그 잔여 증상, 강박 상태라는 커다란 영역, 무의지증Abulien/abulias 등 이 요법을 시험해 볼 수 있는 병의 사례와 형태는 충분히 남아 있습니다.

아주 가치 있으며 다른 면에서는 고도로 발달된 바로 그런 사람에게 이런 방식으로 가장 빨리 도움을 줄 수 있다는 사실은 기쁜 일입니다. 그리고 분석 정신요법으로 별로 이룰 수 없는 곳에서는 다른 어떤 치료법을 써도 확실히 아무것도 이룰 수 없을 것이라고 자신 있게 주장할 수 있습니다.

e) 여러분들은 분명히 정신분석을 사용함에 있어서 해를 끼칠 가능성이 얼마나 되는지를 묻고 싶으실 겁니다. 이에 대해 저는 여러분에게 다음과 같이 답할 수 있을 것입니다. 만약 여러분이 이 치료법을 다른 치료법을 대할 때처럼 공정하게 그리고 비판적인

호의를 가지고 평가하려 하신다면, 제대로 이해하고 행하는 분석 치료에서는 환자에 대한 해악에 대해서는 걱정할 필요가 없다는 저의 의견에 동의하실 것이라고 생각합니다. 문외한들처럼 질병의 진행 중에 일어나는 모든 일을 치료 탓으로 돌리는 데 익숙한 사람들이라면 아마 다르게 판단할 것입니다. 수치료원Wasserheilanstalten/hydropathic establishments이 비슷한 편견에 부딪힌 지도 얼마 안 지났습니다. 그런 병원을 찾아가 보라는 권고를 들은 많은 사람들이 미심쩍어 했습니다. 왜냐하면 신경병 환자가 그런 병원에 가서 미쳐버렸다는 사실이 알려졌기 때문입니다. 여러분들도 추측할 수 있듯이 그것들은 초기 상태의 진행성 마비allgemeine Paralyse/general paralysis[18]의 사례들이었습니다. 초기 단계에서는 아직 수치료원에서 치료할 수 있을 정도였지만[19] 저지할 수 없는 그 병은 거기에서 악화되어 명백한 정신 장애Geistesstörung/mental disorder/정신병를 드러내게 되었던 것입니다. 문외한들은 이 슬픈 변화[악화]에 물 [치료]가 원인을 제공했으며 책임이 있다고 여긴 것입니다. 새로운 영향 Beeinflussungen/therapeutic treatment/치료법일 때에는 의사들도 그런 판단 착오로부터 항상 자유로울 수 있는 것은 아닙니다. 제가 한 번은 자신의 삶의 많은 부분을 조병Manie/mania과 울병Melancholie/melancholia을 교대로 앓으며 보냈던 어떤 여성을 정신요법으로 치료하려

* *

18. 매독성 뇌장애의 일종. [韓]
19. 수치료원에서 치료를 해서 고칠 수 있다는 말이 아니라 증세가 그리 심하지 않고 뇌매독이라는 것을 아직 몰랐기 때문에 수치료원으로 가서 치료를 받을 수도 있다는 말이다. [韓]

했던 것이 기억납니다. 제가 치료를 시작했을 때는 울병이 끝날 때였고 2주 동안은 상태가 좋아 보이다가 3주째가 되자 벌써 조병이 새로 시작되었습니다. 그것은 확실히 병상의 자발적 변화였습니다. 왜냐하면 2주는 너무나 짧은 기간이어서 그 기간 안에 분석 정신요법으로 어떤 것을 이룰 수가 없기 때문입니다. 하지만 지금은 이미 작고한 뛰어난 어떤 의사가 저와 함께 그 환자를 같이 보았는데 그 분은 이 "악화"가 [제가 했던] 정신치료 때문일 것이라는 소견을 감추지 않았습니다. 저는 그 분이 다른 상황에서는 좀 더 비판력을 보여 주셨을 것이라고 아주 확신하고 있습니다.

f) 마지막으로, 동료 의사 여러분, 여러분에게 이 치료법이 무엇으로 이루어져 있고 무엇에 근거하고 있는지도 말하지 않으면서 여러분의 주의력을 이렇게 오랫동안 분석 정신요법에 집중해 달라고 요구할 수는 없을 것입니다. 시간이 없기 때문에 암시를 하는 정도에 그칠 수밖에 없을 것입니다. 이 치료법은 무의식적 표상—특정 정신적 과정의 무의식성이라고 말하는 편이 나을 것입니다— 이 병적 증상의 근접 원인nächste Ursache/direct cause/직접적 원인이라는 통찰에 근거하고 있습니다. 우리는 이런 신념을 프랑스 학파(**자네**Janet)와 공유하고 있습니다. 그런데 프랑스 학파는 지나치게 도식화해서 히스테리 증상을 무의식적 **고정 관념**idée fixe으로 환원합니다.[20] 그 때문에[우리가 무의식을 이야기한다고 해서] 우리가 아주 신비로운 철학에 깊숙이 빠지게 될 것이라고 두려워하지는

• •

20. 자네(Janet, 1894)의 2장을 보라. [英]

마십시오. 우리의 무의식은 철학자들의 그것과 완전히 같은 것이 아니며, 더구나 대부분의 철학자들은 "무의식적인 정신적인 것"에 대해 아무것도 알고 싶어 하지 않습니다. 만약 여러분이 우리의 관점을 취한다면, 환자의 정신생활에서의 이 무의식적인 것을 의식적인 것으로 번역Übersetzung/transformation함으로써 정상으로부터의 일탈을 교정하고 환자의 생활을 지배하는 강박Zwang/compul-sion/충동을 해소하는 성과를 얻게 된다는 것을 통찰하게 될 것입니다. 왜냐하면 의식적 의지는 의식적 정신과정에까지만 힘을 미칠 수 있고 모든 정신적 강박은 무의식에 근거를 둔 것이기 때문입니다. 또한 무의식적인 것이 의식에 침입하는 일이 환자에게 충격을 주어서 해를 끼치지 않을까 하고 두려워할 필요도 전혀 없습니다. 왜냐하면 의식적으로 된 충동의 신체적, 정동적 작용은 무의식적인 충동의 작용만큼 클 수가 전혀 없다는 것을 여러분은 이론적으로 확신할 수 있기 때문입니다. 우리는 의식과 결합된 우리의 가장 높은 정신 기능을 쏟음으로써만 우리의 모든 충동을 다스릴 수 있는 것입니다.

여러분은 다른 측면을 통해서 정신분석 치료법을 이해하실 수도 있습니다. 무의식을 드러내고 번역하는 일은 환자 측의 끊임없는 **저항**을 불러일으킵니다. 이런 무의식적인 것들이 [의식으로] 떠오르는 것은 불쾌감을 수반하며 이 불쾌감 때문에 그것은 계속해서 거부zurückweisen/reject[21]됩니다. 이제 환자의 정신생활에서의 이

- -
21. zurückweisen은 '되돌려지다'를 뜻하기도 한다. 따라서 여기서는 무의식에서 의식으로 떠올라온 것이 다시 가라앉는 것, 즉 무의식으로 되돌려지는 것을 뜻한다고 볼 수도

갈등에 여러분이 개입하는 것입니다. 만약 환자가 더 잘 이해하겠다는 동기를 가지고 지금까지 불쾌감에 의한 자동적인 조절에 의해 거부되었던zurückgewiesen/rejected(억압되었던verdrängt/repressed) 어떤 것을 받아들이게 만든다면 여러분은 그에게서 일정한 교육작업을 수행한 것입니다. 아침에 일찍 침대에서 일어나는 것을 좋아하지 않는 어떤 사람을 일찍 일어나게 만들었다면 그것도 교육인 것입니다. 여러분은 이제 정신분석 치료를 아주 일반적으로 **내적 저항을 극복하도록 하는** 그런 식의 **재교육**-solche **Nacherziehung zur Über-windung innerer Widerstände**/such an after-education in overcoming internal resistance 으로 파악하실 수 있습니다. 그런데 신경병 환자에게서 성생활에서의 정신적 요소와 관련된 것보다 그런 재교육이 더 필요한 부분도 없습니다. 바로 이 부분에서처럼 문화Kultur/civilization/문명와 교육이 그렇게 커다란 해를 끼친 곳도 없습니다. 그리고 여러분도 경험해보면 아시겠지만 이 부분은 또한 신경증의 병인 중 [의사가] 제어할 수 있는 부분입니다. 병인이 되는 다른 요소 즉 기질적kon-stitutionell/constitutional 몫은 바꿀 수 없는 어떤 것으로 그냥 우리에게 주어진 것입니다. 이로부터 중요한 것이 의사에게 요구됩니다. 의사는 나무랄 데 없는 품성을 지녀야 할 뿐 아니라 — **비셔**Th. **Vischer**의 『이런 사람도*Auch Einer*』[22]에 나오는 주인공이 말하곤 하듯이 "도덕적이어야 한다는 것은 당연합니다"[23]—유감스럽게도 많

· ·

있다. [韓]

22. Friedrich Theodor Vischer, *Auch Einer: Eine Reisebekanntschaft*(이런 사람도: 여행 중에 사건 사람들) [韓]

은 사람들이 성적인 문제를 대할 때 보이곤 하는 육욕과 고상한 체하기의 혼합을 자신의 퍼스낼리티에서 극복해야 합니다.

여기에서 제 소견을 더 밝혀도 될 줄 믿습니다. 저는 정신신경증이 만들어지는 데서의 성적인 것의 역할을 제가 강조했다는 사실이 널리 알려지게 되었다는 것을 알고 있습니다. 하지만 저는 제한과 자세한 규정이 공중에게는 별로 쓸모가 없다는 것도 알고 있습니다.[24] 대중들의 기억 용량은 그리 크지 않으며 그들은 어떤 주장에 대해 앙상한 뼈대만 기억하고 이해하기 쉽도록 그것을 극단적인 형태로 만듭니다. 많은 의사들도 제가 신경증을 궁극적으로 성적인 굶주림Entbehrung/deprivation/결핍으로 환원한다는 식으로 제 이론의 내용을 파악하는 것 같습니다. 우리 사회의 생활 조건에서 이런 굶주림이 적은 것은 아닙니다. 만약 그렇게 생각한다면[성적 굶주림으로 신경증이 환원된다고 생각한다면] 정신치료라는 힘겨운 우회로를 포기하고 성적 활동을 치료 수단으로 추천함으로써 직접적인 치료를 추구하는 것이 훨씬 낫지 않을까요? 만약 정당화될 수 있다면[그런 식으로 해서 치료가 된다면] 이런 결론을 받아들이지 말아야 할 이유를 찾지 못하겠습니다. 하지만 사실은 그와 다릅니다. 성적 곤궁과 굶주림은 신경증의 메커니즘에서 하나의 요소에 불과합니다. 만약 그 요소만 있다면 결과는 병이 아니라

· ·

23. 독일어판: das Moralische versteht sich ja von selbst.
　　영역판: As to morals, that goes without saying. [韓]
24. 대중은 자세한 논의는 들으려고도 안 한다는 말이다. 프로이트는 자신이 범성론을 주장한 적이 없다고 했다. 그는 성의 역할이 '제한적인' 것이라고 말했다. [韓]

[성적] 방종-Ausschweifung/dissipation/일탈일 것입니다. 사람들이 너무나 쉽게 잊어버리는, 또 다른 불가결한 요소는 신경증 환자의 성에 대한 혐오, 사랑에 대한 무능력, 제가 "억압"이라고 부른 정신적 특성입니다. 두 성향 사이의 갈등이 있어야만 신경증이 발병합니다. 따라서 정신신경증에 대해 성적 활동을 권하는 것은 사실 드문 경우에만 적절하다고 할 수 있습니다.

이 방어적인 소견[25]으로 이만 마칠까 합니다. 여러분이 모든 적대적인 선입견을 버리고 이 정신치료에 관심을 보여 주셔서 더 심각한 정신신경증 사례를 성공적으로 치료하는 데에도 도움이 되었으면 하는 바람입니다.

• •

25. 위 문단에서 정신분석이 범성론이 아니며 성적 방종을 권하지 않는다고 한 것을 말하는 듯하다. [韓]

10. 정신분석 요법의 앞으로의 가망성

표준판 편집자 주

Die zukünftigen Chancen der psychoanalytischen Therapie
The Future Prospects of Psycho-Analytic Therapy

(a) 독일어판:
1910 *Zentralblatt für Psychoanalyse*, vol. 1(1~2), pp. 1~9.
1913 *S. K. S. N.*, vol. 3, pp. 288~298. (2판, 1921.)
1924 *Zur Technik der Psychoanalyse und zur Metapsychologie*, pp. 25~36.
1925 *G. S.*, vol. 6, pp. 25~36.
1943 *G. W.*, vol. 8, pp. 104~115.

(b) 영역판:
"The Future Chances of Psychoanalytic Therapy"
1912 *Selected Papers on Hysteria and Other Psychoneuroses*(2판), pp. 207~215 (브릴(A. A. Brill) 옮김) (3판, 1920)

"The Future Prospects of Psycho-Analytic Therapy"
1924 *C. P.*, vol. 2, pp. 285~296 (조운 리비어 옮김)

여기에 있는 번역은 1924년에 출간된 번역에 기초하고 있다.

이 논문은 1910년 3월 30일과 31일에 누렘베르크(Nuremberg)에서 열린 제2차 정신분석 대회(The Second Psycho-Analytical Congress)의 개막 연설로 낭독되었다. 당시의 정신분석의 입장에 대한 일반적인 연구로서 이 논문은 8년 후에 부다페스트 대회(Budapest Congress)에서 프로이트가 낭독한 비슷한 연설인 「정신분석 요법이 나아갈 길(Lines of Advance in Psycho-Analytic Therapy)」(1919a)과 비교될 수 있을 것이다. 특히 기법의 문제를 다루는 이 논문의 후반부는 부다페스트 연설의 주된 테마인 '적극적' 치료법을 예고한다.

신사 여러분! 오늘 우리가 모인 것은 주로 실천적인 목적 때문입니다. 따라서 나는 이 개막 강연의 주제를 실천적인 것으로 잡았으며 여러분의 학문적 관심이 아니라 의사로서의 관심에 호소할 것입니다. 여러분이 우리의 치료법의 성과를 어떻게 평가하는지가 눈앞에 보이는 듯합니다. 그리고 나는 여러분들 중 대다수가 초보자가 겪는 두 단계 즉 우리의 치료 업적이 예기치 않게 증대되는 것에 황홀해하는 단계와 우리의 노력 앞에 놓여 있는 커다란 어려움에 의기소침해하는 단계를 이미 통과했다고 가정하겠습니다. 여러분 각자가 이 발달과정Entwicklungsgang/development[1]의 어느 지점에 있든 나는 여러분에게 신경증과의 투쟁에서의 우리의 수단이 전혀 완성되지 않았으며 가까운 미래에 우리의 치료 가망성에서 눈에 띄는 개선이 있을 것이라고 기대 해도 좋다고 말할 작정입니다.

내 생각에는 세 가지 측면에서 보강될 것 같습니다:

1) 내적 진보에 의해서

2) 권위의 증대에 의해서

3) 우리의 작업의 일반적 효과에 의해서

. .

1. 정신분석을 배우면서 거쳐 가는 과정을 말하는 듯하다. [韓]

l) **"내적 진보"** 라는 말을 나는 a) 분석에 대한 지식에서의 진보와 b) 기법에서의 진보로 이해합니다.

a) 지식의 진보에 대해서 이야기해 보겠습니다. 당연히 우리는 환자의 무의식을 이해하는 데 필요한 모든 것을 아는 것과는 거리가 멉니다. 이런 상황에서 우리 지식의 어떤 진보도 치료 능력의 증대를 의미한다는 것은 명백합니다. 아무것도 이해하지 못한다면 우리는 아무것도 이룰 수 없으며 더 많은 것을 이해하게 될수록 더 많은 것을 할 수 있습니다. 초기에 정신분석 치료는 가차 없었고 소진시키는 그런 것이었습니다. 환자는 스스로 모든 것을 말해야 했으며 의사의 활동은 끊임없이 그렇게 하도록 환자를 밀어붙이는 것이었습니다. 오늘날에는 좀 더 우호적인 분위기인 것 같습니다. 치료는 두 부분으로 이루어집니다. 먼저 의사가 추측한 것을 환자에게 말해주면 환자는 들은 것을 소화Verarbeitung/working-over/이해, ᄀᆨ복하는 것입니다. 우리가 제공하는 원조의 메커니즘은 쉽게 이해할 수 있습니다. 우리가 환자에게 의식적인 기대표상Erwartungsvorstellung/anticipatory idea[the idea of what he may expect to find]을 주면 환자는 그것과의 유사성을 통해서 억압된, 무의식적 [표상]을 찾아냅니다.[2] 이것은 환자가 의식과 무의식 사이의 저항을 극복하는 것을

· ·

2. 하지만 아래 225쪽을 보라. 이와 관련해서는 '꼬마 한스'에 대한 프로이트의 논문(1909b)에 좀 더 자세히 설명되어 있다. *Standard Ed.*, vol. 10, pp. 120~121. 프로이트는 「치료의 개시에 대하여(On Beginning the Treatment)」(1913c)라는 기법에 대한 논문에서 이것에 대해 다시 다룬다. 해석 과정의 메타심리학에 대해서는 「무의식(The Unconscious)」(1915e)이라는 논문의 섹션 2와 섹션 7에서 길게 논의한다. [英]
  이 책의 256~257쪽을 보라.

쉽게 해주는 지적인 도움입니다.[3] 말이 난 김에 말하자면 그것이 분석 치료에서 쓰는 유일한 메커니즘은 아닙니다. 여러분은 모두 "전이"의 사용에 놓여 있는 훨씬 더 강력한 메커니즘을 아실 것입니다. 치료를 이해하는 데 있어 중요한 이 모든 것들을 조만간『정신분석 일반 방법론*Allgemeinen Methodik der Psychoanalyse*』에서 다룰 생각입니다.[4] 또한 나는 오늘날의 실제 치료에서는 우리의 가정이 올바르다는 것에 대한 증거로서의 설득력이 부족해진다는 여러분의 이의제기를 거부할 필요를 못 느낍니다. 여러분은 그런 증거는 다른 곳에서 찾아야 하며 치료적 개입이 이론적 연구처럼 수행될 수는 없다는 것을 잊어서는 안 될 것입니다.[5]

새로 배울 것들이 남아 있으며 실제로 매일 새로운 것을 배우고 있는erfahren/discover[6] 몇몇 영역을 이제 가볍게 다뤄보겠습니다. 무

• •

　「다섯 살배기 꼬마 한스의 공포증 분석」,『꼬마 한스와 도라(프로이트 전집, 8권)』, 김재혁·권세훈 옮김(열린책들, 2003), 153쪽을 보라.
　이 책의 4장「치료의 개시에 대하여」를 보라.
　「무의식에 관하여」,『정신분석학의 근본 개념(프로이트 전집, 11권)』, 윤희기 옮김(열린책들, 2003), 섹션 2와 섹션 7을 보라. [韓]

3. "의식과 무의식 사이(zwischen Bewußtem und Unbewußtem)"라고 표현한 것으로 보아 저항(Widerstände)이라는 단어를 전기저항체란 말을 염두에 두고 쓴 것 같다. 한국어에서도 전기저항체를 보통 저항이라고 말한다. 저항은 전기가 흐르는 것을 방해한다. [韓]

4. 프로이트가 정신분석 기법에 대한 체계적인 저작으로 계획했으며 1908년과 1909년에 적어도 부분적으로는 쓰여졌지만 전혀 출간되지 않았다. 몇 년 후(1911년부터) 그는 몇 개의 독립된, 기법에 대한 논문들을 출간했으며 그것은 *Standard Ed.*, vol. 12에 모아져 있다. [英]

5. 이전에는 환자가 모든 것을 말했지만 이제는 의사가 많은 경우에 먼저 말해 준다. 따라서 의사의 암시에 따라 환자가 그렇게 믿게 된다는 의혹이 생길 수 있다. 증거로서의 설득력이 별로 없다는 것은 이런 맥락에서 이해하면 될 것이다. [韓]

엇보다도, 꿈과 무의식에서의 상징Symbolik/symbolism[7]이 있습니다. 여러분도 아시다시피 격렬한 논쟁이 진행 중인 주제입니다! 우리의 동료 쉬테켈Wilhelm Stekel이 그 모든 반대자의 이의제기에 개의치 않고 꿈상징Traumsymbole/dream-symbols의 연구에 착수한 것은 결코 작은 공로가 아닙니다. 거기에는 정말로 아직 배울 것이 많이 있습니다. 1899년에 쓰여진 나의 『꿈의 해석Traumdeutung/Interpretation of Dreams』은 상징의 연구를 통해 중요한 보충이 있을 것을 기다려 왔습니다.[8]

이렇게 새로 알게 된 상징들 중 하나에 대해서 몇 마디 하겠습니다. 얼마 전에 우리와는 입장이 다른 한 심리학자가 우리 중 한 명에게 우리가 확실히 꿈의 감추어진 성적 의미를 과대평가한다는 소견을 이야기했다는 말을 들었습니다. 그가 아주 자주 꾸는 꿈은 계단을 올라가는 꿈인데 그 속에는 성적인 것이 분명히 아무것도 없다는 것입니다. 우리는 이 항변 때문에 꿈에 나오는 계단

· ·

6. erfahren은 '경험하다'를 뜻한다. 여기서는 경험을 통해 배우는 것을 말한다. [韓]
7. Symbol은 '상징'을 뜻하며 Symbolik은 '상징주의', '상징적 표현', '상징론' 등을 뜻한다. '상징주의'라고 번역하기도 하지만 그냥 '상징'이라고 번역했다. 굳이 구별해서 번역하자면 '상징주의'보다는 '상징성'이 더 나은 것 같다. [韓]
8. 쉬테켈은 1909년에 꿈해석에 대한 논문을 출간했으며 1911년에는 같은 주제를 다룬 방대한 책을 출간했다. 프로이트는 이것들이 자신에게 끼친 영향에 대해서 『꿈의 해석』(1900a)에 1925년에 덧붙인 구절에서 얼마간 이야기했다(Standard Ed., vol. 5, pp. 350~351). 이에 대한 더 자세한 논의는 그 저작에 대한 편집자 서문(Standard Ed., vol. 4, xii쪽과 다음 쪽)에서 찾을 수 있다. 『꿈의 해석』의 2판은 1909년에 출간되었으며 프로이트는 그것을 1908년 여름에 준비했다. 2판에서, 3판(1911)에서는 특히 더더욱, 상징에 대한 섹션은 아주 상당히 증보되었다. [英]
『꿈의 해석(프로이트 전집, 4권)』, 김인순 옮김(열린책들, 2003), 415쪽을 보라. [韓]

Stiegen/steps[9], 층계, 사다리 등에 주목하게 되었고 곧 계단(그리고 그것과 비슷한 것들)이 확실히 성교의 상징이라는 것을 밝혀냈습니다. 이 비유의 근거를 찾아내는 것은 어렵지 않습니다. 우리는 리드미컬한 움직임으로, 점점 숨이 가빠지면서 [계단의] 꼭대기까지 올라가며 몇 번 재빠르게 껑충 뛰어서Sprüngen/leaps[10] 아래로 내려올 수도 있습니다. 따라서 성교의 리듬이 계단 오르기에서 재발견됩니다. 관용어법을 끌어댈 수도 있을 것입니다. 관용어법에 따르면 "Steigen/mounting"[11]은 두말할 필요 없이 성행위의 대용어로 쓰입니다. 우리는 남자를 "Steiger/mounter/올라타는 사람"[12]이라고 말하곤 하며 "nachsteigen"[13]이라는 표현도 씁니다. 프랑스어에서 계단의 단Stufe der Treppe을 'la marche'라고 하며 "un vieux marcheur"[14]는 우리[독일어]의 "ein alter Steiger/an old rake"와 완전히 일치합니다.[15] 새로 알게 된 이 상징들이 유래한 꿈재료Traummaterial/dream-material[16]

• •

9. Stiege는 보통 좁고 가파른 계단을 뜻한다. [韓]
10. Sprung은 도약, 건너뛰기 등을 뜻하며 '수컷의 교미 동작'을 뜻하기도 한다. [韓]
11. Steigen은 계단을 오르거나 산을 오를 때도 쓰이는 말이지만 말이나 차에 탈 때도 쓰인다. '올라타기'라고 번역할 수 있을 것이다. [韓]
12. 물론 여기서는 성적인 의미를 암시한다. [韓]
13. 'to run after', 글자 그대로는 'to climb after'. [英]
    '뒤따라 오르다'를 뜻하며 '귀찮게 따라다니다(집적거리다)'를 뜻하기도 한다. [韓]
14. vieux는 독일어 alt와 마찬가지로 '늙은'을 뜻한다. marcheur는 '걷는 사람', '밟는 사람'을 뜻한다. 'vieux marcheur'는 'alter Steiger'와 마찬가지로 '늙은 호색한'을 뜻한다. [韓]
15. 이 문단에서 이 부분까지(첫 문장을 제외하고)의 내용은 『꿈의 해석』의 1911년 판에 프로이트가 단 각주에 그대로 나온다. *Standard Ed.,* vol. 5, p. 355의 주. [英]
    『꿈의 해석(프로이트 전집, 4권)』, 김인순 옮김(열린책들, 2003), 421쪽의 주)112를 보라. [韓]
16. 이 꿈재료(여러 꿈들)를 연구해서 그런 상징이 있다는 것을 알아냈다는 말이다.

는 상징을 집단적으로 연구하기 위해 만들 위원회에서 나중에 여러 분에게 공표할 것입니다. 다른 흥미로운 상징 즉 "구출Retten/rescue/구완"의 상징과 그것의 의미 변화에 대한 서술은 우리의 『연보Jahrbuch』 vol. 2에서 찾으실 수 있을 것입니다.[17] 하지만 여기서 이것에 대한 이야기는 그만하겠습니다. 안 그러면 다른 이야기는 시작도 못할 것입니다.

일단 몇몇 전형적인 병의 사례들의 구조를 간파하게 되면 새로운 사례에 직면하게 될 때 어떻게 완전히 다른 식으로 직면하게 될지를 여러분 각자는 경험을 통해서 알게 될 것입니다. 우리가 지금까지 히스테리의 증상 형성Symtombildung/construction of symptoms에 대해 성공했듯이 다양한 형태의 신경증이 형성되는 규칙을 간결한 공식에 담아냈다고 가정해 봅시다. 그러면 그를 통해 우리가 예후에 대한 판단을 얼마나 확실하게 내릴 수 있을지를 생각해 보십시오. 그렇습니다. 산파가 후산Placenta/placenta/태반을 검사해 보고 그것이 완전히 배출되었는지 아니면 유해한 잔여물이 남아 있는지를 알 수 있듯이 우리는 성과[18]와 그때그때의 환자의 건강 상태와는 무관하게 우리의 작업이 최종적으로 성공했는지 아니면 재발과 새로운

••

[韓]
17. 「남성들의 대상 선택 중 특이한 유형에 대하여(A Special Type of Choice of Object)」(1910h)를 보라. 아래 172쪽과 그다음 쪽. 상징 연구를 위한 위원회는 누렘베르크 대회에서 어니스트 존스(Ernest Jones)의 제안으로 구성되었다. 하지만 그가 밝힌 것처럼(Jones, 1955, 75~76) '그 후로 별 성과가 없었다.' [英]
「남자들의 대상 선택 중 특이한 한 유형」, 『성욕에 관한 세 편의 에세이(프로이트 전집, 7권)』, 김정일 옮김(열린책들, 2003), 214쪽을 보라. [韓]
18. 증상 개선의 성과를 말하는 듯하다. [韓]

발병을 각오해야 하는지를 말할 수 있을 것입니다.

b) 사실 대부분의 것들이 아직도 결정적인 확정을 기다리고 있으며, 많은 것들이 이제야 명백해지기 시작한, 기법의 영역에서의 혁신을 서둘러 다루어야겠습니다. 이제 정신분석 기법의 목적은 두 가지입니다: 의사의 노고를 절약해 주는 것과 환자가 그의 무의식에 최대한 제한 없이 접근할 수 있도록 하는 것. 여러분도 아시다시피 우리의 기법은 근본적으로 변화하였습니다. 카타르시스 요법의 시기에 우리의 목적은 증상의 해명이었습니다. 그 후 우리의 목적은 증상의 해명으로부터 "콤플렉스" — 이제는 없어서는 안 될, **융**·Jung의 용어에 따르자면 — 를 드러내는 것으로 옮겨졌습니다. 하지만 이제 우리의 작업이 직접적으로 겨냥하는 것은 "저항"을 찾아내서 극복하는 것이며 우리는 저항을 인식해 내서 제거하자마자 콤플렉스는 힘들이지 않고 알아낼 수 있다고 정당하게 믿게 되었습니다. 그 후로 여러분 중 많은 분들이 이 저항들을 개관하고 분류할 필요가 있다는 점을 제기했습니다. 다음에 개괄한 것이 입증될 수 있는지 여부를 판단하기 위해 여러분의 재료[분석 경험]를 검토해 보라고 부탁하고 싶습니다: 남성 환자의 경우 가장 중요한 치료저항Kurwiderstände/resistances in the treatment은 아버지 콤플렉스Vaterkomplex/father-complex에서 유래하며 아버지에 대한 두려움, 아버지에 대한 반항, 아버지에 대한 불신으로 나타나는 것으로 보입니다.

기법의 또 다른 혁신은 의사 자신의 퍼스낼리티와 관련되어 있습니다. 우리는 환자가 의사의 무의식적 감정에 영향을 끼쳐서 생긴 의사의 "역전이[Gegenübertragung/counter-transference"에 주목하게 되었고 의사가 이 역전이를 인식해 내서 극복해야 한다고 거의 요구하게 되었습니다. 꽤 많은 사람들이 정신분석을 행하고 서로 자신의 경험을 주고받은 이래로 우리는 모든 정신분석가가 자신의 콤플렉스와 내적 저항이 허락하는 데까지만 나아갈 수 있다는 것을 알게 되었고 따라서 정신분석가는 [환자를 분석하기 전에] 자기분석부터 해야 하며 환자와의 경험을 쌓는 동안[환자를 분석하는 동안] 자기분석을 계속해서 심화시켜야 한다는 것을 요구하게 되었습니다. 이런 자기분석에서 아무것도 이루지 못한 사람들은 자신이 환자를 분석적으로 치료할 수 없다는 것을 두말없이 인정해야 할 것입니다.[19]

이제 우리는 분석 기법이 병의 형태와 환자의 우세한 욕동에 따라 어느 정도 바뀌어야 한다는 통찰에도 이르게 되었습니다. 우리는 전환 히스테리[Konversionshysterie/conversion hysteria]의 치료에서 시작했으며 불안 히스테리[20](공포증[21])의 경우에는 처치 방법을 좀 바꾸어야 합니다. 왜냐하면 이런 환자는 그가 공포증이 만들어

<hr />

19. 분석가를 지망하는 사람이 충분한 자기분석을 할 수 있을 가능성에 대해 프로이트가 항상 같은 정도로 확신하고 있었던 것은 아니다. 그는 나중에, 다른 누군가한테 교육 분석[수련 분석](training analyses)을 받아야 한다고 주장했다. 이에 대한 더 자세한 논의는 프로이트가 쓴 정신분석 운동의 역사(1914d)의 첫 섹션의 한 구절에 단 [표준판 전집] 편집자의 각주에서 찾을 수 있다. [英]
　「정신분석 운동의 역사」, 『정신분석학 개요(프로이트 전집, 15권)』, 박성수·한승완 옮김(열린책들, 2003), 67쪽의 주)21을 보라. [韓]
20. Angsthysterie/anxiety hysteria [韓]
21. Phobien/phobias [韓]

낸 제한[22]을 지킴으로써 보호받는다고 느끼는 한 공포증의 해소에 결정적으로 중요한 재료를 내놓을 수 없기 때문입니다. 물론 치료를 시작할 때부터 환자가 이런 보호 장치[공포증이 만들어낸 제한]를 포기하고 불안의 상태에서 작업[분석]하도록 할 수는 없습니다. 따라서 우리는 그가 공포증의 보호를 포기하고 이제는 상당히 완화된 불안에 자신을 내맡기기로 결심할 수 있을 때까지 그의 무의식을 번역해 줌으로써 도와줘야 합니다. 이렇게 한 다음에야 그 재료— 이 재료를 정복하면 공포증은 해소됩니다— 에 접근할 수 있습니다. 내가 보기엔 아직 판결을 내릴 단계는 아닌 것 같지만 강박 신경증Zwangsneurosen/obsessional neurosis의 치료에서도 기법의 변화가 요구됩니다. 이와 관련해서 아주 중요한, 아직은 해명되지 않은 문제가 떠오릅니다. 즉 치료 중에 극복해야 하는 환자의 욕동이 어느 정도까지 만족되도록 허용해야 하느냐와 거기에서 이 욕동 본성이 능동적(사디즘적)인지 아니면 수동적(마조히즘적)인지에 따라 어떤 차이가 있을 것인지에 대한 문제입니다.[23]

우리가 이제서야 어렴풋이 느끼는 것을 모두 알게 될 때, 그리고 환자에 대한 깊이 있는 경험으로 이룰 수 있는 모든 개량을 이루어낼 때, 우리의 의료 처치의 정확성과 성공에 대한 보장이 다른 어떤 전문 의료 분야에서도 이루지 못한 경지에 이를 것이라는 인상을

• •

22. 예컨대 광장 공포증 환자의 경우에는 '혼자서 밖에 나가지 않는다'는 제한이 있을 것이다. [韓]

23. 이런 생각들은 더 발전된 형태로 프로이트의 부다페스트 대회 논문(1919a)에서 논의된다. *Standard Ed.*, vol. 17, p. 165 이하. [英]
    이 책의 287쪽을 보라. [韓]

여러분이 받았기를 희망합니다.

2) 나는 시간의 경과에 따라 우리가 얻게 될 권위의 증대에 대해 우리가 기대할 것이 많을 것이라고[24] 말했습니다. 권위의 중요성에 대해서는 많은 말이 필요 없을 것입니다. 다른 사람에게 의존하지 않고 살 수 있는 또는 독립적으로 판단을 내리기라도 할 수 있는 문명인은 극히 소수에 불과합니다. 인간의 권위에 대한 중독[25]과 본질적인 줏대 없음은 아무리 강조해도 지나치지 않을 것입니다. 종교가 무기력해진 이래로 신경증이 이례적으로 증가했다는 것이 그에 대한 하나의 지표가 될 수 있을 것입니다.[26] 문명이 모든 개인에게 요구하는 커다란 억압 비용 때문에 자아가 빈곤해진 것이 이 상황의 주요한 원인 중 하나일 것입니다.

지금까지 이 권위와 이것에서 흘러나오는 엄청난 암시[의 힘]는 우리에게 적대적이었습니다. 우리의 모든 치료 성과는 이 암시에 맞서며 이루어졌습니다. 이런 상황에서 성과가 있었다는 것 자체가 놀랄 만한 일입니다. 나 혼자 정신분석을 대표했던 시절에 얼마나 안락했는지를 묘사하는 데까지 나아가지는 않을 것입니다. 내가 병을 영구히 고칠 수 있다고 보증하면, 환자들은 별 볼 일 없는 상담실을 둘러보고 내 명성과 직함이 보잘것없음을 생각해 본 다음에, 나를 예컨대 도박장에서 항상 딸 수 있는 방법을 알고

• •

24. 권위의 증대 때문에 우리가 얻을 것이 많을 것이라고. [韓]
25. 권위자가 되려는 열망이 아니라 권위에 맹종하려는 열망을 말하는 듯하다. [韓]
26. 위의 123쪽을 참조하라. [英]
　　「레오나르도 다 빈치의 유년의 기억」, 『예술, 문학, 정신분석(프로이트 전집, 14권)』, 정장진 옮김(열린책들, 2003), 244쪽을 보라. [韓]

있다고 주장하는 사람—실제로 그런 식으로 딸 수 있다면 그런 꼬락서니가 아닐 것이라고 사람들은 응수합니다—정도로 취급했다는 것만 말하겠습니다. 보조를 해 주어야 할 책임이 있는 동료가 수술 부위에 침을 뱉으면서 아주 즐거워하고 가족들은 피가 튀거나 환자가 요동을 치자마자 외과 의사를 위협한다면 그것 역시 정말로 편안하게 정신적 수술을 시행할 수 있는 환경은 아닐 것입니다. 물론 수술은 반발을 일으킬 만합니다. 우리는 외과 의술의 분야에서 오래전부터 그것에 익숙해졌습니다. 오늘날에도 여전히 우리 모두[정신분석가들]를 거의 믿지 않듯이 사람들은 도무지 나를 믿으려 하지 않았습니다. 그런 상황에서는 많은 치료가 실패할 수밖에 없습니다. 우리가 일반적인 신뢰를 얻었을 때 치료의 가망성이 얼마나 커질지를 평가해 보고 싶다면 터키와 서양에서의 부인과 의사의 입장을 비교해 보십시오. 터키에서 부인과 의사는 벽에 난 구멍을 통해 내밀어진 손목의 맥을 짚어보는 일밖에 할 수 없습니다. 환자에게 그런 식으로 제한적으로만 접근했을 때 의사의 업적이 높이 평가받습니다. 서양에서 우리에 적대적인 사람들은 대략 비슷한 정도만 우리가 환자의 정신적인 것에 접근할 수 있도록 허용하려 합니다. 하지만 사회의 의견이 병든 여성은 부인과 의사의 치료를 받아야 한다고 바뀐 이후로 부인과 의사는 그 여성을 도와주고 구원해 주게 되었습니다. 사회의 권위가 우리에게 도움이 되어 우리의 성과가 아주 증대되어도 이것이 우리의 가설의 정당성을 입증하는 것은 아니다, 라고 여러분이 말하진 않겠지요. 암시가 말하자면 모든 일을 이룰 수 있기 때문에 우리의 성과는 정신분석의 성과가 아니라 암시의 성과라고 말입니다. 사회의 의견은 현재 신경병을 수치료, 식이 요법, 전기 요법으로 치료하는 것을 환영합니다. 하지만 그렇다고 이런 수단으로 신경증을 정복하는 데 성공하고 있는 것은 아닙니다. 정신분석 치료가 더 많은 것을 이룰 수 있을지 여부는 [시간이 흐름에 따라] 드러날 것입니다.

하지만 이제 다시 여러분의 기대를 누그러뜨려야겠습니다. 사회가 우리에게 서둘러 권위를 부여해 주지는 않을 것입니다. 우리가 사회에 대해 비판적인 태도를 취하기 때문에, 즉 사회 자체가 신경증을 유발하는 데 커다란 몫을 차지하고 있다는 사실을 지적하기 때문에 사회는 우리에 대해 저항을 품을 것입니다. 우리가 개개인에게 억압된 것을 드러냄으로써 그를 우리의 적으로 만들듯이 우리가 사회가 끼치는 해악과 사회의 불충분성을 마구 폭로할 때 사회가 동정심을 품고 우리를 환영할 수는 없습니다. 우리가 미망을 파괴하기 때문에 사람들은 우리가 이상을 위험에 처하게 한다고 비난합니다. 따라서 우리의 치료 가망성을 아주 크게 촉진할 것이라고 내가 기대하는 그런 상황은 절대로 만들어지지 않을 것 같습니다. 그럼에도 상황이 지금 사람들이 생각하는 것만큼 암담한 것은 아닙니다. 사람들의 정동과 이해관계가 아주 강력한 것이 사실일 수 있지만 지성 역시 하나의 힘입니다. 지성은 처음부터 세력을 얻는 바로 그런 것은 아니지만 결국은 확실하게 세력을 얻습니다. 통렬한 진리는 그것 때문에 상처받은 이해관계와 그것 때문에 일깨워진 정동의 물결이 한바탕 지나간 다음에는 결국

귀 기울여지고 인정될 것입니다. 지금까지 항상 그런 식이었으며 우리 정신분석가가 세상에 말해야만 하는 환영받지 못하는 진리도 같은 운명을 겪게 될 것입니다. 단지 그것이 아주 빨리 일어나지는 않을 것입니다. 우리는 기다릴 수 있어야 합니다.

3) 마지막으로 내가 우리 작업의 "일반적 효과"라는 말로 뜻하려는 바와 어떻게 내가 그것에 희망을 품게 되었는지를 여러분에게 설명해야 할 것입니다. 아마 비슷한 것을 어디에서도 찾을 수 없을 것이며, 오래전부터 익숙해 있던 어떤 것을 거기에서 인식하기 전까지는 여러분에게도 일단은 낯설어 보일, 아주 주목할 만한 치료적 상황-therapeutische Konstellation/therapeutic constellation/치료적 조합이 여기 있습니다. 여러분도 아시다시피 정신신경증은 욕동 — 환자는 이것의 존재를 자신 앞에서 그리고 다른 사람들 앞에서 부인해야 합니다— 의 왜곡된 대체 만족입니다. 그것은 이런 왜곡과 오인 때문에 존재할 수 있는 것입니다. 그것이 제기하는 수수께끼가 풀리고 그렇게 풀린 것을 환자가 받아들이면 이 병상-Krankheits-zustände/diseases은 존재할 수 없습니다. 의학에는 이와 비슷한 것이 없습니다. 하지만 여러분은 비밀로 하고 있던 그의 이름을 불러주자마자 힘을 잃어버리는 악한 정령에 대한 옛날이야기를 들어보았을 것입니다.

이제 개개인의 환자의 자리에 환자와 건강한 사람으로 이루어진, 전체적으로는 신경증을 앓고 있는 사회를 대입해 봅시다. [신경증이 제기하는 수수께끼를] 푼 것을 환자 개인이 받아들이는 것에 대응하는 것은 사회에서 그것[신경증의 수수께끼에 대한 해답]이 일반적으로 인정되는 것일 겁니다. 조금만 생각해 보면 이렇게 대체해도 결과는 마찬가지라는 것을 알 수 있을 것입니다. 치료를 통해 개인에게서 이룰 수 있는 성과가 집단에서도 나타날 것입니다. 만약 가족과 낯선 사람들 모두 — 환자는 이들로부터 신경증 배후에 있는 정신적 과정을 숨기려 합니다 — 가 증상의 일반적 의미를 안다면, 그리고 환자 자신이 병상에서 다른 사람이 곧바로 해석할 수 없는 것을 아무것도 만들어낼 수 없다는 것을 안다면, 환자는 다양한 신경증 — 미움을 숨기고 있는, 안달하며 보이는 과도한 상냥함, 실망을 맛본 야망을 나타내는 광장 공포증, 악한 의도에 대한 [자기] 비난과 안전장치를 나타내는 강박 행동 — 을 사람들이 알도록 할 수 없는 것입니다. 이 효과는 증상을 숨기는 것 — 게다가 이것은 많은 경우에 가능하지도 않습니다 — 에 한정되지 않을 것입니다. 왜냐하면 [증상을] 숨겨야 한다는 사실 때문에 병이 쓸모가 없어지기 때문입니다. 비밀이 알려지는 것은 신경증을 유발한 "병인 방정식ätiologische Gleichung/aetiological equation"의 가장 미묘한 지점을 공격하여[27] 병에 의한 이득을 헛되게illusorisch/illusory 만듭니다. 따라서 의사의 비밀누설에 의해 변화된 상황의 결과는 병의 생산이 중단되는 것일 수밖에 없습니다.

. .

27. 이것은 프로이트의 초기 논문 즉 불안 신경증에 대한 두 번째 논문(1895f)과 관련되어 있다. 그 논문의 뒷부분에서 그는 신경증을 유발하는 서로 다른 범주의 원인들을 분석한다. 그러고 나서 그는 신경증이 만들어지기 위해서는 모두가 만족되어야만 하는 여러 항들(terms)로 이루어진 "병인 방정식"이라는 개념을 도입한다. 이 항들 중 어떤 것이라도 만족되지 않게 하는 것이라면 어떤 것이든 치료 효과가 있다. [英]

이 희망이 유토피아적으로 보인다면 비록 아주 산발적인 사례들에서이긴 하지만 이미 이런 식으로 신경증적 현상들이 제거된 적이 정말로 있었다는 것을 기억해 볼 필요가 있습니다. 이전 시대에 시골 처녀들 사이에서 성스러운 처녀heilige Jungfrau/Virgin Mary/성모 마리아의 환각이 얼마나 자주 발생했었는지를 생각해 보십시오. 이런 현상에 뒤이어 많은 신자들이 쇄도하고 또한 그 성지에 예배당이 지어지기까지 하는 한 환영에 빠진 이 처녀들의 상태에 영향을 끼치기는 불가능합니다. 오늘날에는 교회 당국도 이 현상에 대한 입장을 바꾸어서 경찰과 의사가 이 환영을 본 여자들을 방문하도록 허용하며 그 이후로 [성스러운] 처녀는 아주 가끔씩만 나타날 뿐입니다. 이번에는 앞에서 미래에 일어날 것이라고 한 이런 과정을 비슷하지만 가벼운, 따라서 좀 더 파악하기 쉬운 상황에서 검토해 보도록 하겠습니다. 상류 사회 출신의 신사 숙녀들로 이루어진 한 무리의 사람들이 들판에 있는 한 음식점으로 소풍을 가기로 했다고 가정해 봅시다. 숙녀들은 용변을 보고 싶을 때는 '저는 지금 꽃을 따러 갑니다'라고 크게 말하기로 서로 약속합니다. 그런데 어떤 심술궂은 사람이 이 비밀을 알아내서 참여자에게 나누어 주는 인쇄된 계획표에 '용변을 보고 싶은 숙녀분은 꽃을 따러 간다고 말해 주시기 바랍니다'라고 씁니다. 물론 어떤 숙녀도 이 완곡한 핑계Verblümung/flowery pretext[28]를 대지는 않으려 할 것이며 비슷한 새로운 핑계를 대기로 약속하는 것도 마찬가지로 힘들어질

28. Verblümung은 Blume(꽃)에서 파생된 말이다. 꽃처럼 예쁘게 꾸민다는 뜻이다. [韓]

것입니다. 그 결과는 무엇이겠습니까? 숙녀들은 부끄러워하지 않고 자연의 욕구를 인정할 것이고 어떤 신사도 그것을 못마땅해하지 않을 것입니다. 더 심각한 우리의 사례로 돌아와 봅시다. 이러저러하여 많은 사람이 너무나 풀기 어려운 삶에서의 갈등에 빠졌을 때 신경증으로 도피하며 그럼으로써 장기적으로는 너무나 값비싼 대가를 치르긴 하지만 명백하게 병에 의한 이득을 얻습니다. 비밀을 누설하는indiskret/indistcreet[29] 정신분석의 해명Aufklärungen/revelations/계몽 때문에 병으로의 도피가 차단된다면 이런 사람들은 어떻게 할 수밖에 없을까요? 그들은 정직해질 수밖에, 자기 자신 속에 활성화된rege/at work[30] 욕동을 인정하고 [그것의 만족을 위해] 싸우든 아니면 [만족을] 포기하든 갈등에 맞설 수밖에 없을 것입니다. 그리고 정신분석의 계몽Aufklärung/enlightenment에 의해 불가피하게 사회는 더 관용적이 될 것이고 그것이 그들에게 도움이 될 것입니다.

그러나 우리는 삶을 광적인 위생학자나 치료사로서 맞이해서는 안 된다는 것을 기억합시다.[31] 신경증 발병에 대한 이런 이상적인 예방이 모든 개인에게 이익이 되는 것은 아닐 것이라는 점을 인정하도록 합시다. 오늘날에 병으로 도피하는 사람 중 많은 수는 우리가 가정한 조건하에서는 갈등을 견디지 못하고 급속히 파멸하거나 그 자신의 신경증 발병보다 더 큰 해를 끼칠 것입니다. 신경증은

· ·

29. 앞에는 Indiskretion이라는 단어가 나온다. "따라서 의사의 비밀누설(Indiskretion/indiscretion)에 의해(…)." [韓]
30. Regung(충동, 흥분)과 어원이 같다. [韓]
31. 신경증만 예방할 수 있다면 다른 것은 어찌 되어도 상관없다는 식의 태도는 안 된다는 말이다. [韓]

그야말로 안전장치라는 생물학적 기능을 하고 있고 그 때문에 사회적으로 정당화될 수 있습니다. 신경증의 "병에 의한 이득"은 항상 순전히 개인적인 것만은 아닌 것입니다. 여러분 중에 신경증의 원인을 살펴보고 신경증이 그 상황에서 가능한 모든 결과 중 가장 자비로운 결과라고 여겨본 적이 한 번도 없는 분이 있습니까? 그리고 세상이 다른 피할 수 없는 불행으로 가득 차 있는데도 신경증을 근절한다는 바로 그 이유로 그렇게 커다란 희생을 정말로 감수해야 한단 말입니까?

그렇다면 신경증의 비밀스러운 의미를 해명하려는 우리의 노력도 결국은 개개인에게 위험하고 사회의 운영에 해를 끼치기 때문에 포기해야 하며 일단의 학문적 인식에서 실천적 결론을 도출해 내는 것도 포기해야 합니까? 아닙니다. 나는 그럼에도 우리의 의무는 이것과는 다른 방향을 취하는 것이라고 생각합니다. 신경증의 병에 의한 이득은 그래도 역시 전체적으로 보면 그리고 결국은 사회와 마찬가지로 개인에게도 해가 됩니다. 우리의 해명 작업에서 비롯될 수 있는 불행은 소수의 사람에게만 해당될 것입니다. 사회가 좀 더 진실에 따른 그리고 좀 더 합당한 상태로 전환하는 데에서 이 희생을 너무 값비싸게 치르지는 않을 것입니다. 무엇보다도 오늘날 신경증 증상의 생산에 쓰여서 현실과 분리된 환상 세계에 봉사하는 그 모든 에너지가 당장 삶에 유용하게 쓰일 수는 없더라도 우리 문명의 변화를 위한 외침을 강화하는 데 도움이 될 것이고 우리 후손의 행복은 그런 변화를 통해서만 증진될 것입니다.

따라서 나는 여러분이 환자를 정신분석적으로 치료할 때에는 한 가지 이상의 의미로 의무를 다하는 것이라고 단언하고 싶습니다. 여러분의 작업은 하나뿐이며 다시 오지 않을 기회를 이용해서 신경증의 비밀을 통찰함으로써 학문에 봉사하는 것만이 아닙니다. 여러분은 오늘날 이용할 수 있는 가장 효과적인 치료법으로 환자의 병을 치료하는 것만이 아닙니다. 여러분은 또한 대중의 계몽이라는 기여도 하고 있는 것입니다. 그리고 사회적 권위라는 에움길을 통한, 신경증 발병의 가장 근본적 예방을 기대할 수 있는 길은 바로 계몽입니다.[32]

· ·

32. '병에 의한 이득'이라는 주제는 프로이트의 『정신분석 입문 강의(*Introductory Lectures*)』 (1916~1917)의 24강의에서 자세히 논의된다. [英]
　　　『정신분석 강의(프로이트 전집, 1권)』, 임홍빈·홍혜경 옮김(열린책들, 2003, 24강의 를 보라. [韓]

11. '야생' 정신분석에 대하여[1]

1. wild는 원래 '자연 그대로의', '야생의'를 뜻한다. 여기에서는 '조야한', '제멋대로 하는', '가짜의', '엉터리의'의 의미로 쓰였다. [韓]

표준판 편집자 주

Über 'wilde' Psychoanalyse
"Wild" Psycho-Analysis

(a) 독일어판:
1910 *Zentralblatt für Psychoanalyse*, vol. 1(3), pp. 91~95.
1913 *S. K. S. N.*, vol. 3, pp. 299~305. (2판, 1921.)
1924 *Zur Technik der Psychoanalyse und zur Metapsychologie*, pp. 37~44.
1925 *G. S.*, vol. 6, pp. 37~44.
1943 *G. W.*, vol. 8, pp. 118~125.

(b) 영역판:
"Concerning "Wild" Psychoanalysis"
1912 *Selected Papers on Hysteria and Other Psychoneuroses* (2판), pp. 201~206 (브릴 (A. A. Brill) 옮김) (3판, 1920)

"Observations on "Wild" Psycho-Analysis"
1924 *C. P.*, vol. 2, pp. 297~304 (조운 리비어 옮김)

여기에 있는 번역은 1924년에 출간된 번역판에 기초하고 있으며 제목을 ""Wild" Psycho-Analysis'로 바꾸었다.

(1910년 12월에 출간된) 이 논문의 본질적인 테마는 정신요법에 대해 프로이트가 약 6년 전에 한 강의(1905a)에서 이미 다루어졌다(*Standard Ed.*, vol. 7, pp. 261~262). 이 주된 테마를 제외하더라도 이 논문은 불안 신경증과 불안 히스테리에 대한 구분의 중요성을 상기시키며(224쪽 이하[2]) '실제적 신경증(actual neuroses)'에 대해 다루는데 이것은 후기에는 아주 드문 일로써 주목할 만하다.

* *

2. 이 책의 255쪽을 보라. [韓]

며칠 전에 한 중년 여성이 보호자인 [여자] 친구를 대동하고 상담을 받으러 와서 불안 상태가 있다고 호소했다. 그녀는 40대 후반이었고 상당히 잘 유지하고gut erhalten 있었으며 분명히 여성성이 아직 끝나지 않았다.[3] [불안] 상태가 발생하게 된 계기가 된 것은 전남편과의 이혼이었다. 하지만 그녀의 말에 따르면 이 불안은 그녀가 살던 신도시에 있는 젊은 [남자] 의사에게 진료를 받은 이래로 현저히 심해졌다. 그 의사가 불안의 원인이 성적 곤궁sexuelle Bedürftigkeit/lack of sexual satisfaction에 있다고 설명했기 때문이라는 것이다. 그 의사에 따르면 [이제는] 남편과의 성교가 결핍된 것을 그녀가 견딜 수 없다는 것이다. 따라서 건강해지기 위해서는 세 가지 길밖에 없다는 것이다. 즉 남편에게 돌아가거나 애인을 사귀거나 스스로 만족을 얻는 길[자위행위]. 남편에게 돌아가지는 않을 것이며 다른 두 수단은 그녀의 도덕과 종교적 믿음과 충돌하기 때문에 그녀는 그 이후로 자신은 나을 수 없다고 확신하게 되었다. 그 의사는 자신이 해 준 말이 내가 새로 발견한 것이며 나에게 가 보면 다름이 아니라 바로 자신의 말이 맞다는 것을 확인해 줄

---

3. 아직 폐경이 되지 않았음을 뜻하는 듯하다. [韓]

것이라고 그녀에게 말했고 그래서 그녀는 나에게 왔다. 더 나이가 지긋하고 기력이 쇠해 보이며 건강도 좋지 않아 보이는 그 [여자] 친구는 그 의사가 틀렸음을 그 환자에게 확언해 달라고 나에게 간청했다. 그녀 자신이 많은 해 동안 과부이면서 행실이 올발랐는데도[4] 불안 때문에 고생을 하지 않았기 때문에 그것은 사실일 수 없다는 것이었다.

나는 이 방문으로 인한 곤란한 상황에 대해서는 더 이상 이야기하지 않겠다. 대신 이 환자를 나에게 보낸 그 의사의 처신에 대해 생각해 보겠다. 우선 있을 수 있는 이의제기를 고려해 보겠다. 그러는 것이 아마도 — 또는 바라건대[5] — 쓸모없지는 않을 것이다. 여러 해의 경험을 통해 나는 — 다른 사람이었어도 마찬가지였겠지만 — 환자가, 특히 신경병 환자Nervöse/nervous patients가, 자신의 의사에 대해 이야기하는 것을 경솔하게 사실로 받아들여서는 안 된다는 것을 배웠다. 신경과 의사는 어떤 치료법을 쓰든지 환자의 다양한 적대적 충동Regungen/feelings의 대상이 되기 쉬울 뿐 아니라 때로는 일종의 투영Projektion/projection/투사 때문에 신경병 환자의 비밀스러운 억압된 소원에 대한 책임을 떠맡아야[뒤집어써야] 하기도 한다.[6] 이런 비난[7]을 다른 의사들만큼 쉽게 믿는 사람들도

⸺

4. 성교나 자위행위를 하지 않았음을 말하는 듯하다. [韓]
5. '바라건대'를 추가한 이유는 환자가 의사의 말을 잘못 전했기를 프로이트가 바라기 때문인 듯하다. [韓]
6. 이런 종류의 투영(projection)의 한 사례를 아래 236쪽과 그다음 쪽에 있는 사례 B에서 찾을 수 있다. [英]
    (1910j)를 보라. [韓]

없다는 것은 애석한 사실이지만 주목할 만한 사실이기도 하다.

따라서 그 여성이 나와의 상담에서 그 의사가 한 말에 대해 의도적으로 왜곡되게 전해 주었으며 바로 이 사례를 "야생wild/wild" 정신분석에 대한 나의 소견과 연결시키는 것은 내가 개인적으로 알지도 못하는 그 의사에게 부당함을 저지르는 것일지도 모른다고 생각할 이유가 나에게 있다. 하지만 이런 연결을 통해서 다른 의사가 환자에게 잘못을 저지르는 것을 막을 수 있을지도 모른다.

따라서 그 의사가 환자가 전해 준 바로 그대로 말했다고 가정해 보자.

[남성] 의사가 여성 [환자]와 성과 관련된 주제에 대해 이야기할 필요가 있다고 생각한다면 요령 있게 그리고 배려하면서 이야기해야 하는데 [그 의사는 그러지 못했다고] 모든 사람들이 쉽게 비판할 수 있을 것이다. 그런데 이런 요구는 정신분석의 **기법에서의**tech-nisch/technical 어떤 지침들을 준수하는 것과 부합한다. 게다가 그 의사는 정신분석에서의 일련의 **과학적**wissenschaftlich/scientific 이론을 오인했거나 오해했으며 정신분석의 본질과 목적에 대한 이해가 얼마나 적은지를 드러냈다.

후자 즉 과학적 오류에서 출발해 보자. 그 의사의 충고를 보면 그가 "성생활Sexualleben/sexual life"의 의미를 어떻게 이해하는지를 분명히 알 수 있다. 그는 그것을 통속적인 의미로 이해한다. 그런 식이라면 성적 욕구는 오르가슴과 성물질[8]의 방출을 야기하는

. .

7. 투영에 의해 환자가 의사를 비난하는 것. [韓]
8. 정액 등을 말하는 듯하다. [韓]

행위인 성교 또는 그와 비슷한 것에 대한 욕구로밖에 이해되지 못한다. 하지만 성Sexuelle/what is sexual/성적인 것이라는 개념을 통상의 외연을 훨씬 넘어서게 늘려서 쓴다는 이유로 사람들이 정신분석을 비난하곤 한다는 사실을 그 의사가 몰랐을 리가 없다. [정신분석에서 성 개념을 늘려서 쓴다는] 사실 자체는 맞다. 하지만 그것이 비난받을 일인지 여부를 여기에서 자세히 다룰 필요는 없을 것이다. 정신분석에서 성이라는 개념은 아주 넓은 의미로 쓰인다. 그것은 통속적인 의미를 위로도 그리고 아래로도 넘어선다. 이런 [개념의] 확장은 발생적으로genetisch/genetically 정당하다. 우리는 원초적 성적 충동Regungen이라는 원천에서 비롯된 — 이 충동이 원래의 성적 목적에 도달하는 것이 억제Hemmung/inhibited되거나 이 목적이 더 이상 성적이지 않은 다른 것으로 바뀌더라도 — 애정 어린 감정의 모든 활동을 "성생활"로 여긴다. 따라서 우리는 사람들이 성생활에서의 정신적 요인을 간과하거나 과소평가하지 않도록 하기 위해 **정신성적인 것Psychosexualität/psychosexuality**이라는 말을 쓰는 것을 더 좋아한다. 우리는 성Sexualität/sexuality이라는 단어를 독일어 단어 "lieben/to love/사랑하다"만큼이나 포괄적인 의미로 사용한다. 통상적인 성교normaler Sexualvekehr/normal sexual intercourse[9]가 부족하지 않은 경우에도 정신적 불만족과 그에 따른 결과가 있을 수 있다는 것을 우리는 오래전부터 알고 있었다. 그리고 우리는 치료사로서

• •

9. 남성과 여성이 삽입 성교를 하여 사정까지 이루어지는 것을 염두에 둔 듯하다. 이 문장에서 주장하고 있듯이 이때에도 남자든 여자든 성적 만족을 얻을 수도 있고 그렇지 않을 수도 있다. [韓]

만족되지 않은 성적 열망 — 신경병 증상의 형태로 나타나는 그것의 대체 만족을 우리는 퇴치하려 한다 — 이 성교나 다른 성행위로 조금밖에 배출되지abführen/find outlet[10] 않을 때도 종종 있다는 것을 항상 염두에 두고 있다.

정신성적인 것에 대한 이런 이해를 공유하지 않는 사람은 성의 병인적 의미에 대해 다루는 정신분석의 명제를 끌어낼 권리가 없다. 그런 사람은 성의 신체적 요인을 배타적으로 강조함으로써 문제를 확실히 아주 단순화한다. 하지만 그런 행위에 대한 책임은 그 자신만이 져야 할 것이다.

그 의사의 충고를 보면 두 번째의 그리고 마찬가지로 심한 오해가 두드러진다.

정신분석이 신경병의 원인을 성적 불만족이라고 여긴다는 것은 맞는 말이다. 하지만 정신분석이 이것을 말하는 것으로 그치는가? 정신분석이 신경병적 증상이 두 개의 힘 — 한편으로는 (대개는 과도해진) 리비도 그리고 다른 한편으로는 너무 강한, 성에 대한 거부 또는 억압 — 사이의 갈등에서 유래한다고 가르친다는 것을 너무 복잡하다는 이유로 무시할 것인가? 이 두 번째 요인 — 이것은 실제로 중요도에서도 두 번째인 것은 아니다 — 을 잊지 않는 사람은 성적 만족 자체가 신경병의 고통에 대한 일반적으로 신뢰할 수 있는 치료법이라고 믿을 수는 없을 것이다. 이런 사람 중 많은 수는 주어진 상황에서 또는 일반적으로 만족을 얻을 능력이 없는

• •

10. abführen은 '배설하다', '배수하다'를 뜻한다. [韓]

것이다. 만약 그들에게 그럴 능력이 있었다면, 내적 저항이 없었다면 의사가 조언하지 않았더라도 욕동의 강렬함 때문에 만족의 길로 갔을 것이다. 그렇다면 그 여성에게 했다는 그 의사의 조언이 무슨 쓸모가 있단 말인가?

그것이 과학적으로 정당하다고 하더라도 그녀는 그것을 실행할 수 없다. 자위행위나 애정 관계Liebesverhältnis/liaison/불륜에 대한 내적 저항이 없었다면 그녀는 오래전에 그런 수단 중 하나를 썼을 것이다. 그 의사는 40이 넘은 여자가 애인을 사귈 수 있다는 것을 몰랐다고 생각하는 것일까? 아니면 자신의 영향력을 너무나 과대평가한 나머지 의사의 허락이 없으면 그녀가 그런 행위를 하기로 결정을 내릴 수 없다고 생각한 것일까?

모든 것이 매우 명백해 보인다. 하지만 종종 판단을 내리는 것을 어렵게 하는 요인이 있다는 것을 인정해야 한다. 많은 신경병적 상태 즉 전형적인 신경쇠약Neurasthenie/neurasthenia, 순수한 불안 신경증Angstneurose/anxiety neurosis 등과 같은 소위 **실제적 신경증Aktual-neurosen/actual neurosis/현재적 신경증**은 분명히 성생활의 신체적 요인에 달려 있으며 우리는 그것들에서 정신적 요인과 억압이 어떤 역할을 하는지에 대해서는 아직 확실히 아는 것이 전혀 없다.[11] 그런 경우에

· ·

11. '실제적 신경증'—순수하게 육체적이며 동시적인(contemporary) 병인을 갖는 상태—에 대해서 프로이트는 브로이어(Breuer) 시절에 더 많이 다루었다. (이 용어 자체는 「신경증의 병인에서의 성(Sexuality in the Aetiology of the Neuroses)」이라는 논문(1898a)에 처음 나오는 것 같다.) 이후의 저작들에서는, 자위행위에 대한 논의에의 기고(1912f)에 있는 꽤 긴 구절과 나르시시즘에 대한 논문(1914c)의 섹션 2의 첫 부분—여기에서 (다른 한두 곳에서처럼) 그는 신경 쇠약, 불안 신경증과 함께 건강염려증(hypochondria)

의사는 실제적akuell/actual 요법 즉 신체적 성 행동의 변화를 우선
떠올리게 되며 만약 그런 진단이 옳다면 이것은 아주 정당하다.
그 젊은 의사에게 상담을 받은 여성은 무엇보다도 불안 상태를
호소했으며 그 의사는 그녀가 불안 신경증Angstneurose/anxiety neurosis
을 앓고 있다고 추측한 듯하다. 그리고 그는 그녀에게 신체적
요법somatische Therapie/somatic therapy을 권한 것이 정당하다고 여긴
것 같다. 다시 한번 편리한 오해일 뿐이다! 불안으로 고통을 당한다
고 해서 반드시 불안 신경증인 것은 아니다. 이름[병명]으로부터
진단을 유도해 내서는 안 된다. 어떤 증상들Erscheinungen/signs/현상들
이 불안 신경증을 형성하는지 그리고 그것이 불안이 나타나는
다른 병상Krankheitszustände/pathological states과 어떻게 구별되는지를

· ·

을 세 번째 '실제적 신경증'으로 여겨야 한다고 제안한다─을 제외하면 그것에 대해서
는 그리 자주 언급되지─위 218쪽에서도 지나는 길에 언급한다─않는다. 「자화상
(Autobiographical Study)」(1925d)의 두 번째 섹션에서 그는 그에 대해 그 주제가 그의
시야에서 떨어져 나갔다고 언급하지만, 여전히 그의 초기 관점이 옳았다고 생각한다고
밝힌다. 사실 얼마 후에 그는 『억제, 증상 그리고 불안(Inhibitions, Symptoms and Anxiety)』
(1926d)의 두세 군데에서 그 주제를 다시 다룬다. 『정신분석 입문 강의(Introductory
Lectures)』(1916~1917)의 24강의도 보라. [英]
　「신경증의 병인으로서의 성욕」, 『꿈과 정신분석』, 임진수 옮김(계명대학교출판부,
2002), 133쪽을 보라.
　「나르시시즘 서론」, 『정신분석학의 근본 개념(프로이트 전집, 11권)』, 윤희기 옮김
(열린책들, 2003), 59쪽을 보라.
　(1910i)를 보라.
　「나의 이력서」, 『정신분석학 개요(프로이트 전집, 15권)』, 박성수·한승완 옮김(열린
책들, 2003), 225쪽을 보라.
　「억압, 증상 그리고 불안」, 『정신 병리학의 문제들(프로이트 전집, 10권)』, 황보석
옮김(열린책들, 2003).
　『정신분석 강의(프로이트 전집, 1권)』, 임홍빈·홍혜경 옮김(열린책들, 2003), 24강의
를 보라. [韓]

알아야 한다. 내가 받은 인상에 따르자면 문제의 그 여성은 **불안 히스테리**Angsthysterie/anxiety hysteria[12]를 앓고 있으며 그런 질병 기술학적nosographisch/nosographical 구별의 가치는 — 그런 구별은 충분한 가치가 있다 — 바로 그것이 다른 병인과 치료법을 가리킨다는 데 있다. 불안 히스테리의 가능성을 알아차렸다면 그 의사가 대안으로 제시한 조언들에서 보이는 것과 같이 정신적 요인을 무시하지는 않았을 것이다.

아주 이상하게도 이 자칭 정신분석가가 제시한 치료를 위한 여러 대안에는 정신분석의 여지가 남아 있지 않다. 이 여성은 남편에게 돌아가거나 자위행위나 애인을 통해 만족을 얻어야만 불안으로부터 회복될 수 있다는 것이다. 그렇다면 우리가 불안 상태의 주요 [치료] 수단이라고 여기는 분석 치료가 들어설 곳은 어디란 말인가?

그리하여 우리는 위에 나오는 예에서 그 의사가 보인 행동과 같은 기법적 오류에 이르게 된다.[13] 환자가 일종의 무지 때문에 병을 앓고 있으며 우리가 (그의 삶과 병 사이의 인과적 관계와 그의 어릴 적 경험 등에 대해서) 말해줌으로써 이 무지를 해소한다

· ·

12. 프로이트는 이 논문을 쓰기 얼마 전에 임상적 실체로서의 불안 히스테리를 도입했으며 '꼬마 한스'(1909b)의 분석과 관련하여 그것을 설명했다. *Standard Ed.*, vol. 10, p. 115 이하. [英]

「다섯 살배기 꼬마 한스의 공포증 분석」, 『꼬마 한스와 도라(프로이트 전집, 8권)』, 김재혁·권세훈 옮김(열린책들, 2003), 147쪽을 보라. [韓]

13. 1910년 판에만 이곳에 다음과 같은 문장이 나온다: '이것을 쉽게 그의 지식의 부족 탓으로 돌릴 수 있을 것이다. (This may easily be attributed to his lack of knowledge.)' [英]

면 그가 다시 건강해질 것이라는 생각은 피상적으로 외관만 보고 하게 된 것이며 오래전에 극복되었다. 이 무지 자체가 아니라 이 무지를 처음 야기했으며 지금도 계속 유지되게 하는, **내적 저항** 속에 있는 이 무지의 토대가 병인이 되는 요인이다. 치료의 과제는 이 저항에 맞서 싸우는 것에 있다. 환자가 억압했기 때문에 알지 못하는 것을 말해주는 것은 치료를 위해 필요한 준비에 불과하다.[14] 만약 무의식에 대해 아는 것이 환자에게 정신분석에 미숙한 사람들이 믿는 만큼 중요하다면 환자가 강의를 듣거나 책을 읽는 것으로도 치료되기에 충분할 것이다. 하지만 이러한 수단은 기근의 시기에 사람들에게 메뉴판을 나누어 주었을 때 배고픔에 영향을 끼치는 만큼만 신경병의 증상에 영향을 끼친다. 이 비유는 게다가 처음에 의도했던 것 이상으로 쓸모가 있다. 왜냐하면 환자에게 무의식을 말해주는 것의 결과로 항상 갈등이 격화되고 고통이 커지기 때문이다.

하지만 정신분석에서 그런 식의 말해주기가 없어서는 안 되므로 두 가지 조건이 만족되기 전에는 그것[무의식에 대해 말해 주기]을 행해서는 안 된다고 규정하고 있다. 첫째로, 준비를 통해서 환자 자신이 그에게 억압되어있는 것의 근처까지 다가가야 하며 둘째로, 의사와의 감정적 관계 때문에 새로운 도피가 불가능해질 정도로 의사와의 애착이 형성되어야 한다(**전이**).

이 조건들이 만족되어야만 억압과 무지를 야기했던 저항을

14. 142쪽의 본문과 편집자 각주를 참조하라. [英]
    이 책의 230쪽 및 주)2를 보라. [韓]

인식하고 정복하는 것이 가능해진다. 따라서 정신분석적 개입은 환자와의 꽤 긴 접촉을 절대적으로 전제한다. 첫 번째 상담 시간에 알아낸erraten/discovered/추측해 낸 비밀을 환자에게 기습적으로 사정없이 말해주려는 것은 기법적인 면에서 옳지 않으며 대개는 환자가 의사에게 깊은 적개심을 품게 하고 이후에 영향력을 행사할 여지를 모두 차단하게 하는 대가를 치르게 된다.

우리가 가끔 잘못된 추측을 하기도 하며 모든 것을 [제대로] 알아맞히는 것은 불가능하다는 것을 완전히 도외시하더라도 정신분석은 특별한 재능에서나 찾을 수 있는 불가해한 "의사로서의 요령"의 필요성을 이렇게 정해진 기법에 대한 지침으로 대체한다.

따라서 의사는 정신분석의 몇몇 성과Ergebnisse/findings/발견를 아는 것만으로는 충분하지 않다. 만약 정신분석의 관점의 안내를 받아 의료 행위를 하고자 한다면 그것의 기법에도 익숙해져야 한다. 오늘날에도 아직 이 기법은 책을 통해 배울 수 없으며 이 기법에 익숙해지기 위해서는 분명히 시간과 노력을 많이 들이는 희생과 그에 따른 성과가 필요하다.[15] 다른 의료 기법과 마찬가지로 이것도 이미 그것에 통달한 사람으로부터 배워야 한다. 따라서 그런 조언을 했다는 그 의사를 내가 알지도 못하고 이름조차도 들어보지 못했다는 사실은 분명 이 글Bemerkungen/remarks/소견과 연결 지어

· ·

15. 독일어판: "Diese Technik ist heute noch nicht aus Büchern zu erlernen und gewiß nur mit großen Opfern an Zeit, Mühe und Erfolg selbst ze finden."

영역판: "This technique cannot yet be learnt from books, and it certainly cannot be discovered independently without great sacrifices of time, labour and success." [韓]

언급했던 그 사례에 대한 판단을 내리는 데 있어서 무의미하지는 않다.

나도 나의 친구들이나 동료들도 이런 식으로 의료 기법의 독점권을 요구하는 것이 편안하지는 않다. 하지만 "야생" 정신분석의 실행에서 예견할 수 있는, 환자와 정신분석의 대의Sache/cause에 끼칠 위해를 고려해 볼 때 다른 여지가 없다. 우리는 1910년 봄에 국제 정신분석 협회internationaler psychoanalytischer Verein/International Psycho-Analytical Association를 창립했으며 회원들은 자신의 이름을 공개함으로써 이 협회에 소속함을 밝히고 있다. 이는 우리에 속하지도 않으면서 자신의 의료적 처치를 "정신분석"이라고 부르는 사람들의 행위에 대한 어떤 책임도 우리가 지지 않기 위해서이다.[16] 왜냐하면 사실 이런 야생 분석가는 개개 환자들보다는 [정신분석의] 대의에 더 큰 해를 끼치기 때문이다. 나는 그렇게 미숙한 처치가 처음에는 환자의 건강을 악화시킬 때에도 결국은 병을 낫게 하는 경우를 자주 보았다. 항상은 아니지만 자주 있는 일이다. 충분히 오랫동안 의사를 욕하고 나서 자신이 의사의 영향권으로부터 충분히 멀리 벗어나 있다고 여겨지면 환자는 증상을 누그러뜨리거나 회복으로 가는 길로 한 발짝 내딛기로 결심하기도 한다. 결국 호전은 "저절로" 일어나거나 환자가 나중에 치료를 받게 되는 의사의, 아무 상관도 없는 치료의 덕이라고 여겨진다. 이 여성의 경우에 ─ 우리는 그녀가 그 의사에 대해 비난하는 것을 들었다 ─

. .

16. 이 협회는 1910년 3월 말에 누렘베르크(Nuremberg)에서 열린 제2차 정신분석 대회(the Second Psycho-Analytical Congress)에서 창립되었다. [英]

나는 그 야생 정신분석가가 그럼에도 "혈관 운동 신경 신경증"에 걸렸다고 말했을지도 모르는 아주 명망 있는 권위자보다는 그 환자를 위해 더 많은 것을 했다고 말하고 싶다. 그는 그 환자가 병의 진짜 토대Begründung/cause/원인 또는 그 토대에 근접한 곳을 보도록 밀어붙였으며 이런 개입은 그 환자의 모든 거역에도 불구하고 이로운 결과를 전혀 산출하지 않지는 않았을 것이다. 하지만 그는 그 자신에게 해를 끼쳤으며 정신분석가의 활동에 대한 환자의 이해할 만한 정동저항Affektwiderstände/affective resistances에서 유래하는 편견이 강화되는 데 일조했다. 그리고 이런 것은 피할 수 있다.

12. 정신분석 작업 중의 기억 착오 (이미 말한 것 같음)에 대하여

표준판 편집자 주

Über Fausse Reconnaissance ('déjà raconté') während der psychoanalytischen Arbeit

Fausse Reconnaissance ("déjà raconté") in Psycho-Analytic Treatment

(a) 독일어판:

1914 *Internationale Zeitschrift für Psychoanalyse*, vol. 2, (1), pp. 1~5.

1918 *S. K. S. N.*, vol. 4, pp. 149~156. (1922, 2판.)

1924 *Zur Technik der Psychoanalyse und zur Metapsychologie*, pp. 76~83.

1925 *G. S.*, vol. 6, pp. 76~83.

1931 *Schriften zur Neurosenlehre und zur psychoanalytischen Technik*, pp. 352~359.

1945 *G. W.*, vol. 10, pp. 116~123.

(b) 영역판:

"Fausse Reconnaissance ("déjà raconté") in Psycho-Analytic Treatment"

1924 *C. P.*, vol. 2, pp. 334~341 (제임스 스트라치 옮김)

이 논문은 1924년의 번역판을 수정한 것이다.

이 논문은 프로이트가 이 논문을 쓰기 직전에 쓴 「정신분석 치료를 행하는 의사에게 하고 싶은 조언(Recommendations to Physicians Practising Psycho-Analysis)」(1912e, Standard Ed., vol. 12, p. 113[1])에 붙인 각주의 내용을 확장한 것이다.

* *

1. 이 책의 3장 「정신분석 치료를 행하는 의사에게 하고 싶은 조언」의 주)7을 보라.
   [韓]

분석 작업 중에 환자가 기억해 낸 사실을 말하면서 다음과 같이 말하는 것은 드물지 않다: **"하지만 이것에 대해 전에 이미 말한 적이 있는데요."** 그러나 우리는 그 이야기를 한 번도 들어보지 못했다고 확신한다. 우리가 환자에게 그 이야기를 들은 적이 없다고 반박하면 그는 종종 자신이 확실히 맞다면서 맹세라도 할 준비가 되어 있다며 정력적으로 단언한다. 하지만 우리는 마찬가지의 정도로 그것을 처음 들었다는 사실에 대해 확신하게 된다. 목소리를 높이거나 맹세 경쟁Überbieten mit Beteuerungen/outvying in protestations[2]을 통해서 그런 말다툼을 해결하려 한다면 그것은 아주 비심리학적인 방식일 것이다. 잘 알려져 있다시피 기억의 진실성에 대한 그런 식의 확신감에는 객관적인 가치가 전혀 없으며 둘 중 한 명은 틀린 것이 분명하기 때문에 피분석자와 마찬가지로 의사도 기억 착오Paramnesie/paramnesia에 빠졌을 수 있다. 우리는 이것을 인정해 말다툼을 중지하고 그 해결은 나중 기회로 미루어야 할 것이다.

• •

2. Überbieten은 '(경매에서) 더 높은 값을 부르는 것'을 말한다. '내 명예를 걸고 맹세합니다'에 한술 더 떠서 '내 목숨을 걸고 맹세합니다'라는 식으로 대응하는 광경을 떠올릴 수 있을 것이다. [韓]

소수의 경우에는 이후에 우리 스스로 문제의 그 이야기를 이미 들은 적이 있다는 것을 기억해 내며 그와 동시에 잠시 동안 그것을 잊어버린 주관적인, 종종 억지스러운 동기Motiv/reason를 발견하기도 한다. 하지만 압도적 다수의 경우에 오류를 범하는 사람은 피분석자이며 피분석자가 그것을 깨닫게 만들 수도 있다. 이런 일이 자주 일어나는 이유는 다음과 같은 것 같다: 피분석자는 실제로 이전에 그것을 말하려고 했으며 한 번 또는 여러 번에 걸쳐 실제로 그것과 관련하여 변죽을 울리기도 했었지만 저항에 가로막혀 말하지는 못했으며 이제 기억에서 의도와 실행을 혼동하는 것이다.

이제 나는 진상이 어떤 식으로든 의심스러울 수 있는 모든 경우를 제쳐두고 특별히 이론적으로 관심을 기울일 만한 몇몇 경우를 끄집어내서 다루어 보겠다. 상황으로 볼 때 그럴 가능성이 전혀 있을 수 없는데도 이런저런 이야기를 이미 했다고 특히 완고하게 주장하는 일이 몇몇 사람들에게서 일어나며 게다가 그것이 되풀이된다. 환자가 이전에 이미 한 번 이야기하려고 했으며 지금은 의사도 알고 있을 친숙한 어떤 것으로 재인식하는 것은 분석에서 아주 가치 있는 기억이다. 그것은 우리가 오랫동안 기다려 왔던 확증이고 [분석] 작업의 한 부분을 결말짓는 해답이며 그것에 분석의analysierender Arzt/analyst는 분명히 더 깊이 있는 설명을 덧붙이려 할 것이다. 이런 상황에 직면하여 환자는 왜 그렇게 확신했었는지에 대해서는 설명하지 못하지만 자신의 기억이 잘못되었음을 곧 인정한다.

그런 경우에 피분석자가 겪는 이 현상은 "기억 착오fausse reconnais-sance"라고 불릴 만하며 다른 어떤 경우에서와 아주 비슷한데 그 경우에 사람들은 저절로 다음과 같이 느낀다: "나는 이미 전에 한 번 이런 상황에 처한 적이 있었다", "나는 이미 전에 한 번 이것을 경험한 적이 있다"("기시감déjà vu"[3]). 하지만 그때 예전의 그 어떤 것을 기억 속에서 찾아내서 자신의 확신을 입증하지를 못한다. 잘 알려져 있다시피 이 현상을 설명하려는 시도가 아주 많이 있었는데 대체로 두 개의 그룹으로 묶을 수 있다.[4] 한 그룹의 설명에서는 이 현상에서의 느낌을 믿어야 하며 그것은 실제로 어떤 것을 기억하는 것이라고 주장한다 — 그렇다면 문제는 단지 무엇을 기억해 내었는가일 것이다. 반면 훨씬 다양한 다른 그룹의 설명에서는 기억의 기만이 있었다고 주장하며 어떻게 이런 기억 착오paramnestische Fehlleistung/paramnesic error가 일어날 수 있는지를 알아내는 과제를 제기한다. 덧붙여 말하자면 이런 [설명] 시도는 피타고라스Pythagoras가 했다는 고대의 주장, 즉 기시감 현상이 개인의 전생에 대한 증거를 포함하고 있다는 견해에서 시작하여, 해부학에 기반한 가설, 즉 이 현상이 두 대뇌 반구의 활동이 시간적으로 서로 어긋나는 데에 기인한다는 가설(와이건Wigan, 1860)[5], 그리고

● ●

3. 이미 본 것 같음. [韓]

4. 이와 관련된 문헌의 최신 목록은 엘리스(Havelock Ellis)의 『꿈의 세계(World of Dreams)』 (1911)에서 찾을 수 있다. [原]

5. 1844년에 초판이 출간된 와이건의 『정신의 이원성(The Duality of the Mind)』을 참조하라. 84쪽과 다음 쪽. 와이건은 이 현상을 '전생의 정서(sentiment of preexistence)'―그는 이 문구를 월터 스콧 경(Sir Walter Scott)으로부터 빌려 왔다―라고 불렀다. [英]

최근의 저자들 대부분이 받아들이는 순수하게 심리학적인 이론 즉 기시감이 통각의 약화Apperzeptionsschwäche/apperceptive weakness가 표출된 것이며 피로, 쇠약, 산만함이 그 원인이라고 생각하는 것에 이르기까지 다양한 원인Motive/hypotheses을 포괄하고 있다.

1904년에 **그라세**Grasset[6]는 "믿는" 쪽[7]에 포함시켜야 할 기시감에 대한 설명을 내놓았다. 그는 이 현상이 이전에 언젠가는 **무의식적** 지각Wahrnehmung/preception — 이것은 새로운 비슷한 인상의 영향하에 이제 처음으로 의식에 도달하는 것이다 — 이 이루어진 적이 있음을 가리킨다고 생각했다. 몇몇 다른 저자들은 그의 생각에 동조하여 잊혀진 꿈에 대한 기억이 이 현상의 근저를 이룬다고 했다. 두 경우 모두에서 무의식적 인상의 활성화가 관계된다.

나는 1907년에 『일상생활의 정신병리』Psychopathologie des Alltagslebens /Psychopathology of Everyday Life』[8]의 2판에서, **그라세**의 저작에 대해서는 알지도 못하고 언급하지도 않은 채, 소위 기억 착오Paramnesie/param-nesia에 대해 아주 비슷한 설명을 제시했다. 내 이론이 28[9]년 전이지만 아주 뚜렷했던 어떤 여성 환자의 기시감 사례에 대한 정신분석적

∙ ∙
    (Wigan, 1844)를 보라. [韓]
6. 「"이미 본 것 같은" 느낌(La sensation du "déjà vu")」(『정상 및 병리 심리학 저널(Journal de psychologie norm. et pathol) I』, 1904). [原]
7. 피타고라스처럼 기시감이 실제 일어났던 것에 대한 기억이라고 생각하는 쪽. [韓]
8. 1901b, 12장(D). [英]
    『일상생활의 정신 병리학(프로이트 전집, 3권)』, 이한우 옮김(열린책들, 2003) 12장의 섹션 4를 보라. [韓]
9. 이것은 아마 독일어판에서 '25'를 잘못 쓴 것이다(『일상생활의 정신병리에 대하여 (Psychopathology of Everyday Life)』에 있는 이야기를 보라). [英]

조사의 성과로 만들어졌다는 것이 그에 대한 해명이 될지도 모르겠다. 여기에서 그 작은 분석[10]을 되풀이하지는 않겠다. 그 분석은 기시감이 나타난 상황이 피분석자가 이전에 했었던 경험에 대한 기억을 일깨우는 데 정말로 적합했다는 것을 보여 준다. [그 여성 환자가] 12살이었을 때 어느 집을 방문했는데 그 집에는 심각한 병에 걸려서 죽어가고 있던 [친구의] 남자형제가 있었다. 한편 그녀의 남자형제도 그 몇 달 전에 비슷한 위험에 처해 있었다. 그런데 첫 번째 경험의 경우에는 이 공통점[11]에 의식될 수 없는 환상 — 남자형제가 죽었으면 하는 소원 — 이 결합되어 있었으며, 따라서 두 경우의 비슷한 점[12]은 의식될 수 없었다. 일치점이 공통점[13]에서 장소로 전위됨으로써verschieben/displace 비슷한 점에 대한 지각이 이미–언젠가–한번–경험한–것–같음Schon-einmal-erlebt-haben/having been through it all before이라는 현상으로 대체된 것이다.

우리는 "이미 본 것 같음[기시감]*déjà vu*"이라는 이름이 일련의 비슷한 현상 즉 "이미 들어본 것 같음*déjà entendu*", "이미 겪어본 것 같음*déjà éprouvé*", "이미 느껴본 것 같음*déjà senti*"에 모두 적용된다는 것을 알고 있다. 내가 이제 많은 비슷한 사례들 대신에 제시할 한 사례는 "이미 말한 것 같음*déjà raconté*"을 포함하며 이것은 따라서

· ·
10. 분석의 분량이 얼마 안 된다는 말인 듯하다. [韓]
11. '첫 번째 경험'은 여성 환자의 남자형제가 심하게 아팠던 것을 말한다. 두 번째 경험이라고 할 수 있는 것은 여성 환자의 친구의 남자형제가 심하게 아팠던 것이다. '이 공통점'은 남자형제가 죽음이 걱정될 정도로 심하게 아픈 것을 말한다. [韓]
12. '이 공통점'과 같은 것을 뜻한다. [韓]
13. 앞 문장의 '이 공통점'과 같은 것을 뜻한다. [韓]

무의식적인 의도 — 하지만 실행되지 않은 — 로부터 도출될 수 있을 것이다.

한 환자[14]가 연상 중에 다음과 같이 말했다: "내가 다섯 살 때 정원에서 칼을 가지고 놀다가 내 새끼손가락을 베었어요 — 오, 새끼손가락이 베어졌다고 믿었을 뿐이에요 — 그런데 선생님께 벌써 이 이야기를 했는데요."

나는 그와 비슷한 것을 들었던 기억이 없다고 단언했다. 그는 자신이 착각했을 리가 없다고 점점 더 확신에 차서 단언했다. 마침내 나는 위에서 언급했던 식으로 말다툼을 끝냈으며 그에게 어쨌든 다시 그 이야기를 해달라고 부탁했다. 그러면 [누가 옳은지를] 알게 될 테니까.

"내가 다섯 살 때에 정원에서 유모 옆에서 놀고 있었는데 내 주머니칼로 내가 꾼 꿈[15]에도 나왔던 그 호두나무들 중 하나의 껍질에 조각을 하고 있었습니다.[16] 갑자기 나는 이루 말할 수 없는 경악 속에서 내가 내 새끼손가락(오른손이었나 아니면 왼손이었나?)을 아주 깊이 베어서 그것이 피부에 의해서만 매달려 있다는

· ·

14. 이 환자는 '늑대 사나이'이며 그의 병력은 프로이트의 (1918b)에 실려 있다. 다음 다음 문단에 있는 내용이 그 병력의 섹션 7의 끝부분에 완전한 형태로 실려 있다. [英] 「늑대 인간—유아기 신경증에 관하여」, 『늑대 인간(프로이트 전집, 9권)』, 김명희 옮김(열린책들, 2003), 296쪽을 보라. [韓]

15. 「꿈에 나오는 옛날 이야기의 모티프(Märchenstoffe in Träumen)」를 참조하라. [原] 이 책[독일어판 전집 10권]에 포함되어 있음. [獨]
   "The Occurence in Dreams of Material from Fairy Tales" (1913d) [英]

16. 나중에 다음과 같이 정정했음. '나는 그 나무에 조각하지 않았다고 생각합니다. 그것은 내가 칼로 나무를 베니까 나무에서 **피**가 나왔던—이것은 환각에 의해 변조된 것이 분명합니다—다른 기억과 섞인 것입니다.' [原]

것을 알아차렸습니다. 나는 아프지는 않았지만 아주 무서웠습니다. 나는 몇 발짝 떨어져 있던 유모에게 감히 아무 말도 못하고 가까이 있던 의자에 주저앉았으며 손가락을 보지도 못한 채 앉아 있었습니다. 마침내 나는 마음을 가라앉히고 손가락을 보았으며 그것이 완전히 멀쩡하다는 것을 알아차렸습니다."

우리는 곧 그가 나에게 이 환영 또는 환각에 대해 말했을 리가 없다는 점에 동의하게 되었다. 내가 그것을 다섯 살 때에 **거세 불안**-Kastrationsangst/fear of castration/거세 공포이 존재했었다는 것의 증거로 사용하지 않을 리가 없다는 것을 그는 잘 알고 있었다. 이와 함께 거세 콤플렉스를 가정하는 것에 대한 그의 저항은 깨어졌다. 하지만 그는 다음과 같은 의문을 제기했다: 왜 이 기억에 대해 이미 이야기했다고 그렇게도 확신했을까요?

그때 우리 둘 모두에게, 그가 다양한 기회에 다음의 사소한 기억에 대해 되풀이해서 이야기했으며 그러나 항상 아무런 소득이 없었다는[17] 사실이 떠올랐다:

"언젠가 삼촌[18]이 여행을 떠나면서 나와 누나에게 무엇을 사다 줬으면 좋겠는지 물어보았어요. 누나는 책을 원했고 나는 주머니 칼을 원했어요." 우리는 이제 몇 달 전에 떠오른 이 연상이 억압된 기억에 대한 차폐 기억Deckerinnerung/screen memory이며 저항 때문에 좌절된, 착각 속에서의 새끼손가락(명백한 음경 등가물[19])의 상실

• •

17. 그 이야기가 분석의 진척에 아무런 도움이 되지 않았다는. [韓]
18. 삼촌인지 외삼촌인지 아니면 더 먼 친척 아저씨인지 여부는 확실하지 않다. [韓]
19. Penisäquivalent/equivalent for his penis [韓]

에 대한 이야기 시도라는 것을 알게 되었다. 삼촌이 실제로 사준 칼은 그의 확실한 기억에 따르면 오랫동안 억제되었던 이야기에 등장하는 바로 그 칼이었다.

나는 이 작은 경험에 대한 해석이 "기억 착오"라는 현상에 빛을 던져 주는 한 그것에 더 무엇인가를 덧붙이는 것은 불필요하다고 믿는다. 이 환자의 환영 내용에 대해서는, 특히 거세 콤플렉스와 관련해서 그런 환각에 의한 착각이 드물지 않으며 마찬가지로 드물지 않게 원치 않는 지각Wahrnehmungen/perceptions에 대한 정정으로서 기능할 수 있다고 말하고자 한다.

1911년에 독일의 어떤 대학 도시에 사는 한 대학 교육을 받은 남자가— 나는 그를 알지 못하며 그의 나이도 모른다— 나에게 다음과 같은 어린 시절의 이야기를 전해 와서 마음대로 이용할 수 있도록 했다:

"선생님의 「레오나르도의 어린 시절의 기억Kindheitserinnerung des Leonardo」[20]을 읽다가 29쪽에서 31쪽까지의[21] 내용 때문에 내적인 항변이 일어났습니다. 남자 어린이männliches Kind/male children[22]가 자신의 생식기에 대한 관심에 의해 지배받는다는 당신의 소견을 보니까 다음과 같은 반대 소견[반박]이 떠올랐습니다: '만약 이것이 일반적인 법칙이라면 나는 어쨌든 예외다.' 그다음에 이어지는

• •

20. 1910c. [英]
21. 영역판에는 '3장의 시작 부분'이라고 되어 있다.
　　「레오나르도 다 빈치의 유년의 기억」, 『예술, 문학, 정신분석(프로이트 전집, 14권)』,
　　정장진 옮김(열린책들, 200), 205쪽을 보라. [韓]
22. 독일어 Kind는 아기와 어린이 모두를 뜻한다. [韓]

내용(31쪽에서 32쪽 윗부분까지[23])을 저는 무언가를 탐구하면서 완전히 새로운 사실을 알게 되었을 때의 경탄 같은 아주 커다란 경탄과 함께 읽었습니다. 그 경탄 속에서 하나의 기억이 떠올랐는데 그 기억은 놀랍게도 그 사실이 나에게는 그렇게 새로운 것이 전혀 아니라는 것을 알려주었습니다. 그러니까 나는 '유아기의 성 탐구' 시절에 운 좋게도 우연한 기회에 내 또래의 여자 아이에게서 여성의 생식기를 관찰하였는데 **거기에서 아주 분명하게 내 것과 같은 음경을 본 것입니다.** 하지만 곧 여성 조상彫像과 나체화를 보면서 다시 혼란에 빠졌는데 나는 이 '과학적' 불일치에서 빠져나오기 위해서 다음과 같은 실험을 고안했습니다. 나는 내 생식기를 허벅지 사이에 끼워서 사라지게 만들었으며 이로써 여성 나체화와 [나 사이의] 모든 차이가 없어진다는 것을 만족스럽게 확인했습니다. 나는 분명히 여성 나체화에서도 생식기가 마찬가지 방식으로 사라지게 되었다고 생각했습니다."

"그때 다른 기억이 떠올랐는데 그것은 일찍 돌아가신 어머니에 대한 기억의 전부인 세 개의 기억 중 **하나**이기 때문에 옛날부터 아주 중요했던 것입니다. 어머니는 세면대 앞에 서서 유리와 세면기를 닦고 있었고 나도 화장실에서 놀고 있었는데 어떤 못된 짓[24]을 했습니다. 벌로 나는 손을 실컷 두들겨 맞았습니다. 나는 그때 내 새끼손가락이 떨어져 나가서 대야로 바로 떨어지는 것을 보고

---

23. 「레오나르도 다 빈치의 유년의 기억」, 『예술, 문학, 정신분석(프로이트 전집, 14권)』, 정장진 옮김(열린책들, 2003), 206쪽을 보라. [韓]
24. 자위행위를 말하는 듯하다. [韓]

아주 깜짝 놀랐습니다. 어머니가 무척 화가 난 것을 알았기 때문에 나는 감히 아무 말도 못 하다가 하녀가 곧 대야를 들고 나가는 것을 보고 더욱더 놀랐습니다. 나는 오랫동안, 아마도 숫자를 배울 때까지, 손가락 하나를 잃었다고 믿었습니다."

　"이미 언급했듯이 이 기억은 어머니와 연관되어 있기 때문에 항상 아주 중요했으며 나는 종종 그것을 해석하려고 시도해 보았지만 어떤 해석도 만족스럽지 않았습니다. 당신의 글을 읽은 이제야 이 수수께끼에 대한 단순하고도 만족스러운 해답을 어렴풋이 알 것 같습니다."

　다른 종류의 기억 착오는 드물지 않게 치료가 종결될 때에 나타나며 이것은 치료사Therapeut/physician에게 만족스러운 일이다. 억압된 사건이 ― 그것이 실제로 일어난 것이든 정신적인 것이든[환상이든] ― 모든 저항을 이겨내서 받아들여졌을 때, 말하자면 그것이 복권되었을 때 환자가 다음과 같이 말하는 것이다. **그것을 언제나 알고 있었다는 느낌이 지금 드네요.** 이로써 분석의 과업이 마쳐지는 것이다.[25]

· ·

25. 『꿈의 해석』의 6장(E)에서 기시감의 특별한 사례에 대해 짧게 언급되는데 다른 식으로 설명된다. *Standard Ed.,* vol. 5, p. 399. 프로이트는 「아크로폴리스에 대한 기억의 혼란(A Disturbance of Memory on the Acropolis)」(1936a)이라는 논문에서 비슷한 현상인 '현실감 상실(derealization/탈현실화)'과 '자아감 상실(depersonalization/탈인격화)'을 검토한다. *Standard Ed.,* vol. 22, pp. 244~245. 후기 논문인 「분석에서의 구성(Constructions in Analysis)」도 참조하라. *Standard Ed.,* vol. 23, p. 266. [英]
　　『꿈의 해석(프로이트 전집, 4권)』, 김인순 옮김(열린책들, 2003), 472쪽을 보라.
　　「아크로폴리스에서 일어난 기억의 혼란」, 『정신분석학의 근본 개념(프로이트 전집, 11권)』, 윤희기 옮김(열린책들, 2003), 462쪽을 보라.
　　이 책의 404쪽을 보라. [韓]

13. 정신분석 요법이 나아갈 길

표준판 편집자 주

Wege der psychoanalytischen Therapie
Lines of Advance in Psycho-Analytic Therapy

(a) 독일어판:
1919 *Internationale Zeitschrift für Psychoanalyse*, vol. 5(2), pp. 61~68.
1922 *S. K. S. N.*, vol. 5, pp. 146~158.
1924 *Zur Technik der Psychoanalyse und zur Metapsychologie*, pp. 136~137.
1925 *G. S.*, vol. 6, pp. 136~147.
1931 *Schriften zur Neurosenlehre und zur psychoanalytischen Technik*, pp. 411~422.
1947 *G. W.*, vol. 12, pp. 183~194.

(b) 영역판:
"Turnings in the Ways of Psycho-Analytic Therapy"
1924 *C. P.*, vol. 2, pp. 392~402 (조운 리비어 옮김)

여기에 있는 번역은 1924년에 출간된 번역판에 기초하고 있으며 제목을 수정하였다.

이 연설은 제1차 세계대전 종료 직전인 1918년 9월 28일과 29일에 부다페스트에서 열린 제5차 국제 정신분석 대회(The Fifth International Psycho-Analytical Congress)에서 프로이트에 의해 낭독되었다. 이 글은 그 대회가 열리기 전 여름에 프로이트가 부다페스트의 교외에 있는 쉬타인브루흐(Steinbruch)에 있는 안톤 폰 프로인트(Anton von Freund)(167쪽에 있는 각주 1을 보라¹)의 집에서 그와 함께 머무를 때 쓰였다. 나중에 주로 페렌찌(Ferenczi)의 이름과 연결되게 된 '적극적' 방법을 주로 다루는 이 논문은 거의 20년 후인 그의 생애의 말기에 출간된 두 논문(1937c와 1937d)을 제외하면 순전히 기법의 문제를 다룬 것으로는 마지막 글이다. 그는 이미 누렘베르크 대회(Nuremberg Congress)에서의 연설(1910d)에서 이 '적극적' 방법에 대해 예고했다.

• •

1. 이 책의 13장「정신분석 요법이 나아갈 길」의 주)37을 보라. [韓]

동료 여러분!

여러분도 알다시피 우리는 우리의 지식과 능력이 완벽하며 완결되었다고 뽐낸 적이 전혀 없었습니다. 우리는 이전과 마찬가지로 지금도 항상 우리 인식의 불완전함을 인정하고 새로운 것을 배우고 우리의 방법$^{Vorgehen/methods}$/치료법을 개선하여 더 나은 것으로 대체할 준비가 되어 있습니다.

오랫동안 분리[2]되어서 힘겹게 살아왔던 몇 년이 지난 후에 다시 한번 서로 만나게 된 지금 내 마음을 끄는 것은 우리 치료법 — 우리는 이 치료법 덕분에 인간 사회에서 한 자리를 차지할 수 있었습니다 — 의 [현]상황에 대해 재평가해 보고 그것이 어떤 새로운 방향으로 발전할 수 있을지를 탐색해 보는 것입니다.

우리는 의사로서의 우리의 과제를 다음과 같이 정식화했습니다: 신경증 환자$^{neurotisch\ Kranken/patient}$가 자신 속에 있는 무의식적이고 억압된 충동$^{Regungen/impulses}$/흥분을 인식하게 하고 그것을 위해 자기 자신$^{eigene\ Person/himself}$/자신의 퍼스낼리티에 대한 앎의 그런 확장에 대항해 싸우는 저항을 드러내는 것. 이 저항을 드러내는 것이 그것이

----

2. 1차 세계대전으로 국적이 서로 다른 분석가들끼리 만나지 못한 것을 말하는 듯하다. [韓]

극복되는 것까지 보장하는 것일까요? 분명히 항상 그런 것은 아닙니다. 하지만 우리는 환자가 의사라는 인물에 하는 전이를 이용해서 어린 시절에 일어났던 억압 과정의 부적절성과 쾌락 원리에 따라 삶을 살아가는 것의 불가능성에 대한 우리의 확신을 그가 받아들이게 해서 이 목적을 이룰 수 있기를 희망합니다. 나는 다른 곳에서[3] 새로운 갈등[4] — 우리는 이 갈등을 통과하도록 환자를 이끌며[5] 이 갈등이 이전의, 병인이 된 갈등Krankheitskonflikt/conflict/병의 갈등의 자리를 차지하도록 만듭니다— 의 역동적 상황에 대해 자세히 설명했습니다. 그것에 대해서 나는 현재로선 아무것도 수정할 필요를 느끼지 않습니다.

환자에게 억압된 정신적인 것을 그가 의식하도록 하는 작업을 우리는 정신분석Psychoanalyse/psychoanalysis이라고 이름 붙였습니다. 왜 분해와 해체를 뜻하며 화학자가 자연에서 찾아내서 자신의 실험실로 가져온 물질을 가지고 하는 작업에 대한 비유라고 생각될 수 있는 "분석Analyse/analysis/분해"이라고 했을까요? 왜냐하면 중요한 하나의 점에서 그런 비유가 정말로 성립하기 때문입니다. 환자

· ·

3. 프로이트의 기법에 대한 논문 「기억하기, 되풀이하기 그리고 훈습하기(Recollecting, Repeating and Working Through)」(1914g)와 『정신분석 입문 강의(*Introductory Lectures*)』 (1916~1917)의 27강의를 참조하라. [英]
  이 책의 5장 「기억하기, 되풀이하기 그리고 훈습하기」를 보라.
  『정신분석 강의(프로이트 전집, 1권)』, 임홍빈·홍혜경 옮김(열린책들, 2003), 27강의를 보라. [韓]
4. 전이 상황에서 발생하는 갈등. [韓]
5. 독일어판: "durch den[Konflikt] wir den Kranken führen"
  영역판: "through which[conflict] we lead the patient"
  훈습(durcharbeiten/work-through)을 말하는 것 같다. [韓]

의 증상과 병적 발현krankhafte Äußerungen/pathological manifestations은 그의 모든 정신적 활동과 마찬가지로 고도로 복합적입니다. 이 복합을 구성하는 요소들은 근본적으로는 동인들, 즉 욕동 충동들Triebregungen/instinctual impulses/욕동 흥분들입니다. 그러나 환자는 이 요소가 되는 동인들에 대해서 전혀 모르거나 아주 불충분하게만 압니다. 우리는 그가 이 고도로 복잡한 정신적 형성물seelische Bildungen/mental formations의 복합을 이해할 수 있도록 가르치며, 증상으로부터 증상의 동인이 된 욕동 충동으로 추적해 가며, 증상에 존재했지만 지금까지 환자에게 알려지지 않았던 욕동 동인Triebmotive/instinctual motives[6]을 알려줍니다. 이는 화학자가 소금으로부터 근본 물질Grundstoff/fundamental substance/원소, 즉 화학적 요소Element/element/원소— 이 요소는 다른 요소들과 결합되어 있을 때는[화합물을 형성할 때는] 인식할 수가 없습니다— 를 분리해 내는 것과 같습니다.[7] 마찬가지로 우리는 병적이라고 생각되지 않는 환자의 정신적 발현에서도 그가 그 동인을 불완전하게만 의식하고 있었으며 다른 욕동 동인이 함께 작용하고 있었는데도 그는 모르고 있었다는 것을 보여 줍니다.

우리는 인간의 성적 열망도 그것을 구성 요소들로 분해함으로써 설명하며 꿈을 해석할 때도 우리는 전체로서의 꿈을 무시하고

· ·

6. [증상의] 동인으로서의 욕동을 말하는 듯하다. 즉 바로 앞에 나오는 '동인이 된 욕동 충동(motivierenden Triebregungen)'과 비슷한 것을 뜻하는 것 같다. [韓]

7. 소금(염화나트륨)에서 나트륨은 염소와 결합되어 있어서 나트륨의 성질을 보이지 않는다. 따라서 나트륨으로 인식할 수 없다. 정신분석을 소금에서 나트륨과 염소를 분해(분석)해내는 것에 비유하는 듯하다. [韓]

그 각각의 요소들로부터 연상을 하도록 합니다.

정신분석적 의료 활동을 화학적 작업에 이런 식으로 비유하는 것으로부터 — 이는 정당한 비유입니다 — 우리의 치료법의 새로운 방향에 대한 제안이 나올 수도 있을 것입니다. 환자를 분석했다면 즉 그의 정신활동을 기본적인 구성 요소들로 분해해서 그 욕동 요소들을 개별적인 그리고 고립된 것으로서 그에게 보여 주었다면 그것들을 새로운 그리고 더 나은 복합으로 만드는 데 있어 우리가 그를 도와야 한다고 요구하는 것 말고 다른 어떤 것이 떠오를 수 있겠습니까? 여러분도 알다시피 그런 요구는 실제로 제기되기도 했습니다. 우리는 병든 정신생활의 분석 이후에는 그것의 종합 Synthese/synthesis/합성이 뒤따라야 한다는 이야기를 들었습니다. 이것은 우리가 분석을 너무 많이 하고 종합을 너무 조금 하는 것이 아닌가 하는 걱정 그리고 정신치료 효과의 주안점을 이 종합 즉 말하자면 생체해부로 파괴된 것을 다시 복구하는 것에 두려는 시도로 쉽게 연결되었습니다.

신사 여러분, 하지만 나는 이 정신종합Psychosynthese/psycho-synthe-sis[8]이 우리에게 새로운 과제를 부과한다고 믿지 않습니다. 예의 차리지 않고 솔직하게 말하는 것을 허락해 주신다면 나는 그것 [Psychosynthese]이 생각 없는 표현gedankenlose Phrase/empty phrase[9]이라고 말하고 싶습니다. 나는 그것이 비유를 무의미하게 확장하는 것일

. .

8. 정신분석(Psychoanalyse)에서 분석(Analyse)을 종합(Synthese)으로 대체해서 만들어낸 말이다. [韓]
9. Phrase는 '허튼 소리'를 뜻하기도 한다. [韓]

뿐이라고 또는 다른 말로 하자면 명명의 정당하지 못한 남용이라고 말하는 것으로 만족할 것입니다. 이름은 다른 것과 또는 비슷한 것과 구별하는 데에 적합한 꼬리표일 뿐이며 [그 이름이 가리키는 대상의] 개요도 내용 설명도 정의도 아닌 것입니다. 그리고 하나의 비유는 비유된 것과 한 점에서만 접하고 다른 모든 점에서는 멀리 떨어져 있을 수도 있습니다. 정신적인 것은 둘도 없이 독특한 어떤 것이어서 어떤 하나의 비유로도 그것의 본성을 재현할 수 없습니다. 정신분석 작업은 화학적 분석과 유사성이 있지만 외과 의사의 개입 또는 정형외과 의사의 시술 또는 교육자에 의한 감화와도 마찬가지로 유사성이 있습니다. 화학적 분석에의 비유에는 다음과 같은 한계가 있습니다. 우리가 다루는 것은 정신생활에서의 열망들인데 그것들은 통합Vereinheitlichung/unification과 결합Zusammenfassung/combination에의 강박하에 놓여 있습니다. 우리가 하나의 증상을 분해해서 하나의 욕동 충동을 어떤 맥락에서 해방시키는 데 성공하면 그것은 고립된 상태로 있지 않고 곧바로 새로운 맥락 속에 편입됩니다.[10]

오히려 그 반대입니다! 신경증 환자는 갈기갈기 찢긴, 저항으로 균열된 정신생활을 우리에게 제시합니다. 그리고 우리가 그것을 분석하여 저항을 제거하는 동안 이 정신생활은 결합되고zusammen-wachsen/grow together[11] 우리가 자아라고 부르는 커다란 통일체는

· ·

10. 화학적 분석에서도 아주 비슷한 일이 일어납니다. 화학자가 억지로 분리시키자마자 유리된 친화력과 그 원소의 선택적 친화력(dank der freigewordenen Affinitäten und der Wahlverwandtschaft der Stoffe/owing to the liberation of the elective affinities of the substances concerned) 때문에 화학자가 의도하지 않은 종합(Synthesen/syntheses/결합)이 일어납니다. [原]

이제까지 그로부터 쪼개져 있었으며 멀리 떨어져 [다른 것에] 묶여 있었던 모든 욕동 충동들을 끌어안습니다[자신 속으로 통합할 수 있게 됩니다].[12] 따라서 분석 치료를 받는 사람에게서 정신종합은 우리의 개입 없이도 자동적으로 그리고 불가피하게 일어납니다. 우리는 증상을 분해하고 저항을 해소함으로써 그것[정신종합]을 위한 조건을 만들었던 것입니다. 환자 속에 있는 어떤 것이 그 구성 요소들로 분해되어서 이제 우리가 어떤 식으로든 그것을 짜맞추어 주기를 조용히 기다린다는 말은 사실이 아닙니다.

따라서 우리 치료법의 발전은 분명히 다른 길로 접어들 수도 있을 것입니다. 무엇보다도 **페렌찌**Ferenczi가 최근에 "히스테리 분석의 기법적 어려움"[13]에 대한 논문에서 분석가의 "**적극성**Aktivität/activity/능동성"이라고 이름 붙인 것을 생각해 볼 수 있습니다.

여기서 적극성이라는 말로 무엇을 의미하는지에 대해서 먼저 동의를 이끌어내 봅시다. 우리는 우리의 치료적 과제를 다음의 두 가지로 표현했습니다: 억압된 것을 의식화하기 그리고 저항을 드러내기. 여기에서 우리는 물론 충분히 적극적입니다. 그런데

••

11. zusammenwachsen은 '(상처가) 아물다'를 뜻하기도 한다. [韓]
12. 자아의 종합 기능에 대해서는 『억제, 증상 그리고 불안(*Inhibitions(Symptoms and Anxiety)*)』(1926d)의 3장에서 더 자세히 논의된다. [英]
    「억압, 증상 그리고 불안」, 『정신 병리학의 문제들(프로이트 전집, 10권)』, 황보석 옮김(열린책들, 2003), 3장을 보라. [韓]
13. "Techische Schwierigkeiten einer Hysterieanalyse"/"Technical Difficulties in an Analysis of Hysteria." (Internat. Zschr. f. Psychonanalyse V, 1919). 이 논문과 이후에 쓴 다른 논문(Ferenczi, 1921b)에 있는 페렌찌의 진술에 의하면 이 생각은 원래 프로이트 자신이 그에게 말을 통해서 한 시사에 기초하고 있다고 한다. [英]

그에게 제시한[드러내 준] 저항을 혼자 해결하도록 환자에게 맡겨야 합니까? 전이의 자극Antrieb/stimulus/동인을 통해 그가 얻게 되는 것 말고 여기에서 우리는 그에게 다른 도움을 줄 수 없을까요? 원하는 바인 갈등의 해결에 가장 유리한 정신적 상태로 환자를 인도함으로써도 돕는 것이 오히려 아주 자연스러운 일이 아닙니까? 그가 얼마나 이룰 수 있는가는 일련의 외적 상황에도 의존하니까요. 우리는 적절한 방식으로 개입해서 이 상황들을 변화시키는데 있어서 주저해야 합니까? 나는 분석 치료를 하는 의사의 그런 적극성에는 이의를 제기할 것이 없으며 완전히 정당하다고 생각합니다.

여기에서 우리에게 분석 기법의 새로운 영역이 열리며 그것을 다루기 위해서는 깊이 있는 연구가 필요하고 또한 그것을 통해 완전히 정해진 규칙들ganz bestimmte Vorschriften/quite definite rules of proce-dure이 만들어질 수 있다는 것을 알아채실 수 있을 것입니다. 나는 오늘은 아직도 발전 중인 이 기법을 소개하지는 않을 것입니다. 대신 아마도 이 영역을 지배할 원칙을 강조하는 것으로 만족하려 합니다. 그것은 다음과 같습니다: **분석 치료는 가능한 한 결핍**Entbehrung/privation[14] — **금욕**Abstinenz/abstinence/절제— **속에서 수행되어야 한다.**[15]

. .

14. 만족의 결핍을 말한다. 예컨대 성적 굶주림. [韓]
15. 프로이트는 이미 '전이 사랑(transference-love)'(1915a)과 관련해서 이 원칙을 언급한 바 있다. [英]
　　이 책의 143~144쪽을 보라. [韓]

이것이 맞는 말인지 여부를 확인하는 것이 어느 정도로 가능한지는 자세한 논의에 맡겨야 할 것입니다. 하지만 금욕이라는 말을 모든 만족의 결핍이라고 — 그것은 당연히 실행불가능합니다 — 이해해서는 안 되며 통속적 의미 즉 성교를 단념하는 것으로 이해해서도 안 됩니다. 그것은 발병과 회복의 역동과 훨씬 더 관계가 깊은 다른 어떤 것으로 이해해야 합니다.

여러분은 환자를 병들게 만든 것이 **거절**Versagung/frustration/좌절[16]이었다는 것을 그리고 그의 증상이 그에게 대체 만족으로서 봉사하고 있다는 것을 기억하실 것입니다.[17] 여러분은 치료 중에, 환자의 병의 상태에서의 어떤 호전도 회복의 속도를 늦추며 회복으로 밀어붙이는 원동력을 감소시키는 것을 관찰할 수 있을 것입니다. 우리는 이 원동력을 포기할 수 없습니다.[18] 그것의 감소는 우리의 치료 목적을 위협합니다. 그렇다면 우리가 불가피하게 내려야 할 결론은 어떤 것입니까? 잔인하게 들릴지 모르겠지만 우리는 어느 정도이든 작용하는 환자의 **고통**Leiden/suffering/병이 너무 일찍 끝나지 않도록 신경 써야 합니다. 증상을 분해함으로써 그리고 증상이 그 가치를 잃게 함으로써 고통이 완화되었다면 우리는 어딘가 다른 곳에서 느낄 수 있는 결핍으로 그것을 재생해야 합니

* *

16 versagen은 '거절하다'를 뜻하며 frustrate는 '좌절시키다'를 뜻한다. [韓]
17.「신경증 발병의 유형들에 대하여(Types of Onset of Neurosis)」(Freud, 1912c)의 첫
     몇몇 쪽을 보라. [英]
     「신경증 발병의 유형들」,『정신 병리학의 문제들(프로이트 전집, 10권)』, 황보석
     옮김(열린책들, 2003) [韓]
18. 이 원동력은 없어서는 안 됩니다. [韓]

다. 안 그러면 형편없고 지속되지 않는 호전 이상을 전혀 이루지 못할 위험에 **빠집니다**.

내가 아는 한 위험은 특히 두 가지 방향에서 옵니다. 한편으로 환자는 분석에 의해 병이 교란되면 증상의 자리에 새로운 대체 만족—이제는 고통이 덜한—을 만들려고 아주 부단히 노력합니다. 그는 부분적으로 자유로워진freigeworden/liberated[19] 리비도의 커다란 전위 능력Verschiebbarkeit/capacity for displacement을 이용해서 아주 다양한 활동, 애호, 습관—이미 이전에 있던 것을 포함하여—등을 리비도로 점령하고[20] 그것들을 대체 만족이 되도록 끌어올립니다. 그는 치료를 가동하는 데 필요한 에너지가 스며 들어가는 그런 식의 기분 전환거리들Ablenkungen/distractions을 계속해서 새로 찾아내며 그것을 당분간 비밀로 할 수도 있습니다.[21] 만족으로 이끄는 그런 활동이 그 자체로는 아무리 무해한 것으로 보이더라도 그런 우회로를 모두 찾아내서 매번 그것을 포기하라고 요구하는 것이 우리의 과제입니다. 반 정도 회복된 환자는 무해하다고만 할 수는 없는 길을 택할 수도 있습니다. 예컨대 남자 환자의 경우라면 어떤 여자와 경솔하게 결합[결혼]하려 할 것입니다. 말이 난

- - -

19. 앞의 원주에서 프로이트는 'freigewordene Affinitäten(유리된 친화력)'이라는 표현을 썼다. 거기에서 유리는 예컨대 소금에서 나트륨 원자가 염소 원자와의 결합에서 자유로워지는 것을 말한다. 여기에서도 마찬가지로 리비도가 어떤 것(예컨대 어떤 표상)과의 결합에서 자유로워진(유리된) 것을 말한다. [韓]
20. 도시(활동, 애호, 습관)를 군대(리비도)로 점령하는 것을 떠올리면 될 것이다. [韓]
21. Ablenkung은 주의력, 물줄기 등을 딴 곳으로 돌리는 것, 광선을 굴절시키는 것 등을 뜻하며 기분 전환을 뜻하기도 한다. 에너지가 그런 곳으로 스며들기 때문에 치료를 위해 필요한 에너지가 부족해지는 것이다. [韓]

김에 덧붙이자면 불행한 결혼과 육체적 병Siechtum/infirmity/쇠약이 신경증을 대신하는 것은 흔한 일입니다. 그것들은 특히, 많은 환자들을 그렇게 완강하게 신경증에 집착하게 만드는 죄의식(처벌욕구[22])을 만족시켜 줍니다. 결혼 상대를 서투르게 선택하는 것을 통해서 그들은 자신을 처벌합니다. 그들은 오랜 기질적 병을 운명의 처벌로 받아들여서 그 후로는 종종 신경증을 계속 유지하는 것을 포기합니다.

그런 모든 상황에서 의사의 적극성은 성급한 대체 만족에 대항하여 정력적으로 개입하는 것으로 표출되어야 합니다. 분석의 원동력을 위협하는 두 번째 위협 — 그것을 과소평가해서는 안 되겠지만 — 을 막아내는 일은 더 쉽습니다. 환자는 무엇보다도 치료 자체에서 의사와 전이관계Übertragungsverhältnis/transference-relationship를 맺음으로써 대체 만족을 얻으려 하며 더 나아가 이런 식으로, 그가 [의사의] 요구로 포기해야 했던 다른 모든 것에 대해 보상받으려할 수도 있습니다. 물론 사례의 특성과 환자의 특징에 따라 그것을 어느 정도는 — 많든 적든 — 허용해야 할 것입니다. 하지만 너무 많이 허용하는 것은 좋지 않습니다. 분석가가 말하자면 자비심을 한껏 발휘하여 한 사람이 다른 사람에게 기대할 수 있는 모든 것을 환자에게 베풀어 준다면 그것은 우리의 비분석적인 신경과 병원에서 범하는 것과 같은 경제적ökonomisch/economic 오류[23]를 범하

• •

22. Strafbedürfnis/need for punishment/처벌받고자 하는 욕구. [韓]
23. 프로이트가 "경제적"이라는 용어를 어떤 의미로 썼는지 알고 싶다면 이 논문을 참고하라. "Freud's "Economic Hypothesis": From Homo Oeconomicus to Homo Sexualis,"

는 것입니다. 그곳에서 추구하는 것은 다름이 아니라 환자가 그곳에서 편안함을 느끼며 그곳을 기꺼이 다시[24] 삶의 어려움으로부터의 피난처로 받아들일 수 있도록 환자를 가능한 한 편안하게 해주는 것입니다. 그럼으로써 그곳에서는 [병원 밖에서의] 삶을 위해 환자를 강하게 만들고 그가 해야 할 일을 할 수 있는 능력을 갖추도록 만드는 일을 포기합니다. 분석 치료에서는 그런 모든 응석 받아주기를 피해야 합니다. 의사와의 관계에 있어서 환자에게는 실현되지 않은 소원들이 많이 남아 있어야 합니다. 그가 아주 강렬하게 소원하고 아주 절박하게 표출하는 바로 그런 것에 대한 만족이 거절되는 것이 적절한 것입니다.

'치료에서 결핍이 확실히 유지되어야 한다'는 하나의 문장으로 우리가 원하는 의사의 적극성의 범위가 모두 포괄된다고는 믿지 않습니다. 여러분도 기억하다시피 벌써 한번은 분석에서의 적극성의 다른 측면이 우리와 스위스 학파[25] 사이에서 논쟁점이 되었습니다.[26] 우리는 도움을 구하고자 자신을 우리의 손에 맡긴 환자를 우리의 소유물로 만들거나, 그의 운명을 대신 결정해 주거나, 우리의 이상을 그에게 강요하거나, 조물주의 오만함으로 우리의 형상에

• •

Lawrence Birken, *American Imago*, Vol. 56, No. 4 (Winter, 1999): pp. 311~330. [韓]
24. 환자는 처음에는 신경증을 피난처로 삼았다가 이번에는 편안한 병원을 피난처로 삼는 것이다. [韓]
25. 취리히 학파 즉 융(C. G. Jung)을 말하는 듯하다. [韓]
26. 프로이트의 「정신분석 운동의 역사에 대하여(History of the Psycho-Analytic Movement)」 (1914d)의 섹션 3의 뒷부분을 참조하라. [英]
　　「정신분석 운동의 역사」, 『정신분석학 개요(프로이트 전집, 15권)』, 박성수·한승완 옮김(열린책들, 2003), 섹션 3을 보라. [韓]

따라 — 즉 우리의 마음에 들도록 — 그를 빚어내는[27] 것을 단호하게 거부했습니다. 나는 지금도 여전히 이 거부Ablehnung/refusal를 고집하며 이 부분이, 다른 관계에서는 무시해야겠지만,[28] 의사로서의 신중함을 보여야 하는 지점이라고 생각합니다. 게다가 나는 경험을 통해 치료라는 목적을 위해서는 그렇게까지 환자에게 적극성을 보일 필요는 전혀 없다는 것을 배웠습니다. 왜냐하면 나는 나와 인종, 교육, 사회적 위치, 세계관 등 어떤 것도 공유하지 않은 사람을 그 사람의 개성을 교란하지 않고도 도와 줄 수 있었기 때문입니다. 그 논쟁이 있었을 당시에 우리 쪽 대표자[29] — 내 기억으로는 최전선에 나섰던 사람은 **존스**Ernest Jones 씨였던 것 같습니다[30] — 의 이의제기가 너무나 가혹하고 절대적이었다는 인상을 받긴 했습니다. 우리는 너무나 불안정하고 생활 능력이 없어서 분석에 의한 영향에 교육에 의한 영향을 곁들여야만 하는 환자도 받을 수 있으며 그렇지 않은 대부분의 경우에도 때때로 의사가 교육자와 조언자로 처신해야만 하는 경우가 생깁니다. 하지만 이것은 항상 아주 조심스럽게 수행되어어야 하며 환자를

• •

27. 이것은 성경을 떠올리게 하는 구절이다. "자기 모습을 닮은 사람, 곧 남자와 여자를 창조하셨다"(창세기 1장 27절). "이것은 하나님이 보시기에 좋았다"(창세기 1장 25절). [韓]

28. 의사-환자 관계가 아니라면 자신의 이상을 받아들이도록 상대를 설득할 수도 있을 것이다. [韓]

29. 당시에 나서서 의견을 개진했던 사람을 나타낼 뿐이다. 특별히 '대표자'라는 의미가 있는 것은 아닌 것 같다. [韓]

30. 이것은 아마 1913년에 열린 제4차 (뮌헨) 국제 정신분석 대회(The Fourth (Munich) International Psycho-Analytical Congress)에서 어니스트 존스(Ernest Jones)가 낭독한 논문(Jones, 1914c)을 언급하는 것인 듯하다. [英]

우리와 닮도록 교육하지 말고 환자 자신의 본성Wesen/nature이 해방되어 완전히 발현되도록 교육해야 합니다.

이제는 우리에게 너무나 적대적인 미국에 있는, 우리의 존경해 마지않는 친구 **퍼트넘J. J. Putnam** 씨는 정신분석이 특정한 철학적 세계관에 봉사해야 하며 환자를 교화하기Veredlung/ennobling/고결하게 하기 위해 환자에게도 그 세계관을 역설해야 한다는 그의 요구를 우리가 받아들일 수 없다 해도 우리를 용서해야 할 것입니다. 나는 아주 고결한 의도로 덧씌워져 있다고 해도 이것 역시 폭력일 뿐이라고 말하고 싶습니다.[31]

완전히 다른 종류의, 마지막으로 다룰 적극성은 우리가 다루는 다양한 병의 형태가 같은 기법으로는 제거될 수 없다는 것을 우리가 점점 인식하게 되면서 필요해졌습니다. 이에 대해 자세히 다루는 것은 성급한 일일 것입니다. 하지만 두 가지 예를 통해서 새로운 [종류의] 적극성이 얼마나 관련되어 있는지를 설명할 수는 있을 것입니다. 우리의 기법은 히스테리를 치료하면서 생겨났고 여전히 이 질환을 다루고 있습니다. 하지만 이미 공포증 때문에 우리는 이제까지의 우리의 방법을 넘어서야 할 필요를 느끼고 있습니다. 환자가 분석에 의해 영향을 받아서 공포증을 포기하게 될 때까지 기다린다면 우리는 공포증을 제압할 수가 없습니다. 그러면[수동

- •
31. 퍼트넘의 정신분석에 대한 견해에 대한 더 자세한 논평은 퍼트넘의 「정신분석에 대한 강연들(Addresses on Psycho-Analysis)」에 대한 프로이트의 서문(Freud, 1921a)에 있다. 아래 271쪽도 보라. [英]
    (1919b)를 보라. [韓]

적으로 기다리면] 환자는 공포증을 확실히 해소하는 데 없어서는 안 될 그런 재료를 분석 중에 절대로 제공하지 않습니다. 우리는 다른 식으로 해야 합니다. 광장 공포증Agoraphoben/agoraphobia을 예로 들자면 두 가지 종류가 있는데 경증인 경우와 중증인 경우가 그것입니다. 전자의 경우에는 혼자서 거리에 나가면 항상 불안Angst/anxiety/공포을 겪지만 그렇더라도 그 때문에 혼자 나가는 것을 포기하지는 않습니다. 다른 경우에는 불안으로부터 자신을 보호하기 위해 혼자 나가기를 포기합니다. 후자의 경우에는 분석의 영향을 통해 환자를 첫 번째 정도[경증]의 공포증 환자처럼 행동하도록 즉 거리에 [혼자] 나가도록 그리고 그런 시도 속에서 불안과 맞서 싸우도록 만들어야만 성과를 얻을 수 있습니다. 따라서 우리는 우선 [혼자서 외출할 수 있을 만큼] 공포증을 완화하는 데 힘써야 합니다. 그리고 의사의 요구로 이것[혼자서 외출하는 것]이 이루어진 다음에야 환자는 공포증의 해소를 가능하게 할 연상과 기억을 떠올릴 수 있습니다.

심각한 강박 행위Zwangshandlungen/obsessive acts의 사례에서는 소극적으로 잠자코 기다리는 것이 더더욱 부적절해 보입니다. 그런 사례에서는 일반적으로 치료 과정이 "점근선적"이며 치료 기간이 무한정 늘어나는 경향이 있으며 분석이 아주 많은 것을 드러내면서도 아무것도 바꾸지 못할 위험이 항상 존재합니다. 여기에서 올바른 기법은 치료 자체가 강박이 될 때까지 기다려서 이 반대강박Gegenzwang/counter-compulsion으로 병적 강박Krankheitszwang/compulsion of the disease을 강압적으로 억제하게 하는 것뿐이라는 것이 내게는 별로 의심의 여지가 없어 보입니다. 여러분은 내가 제시한 이 두 가지 사례가 우리의 치료법이 맞이할 새로운 발전의 견본에 불과하다는 것을 이해하실 것입니다.[32]

이제 마지막으로 미래에 속할 상황—여러분 중 많은 사람에게는 이것이 환상적phantastisch/fantastic으로 보이겠지만 내 생각에는 생각 만으로라도 준비해야 할 가치가 있는 것 같습니다—에 대해 살펴보도록 하겠습니다. 여러분도 아시다시피 우리 치료법의 효과는 아주 집약적인 것과는 거리가 멉니다. 우리 [분석가들은] 한 줌밖에 안 되며 우리 각각은 지치도록 일하더라도 1년에 적은 수의 환자만 치료할 수 있습니다. 이 세상에 존재하는, 신경증으로 인한 비참함—어쩌면 이것은 있을 필요가 없는 것인지도 모릅니다[33]—의 과잉과 비교해 볼 때 우리가 제거할 수 있는 것은 양적으로는 무시할 만합니다. 게다가 우리의 생계의 조건 때문에[34] 우리는 사회의 유복한 상류층만을 치료할 수밖에 없는데 그들은 스스로 의사를 선택하는 경향이 있으며 그들의 그 모든 선입견 때문에 선택을 할 때 정신분석에서 멀어지곤 합니다. 신경증 때문에 엄청난 고통을 당하는 광범위한 사회 계층을 위해서 현재 우리가 할

· ·

32. '늑대 사나이(Wolf Man)' 분석(1918b)의 첫 섹션에 서술된 기법적 수단을 참조하라. 앞의 11쪽. [英]

「늑대 인간—유아기 신경증에 관하여」, 『늑대 인간(프로이트 전집, 9권)』, 김명희 옮김(열린책들, 2003), 204쪽을 보라. [韓]

33. 성이 심하게 억압받지 않는다면 신경증이 그렇게 많지는 않을 것임을 암시하는 듯하다. [韓]

34. 프로이트 시절에도 거의 매일 1년 이상 치료하는 일이 많았다. 따라서 가난한 사람들은 그 비용을 댈 수 없었다. [韓]

수 있는 것은 없습니다.

이제 우리가 모종의 [교육] 기관을 통해서 지금보다 더 많은 사람을 치료하는 데 충분할 만큼 우리의 수를 증식하는 데 성공했다고 가정해 봅시다. 다른 한편으로 언젠가는 사회의 양심이 일깨워져서 이미 지금도 가난한 사람들도 목숨이 걸려 있을 때는 외과수술을 [무료로] 받을 권리가 있다고 여겨지듯이 정신적인 원조[정신치료]도 [무료로] 받을 권리가 있다고 여겨질 것으로 예측할 수도 있을 것입니다. 그리고 신경증이 결핵만큼이나 국민 건강을 위협한다고 여겨질 것이며 결핵과 마찬가지로 그것을 민중 각자의 무기력한 자조에 맡길 수는 없다고 여겨지리라 예측할 수도 있을 것입니다. 그러면 치료를 받지 못한다면 술독에 빠져 지낼 남자들, 체념의 무게에 눌려 무너져버릴 위험에 처한 여자들, 거칠어지는 것과 신경증 외에 선택의 여지가 없는 어린이들이 분석을 통해서 저항력과 생활력을 가질 수 있도록 하기 위해 공공병원과 진료 기관Ordi-nationsinstitute/out-patient clinics[35]이 만들어져서 정신분석 수련을 받은 의사들이 고용될 것입니다. 이런 치료는 무료일 것입니다. 국가가 이 의무를 긴급한 것이라고 느끼기까지는 아마 오랜 시간이 걸릴 것입니다. 현재의 상황[36] 때문에 아마 이런 일이 더욱더 연기될 것입니다. 개인적인 자선 사업으로 그런 시설이 만들어지기 시작할지도 모릅니다. 하지만 언젠가는 그것이 이루어질 것입니다.[37]

· ·

35. Ordination은 진찰을 뜻하고 Institute는 연구소를 뜻한다. 치료와 연구를 겸하는 기관을 말하는 듯하다. [韓]
36. 1차 세계대전을 말하는 듯하다. [韓]

그렇다면 우리의 기법을 새로운 조건에 적응시켜야 하는 과제가 생깁니다. 나는 우리의 심리학적 가정들의 설득력이 교육받지 못한 사람들에게도 인상을 남길 수 있다는 데에는 의심의 여지가 없다고 생각합니다. 하지만 그러기 위해서는 우리의 이론적 교의를 아주 단순하고 명료하게 표현할 방식을 찾아내야 합니다. 신경증에서 벗어난 가난한 사람들을 기다리는 것이 그리 매혹적이지 못한 힘겨운 삶이고 그들에게 병은 더 많은 사회적 도움을 요구할 수 있게 하기 때문에 부유한 사람들보다 가난한 사람들은 더더욱 신경증을 포기하지 않으려 한다는 것을 우리는 경험할지도 모릅니다. 아마도 많은 경우에 정신적 원조[정신치료]와 요제프 황제 Josef/Joseph II가 했던 식의 물질적 지지를 결합할 수 있을 때에만 어떤 것을 이룰 수 있을 것입니다.[38] 우리의 치료법을 대중화하기 위해서는 많은 경우에 분석이라는 순금을 직접적 암시라는 구리와 풍부하게 합금해야만 할 것이며 전쟁신경증 환자의 치료에서처럼 최면을 통한 영향[최면 치료]도 다시 한 자리를 차지할 수 있을 것입니다.[39] 하지만 이 정신치료법이 민중을 위해서 어떤 형태를

• •

37. 이 글이 낭독될 당시 안톤 폰 프로인트(Anton von Freund)는 여기에서 제안된 종류의 시설의 설립을 계획 중이었다. 폰 프로인트에 대한 프로이트의 추도사(1920c)를 보라. [英]

38. 오스트리아의 황제 요제프 2세(1741~1790)의 이례적인 자선 방식에 대해서는 많은 전설적인 이야기들이 전해 내려오고 있다. 프로이트는 이전에 쓴 기법에 대한 논문들 중 하나(1913c)에서도 같은 맥락에서 그를 언급한다. [英]
  이 책의 90쪽을 보라. [韓]

39. 전쟁신경증의 치료는 이 대회에서 이 글의 낭독 이전에 주된 주제였다. 206쪽을 보라. [英]
  (1919d)를 보라. [韓]

취하게 되든, 그리고 어떤 요소들로 이루어지든 그것의 가장 효과적이고 중요한 구성 요소는 분명 엄밀하고 편향적이지 않은 정신분석에서 여전히 빌려오게 될 것입니다.

14. 꿈해석의 이론과 실천에 대한 소견

표준판 편집자 주

Bemerkungen zur Theorie und Praxis der Traumdeutung
Remarks on the Theory and Practice of Dream-Interpretation

(a) 독일어판:

1923 *Internationale Zeitschrift für Psychoanalyse*, vol. 9(1), pp. 1~11.

1925 *G. S.*, vol. 3, pp. 305~318.

1925 *Kleine Beiträge zur Traumlehre*, Freud, Vienna, 1931, pp. 49~62.

1931 *Kleine Schriften zur Sexualtheorie und zur Traumlehre*, Freud, Vienna, 1931, pp. 354~368.

1940 *G. W.*, vol. 13, pp. 301~314.

(b) 영역판:

"Remarks upon the Theory and Practice of Dream-Interpretation"

1943 *International Journal of Psycho-Analysis*, vol. 24(1~2), pp. 66~71(제임스 스트라치 옮김)

1945 *Yb. Psychoan.*, vol. 1, pp. 13~30 (위의 번역을 재출간)

1950 *C. P.*, vol. 5, pp. 136~149 (위의 번역을 개정하여 재출간)

여기에 있는 번역은 1950년에 출간된 번역판을 수정하였으며 주를 추가하였다.

프로이트는 1921년 9월 하르쯔산(Harz mountains)에서의 도보여행 중에 이 논문에 있는 내용을 동료들에게 이야기해 주었다(Jones, 1957, 86쪽). 그 여행 중에 그는 다른 두 논문, 즉 1941d와 1922b (*Standard Ed.*, vol. 18, p. 175와 p. 223)도 읽어 주었다. 하지만 여기에 있는 논문은 사실 1년 후인 1922년 7월 가쉬타인(Gastein)에서 쓰여졌다(Jones, 1957, 93쪽). (Jones, 1955, 269쪽에는 저술연도가 '1923'년이라고 잘못 쓰여 있다.) 섹션 8과 10은 같은 시기에 쓰여진 『쾌락 원리를 넘어서(*Beyond the Pleasure Principle*)』(1920g)와 『군중 심리와 자아 분석(*Group Psychology*)』(1921c)에서 각각 논의된 '되풀이 강박(compulsion to repeat)'과 '자아 이상(ego ideal)'의 표명에 대한 프로이트의 관심을 반영한다.

『꿈의 해석*Traumdeutung*』의 최근 판들[1]이 스테레오판으로 인쇄되었다는 우연적인 사정 때문에 나는 다음의 소견을 그 텍스트[꿈의 해석]에 변경 사항 또는 삽입 사항으로 추가하지 않고 독립적으로 출간하게 되었다.

I

분석 중에 하나의 꿈을 해석하는 데 있어서 우리는 다양한 기법적 절차들 중에서 선택을 하게 된다.[2]

우리는 *a*) 연대기적으로 진행해서 꿈꾼 사람이 우리에게 꿈요소들을 이야기해 준 순서대로 각각의 꿈요소에 대해 연상들을 말해 달라고 할 수 있다. 이것은 원래의, 고전적인 방식이며 나는 이것이 자신의 꿈을 분석할 때에는 아직도 가장 나은 방식이라고 생각한다.

또는 우리는 *b*) 그 꿈 중에 꿈꾼 사람이 집어내는 두드러지는 하나의 요소에서부터 해석 작업을 시작할 수 있다. 예를 들어

---

1. 1921년과 1922년에 출판된 6판과 7판. [英]
2. 『정신분석 입문 강의 속편(*New Introductory Lectures*)』(1933a)의 29강의의 시작 부분에 있는 비슷한 논의를 참조하라. [英]
   『새로운 정신분석 강의(프로이트 전집, 2권)』, 임홍빈·홍혜경 옮김(열린책들, 2003), 29강의를 보라. [韓]

가장 눈에 띄는 부분이나 가장 명료한 부분 또는 감각적으로 가장 강렬했던 부분에서부터 시작할 수 있다. 또는 꿈속에 포함된 말[3]과 관련된 어떤 것에서 시작할 수 있는데 우리는 이 말에서 깨어있을 때의 말[4]에 대한 기억으로 인도될 것이라고 기대할 수 있다.

우리는 c) 우선 현시된 내용[5]을 완전히 도외시하고 대신 우리에게 이야기해 준 꿈에서 전날의 어떤 일이 연상되는지를 꿈꾼 사람에게 물어볼 수 있다.

마지막으로 우리는 d) 만약 꿈꾼 사람이 이미 해석 기법에 익숙하다면 그에게 지시를 전혀 내리지 않고 꿈에 대한 어떤 연상에서 시작할 것인지를 그에게 맡길 수 있다. 나는 이 기법들 중 어떤 것이 더 우수하고 일반적으로 더 좋은 성과를 산출할 수 있는지에 대해서는 내세울 의견이 없다.

II

비교할 수 없이 중요한 것은 해석 작업이 **높은 저항 압력하에서** 진행되는지 아니면 **낮은 저항 압력하에서** 진행되는지 여부이며 이에 대해서 분석가는 항상 오래지 않아 분명히 알게 된다. 높은 압력하에서 우리는 아마도 꿈이 어떤 것과 관련되어 있는지를 알아낼 수 있겠지만 그 꿈이 그것에 대해 무엇을 말하는지를 알 수는 없을 것이다. 그것은 우리가 멀리서 하는 대화 또는 소곤거리

* *

3. 꿈에서 실제로 말해진 것. [韓]
4. 꿈꾼 사람이 깨어있을 때 했거나 들은 말. [韓]
5. 현시된 꿈내용(manifester Trauminhalt). [韓]

는 대화를 들을 때와 마찬가지이다. 그때 우리는 꿈꾼 사람과의 공동 작업을 통해서 얻을 것이 별로 없다는 생각을 하게 되고 [그 꿈을 해석하는 데 있어서] 많은 노력을 들이지 않을 것이며 꿈꾼 사람을 많이 도와주려 하지 않을 것이다. 우리는 그럴듯해 보이는 몇몇 상징 번역Symbolübersetzungen/translations of symbols/상징 해석을 제시하는 것으로 만족하면 되는 것이다.

힘겨운 분석에서는 대다수 꿈들이 그런 식이어서 우리는 그것들로부터 꿈형성Traumbildung/dream-formation의 본성과 메커니즘에 대해 많은 것을 배울 수 없으며 도대체 이 꿈의 소원 성취Wunscherfüllung/wishfulfilment가 어디에 숨겨져 있느냐는 인기 있는 질문에 대한 정보는 더더욱 얻을 수 없다.

아주 극단적으로 높은 저항 압력하에서는 꿈꾼 사람의 연상이 깊어지는 대신 넓어지는 현상이 일어난다. 우리에게 이야기한 꿈에 대한 연상 — 이것이 우리가 바라던 것이다 — 대신에 항상 새로운 꿈 조각들이 나타나며 그 꿈 조각들에 대해서는 연상이 되지 않는다. 저항이 어느 정도의 한계 내에 유지될 때야 해석 작업에서의 익숙한 그림이 나타난다. 즉 일단 꿈꾼 사람의 연상들이 현시된 요소들로부터 멀리 **발산해서** 아주 많은 수의 테마들과와 표상 영역들Vorstellungskreise/ranges of ideas을 건드리게 되고 그 후 여기서부터 일련의 두 번째 연상들이 우리가 찾던 꿈–생각들Traumgedanken/dream-thoughts로 급속히 **수렴한다**.

이럴 때에야 분석가와 꿈꾼 사람 사이의 공동 작업도 가능하다. 높은 저항 압력하에서는 공동 작업이 전혀 적절하지 않다.

분석 중에 꾸게 되는 꿈 중 일부는 저항이 특별히 드러나지 않는데도 번역이 불가능하다. 그것은 근저에 놓여 있는 잠재된 꿈–생각들latente Traumgedanken/latent dream-thoughts이 자유롭게 가공될 수 있다는 것을 보여 주는 예이며, 아주 성공적으로 만들어졌고 예술적으로 마무리된 문학 작품에 비견할 만하다. 그런 작품에서도 우리는 근본적인 모티프들을 인식할 수는 있지만 그것들이 임의로 뒤섞여졌으며 변형되었다는 것을 발견할 수 있다. 치료에서 그런 꿈을 통해 우리는 꿈의 내용 자체를 고려하지 않으면서도 꿈꾼 사람의 생각과 기억에 대해 알 수 있게 된다.

III

만약 아주 날카롭게 구분하려 하지 않는다면 우리는 **위로부터의 꿈**과 **아래로부터의** 꿈을 구분할 수 있다. 아래로부터의 꿈은 (억압된) 무의식적 소원의 강렬함에 의해 촉발되며 그 소원은 임의의 낮의 잔재에 의해 표현된다. 그것은 억압된 것이 깨어있을 때의 생활에 침입하는 것에 상응한다. 위로부터의 꿈은 낮의 생각들 또는 낮의 의도들에 대응한다. 밤중에 그것들이 자아Ich/ego로부터 차단된, 억압된 것으로부터 힘을 얻어내는 데 성공한 것이다.[6] 이런 경우에 분석을 할 때 우리는 보통 이런 무의식적 조력자를

··

6. 프로이트는 데카르트(Descartes)의 몇몇 꿈에 대해 맥심 르로이(Maxime Leroy)에게 편지를 썼는데 이 편지에서 '위로부터의 꿈'에 대해 좀 더 다룬다(1929b). 그는 이미 『꿈의 해석』(1900a)에서 이런 꿈의 존재에 대해 주목했었다. *Standard Ed.*, vol. 5, p. 560. [英]

『꿈의 해석(프로이트 전집, 4권)』, 김인순 옮김(열린책들, 2003), 649쪽을 보라. [韓]

무시하고도 잠재된 꿈–생각들을 깨어있을 때의 생각들의 구조에 맞춰 넣는 데 성공한다. 이런 구분 때문에 꿈 이론을 수정할 필요는 없다.

IV

상당수의 분석에서 또는 한 분석의 어떤 기간들 동안에 꿈생활이 깨어있을 때의 생활에서 분리되는 것을 보이는 경우가 있다. 이는 **연재 소설**continued story(백일몽 소설[7])을 만들어내는 환상 활동이 깨어있을 때의 생각들에서 분리되는 것과 비슷하다. 이전의 꿈에서 가볍게 다루어진 어떤 요소를 중심으로 삼아 다른 꿈이 만들어져서 연결되는 경우 등이 있을 수 있다. 하지만 훨씬 더 자주 있는 경우는 꿈들이 서로 연결되는 대신 꿈들이 깨어있을 때의 연속되는 생각의 조각들 사이에 삽입되는 경우이다.

V

하나의 꿈에 대한 해석은 두 단계로 나누어진다: 꿈을 번역하는 단계와 그 꿈을 평가하거나 이용하는 단계. 첫 번째 단계를 진행 중일 때 우리는 두 번째 단계에 대한 어떤 고려에 의해서도 영향을 받지 않도록 해야 한다. 이것은 예컨대 **리비우스**Livius/Livy[8]와 같은 저자에 의해 외국어로 쓰여진 [책의] 한 장Kapitel/chapter이 우리

· ·

7. Tagtraumroman/novel in day-dreams. 백일몽이 연재 소설처럼 쭉 이어지는 것을 말하는 듯하다. [韓]
8. 로마의 역사가. [韓]

앞에 놓인 경우와 같다. 우리는 우선 **리비우스**가 그 장에서 어떤 것을 이야기하는지를 먼저 알아야 할 것이다. 그 후에야 우리는 우리가 읽은 것이 역사적 사실에 대해 쓴 것인지 전설인지 아니면 저자가 샛길로 빠진 것인지에 대해 논의할 수 있는 것이다.

그런데 우리는 제대로 번역된 꿈에서 어떤 결론을 끌어낼 수 있는가? 나는 분석적 실천에서 이와 관련하여 오류와 과대평가를 항상 피하지는 못했다는 인상을 받는다. 게다가 이는 부분적으로는 "비밀에 싸인 무의식"을 과도하게 존중하기 때문이다.

우리는 꿈이 대개는 다른 생각들과 마찬가지로 그냥 생각일 뿐이며 검열이 이완된 것과 무의식적 강화 때문에 가능해졌으며 검열의 작용과 무의식적 가공Bearbeitung/revision/개작으로 왜곡되었다는 것을 너무 쉽게 잊는다.[9]

소위 회복의 꿈의 예를 들어보자. 만약 환자가 신경증의 제한에서 벗어나는 것처럼 보이는, 예컨대 공포증을 극복하거나 감정적 속박을 포기하는, 그런 류의 꿈을 꾸게 되면 우리는 그가 커다란

* *

9. 프로이트는 종종 꿈이 단지 '생각의 한 형태'일 뿐이라고 주장했다. 예를 들어 그의 「정신분석 운동의 역사에 대하여(History of the Psycho-Analytic Movement)」(1914d), *Standard Ed.*, vol. 14, p. 65, 「질투, 망상증 그리고 동성애에서의 몇몇 신경증적 메커니즘에 대하여(Some Neurotic Mechanisms)」(1922b), *Standard Ed.*, vol. 18, p. 229 그리고 『꿈의 해석』 1925년 판에 추가된 긴 각주, *Standard Ed.*, vol. 5, pp. 506~507을 보라. [英] 「정신분석 운동의 역사」, 『정신분석학 개요(프로이트 전집, 15권)』, 박성수·한승완 옮김(열린책들, 2003), 127쪽을 보라.
「질투, 편집증 그리고 동성애의 몇 가지 신경증적 메커니즘」, 『정신 병리학의 문제들(프로이트 전집, 10권)』, 황보석 옮김(열린책들, 2003), 182쪽을 보라.
『꿈의 해석(프로이트 전집, 4권)』, 김인순 옮김(열린책들, 2003), 590쪽의 주)310을 보라. [韓]

진전을 이루었으며 새로운 삶의 상태를 위한 준비가 되어 있으며 이제 건강을 기대하고 있다는 식으로 믿는 경향이 있다. 많은 경우에 그것이 옳을 수도 있다. 하지만 마찬가지로 많은 경우에 그런 회복의 꿈은 편리한 꿈의 가치밖에 없을 수 있다.[10] 그것은 바로 앞에 닥쳤다고 느껴지는 분석 작업의 진전을 회피하기 위해 '마침내 다 나았다'라는 소원을 품는 것을 뜻할 뿐일 수도 있는 것이다. 이런 의미에서 회복의 꿈은 예를 들어 환자가 전이의 새로운 단계 ─ 그에게는 괴로운 단계 ─ 에 접어들 때 꿀 가능성이 아주 크다. 그는 계속되는 분석에서 말해야 할 것들에서 유래하는 모든 곤혹스러움에서 벗어나기 위해 분석을 몇 시간 동안밖에 안 했는데도 다 나았다고 선언하는 많은 신경증 환자와 아주 비슷하게 처신하고 있는 것이다. 군의관의 치료 때문에[11] 병이 든 상태가 전선에서 복무하는 것보다 더 견디기 힘들다는 것을 깨닫고는 증상을 포기하는 전쟁신경증 환자Kriegsneurotiker/sufferers from war neuroses도 같은 경제적 조건ökonomische Bedingungen/economic laws을 따르는 것이며 두 경우 모두 회복은 오래가지 못한다.[12]

● ●

10. 『꿈의 해석』, *Standard Ed.*, vol. 4, p. 123 이하를 보라. 이런 꿈과 아래 섹션 7의 '확증하는(corroborative)' 꿈의 사례들과 그에 대한 논의는 여성 동성애의 사례(1920a)의 섹션 3, *Standard Ed.*, vol. 18, pp. 164~166을 보라. [英]
　　『꿈의 해석(프로이트 전집, 4권)』, 김인순 옮김(열린책들, 2003), 165쪽을 보라. 「여자 동성애가 되는 심리」, 『늑대 인간(프로이트 전집, 9권)』, 김명희 옮김(열린책들, 2003), 372~374쪽을 보라. [韓]
11. 치료가 너무 괴로워서. [韓]
12. 전쟁 신경증 치료에 대한 프로이트의 기록(1955c[1920]), *Standard Ed.*, vol. 17, pp. 213~214를 참조하라. [英]

VI

제대로 번역된 꿈의 가치에 대해 일반적으로 결론을 내리기란 결코 그리 쉽지 않다. 만약 환자에게 양가감정의 갈등이 존재한다면 그에게 적대적인 생각이 떠오른다고 해도 그것이 애정어린 충동을 영구히 극복한 것을 의미하는 것은 분명 아니며 따라서 갈등이 결판났다고 할 수 없다. 마찬가지로 적대적인 내용을 가진 꿈에서도 그것은 마찬가지이다. 그런 양가감정의 갈등에 빠져 있을 때에는 종종 매일 밤에 서로 다른 입장을 취하는 두 개의 꿈을 꾼다. 이때 두 개의 대립되는 충동들이 성공적으로 철저하게 분리되어서 둘 모두 무의식적 강화의 도움으로 그 극단까지 추적되고 이해될 수 있다면 그것은 진전이라고 할 수 있다. 가끔 양가적인 두 꿈[3] 중 하나를 잊어버리기도 하는데 우리는 이때 이것에 속아서 이젠 한 쪽 편이 이기는 쪽으로 결판이 났다고 생각해서는 안 된다. 물론 하나의 꿈이 잊혀졌다는 것은 잠시 한 쪽 경향이 우세해졌다는 것을 나타낸다. 하지만 그것은 하루 동안만 유효할 뿐이고 바뀔 수도 있다. 바로 다음 날 밤에는 아마도 반대되는 것이 전면에 표출될 수도 있을 것이다. 갈등이 진짜로 어떤 상태에 있는가는 깨어있을 때의 생활을 포함하여 다른 모든 정보를 고려할 때만 알아낼 수 있다.

• •

13. 두 꿈 모두 양가적이라는 말이 아니다. 예컨대 하나는 사랑을 나타내는 꿈이고 다른 하나는 미움을 나타내는 꿈인 경우를 말하는 것이다. [韓]

VII

꿈의 가치평가에 대한 문제는 꿈이 의사의 "암시"에 어느 정도로 영향을 받느냐는 문제와 밀접히 연관되어 있다. 이런 가능성을 언급하면 분석가는 아마도 처음에는 깜짝 놀랄 것이다.[14] 하지만 좀 더 고찰해 보면 이 놀라움은, 환자의 꿈에 영향을 미치는 것이 환자의 의식적 생각을 유도Lenkung/guiding하는 것보다 더 분석가에게 불행이나 오점이 될 것이 없다는 인식에 분명히 자리를 내줄 것이다.

꿈의 현시된 내용이 분석 치료에 의해 영향을 받는다는 사실은 굳이 입증할 필요조차 없다. 그것은 꿈이 깨어있을 때의 생활을 실마리로 삼으며 깨어있을 때의 생활에서의 자극을 가공한다는 사실을 깨닫는 것으로부터 충분히 도출될 수 있다. 분석 치료 중에 일어나는 일도 물론 깨어있을 때의 생활에서 받는 인상에 속하며 곧 가장 강력한 인상에 속하게 된다. 따라서 환자가, 의사가 그와 논의한 것과 의사가 그에게 불러일으킨 기대에 대한 꿈을 꾼다 해도 그것은 놀랄 만한 일이 아니다. 하여튼 그것은 "실험적인" 꿈이라는 잘 알려진 사실이 함의하는 것보다 더 놀라운 것은 아니다.[15]

· ·

14. 『정신분석 입문 강의』(1916~1917)의 15번째 강의의 끝부분에 있는 문단 '4'를 참조하라. [英]
   『정신분석 강의(프로이트 전집, 1권)』, 임홍빈·홍혜경 옮김(열린책들, 2003), 326쪽을 보라. [韓]
15. 『꿈의 해석』, Standard Ed., vol. 4, p. 181의 주와 Standard Ed., vol. 5, p. 384를 보라. [英]
   『꿈의 해석(프로이트 전집, 4권)』, 김인순 옮김(열린책들, 2003), 228쪽의 주)20과 455쪽을 보라. [韓]

이제 우리의 관심은 해석을 통해 찾아내려 하는 잠재된 꿈—생각들 역시 분석가에 의해 영향이나 암시를 받을 수 있는지 여부로 옮겨간다. 그에 대한 대답은 다시 한번 다음과 같아야 한다: 당연히 그렇다. 왜냐하면 이런 잠재된 꿈—생각들 중 일부는 전의식적인vor-bewußt/preconscious, 완전히 의식될 수 있는 사고형성물Gedankenbildun-gen/thoughformations에 대응하며 어쩌면 꿈꾼 사람이 깨어 있을 때도 이런 사고형성물로 의사의 자극에 반응했었을 수도 있기 때문이다. 피분석자의 응답이 이런 자극에 맞장구치는 것이든 아니면 거역하는 것이든. 꿈을 그 속에 포함된 꿈—생각들로 대체해 보면 우리가 꿈에 어느 정도로 암시를 줄 수 있는지에 대한 물음은 더 일반적인 물음, 즉 분석에서 환자에게 어느 정도로 암시를 줄 수 있는지에 대한 물음과 상통한다.

　우리는 꿈형성의 메커니즘 자체에는 즉 본래적 의미의 꿈작용 Traumarbeit/dream-work에는 전혀 영향을 끼칠 수 없다. 우리는 이에 대해 확신할 수 있을 것이다.

　위에서 언급한 전의식적 꿈—생각들의 부분 이외에도 모든 제대로 된richtig/true 꿈에는 그 꿈의 형성을 가능하게 하는 데 도움이 된 억압된 소원 충동에 대한 힌트가 포함되어 있다. 의심 많은 사람은 이에 대해 그것이 꿈에 나타나는 이유는 꿈꾼 사람이, 자신이 그것을 [꿈에] 나타나게 해야 함을 그리고 분석가가 그것을 기대하고 있음을 알고 있기 때문이라고 할 것이다. 분석가 자신은 다른 식으로 생각할 훌륭한 근거가 있다.

　만약 꿈꾼 사람의 과거의 장면으로 해석될 수 있는 상황이 꿈에 나타난다면 이런 꿈내용에도 의사의 영향이 관여될 수 있는지 여부에 대한 물음은 특히 중요해 보인다. 소위 **확증하는**bestäti-gend/corroborative, 분석을 뒤따라오는 꿈에서 이 물음은 초미의 관심사이다.[16] 많은 환자들에게서 우리는 이런 꿈만 보게 된다. 그들은 우리가 증상, 연상, 암시Andeutungen/signs[17]로부터 그것[어린 시절의 경험]을 [재]구성해서 그에게 말해 준 다음에야 어린 시절의 잊혀진 경험을 재생산해 낸다.[18] 그러면 확증하는 꿈을 꾸게 되는 것이다. 이에 대해서는, 그것은 꿈꾼 사람의 무의식이 드러난 것이 아니라 의사의 자극에 대해 꿈꾼 사람이 환상을 만들어낸 것에 불과하므로 전혀 증거로서의 힘이 없을지도 모른다는 의혹이 생길 수 있다.[19] 우리는 분석에서 이런 모호한 상황을 피할 수 없다. 왜냐하면 이런 환자들의 경우에 우리가 해석하고 구성해서 말해주지 않으면 억압된 것에 접근할 수가 없기 때문이다.

이런 뒤따라오는, 확증하는 꿈에 대한 분석에 이제까지 잊혀져 있던 것을 기억했다는 느낌이 곧바로 연결될 때 상황은 유리해진다.

그러면 회의론자는, 그것은 기억했다는 착각에 불과하다고 말함으로써 빠져나가려 할 것이다. 대개는 그런 식의 기억했다는 느낌

• •

16. 꿈해석 기법에 대한 논문(1911e)을 보라. *Standard Ed.,* vol. 12, p. 96. [英]
   이 책의 27~28쪽을 보라. [韓]
17. andeuten은 '변죽을 울리다'를 뜻하기도 한다. [韓]
18. 프로이트의 말년의 논문 「분석에서의 구성(Constructions in Analysis)」(1937d)을 보라. [英]
   이 책의 16장 「분석에서의 구성」을 보라. [韓]
19. 여기서 '무의식이 드러난'은 꿈을 꾸는 것을 통해 무의식이 드러난다는 말이다. 마찬가지로 '환상을 만들어낸'도 꿈을 꾸는 것을 가리킨다. [韓]

도 없다. 억압된 것은 조금씩만 통과될 뿐이며 [재구성이] 조금만 불완전해도 확신의 형성은 억제되거나 지연된다. 게다가 우리가 다루는 것은 실제로 있었던 잊혀진 사건의 재생산이 아니라 무의식적 환상을 드러내는 것Förderung/bringing forward[20]일 수 있다. 그렇다면 기억했다는 느낌은 기대할 수도 없으며 언젠가는 주관적인 확신감이 들 것이라는 가능성 정도만 남겨둘 수 있다.

그렇다면 확증의 꿈이 진짜로 암시의 결과 — 따라서 호의의 꿈 — 일 수 있는가? 확증의 꿈만 꾸는 환자는 또한 의심이 저항에서 주된 역할을 하는 환자이기도 하다. 우리는 이런 의심을 권위로써 억누르거나 논증을 통해 격파하려 하지 않는다. 그런 의심은 분석이 더 진행되면서 해결될 때까지 내버려두어야 한다. 분석가 역시 몇몇 경우에는 그런 의심을 품을 수 있을 것이다. 결국 그가 확신하게 되는 것은 바로 주어진 과제의 복잡성 때문이다. 이는 아이들 놀이의 일종인 "퍼즐Puzzles/jig-saw puzzle/조각 그림 맞추기"을 푸는 것에 비유할 수 있다. 컬러로 된 그림이 조그만 나무판에 붙여진다. 그 나무판은 나무틀에 딱 맞게 들어간다. 그리고 그 나무판은 아주 불규칙한 곡선으로 많은 조각으로 나뉜다. 마구 뒤섞인 나뭇조각들 — 각 조각에는 알 수 없는 그림 조각이 있다 — 을 짜맞추어서 의미 있는 그림이 되었고 그림 조각들 사이의 이음매에 틈이 없으며 나무틀을 완전히 채우는 데 성공했다면 이 모든 조건을 만족시켰다는 것에서 우리는 퍼즐이 풀렸다는 것과 다른 식의

* *

20. Förderung은 '(광산에서의) 채굴'을 뜻한다. [韓]

풀이는 없다는 것을 알 수 있다.

아직 분석 작업이 완성되지 않았다면 이런 비유는 물론 피분석자에게 아무런 의미가 없다. 내가 이례적인 양가적 태도Ambivalenz-instellung/ambivalent attitude가 아주 강력한 강박적 의심으로 표출되었던 어떤 환자와 나누게 되었던 논쟁을 여기서 떠올려 볼 수 있겠다. 그는 그의 꿈에 대한 내 해석에 이의를 제기하지 않았으며 내가 그 전에 그에게 이야기해 주었던 나의 추측과 그 해석이 부합한다는 사실에 매우 큰 인상을 받았다. 하지만 그는 이 확증하는 꿈이 나에 대한 그의 순종의 표현일 수도 있지 않느냐고 질문했다. 이 꿈들이 내가 예상하지도 못한 세부 사항을 많이 드러내었으며 치료에서 그가 보통 보여 주었던 태도가 순종과는 거리가 멀었다는 것을 내가 내세우자 그는 방향을 돌려 다른 이론을 취했다. 즉 내 구성을 그가 받아들일 수 있어야 회복의 전망이 있다고 내가 말했기 때문에 건강해지고자 하는 그의 나르시시즘적 소원이 그런 꿈을 만들어내지 않았냐는 것이다. 나는 아직 꿈형성의 그런 메커니즘을 접해본 적이 없다고 대답할 수밖에 없었다. 그런데 다른 경로를 통해 결론에 도달할 수 있었다. 그는 분석을 시작하기 전에, 사실 분석이란 것에 대해 들어보기도 전에 꾼 꿈들을 기억해 냈으며 암시에 의해 만들어졌다는 의혹으로부터 자유로운 이 꿈들을 분석하자 이후에 꾼 꿈들과 동일하게 해석되었다. 이의제기하고자 하는 그의 강박은, 이전의 꿈들은 치료 중에 꾼 꿈보다 덜 명료하다고 함으로써 여전히 새로운 출구를 찾았지만 나는 [둘 사이의] 부합에 만족했다. 정신분석이란 것이 존재하기도 전에 사람들은 이미 꿈을 꾸곤 했다는 사실을 가끔은 상기해 보는 것도 괜찮은 일이라고 나는 생각한다.

VIII

정신분석 중에 꾸는 꿈에서는 이 상황[분석 상황] 밖에서 꾸는 꿈보다 억압된 것이 더 풍부한 정도로 나타날 수 있다. 하지만 두 상황은 비교가 불가능하기 때문에 이것을 입증할 수는 없다. 분석에서 [꿈을] 이용하는 것은, 꿈의 원래 의도와는 아주 상관없는 의도를 위한 것이다. 그에 반해[21] 분석 안에서는 다른 수단의 도움에 의한 것보다 꿈과 연관하여 억압된 것이 훨씬 더 많이 드러난다는 것에는 의심의 여지가 없다. 이런 초과 능률이 가능하기 위해서는 다른 때보다 잠자고 있는 상태에서 분석의 의도를 더 잘 촉진하는 동력 즉 무의식적 힘이 있어야 할 것이다. 이와 관련하여 우리는 부모 콤플렉스에서 유래한, 피분석자의 분석가에 대한 순종 즉 우리가 전이라고 부르는 것 중 긍정적인 부분 이외에 다른 요인을 생각할 수 없다. 사실 잊혀지고 억압된 것들을 재생해 내는 많은 꿈에서 꿈 형성의 원동력이 되는 다른 어떤 무의식적 소원을 발견할 수 없다. 따라서 누군가가 분석에서 이용될 수 있는 대개의 꿈이 호의의 꿈이며 암시에서 비롯되었다고 주장하고자 한다면 분석이론의 관점에서 볼 때 그것에 반대할 이유가 없다. 여기서는 『정신분석 입문 강의*Vorlesungen zur Einführung*/*Introductory Lectures*』[22]에 있는 자세

● ●

21. '두 상황은 비교가 불가능하기 때문에 이것을 입증할 수는 없'는 것에 반해. [韓]
22. (1916~1917), 28번째 강의. [英]

한 논의를 참조하라고만 하겠다. 그곳에서 나는 전이와 암시의 관계를 다루었으며 우리가 쓰는 의미의 암시 작용을 인정한다 해도 우리의 성과 신뢰성은 별로 손상되지 않는다는 것을 보여 주었다.

나는 『쾌락 원리를 넘어서』*Jenseits des Lustprinzips/Beyond the Pleasure Principle*[23]라는 글에서 초기 유아기의 성적 시기[frühinfantile Sexualperi-ode/early infantile sexual period]의 어느 모로 보나 고통스러운 경험이 어떻게 일종의 재생산에 성공하느냐는 경제적 문제를 다룬 바 있다. 나는 "되풀이 강박[Wiederholungszwang/compulsion to repeat]"하에 있는 그 고통스러운 경험에 이례적으로 강력 부력[Auftrieb/upward drive]이 있어서, 그 고통스러운 경험을 내리누름으로써 쾌락 원리에 봉사하는 억압을 극복해 낸다는 것을 — 하지만 "억압을 느슨하게 만드는 치료 작업이 마중 나오기" 전에는 극복하지 못한다 — 인정 할 수밖에 없었다.[24] 우리는 되풀이 강박에 이런 도움을 주는 것이 긍정적 전이라는 사실을 여기에 덧붙일 수 있을 것이다. 치료와 되풀이 강박 사이에 동맹이 맺어져서 우선은 쾌락 원리에 맞서지만 결국에는 현실 원리의 지배를 세우려 한다. 내가 그곳에서 상술했듯 이 되풀이 강박이 이 동맹의 의무를 저버리는 경우가 그리고 꿈–이

* •

『정신분석 강의(프로이트 전집, 1권)』, 임홍빈·홍혜경 옮김(열린책들, 2003), 28강 의를 보라. [韓]

23. (1920g), *Standard Ed.,* vol. 18, p. 18 이하. [英]
「쾌락 원칙을 넘어서」, 『정신분석학의 근본 개념(프로이트 전집, 11권)』, 윤희기 옮김(열린책들, 2003), 284쪽 이하를 보라. [韓]
24. 『독일어판 전집 13권(Ges. Werke, Bd. XIII)』. [獨]

미지의 형태로 억압된 것이 되돌아오는 것Wiederkehr des Verdrängten/return of the repressed으로는 만족하지 않는 경우가 너무나 자주 발생한다.

IX

이제껏 내가 본 바로는 외상성 신경증traumatische Neurose/traumatic neurosis에서의 꿈이 꿈의 소원 성취 경향에 대한 유일한 진짜 예외[25]이며 처벌꿈Strafträume/punishment dreams이 유일한 외견상의 예외[26]임이 드러났다. 후자의 경우에는 잠재된 꿈–생각들 중 사실상 아무것도 현시된 꿈내용에 받아들여지지 않는 기묘한 상황이 벌어진다. 대신 아주 다른 어떤 것, 꿈–생각들에 대한 반작용 형성Reaktionsbildung/reaction-formation/반동 형성이라 기술될 수 있는 것, 꿈–생각들에 대한 거부 또는 거센 항의라고 기술될 수 있는 것이 들어선다. 우리는 꿈에 대한 이러한 간섭을 비판적인 자아심급Ichinstanz/agency of the ego의 탓으로 돌릴 수밖에 없을 것이다. 그리고 무의식적 소원 성취에 의해 자극된 자아심급이 잠자고 있는 상태에서도 잠시 복구되었다는 것을 받아들여야 할 것이다. 이런 바라지 않던 꿈내용에 잠에서 깨어남으로써 반응할 수도 있었다. 하지만 처벌꿈을 만듦으로써 잠이 방해받는 것을 피할 수 있는 길을 찾아낸 것이다.

• •

25. *Standard Ed.*, vol. 18, p.32와 다음 쪽. [英]
    「쾌락 원칙을 넘어서」, 『정신분석학의 근본 개념(프로이트 전집, 11권)』, 윤희기 옮김(열린책들, 2003), 302쪽을 보라. [韓]
26. *Standard Ed.*, vol. 5, p. 557과 다음 쪽. [英]
    『꿈의 해석(프로이트 전집, 4권)』, 김인순 옮김(열린책들, 2003), 646쪽을 보라. [韓]

따라서 예컨대 내가『꿈의 해석』[27]에서 언급했던 작가 로제거 Rosegger의 유명한 꿈들에는 억제된 텍스트 — 오만하고 과시적인 내용으로 된 — 가 [숨겨져] 있다고 추측할 수 있을 것이다. 하지만 실제 꿈은 그를 다음과 같이 꾸짖는다: "너는 무능한 수습 재단사야." 이 현시된 꿈의 원동력이 된 억압된 소원 충동을 찾으려 한다면 그것은 물론 어리석은 일일 것이다. 우리는 자기비판의 소원이 성취되었다는 것에 만족해야 할 것이다.

꿈왜곡Traumentstellung/dream-distortion이 어떤 특정 요소 대신에 어떤 의미에서든 반대되거나 대립되는 것을 삽입함으로써 검열에 봉사하는 일에 얼마나 숙달되어 있는지를 생각해 본다면 꿈의 이런 식의 구성이 덜 당혹스러울 것이다. 그로부터 조금만 더 나아가면 꿈내용의 어떤 특징적인 부분을 방어적인 항의로 대체하는 것이 되고 거기서 더 나아가면 아주 저속한 꿈내용을 처벌꿈으로 대체하는 것으로 이끌린다. 현시된 내용에 대한 이런 중간 정도의 변조에 대해서는 특징적인 사례를 한두 개 들어보도록 하겠다.

다음은 아버지에게 강력하게 고착되어 있었으며 분석 중에 말하는 것을 힘들어했던 어떤 소녀의 꿈 중 일부다: 그녀는 기모노만 입고 여자 친구와 함께 방 안에 앉아 있었다. 어떤 아저씨가 들어와서 그녀는 부끄러웠다. 하지만 그 아저씨는 이렇게 말했다: "이 소녀는 우리가 언젠가 아주 예쁘게 차려입은bekleidet 것을 보았

- -
27.『독일어판 전집 2/3권(Ges. Werke, Bd. II/III)』. [獨]
   Standard Ed., vol. 5, pp. 473~474. [英]
   『꿈의 해석(프로이트 전집, 4권)』, 김인순 옮김(열린책들, 2003), 554쪽을 보라. [韓]

던 그 소녀로군." 그 아저씨는 내[프로이트]이며 더 소급해 들어가면 그녀의 아버지이다. 우리가 그 아저씨의 말에서 가장 중요한 요소를 반대되는 것으로 대체하려 하지 않는다면 이 꿈에 대한 어떤 해명도 불가능하다: "이 소녀는 내가 언젠가 **벌거벗은**unbekleidet/undressed[28] 모습이 아주 예쁜 것을 보았던 그 소녀로군." 그녀는 어렸을 적에 세 살에서 네 살까지 한동안 아버지와 같은 방에서 잤으며 모든 징후가 당시 그녀가 아버지의 마음에 들기 위해 이불을 걷어차곤 했다는 것을 가리키고 있다. 그녀의 노출증적 쾌락에 대한 그때부터의 억압이 오늘날 치료에서의 그녀의 폐쇄성, 즉 자신을 드러내 보이는 것에 대한 불쾌감의 동기가 되었다.

다음은 같은 꿈의 다른 장면이다: 그녀는 인쇄되어 앞에 놓여 있는 자신의 병력을 읽는다. 거기에는 '한 젊은 남자가 자신의 애인을 살해한다 — 카카오 — 그것은 항문 에로티즘에 속한다'라고 쓰여 있다. 마지막 것은 그녀가 꿈에서 카카오가 언급되자 했던 생각이다.[29] 이 꿈조각에 대한 해석은 앞의 것보다 더 어렵다. 마침내 그녀가 잠들기 전에 「유아기 신경증의 병력Geschichte einer

. .

28. 앞의 문장에 있는 단어 bekleidet(옷을 입은, 차려입은)에 un-을 붙여서 unbekleidet(옷을 입지 않은, 벌거벗은)로 바꾸었다. [韓]

29. 독일어 단어 'Kakao(카카오)'는 '똥(faeces)'을 뜻하는 유아어 'Kaka(응아)'를 암시한다. 「성격과 항문 에로티즘(Character and Anal Erotism)」(1908b)의 각주에 이와 같은 연관에 대한 예가 있다. *Standard Ed.*, vol. 9, p. 172. [英]
　　「성격과 항문 성애」, 『성욕에 관한 세 편의 에세이(프로이트 전집, 7권)』, 김정일 옮김(열린책들, 2003), 193쪽을 보라. [韓]

infantilen Neurose/History of an Infantile Neurosis」(소논문집 5권)[30]을 읽었다
는 것을 알게 되었다. 거기서는 실제로든 환상에서든 부모의 성교
장면을 목격한 것이 주된 내용을 이루고 있었다. 이전에 그녀는
개인적으로 이 병력과 관련되어 있었으며 이것은 그녀에게서도
그런 목격이 연관되어 있다는 유일한 징후가 아니었다. 자신의
애인을 살해한 젊은 남자는 성교 장면을 사디즘적으로 파악했다는
것을 분명히 암시한다. 하지만 그다음의 요소, 즉 카카오는 그로부
터 멀리 떨어져 있다. 카카오로부터 그녀는 그녀의 어머니가 카카
오를 마시면 두통이 생긴다는 말을 하곤 했으며 다른 부인들로부터
도 같은 말을 들은 적이 있다는 것만을 연상할 수 있었다. 게다가
그녀는 한동안 그런 두통을 통해서 어머니와 동일시한 적이 있다.
이제 나는 두 꿈요소가 성교에 대한 목격에서 나올 수 있다는
결론으로부터 다른 곳으로 주의를 돌리려 한다고 가정하는 것
말고는 두 꿈요소 사이의 다른 연관을 찾을 수 없다. 아냐, 그것은
애 낳는 것하고 관계가 없어. 아기는 (옛날이야기에서처럼) 사람이
먹는 어떤 것에서 만들어지는 거야. 그리고 꿈에서의 항문 에로티
즘에 대한 언급[31] ─ 이것은 해석 시도처럼 보인다 ─ 은 항문으로
의 출산을 덧붙임으로써 그녀가 도움을 구했던 [성과 출산에 대한]

. .
30. (1918b). [英]
    「늑대 인간─유아기 신경증에 관하여」, 『늑대 인간(프로이트 전집, 9권)』, 김명희
    옮김(열린책들, 2003). [韓]
31. 꿈에서 '카카오'를 보자 '그것은 항문 에로티즘에 속한다'라고 생각한 것을 말하는
    듯하다. 이것이 자유연상과 비슷하기 때문에 꿈에서 해석을 시도한 것처럼 보인다고
    한 것 같다. [韓]

유아기적 이론을 완성한다.

X

우리는 가끔 사람들이 현시된 꿈에서 꿈꾼 사람의 자아가 두 번 또는 그 이상 — 어떤 때는 자기 자신으로, 어떤 때는 다른 인물들 뒤에 숨어서 — 나타나는 것에 대해 놀라움을 표하는 것을 듣게 된다.[32] 꿈이 만들어지는 동안 이차 가공이 극적 상황[33]에는 어울리지 않는 이런 자아의 다수성을 없애버리려 한다는 것이 명백하다. 하지만 그것은 분석 작업을 통해 재구성될 수 있다. 깨어있을 때의 생각에서도 자아가 다수로 출현하기도 하기 때문에 자아의 다수성 그 자체는 기묘할 것이 없다. 특히 우리는 자아를 주체와 객체로 나누어서 관찰하고 비판하는 심급Instanz/agency과 다른 부분[자아의 관찰당하고 비판 당하는 부분]을 대립시킬 수 있으며 현재의 존재와 회상된 과거의 존재 — 이것도 역시 한때는 자아였었다 — 를 비교할 수 있다. 예컨대 다음의 문장들을 보라: **"내가ich/I** 이 사람에게 무엇을 했는지에 대해 **내가** 생각할 때" 또는 "나도 역시 한때는 어린이였다는 것에 대해 **내가** 생각할 때." 하지만 꿈에서 나타나는 모든 인물을 자신의 자아의 분열된 일부라고 보거나 자신의 자아를 대리하는 것으로 본다면 그것은

• •

32. 『꿈의 해석』을 보라. *Standard Ed.*, vol. 4, p. 323. 1925년에 프로이트는 이하에 나오는 내용의 요지를 갖는 문장을 원래의 구절에 추가했다. [英]

『꿈의 해석(프로이트 전집, 4권)』, 김인순 옮김(열린책들, 2003), 385쪽을 보라. [韓]

33. 꿈은 보통 연극에서처럼 꿈꾸는 사람의 눈 앞에 펼쳐진다. [韓]

무의미하고 정당화될 수 없는 사변이기 때문에 받아들일 수 없다. 자아가 관찰하고 비판하며 처벌하는 심급(자아 이상[34])으로부터 분리된다는 것을 꿈해석에서도 고려해야 한다는 것을 분명히 한다면 우리에겐 그것으로 충분하다.

---

34. Ichideal/ego ideal. [韓]

15. 끝낼 수 있는 분석과 끝낼 수 없는 분석

표준판 편집자 주

Die endliche und die unendliche Analyse
Analysis Terminable and Interminable

(a) 독일어판:
1937 *Internationale Zeitschrift für Psychoanalyse*, vol. 23(2), pp. 209~240.
1950 *G. W.*, vol. 16, pp. 59~99.

(b) 영역판:
"Analysis Terminable and Interminable"
1937 *International Journal of Psycho-Analysis*, vol. 18(4), pp. 373~405(조운 리비어 옮김.)
1950 *C. P.*, vol. 5, pp. 316~357 (위의 번역을 개정하여 재출간)

여기 있는 번역은 1950년도에 출간된 것을 수정한 것이다. 원본 독일어판의 6번째 섹션의 마지막 여덟 개 반의 문단은 1937년 가을에 *Almanach der Psychonalyse*(『정신분석 연감』, 1938), pp. 44~50에 재출판 되었다.

이 논문은 1937년 초에 쓰여서 6월에 출간되었다. 이것과, 이어지는 「분석에서의 구성(Constructions in Analysis)」(1937d)은 좁은 의미의 정신분석적 글로는 프로이트가 그의 인생에서 마지막으로 쓴 글이다. 비록 기법의 문제에 대해 다른 글에서도 다루긴 했지만 순전히 기법적인 것만 다룬 글을 출간한 지는 20년 가까이 지난 상태였다.

프로이트가 이전에 정신분석 요법의 메커니즘(workings)에 대해 주로 논한 곳은 『정신분석 입문 강의(*Introductory Lectures*)』(1916~1917)의 27강의와 28강의였다. 그는 『정신분석 입문 강의 속편(*New Introductory Lectures*)』(1933a)의 34강의에서 그 주제를 훨씬 짧게 다시 다룬다. 이런 이전의 저작들을 본 독자들은 이 글과 이전의 저작들의 다른 점으로 보이는 것 때문에 때때로 충격을 받을 것이며 이 뚜렷한(apparent)[1] 불일치에 대해 조사해 보고 싶어질 것이다.

전체적으로 이 논문은 정신분석의 치료적 효능과 관련해서 비관적인 인상을 준다.

• •

1. apparent는 '외관상의'를 뜻하기도 한다. [韓]

프로이트는 그 한계를 끊임없이 강조하고 [분석 치료] 절차에서의 어려움과 [분석 치료] 과정에 장애가 되는 것들을 역설한다. 실로 이것들이 이 논문의 주된 테마를 형성한다. 하지만 사실 여기에 혁명적으로 다른 점은 없다. 프로이트는 분석이 성공하는 데 방해가 되는 것들에 대해 언제나 잘 알고 있었고 언제나 그것들을 연구할 준비가 되어 있었다. 게다가 그는 언제나 정신분석의 치료와 관계되지 않는 관심사(non-therapeutic interests of psycho-analysis)—그것은 그가 개인적으로 선호했던 것이기도 했다—의 중요성에 열정적으로 주의를 환기시켰는데 특히 그의 인생의 후기에 더 그랬다. 『정신분석 입문 강의 속편(New Introductory Lectures)』(1933a)에 있는 기법에 대한 짧은 논의에서 그가 '치료광인 적이 한 번도 없었다(never been a therapeutic enthusiast)'라고 쓴 것을 기억할 수 있을 것이다(Standard Ed., vol. 22, p. 151[2]). 그러므로 이 논문에서 정신분석의 치료 야심에 대해서 냉정한 태도를 보인다거나 그것이 직면하는 어려움들을 열거한 것이 예기치 못한 내용도 아니다. 아마 우리를 놀라게 하는 것은 그런 어려움들의 바탕에 놓여 있는 본성이나 원인에 대한 프로이트의 연구의 어떤 특성일 것이다.

우선, 그가 상당한 관심을 보이는 요소들이 본성상 생리학적이고 생물학적이라는 것이 주목할 만하다. 그러므로 그것들은 대개 심리학적인 영향을 받지 않는다. 그런 요소들에는 예컨대 '기질적으로(constitutional)' 본능[욕동](instincts)이 상대적으로 강렬한 것(224쪽 이하[3]), 사춘기, 폐경, 육체적인 병 등의 생리적인 원인에 의해 자아가 상대적으로 약해진 것(226쪽 이하[4]) 등이 있다. 하지만 [치료에] 방해가 되는 요인 중 가장 강력한 것이면서 [치료에 의한] 통제의 어떤 가능성에서도 완전히 벗어난 것(이것에 대해 이 논문에서 몇 쪽에 걸쳐 다룬다. 242쪽 이하[5])은 죽음 본능[죽음 욕동](death instinct)이다. 프로이트는 이 논문에서 죽음 본능이 단지 (그가 이전의 저작들에서 지적했듯이) 분석에서 만나게 되는 저항 중 많은 부분의 원인일 뿐 아니라 사실 정신 내에서 일어나는 갈등의 근본적인 원인임을 시사한다(244쪽[6]). 하지만 이 모든 것에도 역시 혁명적인 것은 없다. 프로이트가 정신분석이 직면하는 어려움 중 기질적

. .

2. 『새로운 정신분석 강의(프로이트 전집, 2권)』, 임홍빈·홍혜경 옮김(열린책들, 2003), 205쪽을 보라. [韓]
3. 이 책의 337쪽을 보라. [韓]
4. 이 책의 340~341쪽을 보라. [韓]
5. 이 책의 369쪽을 보라. [韓]
6. 이 책의 371~372쪽을 보라. [韓]

요인에 평소보다 더 강조점을 두었을지도 모르나 그는 항상 그것의 중요성을 인식하고 있었다.

프로이트가 여기서 우리의 치료 노력의 성공에 '결정적'이라며 뽑은 세 요인 중 어떤 것도 새롭지 않다(224쪽[7]): '기질적' 기원을 갖는 사례보다 '외상적인' 기원을 갖는 사례의 예후가 더 좋다는 점, '양적'인 고려의 중요성, '자아 변형(alteration of the ego)'의 문제. 이 세 번째 점에 이 논문은 아주 많은 새로운 빛을 비춘다. 치료 절차에 대한 초기의 설명에서는 언제나 본질적인 강조점이 환자의 억압을 제거하기 위한 준비로서 분석가에 의해 자아가 변형되는 것에 두어졌다(예를 들어 『정신분석 입문 강의』 중 28강의의 서술을 보라, *Standard Ed.*, vol. 16, p. 455). 하지만 이 변형의 본성과 이 변형이 어떻게 일어날 수 있는가에 대해서는 아주 조금밖에 알려진 것이 없었다. 프로이트가 자아 분석(analysis of the ego)에서 이룬 최근의 진전은 이제 그가 그것에 대한 연구를 계속할 수 있게 해 주었다. 이제 자아의 치료적 변형을 방어 과정의 결과로 이미 변형된 것을 되돌리는 것으로 보게 되었다. 그리고 프로이트가 아주 초기에 방어 과정에 의한 자아의 변형에 대해 언급했다는 것을 염두에 두어야 한다. 이런 생각은 방어의 신경 정신증(neuro-psychoses of defence)에 대한 그의 두 번째 논문(1896b, *Standard Ed.*, vol. 3, p. 185)에 있는 망상(delusion)에 대한 그의 논의에서 찾아볼 수 있고 더욱 이른 시기에 쓰인 1896년 1월 1일의 초고 K(Draft K, 1950a)에서도 몇 군데에서 이런 생각을 찾아볼 수 있다. 그 후 그런 생각에 대한 글이 보이지 않다가 반대 점령(anticathexes), 반작용 형성(reaction-formations)과 자아의 변형 사이의 관계가 『억제, 증상 그리고 불안(*Inhibitions, Symptoms and Anxiety*)』(1926d, *Standard Ed.*, vol. 20, p. 157, p. 159 그리고 p. 164[8])에서 최초로 분명히 다루어진다. 이에 대해서는 『정신분석 입문 강의 속편』(1933a, *Standard Ed.*, vol. 22, p. 90[9])에서 다시 다루었으며, 이 논문에서 길게 논의된 후, 『모세와 유일신교(*Moses and Monotheism*)』, 1939a, 77쪽[10])에서 그리고 마지막으로 『정신분석학의 개요(*Outline of Psycho-Analysis*)』, 1940a, 179쪽[11])에서

· ·

7. 이 책의 337쪽을 보라. [韓]

8. 「억압, 증상 그리고 불안」, 『정신 병리학의 문제들(프로이트 전집, 10권)』, 황보석 옮김(열린책들, 2003), 288쪽, 290쪽 그리고 296쪽을 보라. [韓]

9. 『새로운 정신분석 강의(프로이트 전집, 2권)』, 임홍빈·홍혜경 옮김(열린책들, 2003), 122쪽을 보라. [韓]

10. 「인간 모세와 유일신교」, 『종교의 기원(프로이트 전집, 13권)』, 이윤기 옮김(열린책들, 2003), 352쪽을 보라. [韓]

11. 「정신분석학 개요」, 『정신분석학 개요(프로이트 전집, 15권)』, 박성수·한승완 옮김(

다시 다루었다.

하지만 이 논문에서 프로이트가 표명한 관점은 한 가지 측면에서 이전의 것들과 다르며 심지어 모순되는 것처럼 보인다―즉 그는 정신분석의 예방적(prophylactic) 효력에 대해 이 논문에서는 회의론을 편다. 그의 의구심은 신경증이 처음으로 발병하는 것 또는 다른 신경증이 발병하는 것을 막을 수 있다는 전망뿐 아니라 이미 치료된 신경증이 재발하는 것을 막을 수 있다는 전망에까지 확대된다. 『정신분석 입문 강의』 (1916~1917, *Standard Ed.*, vol. 16, pp. 444~445[12])의 27강의에 있는 문장과 비교해 보면 그의 생각이 명백히(apparent) 바뀌었다는 것을 알 수 있다. '의사와의 관계에서 정상 적으로 되어서 억압된 욕동 충동(Triebregungen/instinctual impulses/욕동 흥분)의 작용에서 자유로워진 사람은 의사가 떠났을 때 그의 삶에서도 정상으로 남아서 억압된 욕동 충동의 작용에서 자유로울 것입니다.' 그리고 28강의(*Standard Ed.*, vol. 16, p. 451[13]) 에서 프로이트가 최면 암시와 정신분석의 효과를 비교한 것과도 비교해 보자: '분석 치료는 환자와 의사 모두에게 내적 저항을 제거하는 데 필요한 힘든 작업을 수행해야 할 짐을 지웁니다. 이 저항을 극복함으로써 환자의 정신생활은 영구히 변형되고 발달의 더 높은 단계로 고양되며 새로 발병할 가능성으로부터 보호됩니다.' 마찬가지로 『정신분석 입문 강의 속편』(1933a)의 31강의의 마지막 부분에서 프로이트가 정신분석의 의도는 '자아를 강화하고, 자아가 초자아로부터 더 독립적이게 하고, 자아의 지각 영역(Wahrnehmungsfeld/field of perception)을 넓히고, 자아의 조직을 확대하여 이드의 새로운 부분을 자아가 자신의 것으로 할 수 있도록 하는 것입니다. 그것[이드]이 있었던 곳에 내[자아]가 있어야 할 것입니다(Wo Es war, soll Ich werden./Where id was, there ego shall be.)'라고 쓴 것(*Standard Ed.*, vol. 22, p. 80[14])과 비교해 볼 수 있을 것이다. 이 구절들의 바탕을 이루는 이론은 동일한 듯하고 그것은 이 글에서 시사된 이론과 중요한 면들에서 다른 듯하다.[15]

· ·

열린책들, 2003), 456쪽을 보라. [韓]

12. 『정신분석 강의(프로이트 전집, 1권)』, 임홍빈·홍혜경 옮김(열린책들, 2003), 596쪽을 보라. [韓]

13. 『정신분석 강의(프로이트 전집, 1권)』, 임홍빈·홍혜경 옮김(열린책들, 2003), 606쪽을 보라. [韓]

14. 『새로운 정신분석 강의(프로이트 전집, 2권)』, 임홍빈·홍혜경 옮김(열린책들, 2003), 109쪽을 보라. [韓]

15. 『정신분석 입문 강의 속편』의 다른 곳에서(34강의) 프로이트가 정신분석 치료의 한계에 대하여 강조했다는 것을 언급해야만 할 것이다.(*Standard Ed.*, vol. 22, pp.

프로이트의 이렇게 점증하는 회의론의 기저에는 '현존하지(current) 않는 갈등을 다루기가 불가능하며 '잠재적(latent)' 갈등을 '현존하는' 것으로 바꾸는 것에 대한 심각한 반대(grave objections)[16]가 있다는 확신이 놓여 있는 듯하다. 이 입장은 치료 과정뿐 아니라 좀더 일반적인 정신적 사건들에 대한 관점의 변화를 시사하는 것으로 보인다. 여기서 프로이트는 '현재 활성화된 갈등(currently active conflict)'을 고립된 어떤 것, 예컨대 방수 칸막이로 분리된 어떤 것으로 간주하는 듯하다. 자아가 어떤 갈등에 대처하는 데 도움을 받았다 하더라도 다른 갈등을 다룰 수 있는 능력은 영향을 받지 않는다는 것이다. 그는 본능적 힘들 역시 마찬가지 방식으로 고립된 것으로 생각한 듯하다. 현존하는 갈등에서 그 본능들의 압력이 완화되었다는 사실이 그 본능들의 이후의 행태에 어떤 빛도 던져 주지 않는다. 이와는 대조적으로 초기의 관점에 의하면 분석 과정이 자아를 좀더 일반적인 의미에서 변형시킬 수 있는 것으로 여겨졌으며 그것은 분석이 끝난 후에도 유지되는 것으로 여겨졌던 것으로 보인다. 그리고 본능적 힘들은 힘(power)의 분화되지 않은 저장소로부터 그 압력을 끌어내는 것으로 여겨졌던 것으로 보인다. 그리하여 분석이 성공하는 것에 비례하여 본능적 힘들이 새로 침입하더라도 그 압력은 분석에 의해 이미 줄어든 상태일 것이고, 분석에 의해 그것들을 다룰 수 있는 능력을 키운 자아가 그것을 대면할 것이다. 따라서 '현존하는' 갈등에서 '잠재적' 갈등을 완전히 분리시킬 수는 없다. 그리고 분석의 예방력은 (그것의 즉각적 성과와 마찬가지로) 양적인 요소에 의존할 것이다—분석에 의해 이루어진 자아의 힘의 상대적 증가와 본능적 힘의 상대적 약화.

이 논문을 쓴 지 1년 후에 쓴 『정신분석의 개요』(1940a[1938])에서 프로이트는 분석의 치료적 효과에 대해서, 일반적으로는 여기에 있는 것과 아주 비슷한 이야기를 하지만 우리가 방금 논했던 문제에서는 초기의 관점으로 돌아간 듯하다. 예를 들어 그는 그 글에서 저항을 극복하는 것에 대단한 어려움이 있다는 말을 한 후 다음과 같이 썼다: '하지만 그런 수고를 할 가치가 있다. 왜냐하면 전이의 결과와는 독립적이며 평생 지속될 자아의 이로운 변형이 만들어질 것이기 때문이다.'(앞의 179쪽.[17]) 이것은 일반적

• •
153~154.) [英]

『새로운 정신분석 강의(프로이트 전집, 2권)』, 임홍빈·홍혜경 옮김(열린책들, 2003), 207쪽을 보라.

이 각주에서 'Lectures'를 'Letters'라고 잘못 표기했다. [韓]

16. 억압을 하려는 환자의 강력한 경향을 뜻하는 것 같다. [韓]

17. 「정신분석학 개요」, 『정신분석학 개요(프로이트 전집, 15권)』, 박성수·한승완 옮김(열린책들, 2003), 456쪽을 보라. [韓]

인 종류의 변형을 암시하는 것으로 보인다.

　프로이트가 개업을 시작한 바로 그때부터 바로 여기에 논한 것과 같은 문제에 신경을 썼으며 따라서 그가 분석에 대해 연구하는 기간 전체에 걸쳐 이 문제를 연구했다고 말할 수 있다는 사실을 언급해야겠다. 여기에 프로이트가 빌헬름 플리스(Wilhelm Fliess)에게 1900년 4월 16일에 보낸 편지(1950a, Letter 133)의 발췌가 있는데 그것은 E씨(그는 분명히 1897년부터는 치료를 받았고 아마 적어도 1895년부터는 치료를 받은 듯하다. 그의 사례의 기복에 대해서 서신에서 계속 언급된다)를 다룬다: 'E의 환자로서의 경력은 마침내 여기서 저녁을 보내달라고 초청한 것과 함께 종말을 맞이하게 되었습니다. 그의 수수께끼는 거의 완전히 풀렸으며 그의 상태는 훌륭하고 그의 전 존재가 바뀌었습니다. 현재로는 잔여 증상이 존재합니다. 나는 치료의 명백한 종료 불가능성(apparently interminable nature of the treatment)이 어느 정도는 법칙에 의해 결정되며 전이에 의존한다는 것을 이해하기 시작했습니다. 나는 이 잔여 [증상] 때문에 실제적(practical/사실상의) 성공에 편견을 가지게 되길 바라지 않습니다. 나에게는 치료를 더 연장할지 말지를 결정해야 한다는 사실이 놓여 있을 뿐입니다. 나는 그런 연장은 환자의 아프고 싶어 하는 욕망과 낫고 싶어 하는 욕망 사이의 타협이며 그렇기 때문에 의사는 그것에 동의해서는 안 된다는 것을 깨닫고 있습니다. 치료의 점근선적인 종료는 정말 내게는 관심 밖입니다. 그것이 외부인들에게는 실망스러운 것일 겁니다. 어쨌든 난 그 남자를 계속 주시할 것입니다. (…)'

I

　우리는 경험으로부터 정신분석 치료(어떤 사람을 그의 신경증적 증상, 억제, 성격 이상[18]으로부터 해방시키는 것)가 시간이 걸리는 작업이라는 것을 배웠다. 따라서 처음부터 분석 기간을 단축하려는 시도가 있어 왔다. 그런 노력에는 어떤 정당화도 필요하지 않았다. 그런 노력은 사려 깊고 합리적인 동기에 근거했다고 할 수 있다. 하지만 아마도 여전히 그런 노력에는, 이전 시기의 의학이 보이지 않는 손상의 과도한 결과überflüssige Erfolge unsichtbarer Schädigungen/uncalled-for consequences of invisible injuries[19]라고 보며 신경증에 대해 품었던 성마른 경멸의 흔적도 작용한 듯하다. 이제 신경증을 [꾀병이라고 무시하지 못하고] 치료해야만 한다면 되도록 빨리 치료를 끝내고만 싶다는 것이다. **랑크**Otto Rank는 그의 책『탄생의 외상·Das Trauma der Geburt/The Trauma of Birth』(1924)을 시작으로 하여 이런 방향으로 특히 정력적인 탐색을 감행했다. 그는 어머니에 대한 "원초적 고착Urfixierung/primal fixation"이 극복되지 못하고 "원초적 억압Urverdrängung/primal repression"으로 지속될 가능성을 제시함으

• •

18. Charakterabnormitäten/abnormalities of character. [韓]
19. 꾀병을 암시하는 말인 듯하다. [韓]

로써 신경증의 참된 근원이 탄생 행위에 있다고 가정했다. **랑크**는 이 원초적 외상Urtrauma/primal trauma이 나중에 이루어지는 분석에 의해 처리된다면 모든 신경증이 사라질 것이라고 기대했다. 그렇다면 약간의 분석으로 모든 불필요한 작업을 절약할 수 있는 것이다. 그리고 이런 성과를 얻기 위해서는 몇einig wenig/a few/두세 달이면 충분할 것이다. **랑크**의 생각이 대담하며 재기발랄하다는 것에는 의문의 여지가 없지만 그것은 비판적 검증을 견뎌내지 못했다. 게다가 **랑크**의 시도는 그 시대의 산물이었는데, 전후 유럽의 비참함과는 대조되는 미국의 "번영*prosperity*[20]"에 대한 인상의 영향하에서 태어났으며 분석 치료의 템포를 미국 생활의 조급함에 적응시키기 위한 것이었다. 우리는 **랑크**의 계획이 병례에 행해져서 어떤 성과를 얻었는지에 대해 많은 것을 듣지 못했다. 아마 기름 램프가 엎어져서 불이 난 집에서 소방대가 그 램프를 불길이 시작된 방에서 제거한 것에 만족하는 것 이상으로 더 많은 성과를 얻지는 못했을 것이다. 이런 방법으로 물론 진화 작업을 현저히 단축시킬 수는 있을 것이다. **랑크**의 실험의 이론과 실천은 이젠 과거의 일이다— 미국의 "번영"도 마찬가지이다.[21]

• •

20. 원문에 영어로 되어 있다. [英]
21. 이것은 미국의 거대한 금융 위기가 있은 직후에 쓰였다. 프로이트에 의한 랑크의 이론에 대한 깊이 있는 비판은 『억제, 증상, 그리고 불안(*Inhibitions, Symptoms and Anxiety*)』(1926d)에서 볼 수 있다. 특히 *Standard Ed.*, vol. 20, pp. 135~136과 pp. 150~153을 보라. [英]
    「억압, 증상 그리고 불안」, 『정신 병리학의 문제들(프로이트 전집, 10권)』, 황보석 옮김(열린책들, 2003), 264쪽과 281쪽을 보라. [韓]

나 자신이 이미 전쟁 이전에 분석 치료의 진행을 빠르게 하기 위해 [랑크와는] 다른 방법을 써 본 바 있다. 그 당시에 재산에 의해 망쳐진[응석받이로 자란] 젊은 러시아인의 치료를 맡게 되었는데 그는 완전히 무기력해진 상태로 주치의와 간병인과 함께 빈에 왔다.[22] 몇 년간 [치료가] 진행되면서 그가 다시 많은 부분 독립적일 수 있게 해 주고, 인생에 대한 관심을 일깨워 주고, 그에게 가장 중요한 사람들과의 관계를 정돈할 수 있게 해주는 데 성공했다. 그러나 거기서 진전이 멈추었다. 그의 이후의 병이 기반하고 있는 유아 신경증을 더 이상 해명Aufklärung/clearing up할 수 없었으며 그가 당시의 상태를 매우 편안하게 느껴서 치료의 끝에 이르게 할 전진을 원하지 않는다는 것이 분명해졌다. 그것은 치료가 치료를 막는Selbsthemmung der Kur/treatment inhibiting itself/치료의 자기억제 사례였다. 치료가 바로 치료의 (부분적) 성공에 부딪혀 난파할 위험에 빠진 것이다. 이런 상황에서 나는 [분석] 기간의 한계를 정하는 영웅적인 수단을 채택했다.[23] 어느 해에 일 년간의 분석 작업을 시작하면서 나는 이 환자에게 이 일 년이 치료의

. .

22. 그 환자의 동의를 얻어 출간한 논문 「유아 신경증의 병력에서(Aus der Geschichte einer infantilen Neurose)(1918)」를 보라. 그 논문에서 그 젊은이의 성인기의 병에 대해서는 유아 신경증(Kindheitsneurose/infantile neurosis)과의 연관성 때문에 꼭 필요한 경우에만 간단히 다루었으며 자세히 다루진 않았다. [原]
"From the History of an Infantile Neurosis"(1918b). [英]
「늑대 인간—유아기 신경증에 관하여」, 『늑대 인간(프로이트 전집, 9권)』, 김명희 옮김(열린책들, 2003). [韓]

23. *Standard Ed.*, vol. 17, pp. 10~11을 보라. [英]
「늑대 인간—유아기 신경증에 관하여」, 『늑대 인간(프로이트 전집, 9권)』, 김명희 옮김(열린책들, 2003), 204쪽을 보라. [韓]

마지막이 될 것이며 그 기간 동안 그가 어떤 성과를 거두든 치료를 끝낼 것이라고 통보했다. 처음에는 내 말을 믿지 않았지만 내 의도가 확고하고 진지하다는 걸 확신하자 원하던 변화가 일어났다. 저항이 줄어들었으며 치료의 마지막 몇 달 동안 그는 이전의 신경증을 이해하고 현재의 신경증을 정복하는 데 필요한 것으로 보였던, 모든 기억을 재생해 내고 모든 연관을 찾아낼 수 있었다. 1914년 한여름에 그가 우리들과 마찬가지로 바로 앞에 무슨 일[1차 세계대전]이 일어날지에 대해 거의 예감하지 못한 채 나에게서 떠났을 때 나는 그가 근본적으로 그리고 영구히 치료되었다고 믿었다.

이 환자의 병력에 1923년에 추가한 주석[24]에 이미 나는 내가 잘못 생각했다는 것을 적어 넣었다. 전쟁이 끝날 즈음에 그가 가난한 난민이 되어 빈으로 돌아왔을 때 나는 해결되지 않았던 전이의 일부를 그가 정복할 수 있도록 도와주어야 했다. 이것은 몇 달 안에 성취될 수 있었고 나는 그 주석을 다음과 같은 문장으로 마칠 수 있었다. "그때 이후로 그는 전쟁으로 고향도 재산도 모든 가족 관계도 잃게 되었음에도 불구하고 정상적이라고 느끼고 흠잡을 데 없이 처신했다." 그 후 이 소견은 15년이 지나는 동안 반증되지 않았다. 그러나 약간의 단서는 달아야 할 것이다. 이 환자는 빈에 머물면서 사회에서 (비록 보잘것없긴 하지만) 하나의 자리를 유지했다. 하지만 건강한 상태를 유지한 이 기간 동안 그는 몇 번에

---

24. *Standard Ed.*, vol. 17, p. 121. [英]
    「늑대 인간─유아기 신경증에 관하여」, 『늑대 인간(프로이트 전집, 9권)』, 김명희 옮김(열린책들, 2003), 339쪽의 주)105를 보라. [韓]

걸쳐 발병했는데 이것은 그의 평생 가는 신경증의 부산물로 여길 수밖에 없었다. 나의 여성 제자들 중 한 사람인 **루트 마크 브룬스비크** 박사Frau Dr. **Ruth Mack Brunswick**의 역량 덕분에 그는 단기 치료를 통해 각각의 발병 상태로부터 항상 벗어날 수 있었다. 나는 그녀 자신이 조만간 이런 상황에 대해 발표해 주기를 바란다.[25] 이런 발병들 중 몇몇은 여전히 전이의 잔여 부분과 연관되어 있었다. 그리고 그런 한, 그것이 아무리 스쳐 지나가는 것이라도, 그것들은 확실히 망상증적paranoisch/paranoid/편집증적 특성을 보여 주었다. 하지만 다른 발병들에서는 병인이 된 재료가 환자의 어린 시절의 내력의 단편들로 이루어져 있었으며 이전에 내가 분석할 때는 나타나지 않다가 이제야 (이런 비유를 하지 않을 수 없는데) 마치 수술 후에 [봉합에 쓰인] 실이 그렇듯이 또는 괴사한 뼛조각이 그렇듯이 사후事後적으로 떨어져 나온 것이다. 이 환자의 치료력Heilungsges-chichte/history of recovery은 병력만큼이나 흥미로웠다.

나는 후에 [분석] 기간의 한계를 정하는 방법을 다른 사례들에도 적용해 보았고 다른 분석가의 경험도 알게 되었다. 이 협박조의 조치의 가치에 대한 판단에는 의심의 여지가 없었다. 타이밍을 잘 맞춘다면 그것은 효과가 있다. 그러나 그것이 과업을 완전히 해결하는 것에 대한 보증이 될 수는 없다. 협박의 압박하에서

• •

25. 사실 그녀는 이미 몇 년 전에 이에 대해 쓴 적이 있다(Brunswick, 1928a). 그 이후의 병력에 대해 더 알고 싶으면 *Standard Ed.,* vol. 17, p. 122에 있는 편집자 주를 보라. [英]

「늑대 인간—유아기 신경증에 관하여」, 『늑대 인간(프로이트 전집, 9권)』, 김명희 옮김(열린책들, 2003), 339쪽의 주)105를 보라. [韓]

재료 중 어떤 부분은 접근할 수 있게 되지만 다른 부분은 오히려 제지된 채로 남게 되어 말하자면 묻히게 되어 치료 노력으로부터 벗어나 버린다는 것[26]을 확실히 알 수 있다. 기간의 한계를 한 번 정한 이상 그것을 늘릴 수는 없다. 만약 늘렸다가는 그 후에는 모든 신뢰를 잃어버릴 것이다. 제일 쉽게 생각할 수 있는 해결책은 다른 분석가로부터 치료를 계속 받는 것이지만 그렇게 [분석가를] 교체하면 시간을 낭비하게 되고 이미 작업을 해서 얻은 성과를 포기해야만 한다. 게다가 언제가 이 강압적인 기법적 수단을 사용할 적절한 타이밍인가에 대한 일반적으로 유효한 지침을 제시할 수 없어서 요령에 맡겨야 한다. 한번 실수하면 다시는 만회할 수 없다. 사자는 단 한 번만 도약한다는 속담을 명심해야 할 것이다.

II

느린 분석의 진행을 어떻게 빠르게 할 것인가라는 기법적 문제를 논의하다 보면 좀 더 깊이 있는 흥미를 불러일으키는 의문으로 인도된다. 즉 분석의 자연스러운 끝이 있는가? 분석을 그런 끝으로 인도하는 것이 가능하기나 한 것인가? 분석가들이 흔히 하는 말을 들어보면 그런 가정[분석의 끝이 있다는 가정]이 맞는 것 같다. 왜냐하면 불완전하다고 알려진 어떤 사람에 대해 유감스럽다는 투로 또는 변명조로 다음과 같이 말하는 것을 자주 들을 수 있기 때문이다. '그의 분석은 마쳐지지 않았다' 또는 '그는 끝까지 분석

26. 그 부분이 치료 중에 접근할 수 없게 된다는 것. [韓]

되지 않았다.'

먼저 "분석의 끝"이라는 모호한 표현이 무엇을 뜻하는지에 대해 합의를 보아야 할 것이다. 실천적인 면에서 볼 때에는 쉽게 대답할 수 있다. 분석가와 환자가 분석 세션을 위해 더 이상 만나지 않는다면 분석이 끝난 것이다. 두 가지 조건이 대체로 충족된다면 그렇게 될 것이다. 첫째, 환자가 더 이상 증상 때문에 괴로워하지 않아야 하며 불안과 억제를 극복한 상태여야 한다. 둘째, 환자에게서 억압된 것이 충분히 의식화되고 이해할 수 없었던 것이 충분히 해명되고 내적 저항이 충분히 극복되어서 문제가 된 병리적 과정이 되풀이될 위험이 없다고 분석가가 판단해야 한다. 만약 외적인 어려움 때문에 이 목적을 달성하는 데서 방해를 받았다면 완료되지 않은unvollendet/unfinished 분석이라고 하는 것보다 온전하지 못한unvollständig/incomplete 분석이라고 하는 것이 적절할 것이다.

분석의 끝의 다른 의미는 훨씬 더 야심만만하다. 이런 의미에서는 분석을 계속하더라도 이젠 변화를 기대할 수 없을 정도로 환자에게 깊은 영향을 끼쳤는지 여부를 묻게 된다. 따라서 이것은, 혹시 만약 발생한 모든 억압을 분석을 통해 해소하고 기억의 빈틈을 모두 메우는 데 성공한다면 절대적인 정상성의 수준에 도달할 — 게다가 그 수준을 안정되게 유지할 수 있는 능력까지 포함하여 — 수 있는가라는 질문인 것이다. 우리는 먼저 경험을 되짚어봐서 그런 것이 일어나는지를 알아보아야 할 것이고 그다음에는 과연 그런 것이 가능하기나 한지를 이론적으로 고찰해야 할 것이다.

모든 분석가는 그런 식의 만족스러운 결과를 얻게 되는 사례를 몇 번은 경험하게 된다. 존재하던 신경증적 장애를 제거하는 데 성공하고 그것은 재발되지도wiederkehren/return/되돌아오지도 않고 다른 장애로 대체되지도 않는다. 이런 성공의 조건에 대한 통찰 또한 얻게 된다. 환자의 자아가 현저하게 [병적으로] 변형되지[27] 않았고 장애의 병인이 본질적으로 외상적일 때 [그 조건이 만족된다]. 모든 신경증적 장애의 병인에는 결국 [기질적인 것과 외상적인 것이] 섞여 있다. 그것은 너무 강해서 자아의 제어Bändigung/taming/길들이기[28]에 반항하는 욕동과 관련되어 있거나 자아가 미성숙해서 통제할 수 없는 조기의, 즉 너무 이른 시기의 외상의 작용과 관련되어 있다. 보통 두 가지의 요인 즉 기질적인 것과 우연적인 것이 함께 작용하는 것이다. 기질적 요인이 강할수록 외상이 고착으로 유도되고 발달 장애가 일어나기 쉬울 것이다. 외상이 강할수록 욕동 상태가 정상이라도 손상이 일어날 가능성이 커질 것이다. 외상적 병인이 분석에 훨씬 좋은 기회를 제공한다는 데에는 의심의 여지가 없다. 외상적인 요인이 현저한 경우에만 분석이 탁월하게 할 수 있는 것, 즉 자아를 강화함으로써 이전의 불충분한 결정을 올바른 해결로 대체하는 것이 이루어질 수 있다. 그런 경우에만 우리는 최종적으로 완료된 분석에 대해 말할 수 있다. 이럴 때는 분석이 그 임무를 마쳐서 더 이상 계속할 필요가 없게 되는 것이다.

· ·

27. '자아의 변형(alteration of the ego)'이라는 생각은 뒤에서(섹션 5) 자세히 논의된다. 위에 있는(212쪽과 그 다음 쪽) 편집자 주도 보라. [英]
   이 책의 320쪽을 보라. [韓]
28. 이 단어는 뒤에서 논의된다. 225쪽. [英]
   이 책의 338쪽을 보라. [韓]

만약 이렇게 치유된 환자에게 다시는 분석이 필요하게 되는 장애가 발생하지 않는다면 이런 면역성의 어느 정도가 엄혹한 시련을 면하게 해준 운명의 은총에 의존하는지를 우리는 물론 알 수 없다.[29]

욕동의 기질적 강렬함 그리고 방어전Abwehrkampf/defensive struggle/방어 과정에서 자아가 안 좋게 변형 — 탈골Verrenkung/dislocated/접질림과 제약Einschränkung/restricted/억제의 의미에서 — 되는 것은 분석의 효과를 방해하고 분석 기간이 무한정 늘어나게 하는 요인이다. 자아의 변형이 일어나는 이유도 욕동의 강렬함에 돌리고 싶은 마음이 들겠지만 자아의 변형도 그 자체로 병인[으로서의 의의]을 가지는 것으로 보인다. 그리고 사실 이 문제에 대해 아직 충분히 알지 못한다는 것을 인정해야 한다. 이것은 이제 막 분석적 연구의 대상이 되었을 뿐이다. 나에게는 이 영역에서의 분석가의 관심이 전혀 엉뚱한 방향을 향하고 있는 것으로 보인다. 분석을 통한 치료가 어떻게 이루어지는가 — 이것에 대해서는 충분히 해명되었다고 여겨진다 — 를 연구하는 대신 무엇이 분석 치료를 방해하고 있는가를 물어보아야 한다.

여기에 걸맞은 두 가지 문제를 다루고자 한다. 그것들은 분석적 실천에서 곧바로 발생하는 문제들로 다음의 사례들을 통해 볼 수 있을 것이다. 커다란 성공을 거두며 그 자신이 분석을 행했던 어떤 남자가 여자와의 관계와 마찬가지로 남자와의 관계에서도 — 그의 경쟁자들인 남자들과 그가 사랑하는 여자 — 여전히 신경증

· ·

29. 재발하지 않는 이유 중 어느 정도가 운에 있고 어느 정도가 치료의 효과에 있는지 알 수 없다는 뜻인 듯하다. [韓]

적 장애에서 자유롭지 못하다고 판단한다. 그는 그래서 그에게 우월하게 여겨지는 다른 사람에게 분석을 받는다[30]. 그의 퍼스낼리티에 대한 이 비판적 조명은 아주 성공적인 결과를 낳았다. 그는 사랑하던 여자와 결혼하며 소위 경쟁자들의 친구이자 스승이 된다. 많은 세월이 흐르는데 그동안 이전에 그를 분석한 사람과의 관계도 잘 유지된다. 그때 명백한 외적인 이유가 없는데도 장애가 발생한다. 피분석자는 분석가에게 적대적으로 되었으며 온전히 분석했어야 했는데 그것에 소홀했었다고 분석가를 비난한다. 전이 관계가 순전히 긍정적인 것일 수만은 없다는 것을 분석가가 알았어야 했고 그것을 염두에 두었어야 했다는 것이다. 즉 부정적 전이의 가능성을 고려했어야 했다는 것이다. 분석가는 거기에 대해 분석이 이루어질 때에 부정적 전이를 인식할 어떤 것도 없었다고 해명했다. 그런데 분석가가 아주 미미한 그런 징후를 간과했다 하더라도—이전에는 분석의 지평이 협소했기 때문에 그랬을 가능성을 배제할 수는 없다— 환자 자신에게서 그것이 활성화되어aktuell/currently active/현재화되어 있지 않은 한 단순한 언급만으로 하나의 테마 또는 소위 "콤플렉스"를 활성화할 수 있었는지는 의문이었다. 그것을 위해서는 분명 환자를 실제적 의미에서 어느 정도 비호의적으로 대하는 것이 필요했을 것이다. 게다가 분석 기간이나 그 후에

• •

30. 어니스트 존스(Ernest Jones)에 의하면 이것은 페렌찌(Ferenczi)에 대한 이야기라고 한다. 페렌찌는 1914년 10월에 3주 동안, 1916년 6월에 또 3주 동안 (하루에 두 세션씩) 프로이트에게 분석을 받았다. 존스의 프로이트 전기를 보라((Jones, 1957)의 158쪽과 (Jones, 1955)의 195쪽, 213쪽을 보라). 페렌찌에 대한 프로이트의 추도사(1933c, *Standard Ed.*, vol. 22, p. 228)도 참조하라. [英]

맺어지는 분석가와 피분석자 사이의 좋은 관계를 모두 전이라고 여겨서는 안 된다. 현실에 기반한 우호적 관계도 있으며 그런 것은 생존력이 있다는 것이 밝혀진다.

같은 문제가 드러나는 두 번째 사례로 곧바로 넘어가 보자. 한 중년 미혼 여성이 사춘기 이래로 다리의 강한 통증 때문에 걷지를 못했으며 그 때문에 삶에서 배제되었다. 상태는 분명 히스테리의 성격을 가지고 있었다. 많은 치료를 해 보았지만 소용이 없었다. 4분의 3년 동안의 분석 치료로 그 상태가 제거되었고 능력 있고 가치 있는 그 사람에게 삶에 참여할 권리를 되돌려 주었다. 회복된 이후의 세월 동안 좋은 일은 일어나지 않았다: 가족에 재앙이 닥쳤고 재산을 상실했으며 나이가 들어감에 따라 사랑의 행복과 결혼에 대한 모든 희망이 사라져갔다. 하지만 한때 환자였던 그녀는 이 모든 것을 용감히 견뎌냈고 어려운 시기에 가족의 지지자 역할을 했다. 치료가 끝난 지 12년 후인지 14년 후인지는 더 이상 기억이 나지 않지만 그녀는 월경 과다로 부인과 검사를 받아야 했다. 근종이 발견되어 자궁을 완전히 적출해야 했다. 이 수술 이후로 이 미혼 여성은 다시 병들었다. 그녀는 [그녀를 수술한] 외과의를 사랑하게 되었으며 그녀의 내장Innere/inside이 끔찍하게 변형되는 마조히즘적 환상 — 이 환상은 그녀의 연애소설[31]을 은폐하고 있었다 — 에 몰두했다. 다시 분석을 시도해 보았지만 잘 되지 않았다unzugänglich/inaccessible/접근할 수 없었다. 그녀는

* *

31. 외과의에 대한 연애 공상을 말하는 듯하다. [韓]

죽을 때까지도 정상으로 다시는 돌아올 수 없었다. 그 성공적이었던 치료가 너무 오래전의 일이었기 때문에 많은 것을 기대하기는 무리일 것이다. 그것은 나의 분석 작업 중 아주 초기의 것에 속한다. 어쨌든 두 번째 발병이 성공적으로 극복된 첫 번째 발병과 동일한 근원에서 유래했으며 [첫 번째] 분석을 통해 불완전하게만 해결된 동일한 억압된 충동[흥분]이 변형된 형태로 표현된 것일 가능성이 있다. 그러나 나는 새로운 외상이 없었다면 신경증이 새로 발병하지도 않았을 것이라고 믿고 싶다.

비슷한 많은 사례 중에서 의도적으로 고른 이 두 사례는 우리의 테마에 대한 논의에 불을 지피기에 충분할 것이다. 회의론자, 낙관론자, 야심만만한 자들은 완전히 다른 방식으로 그 사례들을 이용할 것이다. 첫 번째 사람[회의론자]은 성공한 분석 치료조차도 당시에는 회복된 사람을 다른 신경증이 나중에 재발하는 것으로부터 심지어 같은 욕동 근원으로부터 발생하는 신경증으로부터도 따라서 사실상 이전의 병이 되돌아오는 것으로부터도 지킬 수 없다는 것이 이젠 입증되었다고 말할 것이다. 다른 사람들[낙관론자와 야심만만한 자]은 그것이 입증되지 않았다고 여길 것이다. 그들은, 두 가지 경험[32]은 그것이 20년 전 그리고 30년 전의 일로 분석 [역사에서] 초기에 행한 분석이기 때문에 그렇게 된 것이라고 반론을 펼 것이다. 그때 이후로 우리의 통찰은 더 깊어지고 넓어졌으며 우리의 기법은 새로운 성과에 적응하면서 변형되었다는 것이

‥

32. 페렌찌와 중년 미혼 여성의 분석이 부분적으로 실패한 것을 말한다. [韓]

다. 오늘날 우리는 분석적 치료가 영구적이라는 것이 입증될 것이라고, 적어도 이전의 욕동 교란이 새로운 형태로 부활하여 재발로 이어지지는 않을 것이라고 주장하거나 기대해도 된다는 것이다. 경험이 우리의 치료법에 대한 기대 수준을 그렇게 많이 낮추게 만들지는 않았다는 것이다.

물론 내가 두 가지 관찰 결과를 선택한 이유는 그것이 아주 오래된 것이기 때문이다. 최근의 치료 성과일수록 우리의 고찰에는 별 쓸모가 없다는 것은 명백하다. 왜냐하면 그 치료 성과의 이후의 운명을 예견할 방법이 없기 때문이다. 낙관론자의 기대에는 분명히 많은 것들이 전제되어 있는데 그것이 아주 자명한 전제는 아니다. 첫째, 그들은 욕동 갈등[33](좀 더 정확히 말하자면 자아와 욕동 간의 갈등)을 최종적으로 영구히 해결하는 것이 일반적으로 가능하다고 전제한다. 둘째, 그들은 어떤 사람의 하나의 욕동 갈등을 다루면서 다른 모든 그러한 갈등의 가능성에 대비해 소위 예방 접종하는 데 성공할 수 있다고 전제한다. 셋째, 그들은 우리가 [분석] 당시에는 어떤 징후도 보이지 않는, 병인이 되는 그러한 갈등을 예방적 치료의 목적을 위해 일깨울 능력이 있으며 그렇게 하는 것이 현명하다고 전제한다. 나는 지금은 대답하지 못하더라도 이런 질문들을 던진다. 어쩌면 우리는 당장은 여기에 어떤 확실한 대답도 못 할지도 모른다.

이론적 고찰이 그 질문들에 대한 평가에 한몫할 수 있을지도

• •

33. Triebkonflikt/instinctual conflict. [韓]

모른다. 하지만 다른 어떤 것은 벌써 분명해졌다: 분석적 치료에 대한 더 높아진 기대에 부응하려면 분석 기간을 단축하는 길로 가서도, 단축된 분석 기간을 거쳐서 가서도 안 된다.[34]

III

수십 년에 걸친 분석 경험과 나의 [분석] 작업 방식에서의 변화는 위의 질문들에 답변을 시도할 용기를 준다. 이전 시기에 나는 당연히 빠른 해결을 바라던 많은 수의 환자를 대해야 했다. 근래에 나는 주로 교육분석Lehranalysen/training analyses을 하고 있으며 상대적으로 적은 수의, 병이 더 심각한 환자들을 지속적으로 — 중간중간 짧게 또는 길게 중단되기도 하지만 — 치료하고 있다. 이 최근의 치료에서 치료의 목표는 이전과 달라졌다. 치료 기간을 단축하는 것은 더 이상 고려하지 않고 있으며 병의 가능성을 근본적으로 남김없이 파헤치고 퍼스낼리티를 깊이 있게 변형시키는 것을 의도하고 있다.

분석 치료의 가망성을 가늠하는 데 결정적이라고 알려진 세 가지 요인 — 외상의 영향, 기질적인 욕동의 강렬함konstitutionelle Triebstärke/constitutional strength of the instincts, 자아의 변형 — 중 여기서는 두 번째인 욕동의 강렬함만이 문제가 된다. 잠시만 생각해 봐도 기질적[35](또는 선천적[36])이라는 형용사에 의한 제한[37]이 필수 불가

· ·

34. "über die Abkürzung ihrer Dauer/by way of a shortening of its duration"는 "단축된 분석 기간을 거쳐서[경유하여] 가는 것"을 말하는 듯하다. 온전한 분석을 하지 않고 속성 분석을 한 후에 무언가를 약간 첨가하는 것을 뜻하는 듯하다. [韓]

결한지에 대해 의문이 들 것이다. 처음부터 기질적 요인이 아주 결정적일 수도 있지만 이후의 삶에서 욕동이 강화되어 같은 효과가 나타날 수 있다고 생각할 수도 있다. 그렇다면 공식이 바뀌어야 할 것이다. 기질적 욕동의 강렬함 대신에 당시의 욕동의 강렬함으로. 우리의 첫 번째 질문은 다음과 같았다[38]: 욕동과 자아 사이의 갈등 또는 자아에 대한 욕동의 병인적 요구를 분석 치료를 통해서 영구적이며 최종적으로 해결하는 것이 가능할까? 오해를 피하기 위해 '욕동의 요구를 영구히 해결하는 것'이라는 어구가 무엇을 뜻하는지 좀 더 자세히 논하는 것도 아마 쓸데없는 일은 아닐 것이다. 욕동의 요구를 사라지게 함으로써 다시는 그 흔적도 찾을 수 없도록 한다는 뜻은 분명히 아니다. 그것은 일반적으로 가능하지도 않을뿐더러 전혀 바람직하지도 않다. 그런 것을 뜻하는 것이 아니라 다른 것, 욕동의 "제어Bändigung/taming/길들이기[39]"라고 대강

• •

35. konstitutionell/constitutional. [韓]

36. kongenital/congenital. [韓]

37. 'konstitutionelle Triebstärke'에서 konstitutionell이라는 형용사가 Triebstärke를 수식해 주는 것을 말한다. [韓]

38. 223쪽. [英]

　　이 책의 336쪽을 보라. [韓]

39. 프로이트는 특히 「마조히즘의 경제적 문제(The Economic Problem of Masochism)」 (1924c)에서 이 단어를 리비도가 죽음 본능을 무해하게 만들 수 있는 활동을 묘사하는 데 사용했다. Standard Ed., vol. 19, p. 164. 훨씬 이전에 1895년의 'Project(심리학 초안)'의 3부의 섹션 3에서 그는 이 단어를 자아의 개입 때문에 고통스러운 기억이 정동(affect)을 보유하기를 멈추게 되는 과정을 지칭하는 데 사용했다(Freud, 1950a). [英]

　　「마조히즘의 경제적 문제」, 『정신분석학의 근본 개념(프로이트 전집, 11권)』, 윤희기 옮김(열린책들, 2003), 423쪽을 보라. Bändigung이 '순치'로 번역되어 있다.

묘사할 수 있는 것을 뜻한다. 즉 욕동이 자아와 완전한 조화를 이루어서 자아 내에 있는 다른 어떤 경향에 의해서도 영향을 받을 수 있는 상태, 더 이상 만족을 위해 자기 자신만의 길을 가지 않는 상태를 뜻한다. 만약 어떤 길을 통해, 어떤 수단을 통해 그런 일이 일어날 수 있냐고 물어본다면 대답하기가 쉽지 않을 것이다. 다음과 같이 말할 수밖에 없을 것이다. "그렇다면 마녀의 신세를 질 수밖에요."[40] 즉 메타심리학이라는 마녀[의 신세를]. 메타심리학적 사변과 이론─하마터면 환상이라고 말할 뻔했다─이 없다면 여기에서 한 걸음도 전진할 수 없다. 유감스럽게도 마녀가 알려주는 것은 이번에도 아주 분명하지도 아주 자세하지도 않다. 우리에겐 일차 과정과 이차 과정의 대립이라는 하나의 실마리─아주 귀중한 것이기는 하지만─가 있을 뿐이며 나는 여기서도 그것에 주의를 기울일 것을 요구하고 싶다.

이제 우리가 우리의 첫 번째 질문으로 되돌아간다면 새로운 접근법이 우리를 하나의 특정한 결론으로 밀어붙인다는 것을 발견하게 될 것이다. 우리의 질문은 욕동 갈등을 영구히 최종적으로 해결할 수 있는가 즉 욕동의 요구를 위에 말한 방식으로 "제어"할 수 있는가였다. 이 문제 제기에는 욕동의 강렬함이 전혀 언급되고

‥

『과학적 심리학 초고』, 이재원 옮김(사랑의학교, 1999), 158쪽을 보라. [韓]
40. "We must call the Witch to our Help after all!" 괴테, 『파우스트(*Faust*)』, 1부, 6장. 파우스트는 젊음의 비밀을 탐구하면서 내키지 않지만 마녀의 도움을 구한다. [英] "So muß denn doch die Hexe dran."
요한 볼프강 폰 괴테, 『파우스트 1』, 정서웅 옮김(민음사, 2001), 128쪽을 보라. 메피스토펠레스의 대사다. [韓]

있지 않다. 하지만 바로 거기에 결과가 달려 있다. 분석이 신경증 환자에 행하는 것은 건강한 사람이 분석의 도움 없이 해내는 것을 신경증 환자가 할 수 있도록 하는 것에 다름 아니라는 것에서부터 출발해 보자. 하지만 일상적인 경험에서 알 수 있듯이 건강한 사람에게서도 욕동 갈등의 모든 해결은 어느 정도의 욕동 강도에만, 더 정확히 말하자면 욕동의 강도와 자아의 강도 사이에서의 어떤 관계[Relation/relation/상대적 비율 내에서만[41] 유효하다. 만약 자아가 병이나 쇠약 등 때문에 약해진다면 지금까지는 성공적으로 제어되던 모든 욕동들이 다시 자신의 요구를 내세우며 비정상적 방식으로 대체 만족을 얻으려고 할 수 있다.[42] 이러한 주장에 대한 반박할 수 없는 증거가 되는 것이 바로 밤에 꾸는 꿈이다. 잠으로 자아가 정지되는 것에 욕동의 요구가 깨어나는 것으로 반응하는 것이 꿈이다.[43]

* *

41. 더 정확히 말하자면 '이 관계의 특정 범위 내에서만'이라고 해야 할 것이다. [原]

42. 이로부터 과로, 쇼크의 영향 등 비특이성(unspezifisch/nonspecific/특정 병에 해당되지 않는) 요인들의 병인으로서의 역할에 대한 정당화가 마련된다. 이 요인들은 항상 확실히 일반적으로 인정받고 있었지만 바로 정신분석에 의해 배경으로 밀려나야 했다. 건강이란 것은 실로 메타심리학적으로밖에 기술될 수 없다. 즉 우리에게 알려진 또는 우리가 추론하거나 추측한 정신적 기관의 심급들 사이의 세력 관계와 관련하여 기술할 수밖에 없다. [原]

   1892년에 쓰인 것으로 보이는 플리스 논문들(Fliess papers) 중 초고 A를 보면 이때 벌써 프로이트가 '과로' 등과 같은 요인이 신경증의 병인으로서 차지하는 중요성을 부정한 것을 볼 수 있다(1950a, *Standard Ed.*, vol. 1). [英]

43. 독일어판: Den unwiderleglichen Beweis für diese Behauptung gibt schon der nächtliche Traum, der auf die Schlafeinstellung des Ichs mit dem Erwachen der Triebansprüche reagiert.
   영역판: Irrefutable proof of this statement is supplied by our nightly dreams; they react to the sleeping attitude assumed by the ego with an awakening of instinctual demands.

다른 경우[욕동이 강화되는 경우]에도 마찬가지로 의문의 여지가 없다. 개인 발달의 과정에서 두 번에 걸쳐 두드러지게 특정 욕동이 강화되는데 사춘기와 여성의 폐경기가 그것이다. 전에는 신경증적이지 않았던 사람이 이 시기에 신경증적으로 된다 해도 전혀 놀랄 일이 아니다. 욕동의 강도가 약했을 때는 그것을 제어하는 데 성공했지만 이제 욕동이 강화되자 제어에 실패하게 되는 것이다. 홍수가 유입되었을 때 댐이 그것을 막듯이 억압이 [욕동의 홍수를] 막는 것이다. 이 두 가지 생리적 요인에 의한 욕동의 강화와 같은 것이 인생의 다른 어떤 시기에도 우연적인 영향 때문에 불규칙적인 방식으로 일어날 수 있다. 새로운 외상, 강요된 단념 Versagungen/frustrations/좌절, 욕동의 뒤섞인 부수적 영향 등에 의해 욕동이 강화될 수 있다. 결과는 매번 같으며 병인에서 양적 요인이 보이는 저항할 수 없는 힘을 입증한다.

나는 지금 이 모든 서투른 논의에 대해 부끄러움을 느껴야 할 것 같은 인상을 받는다. 왜냐하면 그것들은 오래전부터 익숙하고 자명한 것이었기 때문이다. 사실 우리는 항상 그것들에 대해 아는 것처럼 처신해 왔지만 이론적 표상에서는 **역동적**dynimisch/dynamic 관점이나 **위치론적**topisch/topographical 관점만큼 **경제적**ökonomisch/economic 관점을 고려하는 것을 대체로 소홀히 해왔다. 이런 소홀함을 지적함으로써 변명을 대신하고자 한다.[44]

* *

Einstellung은 정지를 뜻하기도 하고 태도를 뜻하기도 한다. [韓]

44. 『의사 자격증이 없는 사람들이 하는 분석에 대한 문제(*The Question of Lay Analysis*)』 (1926e)의 7장에 이런 식의 주장이 특히 명확하면서도 덜 기술적인(technical) 언어로

하지만 우리의 질문에 대한 대답을 결정짓기 전에 하나의 반론에 귀를 기울여야만 한다. 이 반론의 힘은 아마도 우리가 애초에 이 반론에 매혹되어 있다는 데 있다. 이 반론에 의하면, 우리의 주장들은 자아와 욕동 사이의 자연발생적인 과정으로부터 모두 도출되었으며, 분석 치료는 형편이 좋은 정상적 상황에서 저절로 일어나지 않는 어떤 것도 만들어낼 수 없다고 우리의 주장들은 가정한다. 하지만 정말 그러한가? 바로 우리의 이론이 자아에 자연발생적으로는 절대 존재하지 않는 상태, 그 상태를 새로 만들어냄으로써 분석 받은 사람과 그렇지 않은 사람 사이의 본질적인 차이를 만들어내는 그런 상태를 만들어낼 것을 요구하는 것은 아닐까? 이런 요구가 어디에 근거하는지를 따져보자. 모든 억압은 초기 유아기에 일어난다. 그것은 미숙하고 약한 자아의 원시적 방어수단이다. 이후에는 새로운 억압이 일어나지 않는다. 하지만 이전의 억압이 유지되며 자아는 그 억압이 욕동을 제압하는 데 봉사할 것을 계속해서 요구한다. 새로운 갈등은 우리의 표현에 의하면 "후억압Nachverdrängung/after-repression"을 통해 해결된다.[45] 우리가 일반적으로 했던 주장 즉 억압은 상대적 세력 관계에 완전히

• •

제시되어 있다. *Standard Ed.,* vol. 20, pp. 241~243. [英]

「비전문가 분석의 문제」, 『정신분석학 개요(프로이트 전집, 15권)』, 박성수·한승완 옮김(열린책들, 2003), 379쪽을 보라. [韓]

45. 메타심리학에 대한 논문 「억압(Repression)」을 참조하라. 1915d, *Standard Ed.,* vol. 14, p. 148. 하지만 거기에서는 (그 시기의 다른 글에서와 마찬가지로) '*Nachdrängen*'이라는 용어가 쓰이며 'after-pressure'라고 번역했다. [英]

「억압에 관하여」, 『정신분석학의 근본 개념(프로이트 전집, 11권)』, 윤희기 옮김(열린책들, 2003), 140쪽을 보라. [韓]

의존하며 욕동 강도의 증가를 견뎌낼 수 없다는 주장을 유아기의 억압에 적용시킬 수 있을 것이다. 하지만 분석은 성숙하고 강화된 자아가 이런 이전의 억압을 수정하는 일에 착수할 수 있도록 한다. 즉 일부는 허물어버리고 다른 일부는 인정하되 보다 견고한 재료로 새로 짓도록 한다. 이 새로운 댐은 견고함에 있어 이전의 것과는 완전히 다르다. 우리는 그 댐이 욕동이 증가해서 범람할 때 그렇게 쉽게 무너지지 않을 거라고 믿어도 될 것이다. 따라서 원래의 억압 과정을 사후적으로 정정하는 것 즉 양적 요소의 우세를 끝장내는 것이 분석 치료 고유의 과업일 것이다.

여기까지가 거역할 수 없는 강요unwidersprechlichen Zwang/irresistible compulsion[46]가 없다면 포기할 수 없는 우리의 이론이다. 그렇다면 경험은 이에 대해 무엇이라 말하는가? 아직은 경험이 확실한 결론을 내리기에 충분할 만큼 폭넓지는 않은 것 같다. 경험이 충분해서 우리의 기대가 옳다는 것을 입증해 줄 때가 자주 있긴 하지만 매번 그런 것은 아니다. 우리는 분석을 받지 않은 사람이 보이는 것과 분석을 받은 사람이 이후에 보이는 것 사이의 차이가 우리가 추구하고, 기대하고, 주장하는 것만큼 철저하지 않다는 것이 결국 드러나더라도 놀랄 필요가 없다는 인상을 받는다. 그렇다면 분석이 때때로 욕동 강화의 영향을 차단하는 데 성공하긴 하지만 항상 그런 것은 아니라고 말할 수 있을 것이다. 또는 분석의 효과는 억제의 저항력을 높여서 분석을 받은 이후에는 분석 이전 또는

• •

46. 프로이트의 이론을 의심의 여지 없이 반박하는 증거를 뜻하는 듯하다. [韓]

분석을 받지 않는 경우에 비해 훨씬 강력한 요구를 감당할 수 있게 하는 데 국한된다고 말할 수 있을 것이다. 나는 정말로 여기서 감히 결론을 내리지는 않을 것이며 결론을 내리는 것이 지금 가능한지 여부도 모르겠다.

　분석 효과의 이런 불안전성을 이해하기 위해 다른 면에서 접근할 수도 있다. 우리는 혼돈에 질서를 부여하는 일반성, 규칙, 법칙을 찾아내는 것이 우리가 그 안에 사는 주변 세계를 지적으로 극복하는 첫걸음임을 알고 있다. 이런 작업을 통해 우리는 현상의 세계를 단순화한다. 하지만 우리는 이때 ― 특히 발전 과정이나 변화 과정을 다룰 때는 ― 위조를 피할 수 없다. 질적 변화를 인식하는 것이 중요하며 보통 우리는 이때, 적어도 처음에는, 양적 요소를 소홀히 하게 된다. 현실에서는 날카롭게 구분되는 대립상태들보다 과도기나 중간단계들이 훨씬 더 흔하다. 발전과 변화를 볼 때 우리의 주의력은 오직 결과에만 쏠린다. 우리는 그런 과정들이 보통 다소간 불완전하게 일어난다는 것, 따라서 사실 엄밀히 말해 그것들이 부분적 변화에 불과하다는 것을 쉽사리 간과한다. 구 오스트리아의 예리한 풍자가 **네스트로이**Johann Nestroy[47]는 언젠가 다음과 같이 말한 적이 있다: "모든 진보는 처음에 보이는 것의 반 정도로만 위대할 뿐이다."[48] 이 냉소적인 금언이 아주 일반화될 수 있다고

· ·

47. 프로이트는 같은 말을 『의사 자격증이 없는 사람들이 하는 분석에 대한 문제』(1926e, *Standard Ed.*, vol. 20, p. 193)에서 인용한 적이 있다. [英]
　　「비전문가 분석의 문제」, 『정신분석학 개요(프로이트 전집, 15권)』, 박성수·한승완 옮김(열린책들, 2003), 313쪽을 보라. [韓]
48. 독일어판: "Ein jeder Fortschritt ist nur immer halb so groß, als wie er zuerst ausschaut."

인정하고 싶은 마음이 들 것이다. 거의 항상 잔여현상, 즉 부분적인 잔류Zurückbleiben/hanging-back가 있다. 만약 인심 좋은 후원자가 가끔 인색한 성향을 보여서 우리를 놀라게 하거나 보통 때는 지나치게 상냥한 사람이 갑자기 적대적 행동을 보일 때 이런 "잔여현상"은 그 기원을 연구하는 데genetische Forschung/generic research 커다란 가치를 갖는다. 이것은 그런 칭찬할 만한 값진 특성들이 보상 또는 과잉보상Überkompensation/overcompensation에서 유래했다는 것을 보여 주며 예상할 수 있듯이 그 보상 또는 과잉보상은 철두철미하게 완전히 성공하지는 못한다. 리비도 발달에 대한 우리의 첫 번째 묘사에 의하면 최초의 입의 단계orale Phase/oral phase[49]가 사디즘적–항문의 단계sadistisch-anale Phase/sadistic-anal phase에 자리를 내주고 사디즘적–항문의 단계는 남근적–생식기의 단계phallisch-genitale Phase/phallic-genital phase에 자리를 내준다. 이후의 연구는 이것에 모순되는 것이 아니라 몇 가지를 추가함으로써 이것을 정정했다고 할 수 있다. 즉 이런 대체가 갑자기 일어나는 것이 아니라 점차적으로 일어나서 언제나 새로운 조직 옆에 이전의 조직 중 일부가 지속적으로 존재하며 정상적 발달에서도 변환이 완전하게 일어나는 것이 아니어서 최종적인 구성에서도 이전의 리비도 고착Libidofixierungen/libidinal fixations의 잔여가 보존될 수 있다는 것이다. 아주 다른 영역에서도

· ·

영역판: "Every step forward is only half as big as it looks at first." [韓]

49. 'orale Phase'를 흔히 구순기(口脣期)나 구강기(口腔期)로 번역한다. '입의 단계'로 번역한 이유는 프로이트가 입술, 혀, 입천장 등을 포함한 입 전체를 의도했다고 보기 때문이다. 아기가 젖을 빨 때 입술뿐 아니라 혀와 입천장도 중요하다. 에로틱한 키스에서는 혀가 매우 중요하다. [韓]

같은 것을 볼 수 있다. 소위 극복되었다고 하는 인류의 사교 Irrglauben/erroneous beliefs/邪教와 미신Aberglauben/superstitious beliefs 중 어느 것도 문명화된 민족들의 낮은 계층에서 또는 심지어 문명화된 사회의 가장 높은 계층에서도 오늘날 잔여를 남기지 않은 것이 없다. 한 번 생명을 얻은 것은 끈질기게 자신을 존속시킬 줄을 안다. 가끔 태고의 용Drachen/dragons이 진짜로 소멸했는지를 의심하게 된다.

이것을 이제 우리의 경우에 적용해 보자. 내 생각에는 우리의 분석 치료가 왜 불안정한가에 대한 대답은 다음과 같이 쉽게 도출될 수 있다. 즉 틈새가 있는undicht/insecure[50] 억압을 믿을 수 있고 자아 동조적인ichgerecht/ego-syntonic 극복으로 대체하려는 우리의 의도 역시 항상 완전한 범위에 걸쳐 즉 충분히 철저하게 이루어지지는 않는다는 것이다. 변환이 이루어지기는 하지만 부분적일 뿐인 경우가 많아서 이전의 메커니즘의 일부는 분석 작업에 의해 건드려지지 않은 채로 남는다. 이것이 정말 그런지를 입증하기란 쉽지 않다. 왜냐하면 [치료의] 성과 말고는 그에 대해 판단할 다른 근거가 없는데 이 성과는 바로 우리가 설명하고자 하는 것이기 때문이다. 하지만 분석 작업을 하는 동안 받는 인상은 우리의 가정과 모순되지 않으며 오히려 그것을 입증해 주는 것으로 보인다. 우리가 명료하게 통찰한 만큼 피분석자가 확신하도록 만들었다고 여겨서는 안 된다. 피분석자의 확신에는 "깊이"가 결여되었을 수 있다고 말할

50. undicht는 '틈새가 있어 (물이) 새는' 등을 뜻한다. [韓]

수 있으리라. 그것은 항상, 쉽게 간과되는 양적 요소와 관련이 있다. 만약 이것이 해답이라면 분석이 욕동 제어를 확실하게 함으로써 신경증을 치료한다고 주장하는데 이것은 이론에서는 항상 맞지만 실천에서는 항상 맞는 것이 아니라고 말할 수 있을 것이다. 게다가 이것은 욕동 제어의 기초를 충분한 정도로 확실히 다지는데 항상 성공하는 것은 아니기 때문이기도 하다. 이런 부분적 실패의 원인은 쉽게 찾아낼 수 있다. 이전에는 욕동 강도라는 양적 요소가 자아의 방어 노력에 저항했다. 그래서 분석 작업의 도움을 구하게 되었는데 이젠 같은 요소가 이 새로운 노력의 효험에 한계를 설정하는 것이다. 욕동이 너무나 강할 때에는 자아가 성숙하고 분석에 의해 지지를 받는다 하더라도 이전의 의지할 데 없던 자아와 마찬가지로 그 과업을 완수하는 데 실패하게 된다. 욕동 제어는 나아지긴 하지만 여전히 완벽하지는 않다. 왜냐하면 방어 메커니즘의 변환이 완전하지 못하기 때문이다. 이건 그리 놀랄 만한 일이 아니다. 왜냐하면 분석은 무제한적인 권력 수단이 아니라 제한된 권력 수단을 이용할 뿐이며 최종 결과는 서로 투쟁하는 심급들Instanzen /psychical agencies의 세력 관계에 항상 의존하기 때문이다.

분석 치료의 기간을 단축시키는 것은 의심의 여지 없이 바람직한 일이다. 하지만 우리의 치료 목적을 달성하기 위해서는 분석이 자아에게 제공하려는 조력을 강화하는 수밖에 없다. 최면을 통해 영향을 주는 것은 우리의 목적을 위한 아주 뛰어난 수단인 것처럼 보였다. 하지만 우리가 왜 그것을 포기해야 했는지에 대해서는 잘 알려져 있다. 아직까지 최면을 대체할 수 있는 것은 발견되지 않았다. 이런 관점에서 볼 때, **페렌찌**Ferenczi 같은 분석의 대가가 어떻게 자기 삶의 마지막 몇 년을 유감스럽게도 무익했던 치료 시도에 바치게 되었는지를 이해할 수 있다.[51]

IV

서로 연관된 두 개의 문제 즉 하나의 욕동 갈등을 다루면서 환자를 미래의 욕동 갈등으로부터 보호할 수 있는가하는 문제와 예방의 목적을 위해 당시에는 아직 나타나지 않는 욕동 갈등을 일깨우는 것이 가능한가 그리고 적절한가 하는 문제는 함께 다루어져야 한다. 왜냐하면 두 번째 과제를 해결해야 첫 번째 과제의 해결이 가능하다는 것이 분명하기 때문이다. 즉 미래에 존재할 가능성이 있는 갈등이 현재의aktuell/actual present/실제의 갈등으로 변환되어야 그것에 영향을 미칠 수 있기 때문이다. 이 새로운 문제 제기는 근본적으로는 이전의 문제 제기를 계속 이어가는 것일 뿐이다. 앞에서는 **같은** 갈등이 되돌아오는 것을 예방하는 것이 문제였다면 이제는 그 갈등이 다른 갈등으로 대체될 가능성이 문제인 것이다. 우리의 시도가 매우 야심 찬 것으로 보이겠지만 우리는 단지 분석 치료의 효능에 어떤 한계가 있는지를 명확히

. .

51. 독일어판: "Ein Ersatz für die Hypnose ist bisher nicht gefunden worden, aber man versteht von diesem Gesichtspunkt aus die leider vergeblichen therapeutischen Bemühungen, denen ein Meister der Analyse wie Ferenczi seine letzten Lebensjahre gewidmet hat."

　영역판: "No substitute for hypnosis has yet been found. From this point of view we can understand how such a master of analysis as Ferenczi came to devote the last years of his life to therapeutic experiments, which, unhappily, proved to be vain." [韓]

하려는 것일 뿐이다.

치료에 대한 야심 때문에 그런 과제를 설정하고 싶은 유혹을 아무리 느낄지라도 경험은 그것을 거부해야 한다는 것을 단호하게 보여 주고 있다. 만약 욕동 갈등이 실제로 벌어지지 않는다면, 즉 표현되지 않는다면 분석으로도 그것에 영향을 미칠 수 없다. 우리가 정신의 암흑가Unterwelt/underworld/지하세계를 탐험하려고 할 때 너무도 자주 들어왔던 경고 즉 잠자는 개를 깨우지 말라[52]는 말은 정신생활의 상황을 고려해 볼 때 완전히 부적절하다. 왜냐하면 만약 욕동이 장애를 일으킨다면 그것은 개가 자고 있지 않다는 증거일 것이고 만약 개가 진짜로 자고 있다면[53] 우리의 힘으로 깨울 수 없기 때문이다. 하지만 마지막 주장은 완전히 올바른 것처럼 보이지는 않으며 더 깊은 논의를 요구한다. 잠재되어 있는 욕동 갈등을 활성화할 수 있는 수단에는 어떤 것이 있는지에 대해 생각해 보자. 명백히 우리가 할 수 있는 것은 두 가지밖에 없다. 하나는 욕동 갈등이 활성화되는 상황을 불러일으키는 것이고 다른 하나는 분석 중에 욕동 갈등에 대해 이야기하는 것, 즉 욕동 갈등의 가능성을 언급하는 것에 만족하는 것이다. 이 중 전자는 두 가지 방식으로 이루어질 수 있다: 첫째로는 현실에서, 둘째로는 전이에서. 현실에서이든 전이에서이든 그것은 거절Versagung/frustration/좌절시키기과 리비도 정체Libidostauung/damming up of libido[54]를 통해

• •

52. 긁어 부스럼 만들지 말라. [韓]
53. 원문에는 '만약 개가 진짜로 자고 있는 것으로 보인다면'이라고 되어 있다. [韓]
54. Stauung은 '(물의 흐름을) 막기'를 뜻하며 Blutstauung은 울혈을 뜻한다. [韓]

환자를 어느 정도 실제로 고통에 빠뜨림으로써 이루어진다. 하지만 이런 기법은 평범한 분석에서도 이미 사용되고 있다. 분석이 "거절 속에서" 이루어져야만 한다는 규정이 달리 무엇을 의미하겠는 가?[55] 하지만 그것은 이미 활성화된 갈등을 다루는 데 쓰이는 기법이다. 우리는 이 갈등을 첨예화해서 가장 날카로운 상태로 만들려고 한다. 이는 갈등의 해결을 위한 원동력Triebkraft/instinctual force[56]을 강화하기 위함이다. 분석 경험은, 더 나은 것은 항상 좋은 것의 적이라는 것[57]을 그리고 회복의 모든 단계에서 불완전한 해결에 만족할 용의가 있는 환자의 관성과 싸워야 한다는 것을 보여 준다.

하지만 만약 우리가 활성화되지 않은, 단순히 가능성만 있는 욕동 갈등을 예방적으로 처치하려 한다면 현존하는 피할 수 없는 고통을 조절하는 것만으로는 충분하지 않다. 이제까지 분명 올바르 게도 운명에 맡겼던 새로운 고통을 불러일으켜야만 하는 것이다.

* *

55. '전이사랑(Transference Love)'에 대한 논문(1915a, *Standard Ed.,* vol. 12, p. 165)과 부다페스트 대회 논문(Budapest Congress paper, 1919a, *Standard Ed.,* vol. 17, p. 162 이하)을 보라. [英]
　　이 책의 144쪽을 보라.
　　이 책의 281쪽을 보라. [韓]
56. Triebkraft는 원동력이다. 그런데 Trieb은 욕동이며 Kraft는 힘이다. 따라서 '욕동의 힘'으로 해석할 여지가 있다. Trieb을 instict로 번역하는 영어판에서는 그렇게 해석했 다. [韓]
57. 프랑스의 속담: '*le mieux est l'ennemi du bien.*(너무 잘하려다가 오히려 일을 그르친다. 교각살우.)' [英]
　　독일어판: "jedes Besser ein Feind des Guten ist."
　　영역판: "the better is always the enemy of the good." [韓]

만약 불쌍한 인간을 대상으로 그런 혹독한 실험을 함으로써 우리가 운명과 겨루려 한다면 모든 곳으로부터 그 오만함을 경고하는 소리를 들을 것이다. 그렇다면 이것은 어떤 종류의 실험일 수 있는가? 예방의 목적을 위해서 만족스러운 결혼을 파괴하거나 피분석자의 생계가 달린 일자리를 포기하게 만든다면 우리가 그에 대해 책임을 질 수 있는가? 다행히 우리는 실제 삶에의 그런 개입이 정당한가에 대해 숙고해야만 할 입장에 전혀 있지 않다. 우리는 그런 개입에 필요한 절대적 권한을 전혀 가지고 있지 않으며 그런 치료 실험의 대상은 분명 그런 것에 협조하려 하지 않을 것이다. 따라서 실천에서 그런 것은 배제된 것이나 마찬가지이다. 게다가 이론적으로도 그것에 대한 다른 반대가 있다. 병인이 되는 경험이 과거에 속해서 자아가 그것에 거리를 둘 수 있을 때 분석 작업이 가장 잘 진행되기 때문이다. 급성 공황 상태일 때에는 분석이 쓸모없는 것이나 마찬가지이다. 그때에는 자아의 모든 관심이 고통스러운 현실에 사로잡히게 되고 표면 아래를 파고들어 과거의 영향을 파헤치려는 분석을 거부하게 된다. 따라서 새로운 갈등을 만들어내는 것은 분석 작업을 더 오래 걸리게 하며 더 어렵게 할 뿐이다.

이런 논의가 완전히 쓸데없는 것이라고 이의를 제기할 수도 있을 것이다. 아무도 잠재된 욕동 갈등을 처치할 가능성 때문에 일부러 고통스러운 상황을 새롭게 불러일으키려는 생각을 하지는 않을 것이다. 이것은 추천할 만한 예방 조치라고 할 수 없을 것이다. 성홍열에 걸렸다가 나은 사람은 면역이 생겨서 다시는 같은 병에는 걸리지 않는다는 것이 잘 알려져 있다. 하지만 그렇다고 앞으로 이 병에 걸릴 가능성이 있다며 그것을 방지할 목적으로 건강한 사람을 이 병에 감염시킬 내과의는 없을 것이다. 보호[예방]를 위한 조치가 발병 자체와 같은 위험 상황을 만들어내서는 안 되며 종두Blatternimpfung/vaccination against smallpox/천연두 예방법나 다른 비슷한 것과 같이 아주 작은 위험 상황만을 만들어내야 한다. 따라서 분석에 의한 욕동 갈등의 예방에서도 다른 두 방법 — 즉 현실성이 결여된 전이에서 새로운 갈등을 인위적으로 만들어내는 방법과 피분석자에게 이야기를 해주어서 그가 그런 가능성에 대해 잘 알게 함으로써 피분석자의 표상 속에서 그런 갈등을 일깨우는 방법 — 만이 고려의 대상이 될 수 있다.

두 가지 좀 더 부드러운 조치 중 첫 번째 조치를 분석에서 완전히 사용할 수 없는 것이라고 주장할 수 있는지는 잘 모르겠다. 특별히 이런 방향으로 초점을 맞춘 연구가 없다. 하지만 [그런 조치를] 취하는 것이 아주 전도유망하지는 않을 것처럼 보이게 하는 어려움이 금방 떠오른다. 첫째, 전이를 위한 그런 상황의 선택이 너무나 제한되어 있다. 피분석자 스스로가 그의 모든 갈등을 전이에 쏟아부을 수 있는 것이 아니며 마찬가지로 분석가가 전이 상황에서 환자에게서 가능한 욕동 갈등을 모두 불러일으킬 수 있는 것도 아니다. 우리는 피분석자가 예컨대 질투를 느끼거나 사랑에서의 실망을 경험하게 할 수는 있지만 그것을 위해 의도적으로 어떤 기법을 사용할 필요는 없다. 하여튼 그런 것들은 대다수의 분석에서 자연발생적으로 일어난다. 둘째, 이러한 모든 조치들은

[분석가] 피분석자를 비우호적으로 대하는 것을 불가피하게 만들어서 분석가에 대한 애정 어린 태도 즉 긍정적 전이에 손상을 입힌다는 것을 간과해서는 안 될 것이다. 긍정적 전이는 피분석자가 공동의 분석 작업에 참여하게 되는 가장 강력한 동기이다. 따라서 어떤 경우에도 이런 방식으로부터 많은 것을 기대할 수는 없을 것이다.

따라서 아마 처음부터 유일한 고려의 대상이었을 하나의 길만 남는다. 환자에게 다른 욕동 갈등의 가능성에 대해 설명을 해서 그런 것들이 그에게서도 일어날 수 있다는 예상을 하게 하는 것이다. 우리가 희망하는 것은 이렇게 말해주고 경고해 줌으로써 환자에게서 우리가 언급한 갈등 중 하나가 작은 정도이긴 하지만 치료를 위해서는 충분한 정도로 활성화되는 것이다. 하지만 이번에는 경험이 분명하게 대답해 준다. 기대했던 결과가 일어나지 않는 것이다. 환자가 우리가 전하는 메시지를 잘 듣긴 하지만 다만 반향Widerhall/response이 없다. 그는 아마 이렇게 생각할 것이다. 그것 참 흥미롭군, 하지만 난 그런 걸 전혀 못 느끼겠는걸. 우리가 그의 앎을 증대시키긴 했지만 달리 그를 변화시키지는 못한 것이다. 이것은 사람들이 정신분석 저술을 읽을 때와 대략 비슷하다. 독자는 자신에게 적용된다고 느끼는, 즉 당시에 그 자신 속에서 활동 중인 갈등과 관계되는 것을 다루는 구절을 읽을 때만 "자극된다aufgeregt/stimulated". 다른 모든 구절들에 대해 그는 냉담하게 반응한다. 내 생각에는 어린이에게 성교육을 할 때도 비슷한 경험을 할 수 있다. 나는 성교육이 해롭거나 쓸모없다고 주장할 생각은 전혀 없다. 하지만 분명히 사람들은 이 자유주의적 조치의 예방적 효과에 대해 너무나 과대평가해 왔다. 어린이는 이제 이제까지는 몰랐던 것을 알게 되지만 그에게 주어진 새로운 지식으로 아무것도 할 수 없다. 우리는 어린이가 그 새로운 지식을 위해 자연발생적이라고 할 수 있는 그들의 성 이론을 그렇게 신속하게 희생할 준비조차 되어 있지 않다는 것을 확신하게 된다. 황새[58]의 역할에 대한, 성교의 본성에 대한, 아기가 어떻게 생겨나는가에 대한 그들의 성 이론은 그들의 불완전한 리비도 조직과 조화를 이루며 그것에 의존하여 만들어진 것이다. 어린이는 성교육을 받은 지 한참이 지나도록 기독교를 강요받은 원시인 — 그들은 비밀리에 그들의 오랜 우상·Götzen/idols/신을 계속해서 숭배한다 — 처럼 행동한다.[59]

V

우리는 성가시게도 긴 분석 치료 기간을 어떻게 줄일 수 있는가 하는 문제에서 출발했다. 그다음엔 시간적인 것에 대한 관심을 여전히 유지한 채 영구적 치료가 가능한가 또는 더 나아가 예방적 처치를 통해 미래의 발병을 막을 수 있는가 하는 문제에 대한 연구로 나아갔다. 그러면서 우리는 외상적 병인의 영향, 제어되어

· ·

58. 아기가 어떻게 생기느냐고 어린이가 물어보면 서양에서는 흔히 '황새가 데리고 온다'고 대답해 준다. [韓]

59. 어린이의 성교육에 대한 프로이트의 이러한 생각을 이전에 같은 주제에 대해 쓴 논문(1907c)에서의 덜 정교한 논의와 비교해 볼 수 있을 것이다. [英]
「어린아이의 성교육」,『성욕에 관한 세 편의 에세이(프로이트 전집, 7권)』, 김정일 옮김(열린책들, 2003). [韓]

야만 하는 욕동의 상대적 강도, 우리가 자아의 변형이라 불렀던 어떤 것이 우리의 치료 노력의 성과에 결정적이라는 것을 알게 되었다.[60] 이 요소들 중 두 번째 요소만을 다소 자세히 다루어 보았으며 그러는 동안 양적 요소의 커다란 중요성을 인정하고 모든 설명의 시도에서 메타심리학적 고찰 방식을 강조할 기회가 있었다.

세 번째 요소, 즉 자아의 변형에 대해서는 아직 아무것도 말한 것이 없다. 이것에 관심을 기울일 때 우리가 처음 받는 인상은 여기에는 묻고 답할 것이 많으며 우리가 말하게 될 것이 아주 불충분하다는 것이 드러날 것이라는 점이다. 이 첫인상은 이 문제를 더 깊이 다루게 될 때까지도 지속된다. 알다시피 분석 상황이란 우리가 [분석] 대상이 되는 사람의 자아와 동맹을 맺어서 그의 이드의 제어되지 않은 부분을 정복하는 것, 즉 그것을 자아의 통합Synthese/synthesis에 포함시키는 것으로 이루어진다. 정신병 환자와의 이런 공동 작업은 항상 실패한다는 사실이 우리의 판단을 위한 첫 번째 견고한 근거를 마련해 준다. 정상적인 자아라야만 우리는 그 자아와 그런 협정을 맺을 수 있다. 하지만 그런 정상적 자아는 정상성 일반에서와 마찬가지로 관념상의 허구이다. 우리의 목적에는 부적합한 비정상적 자아는 유감스럽게도 허구가 아니다. 모든 정상적인 사람은 그야말로 대체로 정상적일 뿐이다. 그의 자아는 이 부분 또는 저 부분에서, 좀 더 큰 정도로 또는 좀 더

60. 위의 224쪽을 보라. [英]
   이 책의 337쪽을 보라. [韓]

작은 정도로 정신병 환자의 자아에 근접한다. [정상성의] 계열에서 한쪽 끝[극단적 정상성]에서 멀어지는 정도와 다른 쪽 끝[극단적 비정상성]에 가까워지는 정도는 너무나 막연하게 "자아의 변형 Ichveränderung/alteration of the ego"이라고 이름 붙였던 것의 잠정적 척도가 될 수 있을 것이다.

왜 자아의 변형에 그렇게 다양한 종류가 있고 그 정도가 그렇게 다양한지에 대해 묻는다면 바로 불가피하게 양자택일을 할 수밖에 없을 것이다. 그것은 선천적이거나 후천적일 것이다. 두 번째 경우가 다루기가 더 쉬울 터이다. 후천적인 것이라면 인생의 첫해에서부터 시작하여 분명 발달 과정에서 [자아의 변형이] 일어난 것이다. 아주 처음부터 자아가 쾌락 원리에 봉사하며 이드seines Es/its id/그 자신의 이드와 외부세계 사이에서 중재 역할을 하는 과업을 그리고 이드를 외부세계의 위험으로부터 보호하는 과업을 달성하려 할 것임이 분명하기 때문이다. 만약 자아가 이런 노력의 과정에서 그 자신의 이드에게도 방어적인 태도를 취하고 이드의 욕동 요구를 외부의 위험처럼 다루는 것을 배운다면 그것은 적어도 부분적으로는 욕동 만족이 외부세계와의 갈등으로 이어질 수 있다는 것을 자아가 이해하고 있기 때문이다. 그 후 자아는 교육의 영향 아래 투쟁의 무대를 외부에서 내부로 옮겨서 그것[내적 위험]이 **외적** 위험으로 되기 전에 **내적** 위험을 극복하는 것에 익숙해진다. 그리고 아마 대부분의 경우에는 그것을 잘 해낸다. 두 개의 전선 — 후에는 세 번째 전선이 추가된다[61] — 에서 이런 투쟁을 하는 동안 자아는 자신의 과업 — 일반적으로 표현하면 위험, 불안, 불쾌를 피하는 것 ― 을 달성하기 위해 다양한 방식을 사용한다. 우리는 이런 방식을 "방어 메커니즘Abwehrmechanismen/mechanisms of defence"이라고 부른다. 우리는 그것에 대해 아직 충분히 남김없이 알지는 못한다. **안나 프로이트**Anna Freud의 책 덕분에 우리는 처음으로 방어 메커니즘의 다양성과 다면적인 의의에 대해 인식할 수 있게 되었다.[62]

바로 이 메커니즘 중의 하나인 억압에서부터 신경증적 과정에 대한 연구가 시작되었다. 자아가 그의 목적을 위해 사용할 수 있는 방식이 억압만은 아닐 것이라는 데에는 전혀 의심의 여지가 없었다. 그렇다 하더라도 억압은 아주 특별한 것이어서 다른 메커니즘들 간에 서로 구분되는 것보다 더 날카롭게 억압은 다른 메커니즘들과 구분된다. 억압과 다른 메커니즘과의 관계를 비유를 통해 명확히 하고 싶은데 이 영역에서 비유를 너무 멀리 밀어붙이면 안 된다는 것을 염두에 두어야 할 것이다. 책이 판 단위로 인쇄되는 것이 아니라 아직 한 권씩 필사되던 시대에 한 권의 책이 맞이할 수 있는 운명에 대해 상상해 보자. 어떤 책이 이후의 시대에는 바람직하지 않다고 생각된 내용을 포함하고 있다고 하자. 예컨대 **로베르트 아이슬러**Robert Eisler[63]에 따르면 **플라비우스 요제푸스** Flavius Josephus의 저술에는 후대의 기독교도들이 못마땅해할 만한, 예수 그리스도에 대한 구절이 있다고 한다. 현재의 검열 당국[64]이라

. .

61. 초자아에 대한 간접적 언급이다. [英]

62. 안나 프로이트: *Das Ich und die Abwehrmechanismen*(자아와 방어 메커니즘들), London: Imago Publishing Co., 1946; First Edition, Wien, 1936. [原]

63. 로베르트 **아이슬러**: *Jesus Basileus*. Religionswissenschaftliche Bibliothek, begründet von W. **Streitberg**, Band 9, Heidelberg bei Carl Winter, 1929. [原]

면 그 판을 몽땅 압수하여 폐기하는 것 말고 다른 방어 메커니즘을 사용하지 않을 것이다. 당시에는 [그 책을] 무해하게 만들기 위해 다양한 방법을 사용했을 것이다. 한 가지 방법은 못마땅한 구절에 두껍게 줄을 그어서 읽을 수 없게 하는 것이다. 그러면 그 부분은 베껴 쓸 수 없게 되어서 다음 필사자가 아무리 나무랄 데 없는 작업을 하더라도 몇몇 구절이 누락되어 그 부분은 아마 이해할 수 없게 될 것이다. 또는 이것에 만족하지 않고 텍스트의 일부가 삭제되었음을 보여 주는 흔적까지도 없애기 위해 텍스트를 왜곡하는 데까지 나아갈 것이다. 몇몇 단어들을 빼버리거나 다른 것들로 대체할 수도 있다. 새로운 문장들을 삽입할 수도 있다. 가장 좋은 것은 한 구절 전체를 없애버리고 그 대신에 완전히 반대를 뜻하는 것을 집어넣는 것이다. 다음에 그 책을 필사하는 사람은 의심할 만한 구석이 없는 텍스트를 만들어낼 수 있겠지만 그것은 위조된 것이다. 그것은 더 이상 저자가 말하고자 했던 것을 포함하지 않을 것이며 십중팔구 진실을 위해 고쳐진 것은 아닐 터이다.

이 비유가 아주 세세한 곳까지 맞아 들어간다고 보지 않는다면 억압과 다른 방어방법과의 관계는 삭제와 텍스트 왜곡의 관계와 같다고 할 수 있을 것이다. 그리고 위조의 다양한 형태와 자아 변형의 다양성 사이에서 유사성을 발견할 수 있을 것이다. 텍스트 왜곡은 의도를 갖는 검열의 소행이지만 자아의 발달에는 그에 대응하는 것이 없기 때문에 이 비유는 근본적인 점에서 어긋난다고

• •

64. 나치를 말하는 것 같다. [韓]

반론을 제기해 볼 수도 있을 것이다. 하지만 그렇지가 않다. 왜냐하면 쾌락 원리의 강박이 이런 의도를 광범위하게 대리할 수 있기 때문이다. 정신 기관은 불쾌를 참지 못한다. 무슨 대가를 치르더라도 그것을 막으려고 하기 때문에 현실에 대한 지각이 불쾌를 불러일으킨다면 그 지각—즉 진실—이 희생되어야 한다. 우리는 이후에 충분히 강해져서 위협을 제거하기 위해 현실을 능동적으로 변형시킬 수 있을 때까지 오랫동안 위험 상황으로부터 도피하거나 그것을 회피함으로써 외적 위험에 대응한다. 하지만 자기 자신으로부터 도망갈 수는 없기 때문에 도피는 내적 위험에는 아무런 도움이 안 된다. 따라서 자아의 방어 메커니즘은 내적 지각을 위조하고 우리에게 이드에 대한 불완전하고 왜곡된 인식만을 제공해 줄 운명에 처하게 되었다. 따라서 이드와의 관계에서 자아는 제한 Einschränkungen/restrictions 때문에 마비되거나 오류 때문에 눈이 멀어서 정신적 사건에서의 결과는, 알지도 못하는 지방에서 다리도 성치 못해서 잘 걷지도 못하는 사람이 여행하는 것에 비할 수 있을 것이다.

방어 메커니즘은 위험을 멀리하려는 의도에 봉사한다. 그것에 성공한다는 것에는 의심의 여지가 없다. 자아가 발달하면서 방어 메커니즘을 완전히 포기할 수 있을지는 의문이다. 하지만 방어 메커니즘 자체가 위험이 될 수 있다는 것 역시 확실하다. 때때로 방어 메커니즘이 자아에게 제공하는 봉사에 자아가 너무나 커다란 대가를 지불한다는 점이 드러나기도 한다. 방어 메커니즘을 유지하는 데 필요한 역동적 비용과 방어 메커니즘에 거의 항상 수반되는 자아의 제한이 정신적 경제에 무거운 부담임이 드러나는 것이다. 게다가 자아 발전의 어려운 시기에 자아를 도운 후에도 이 메커니즘들은 사라지지 않는다. 당연히, 있을 수 있는 방어 메커니즘을 누구도 모두 사용하지는 않는다. 그중 몇 개만 사용할 뿐이다. 하지만 그것들은 자아에 고착되어 처음의 상황이 비슷하게 되돌아오기만 하면 일생에 걸쳐서 항상 되풀이되는 성격의 반응 방식이 된다. 그리하여 그것들은 유치증[65]이 되며 자신이 유용할 시기가 지났음에도 살아남으려고 하는 그 많은 제도들과 같은 운명을 맞이하게 된다. 어느 시인이 한탄했듯이 "이성은 부조리가 되고 선행은 재앙이 되는" 것이다.[66] 성인의 강해진 자아는 현실에는 더 이상 존재하지 않는 위험으로부터 자신을 계속 지키려고 한다. 사실 그 자아는 위험 상황에 대한 익숙한 반응 방식을 고집하는 것을 정당화하기 위해 원래의 위험을 대체로 대체할 수 있는, 현실에서의 위험 상황을 찾아내야만 하는 처지에 자신이 빠져있다는 것을 발견한다. 따라서 어떻게 방어 메커니즘이 외부 세계로부터 자아를 끝없이 더 소외시키고 계속해서 자아를 약화시킴으로써

65. 보통 소아병이라고 번역된다. 하지만 소아병(Kinderkrankheit/children's disease)은 소아가 걸리는 병을 말한다. Infantilismus/infantilism/발육부진은 '유치증'이라고 번역되어야 옳다. [韓]

66. 괴테, 『파우스트』, 1부, 4장. [英]

　　독일어판: "Vernunft wird Unsinn, Wohltat Plage."

　　영역판: 'Reason becomes unreason, kindness torment."

　　요한 볼프강 폰 괴테, 『파우스트 1』, 정서웅 옮김(민음사, 2001), 108쪽을 보라. "이성이 불합리로, 선행이 고난으로 변하니 자네가 그 자손으로 태어난 것이 슬프도다." 메피스토펠레스의 대사다. [韓]

신경증의 발병을 준비하고 촉진하는지를 이해하기란 어렵지 않다.

하지만 당장은 우리의 관심이 방어 메커니즘의 병인으로서의 역할을 향하고 있지는 않다. 우리가 연구하고자 하는 것은 방어 메커니즘에 상응하는 자아의 변형이 우리의 치료 노력에 어떠한 영향을 끼치는가이다. 이 질문에 대답하기 위해 필요한 재료가 위에서 언급한 **안나 프로이트**의 책에 주어져 있다. 요점을 말하자면 피분석자는 이런 반응 방식을 분석 작업 중에도 되풀이한다. 말하자면 우리의 눈앞에서 보여 주는 것이다. 사실 우리는 그런 반응 방식이 분석 작업 중에 되풀이되는 것을 보는 것을 통해서만 그런 반응 방식에 대해 알 수 있다. 그렇다고 그것[67] 때문에 분석이 불가능해지지는 않는다. 오히려 그것은 우리의 분석 과제의 절반을 차지한다. 분석 초기에 먼저 착수되는 다른 절반의 과제는 이드에 숨겨져 있는 것을 드러내는 것이다. 치료가 진행되는 동안 이드 분석을 조금 하다가 자아 분석을 조금 하는 식으로 우리의 치료 노력은 진자처럼 계속해서 왔다 갔다 한다. 전자의 경우에 우리는 이드에 있는 어떤 것을 의식화하려 하며 후자의 경우 우리는 자아에 있는 어떤 것을 바로잡으려 한다. 결정적인 사실은 이전에는 위험에 맞섰던 방어 메커니즘이 치료 중에는 회복에 대한 **저항**이 되어서 되돌아온다는 것이다. 결과적으로 자아는 회복 자체를 새로운 위험처럼 다루게 된다.

치료의 효과는 이드에 억압 — 가장 넓은 의미에서 — 되어 있는

· ·

67. 그런 반응 방식이 분석 작업 중에 되풀이되는 것. [韓]

것을 의식화하는 것에 달려 있다. 우리는 해석과 구성[68]을 통해 이런 의식화를 위한 길을 닦는다. 하지만 자아가 이전의 방어에 매달리고 저항을 포기하지 않는 한 우리에게만 해석된 것이지 피분석자에게는 해석된 것이 아니다. 이제 저항은 자아에 속함에도 불구하고 무의식적이며 어떤 의미에서는 자아의 내부에서 [자아의 다른 부분으로부터] 격리되어 있다. 분석가는 저항을 이드에 숨겨져 있는 것보다 쉽게 알아낸다. 그것을 이드의 일부와 마찬가지로 다루어서 의식화를 통해 자아의 나머지 부분과 관계를 맺도록 하면 충분할 것이라고 생각할 수도 있다. 이런 방법으로 분석 과제의 절반이 해결될 것이라고 생각할 수 있다. 저항을 드러내는 것에 대한 저항은 고려하지 않으려 하는 것이다. 하지만 다음과 같은 일이 일어난다. 저항에 대한 작업 중에 자아는 분석 상황이 기반하고 있는 계약을 — 그 심각성에 있어서는 다양하지만 — 어긴다. 자아는 이드를 드러내려는 우리의 노력을 더 이상 지지하지 않는다. 자아는 그것에 반항하며 분석의 기본 규칙을 지키지 않으며 억압된 것의 파생물이 더 이상 떠오르지 못하게 한다. 우리는 환자에게서 분석의 치유력에 대한 강한 확신을 기대할 수 없다. 처음에는 환자가 분석가를 조금밖에 신뢰하지 않을 테지만 나중에 일깨워지는 긍정적 전이에 의해 [치료] 능률이 오를 정도로 그 신뢰가 강화되는 것이다. 방어 갈등Abwehrkonflikte/defensive conflicts이 새로 벌어지면서 느끼게 되는 불쾌감Unlustregungen[69]의 영향하에서

* *

68. 아래 255쪽에 있는, 이 주제에 대한 논문(1937d)을 참조하라. [英]
   이 책의 16장 「분석에서의 구성」을 보라. [韓]

이젠 부정적 전이가 우위를 차지하여 분석 상황을 완전히 무효화할 수 있다. 이제 환자에게 분석가는 곤혹스러운 것을 요구하는 낯선 사람에 불과하며 그는 분석가를 대할 때 완전히 어린이—낯선 사람을 좋아하지도 전혀 믿지도 않는—처럼 행동한다. 방어를 위해 만들어낸 환자의 왜곡을 보여 주고 그것을 바로잡으려고 하다 보면 분석가는 환자가 그것을 이해하지 못하며 훌륭한 논거를 제시해도 소용없다는 것을 발견하게 된다. 따라서 저항을 드러내는 것에 대한 저항이 정말로 존재하며 방어 메커니즘이 우리가 처음에—아직 그것을 깊이 연구하기 전에—붙여 주었던 이름에 어울리는 메커니즘이라는 것을 알 수 있다. 그것은 이드 내용Es-Inhalte/contents of the id을 의식화하는 데 대한 저항일 뿐 아니라 분석 일반에 대한, 따라서 치유에 대한 저항이기도 한 것이다.

만약 자아의 변형을, 분석 작업에 대한 흔들리지 않는 충성을 보장해 주는 가상적인 정상–자아로부터의 일탈이라고 이해한다면 자아에서의 방어의 작용을 "자아의 변형"이라 불러도 될 것이다. 이젠 일상적 [분석] 경험이 보여 주는 것, 즉 분석 치료의 결과는 근본적으로 이 자아 변형의 저항Widerstände der Ichveränderung/resistances that bring about an alteration of the ego이 얼마나 강하고 깊게 뿌리박고 있는가에 달려 있다는 사실을 받아들이기가 쉬울 것이다. 다시 한번 우리는 여기서 양적 요소의 의의와 마주친다. 다시 한번 우리는 분석에서 정해진 그리고 한정된 에너지양—이것은 적대

· ·

69. 영어판에서는 unpleasurable impulses(불쾌한 충동, 불쾌한 자극)이라고 번역했다. [韓]

적인 힘과 우열을 다투어야 한다 — 밖에 쓸 수 없음을 떠올리게
된다. 그리고 실제로 대개는 더 강한 군대가 승리하는 것으로
보인다.

VI

다음 질문은 모든 자아의 변형 — 우리의 의미로 — 이 이른
시기에 방어 투쟁을 하면서 일어나는지 여부가 될 것이다. 그에
대한 대답에는 의심의 여지가 있을 수 없다. 처음부터 즉 태어나면
서부터 각 사람의 자아가 서로 다르다는 사실 그리고 그것의 의의에
이의를 제기할 이유는 없다. 이것은 모든 사람들이 있을 수 있는
방어 메커니즘들 중 몇 개만을 선택해서 사용할 뿐이며 그 후
계속 그것들만 사용한다는 사실만 보아도 알 수 있다.[70] 이것은
각각의 자아가 선천적으로 개인 특유의 기질과 성향을 부여받는다
는 사실을 암시한다. 물론 그 종류와 그것이 결정되는 조건에
대해서는 지금은 제시할 수 없지만. 게다가 우리는 유전된 형질과
획득한 형질의 차이를 과장하여 둘이 대립한다고 보면 안 된다는
점을 알고 있다. 유전된 형질 중 중요한 부분은 분명 조상들이
획득한 형질로 되어 있는 것이다. "태고의 유산"[71]에 대해 말할
때 우리는 보통 이드만을 염두에 둔다. 그리고 개인의 삶이 시작될

· ·

70. 위의 237쪽. [英]
    이 책의 363쪽을 보라. [韓]
71. 세 편의 논문 『인간 모세와 유일신교(*Moses and Monotheism*)』(1939a) 중 1부에 붙인
    편집자 주를 보라. 앞의 102쪽. [英]

때에는 아직 자아가 존재하지 않는다고 가정하는 것 같다. 하지만 우리는 이드와 자아가 원래 하나라는 사실을 간과해서는 안 된다. 그리고 자아가 나중에 어떤 방향으로 발달하고 어떤 성향을 보이고 어떤 반응을 보일지가 자아가 아직 존재하지도 않은 상태에서 이미 고정되어 있다는 사실을 믿을 만하다고 여길지라도 이것이 유전에 대한 신비주의적 과대평가를 뜻하지는 않는다. 가족, 인종, 민족에 따라 다른 심리학적 특성 — 분석에 대한 태도까지도 — 은 다른 식의 설명을 허용하지 않는다. 게다가 분석 경험을 보면 상징과 같은 특정한 정신적 내용도 유전적 전달erbliche Übertragung/hereditary transmission 이외의 다른 어떤 원천에서 유래했다고 생각할 수 없다는 확신이 들 수밖에 없다. 그리고 다양한 민족 심리학적völkerpsychologisch/social anthropology 연구를 보면 태고의 유산에 원시인의 발달의 침전물 — [상징과는] 다르지만 마찬가지로 특성화된 — 이 있다고 가정하고 싶어진다.

우리가 저항 형태로 알아챌 수 있는 자아의 특징이 방어 투쟁의 과정에서 얻게 되는 것만큼이나 유전적으로 결정될 수 있다는 것을 인식하면서 무엇이 자아이고 무엇이 이드인가를 나누는 위치론적topisch/topographical 구분은 우리의 연구에 대한 그 가치를 잃어버리게 된다. 우리의 분석을 한 단계 더 진전시키면 우리는 다른 종류의 저항에 마주치게 되는 것을 경험하게 되는데, 우리는 더 이상 이것을 국소화할lokalisieren/localize[72] 수 없으며 이것은 정신적

· ·

72. 원래 질병 발생의 부위를 확인하는 것을 뜻한다. 여기서는 저항이 발생한 '부위' 즉 이드의 저항인지 자아의 저항인지를 알 수 없다는 뜻인 듯하다. [韓]

기관의 근본적 상황에 의존하는 것 같다. 이런 종류의 [저항의]
예는 몇 개밖에 제시할 수 없으며 이 영역은 전체적으로 당황스러우
리만치 낯설고 불충분하게 연구되었다. 우리는 예를 들어 "리비도
의 점착성Klebrigkeit/adhesiveness"[73]이 특별히 [강한] 사람이라고 할
수 있는 사람들을 만나게 된다. 그런 사람들에게서는 치료가 유발
하는 과정이 다른 사람들에 비해 너무나 느리게 진행되는데 이는
그들이 한 대상에 대한 리비도 점령Libidobesetzungen/libidinal cathexes을
떼어내서 새로운 대상에 전위시키기로 결심할 수 없기 때문인
듯하다. 하지만 그런 점령 충성Besetzungstreue/cathectic loyalty[74]에 대한
특별한 이유는 발견할 수 없다. 우리는 그와 반대되는 유형을
만나기도 하는데 그들의 리비도는 특별히 유동적인 것처럼 보인다.
그들의 리비도는 재빨리 분석에서 제안된 교체Neubesetzungen/new
cathexes[75]를 받아들이고 그것을 위해 이전의 대상을 포기한다. 이는

● ●

73. 이 용어는 『정신분석 입문 강의(*Introductory Lectures*)』(1916~1917, *Standard Ed.,* vol.
16, p. 348)의 22강의에 나온다. 이 특성과 아래에서 논의되는 좀 더 일반적인 용어인
'정신적 관성(inertia)'은 프로이트의 이전 저작에서는 항상 구분되어 사용되지는
않았다. 이 주제가 다루어진 몇몇 구절의 목록은 「정신분석 이론에 모순되는 망상증
사례에 대한 보고(A Case History of Paranoia)」(1915f, *Standard Ed.,* vol. 14, p. 272)에
있는 편집자 각주에 있다. [英]
  『정신분석 강의(프로이트 전집, 1권)』, 임홍빈·홍혜경 옮김(열린책들, 2003), 469쪽
을 보라.
  「정신분석 이론에 반하는 편집증의 사례」, 『정신 병리학의 문제들(프로이트 전집,
10권)』, 황보석 옮김(열린책들, 2003), 133쪽의 주)5를 보라. adhesiveness는 '집착'으로
inertia는 '무력증'으로 번역되어 있다. [韓]
74. Treue는 충성, 정절을 뜻한다. '충신은 두 임금을 섬기지 않고 열녀는 두 남편을
섬기지 않는다'는 말에서처럼 리비도가 하나의 대상만을 '섬기려'하는 것을 말한다.
[韓]

조형 미술가가 딱딱한 돌로 작업할 때와 부드러운 점토로 작업할 때 느끼는 차이와 같을 것이다. 유감스럽게도 이 두 번째 유형에서 분석의 성과는 종종 전혀 효력이 없음이 드러난다. 새로운 점령은 곧 다시 포기되어서 우리는 점토로 작업했다는 인상이 아니라 물 위에 글씨를 썼다는 인상을 받는다. "쉽게 얻으면 쉽게 잃는다"는 경고가 여기에 딱 들어맞는다.

다른 일련의 사례들에서는 [환자의] 태도 때문에 놀라게 되는데 보통은 기대할 수 있는 유연성 즉 변화와 발달의 능력이 그런 환자에게서는 고갈되었다고밖에 달리 설명할 수 없다. 우리는 분석에서 어느 정도의 정신적 관성[76]이 있을 것임을 충분히 각오하고 있다. 분석 작업이 욕동 충동에 새로운 길을 열어 줄 때 뚜렷한 지체가 있은 후에나 그 길로 들어선다는 것을 우리는 거의 항상 관찰하게 된다. 아주 정확한 말은 아니겠지만 우리는 이 태도를 "이드의 저항"이라고 불렀다.[77] 하지만 여기서 말하는 사례에서는 모든 과정, 관계, 힘의 분배가 변경될 수 없으며 고착되어 있으며 경직되어 있다는 것이 드러난다. 이것은 아주 늙은 사람들한테서도 발견할 수 있는데 소위 습관의 힘, 수용 능력의 고갈, 일종의 정신적

• •

75. neu는 '새로운'을 뜻한다. 따라서 Neubesetzungen은 '새로운 [대상에 대한] 점령'을 뜻하기도 한다. [韓]

76. 앞쪽의 각주 1을 보라. [英]
    앞의 주)73를 보라. [韓]

77. 『억제, 증상 그리고 불안(*Inhibitions, Symptoms and Anxiety*)』(1926d), *Standard Ed.*, vol. 20, p. 160의 부록 A (a)를 보라. [英]
    「억압, 증상 그리고 불안」, 『정신 병리학의 문제들(프로이트 전집, 10권)』, 황보석 옮김(열린책들, 2003), 292쪽을 보라. [韓]

엔트로피[78]로 설명할 수 있다. 하지만 여기서 문제 되는 것은 아직 젊은 사람이다. 우리의 이론적 준비theoretische Vorbereitung/theoretical knowledge가 위에 기술된 유형을 올바로 파악하기에는 불충분한 것 같다. 아마도 시간적 특성, 즉 우리가 아직 잘 모르는 정신적 삶의 발달 리듬에서의 변형이 관련되어 있는 것 같다.

또 다른 일련의 사례에서는 분석 치료에 대한 저항의 근원이며 치료의 성공을 방해하는 요인인 자아의 특이성이 다른 더 깊은 것에 근거하는 듯 보인다. 여기서 문제되는 것은 심리학적 연구가 알아낼 수 있는 궁극적인 것, 즉 두 원초적 욕동의 행태 — 배분, 혼합, 분리 — 이며 이것은 정신적 기관 — 이드, 자아, 초자아 — 중 하나의 구역에서만 일어난다고 생각할 수 없는 어떤 것이다. 분석 작업 중에 마주치는 저항 중에서 모든 수단을 동원해서 회복을 가로막고 병과 고통에 완전히 달라붙으려 하는 힘의 저항만큼 강렬한 인상을 주는 것도 없다. 우리는 이 힘의 일부를 죄의식과 처벌 욕구라고 확실히 정당하게 확인했으며 자아가 초자아와 맺는 관계로 국소화했다. 하지만 그것은 초자아에 말하자면 정신적으로 묶여 있어서 그 때문에 우리에게 알려진 부분일 뿐이다. 같은 힘의 다른 부분이 — 묶인 형태이든 자유로운 형태이든 — 어딘가 에서 작동하고 있는지도 모른다. 그렇게 많은 사람에게 내재되어

● ●

78. 같은 심리학적 특성을 다루는 '늑대 사나이'의 병력에도 같은 비유가 등장한다. *Standard Ed.,* vol. 17, p. 116을 보라. [英]
「늑대 인간—유아기 신경증에 관하여」, 『늑대 인간(프로이트 전집, 9권)』, 김명희 옮김(열린책들, 2003), 334쪽을 보라. [韓]

있는 마조히즘, 신경증 환자의 부정적 치료 반응과 죄의식 등의 현상으로 이루어진 전체적인 그림을 염두에 둔다면 정신적 사건이 쾌락 지향에 의해 배타적으로 지배받는다고는 더 이상 믿기 힘들 것이다. 이런 현상들은 정신생활에서의 어떤 힘, 우리가 그 목적에 따라 공격 욕동 또는 파괴 욕동이라 부르며 생물의 근원적인 죽음 욕동Todestrieb/death instinct으로 소급할 수 있는 힘의 존재를 명백히 가리키고 있다. 여기서 문제되는 것은 낙관적 생명 이론과 비관적 생명 이론의 대립이 아니다. 두 가지 원초적 욕동 즉 에로스Eros와 죽음 욕동의 협동 작용과 충돌 작용[79] — 둘 중 하나만의 작용이 아니라— 만이 생명 현상의 다채로움을 설명해 줄 수 있다.

각각의 생명 기능을 달성하기 위해 두 가지 종류의 욕동의 부분들이 어떻게 결합되는지, 어떤 조건하에서 이 결합이 느슨해지거나 깨지게 되는지, 이런 변형이 어떤 장애에 대응하는지 그리고 지각이라는 쾌락 원리의 눈금Wahrnehmungsskala des Lustprinzips/perceptual scale of the pleasure principle이 어떤 느낌Empfindungen/feelings으로 그것에 반응하는지 등을 해명하는 것은 심리학적 연구의 가장 보람

• •

79. 이 어구는 프로이트가 즐겨 쓰던 어구 중의 하나이다. 예를 들어 『꿈의 해석』(1900a), *Standard Ed.*, vol. 4, p. 1의 첫 문단에서 볼 수 있다. 그가 이 어구를 좋아했다는 것은 그가 '근본적으로 이원적인(dualistic) 관점'에 충실했다는 사실을 반영한다. 『자아와 이드(*The Ego and the Id*)』, 1923b, *Standard Ed.*, vol. 19, p. 46과 아래 246쪽을 참조하라. [英]

『꿈의 해석(프로이트 전집, 4권)』, 김인순 옮김(열린책들, 2003), 21쪽을 보라. 「자아와 이드」, 『정신분석학의 근본 개념(프로이트 전집, 11권)』, 윤희기 옮김(열린책들, 2003), 390쪽을 보라.

이 책의 374~375쪽을 보라. [韓]

있는 과제일 것이다. 당분간 우리는 우리의 노력을 좌초시키는 힘의 우세에 굴복할 수밖에 없다. 단순한 마조히즘에 정신적 영향력을 미치는 것조차도 우리에게는 우리의 능력에 대한 혹독한 시험이다.

파괴 욕동의 활동을 입증하는 현상들을 연구하는 데 있어 우리는 병리적 재료의 관찰에만 우리의 연구를 제한하지 않는다. 정상적 정신생활에서의 많은 사실들이 그런 설명을 요구하며 우리의 눈이 더 날카로워질수록 그런 것들이 더 풍부하게 우리의 눈에 띄게 된다. 이것은 이 글에서 지나가는 길에 다루기에는 너무나 새롭고 너무나 중요한 주제이다. 나는 몇 개의 견본을 제시하는 것으로 만족할 것이다. 다음은 그 예이다:

이성뿐 아니라 동성을 성적 대상으로 삼을 수 있으며 하나의 성향이 다른 성향을 방해하지 않는 사람들이 모든 시대에 있어 왔고 지금도 있다는 것은 잘 알려져 있다. 우리는 그런 사람들을 양성애자라고 부른다. 그리고 그에 대해 크게 놀라지 않으면서 그들의 존재를 받아들인다. 하지만 우리는 모든 사람들이 이런 의미에서 양성애적이며 자신의 리비도를 현시된 또는 잠재된 방식으로 두 성 모두의 대상에게 분배한다는 것을 알게 되었다. 하지만 다음과 같은 점이 눈에 띈다. 어떤 경우에는 두 가지 성향이 충돌 없이 공존할 수 있는 반면 다른 더 많은 경우에는 화해할 수 없는 갈등 상태에 있다. 한 사람의 이성애[적 성향]는 동성애[적 성향]를 용납하지 않으며 반대로도 마찬가지이다. 만약 전자가 더 강력하다면 그것은 후자를 잠재 상태로 만들고 실제 만족을 얻지는 못하게 하는 데 성공한다. 게다가 한 사람의 이성애적 기능에는 잠재된 동성애에 의한 장애보다 더 큰 위험은 없다. 한 사람에게는 이용 가능한 리비도가 일정량밖에 없어서 두 가지 경쟁하는 성향이 그것을 차지하기 위해서 다투는 것이라고 설명할 수도 있을 것이다. 다만 많은 경우에 [두] 경쟁자가 그 상대적 강도에 따라 이용 가능한 리비도 양을 나누어 가질 수 있는데도 항상 그렇게 나누지는 않는지를 이해할 수 없다. 우리는 갈등 경향이 리비도의 양과는 관계없이 상황에 새로 덧붙여진 특별한 어떤 것 같다는 확실한 인상을 받는다. 그렇게 독립적으로 나타나는 갈등 경향은 어느 정도의 자유로워진 공격성의 개입 말고는 다른 탓으로 돌릴 수 없다.

만약 여기서 논의된 예를 파괴 욕동 또는 공격 욕동이 표현된 것이라고 인정한다면 다른 갈등의 예도 이런 식으로 파악할 수는 없는지 그리고 나아가 정신적 갈등에 관한 우리의 모든 지식을 이런 새로운 관점하에 수정해야 되는 것은 아닌지 하는 의문이 즉시 떠오른다. 하여튼 우리는 원시인에서 문명인으로의 발달 과정에서 아주 현저한 정도로 공격성이 내면화되었다고 — 즉 안으로 돌려졌다고Einwärtswendung/turning inwards — 추측하게 된다. 그리고 확실히 내적 갈등이 이제는 중지된 외적 투쟁에 딱 맞게 대응하는 것 같다. 리비도에서 자신을 드러내는 에로스와 동등한 자격을 갖춘 그 짝으로서 죽음 욕동, 파괴 욕동 또는 공격 욕동을 내세우는 이원적 이론이 일반적으로 거의 호응을 얻지 못하고 있으며 심지어 정신분석가들조차도 진짜로 그것을 인정하지는 않고 있다는 것을 나는 잘 알고 있다. 그렇기 때문에 최근에 고대 그리스의 위대한 사상가 중 한 명에게서 나의 이론을 재발견했을 때 그만큼 더 기뻤던 것 같다. 나는 이 확인[80]에 [나의 이론의] 독창성에 대한 명성을 기꺼이 바치겠다. 특히 젊은 시절에 내가 읽었던 것의 범위를 생각할 때 소위 [이 이론의] 창조라는 것이 은재 기억Kryptomnesie/cryptomne- sia[81]의 효과가 아닌지 여부를 확인할 수 없다는 이유가 있다.[82]

기원전 495년경에 태어난 **아크라가스(기르겐티)의 엠페도클레스 Empedokles aus Akragas(Girgenti)**[83]는 그리스 문명사에서 아마도 가장 위대하고 주목할 만한 인물 중 한 명인 듯하다. 그는 다재다능한 사람이었으며 그의 재능은 아주 여러 방면에서 발휘되었다. 그는 연구자이면서 사상가였고, 예언자이면서 마술사였고, 정치가이자 박애주의자이면서 자연학에 능한 의사였다. 그는 셀리눈트Selinunt 라는 도시를 말라리아로부터 해방시켰다고 알려져 있으며 동시대 인으로부터 신처럼 존경받았다고 한다. 그의 정신에는 아주 날카롭게 대립되는 것들이 통일되어 있었던 듯하다. 그는 물리학이나 생리학을 연구할 때는 엄밀하고 냉정했지만 난해한 신비주의를

• •

80. 그리스의 사상가 프로이트와 비슷한 이론을 폈다는 사실의 확인. [韓]
81. 과거에 경험한 일을 생각해냈을 때 그것이 미경험의 사실로 느껴지는 일. [韓]
82. 요제프 포퍼—링커이스(Josef Popper-Lynkeus)에 대한 프로이트의 논문(1923f)에 있는 이 주제에 대한 논평을 참조하라. *Standard Ed.*, vol. 19, p. 261과 p. 263의 주. [英]
83. 다음 논의는 빌헬름 카펠레(Wilhelm Capelle)의 다음 책을 바탕으로 했다: *Die Vorsokratiker*(소크라테스 이전의 그리스 철학자들), Alfred Kröner, Leipzig, 1935. [原] 245~247쪽. 시칠리아에 있는 이 도시는 아그리겐툼(Agrigentum)으로 더 잘 알려져 있다. [英]

꺼리지도 않았고 놀랍도록 환상적인 대담함으로 우주론적인 사변을 펼치기도 했다. **카펠레**Capelle는 그를 "상당히 많은 비밀을 알고 있는"[84] **파우스트**Faust 박사에 견주었다. 앎의 왕국이 아직 그렇게도 많은 영역들로 나누어지기 전 시대에 만들어졌기 때문에 그의 이론 중 많은 것들은 우리에게 원시적이라는 느낌을 준다. 그는 사물의 다양성을 네 개의 원소인 흙, 물, 불, 공기의 혼합으로 설명했으며 자연의 모든 것은 살아있다고 믿었으며 윤회를 믿었다. 하지만 그의 학문 체계에는 생물의 점진적 진화, 적자생존, 이 진화에서의 우연τύχη[85]의 역할에 대한 인정 등 현대적인 생각들도 포함되어 있다.

정신분석의 욕동 이론과 너무나 비슷해서 그 그리스인의 이론은 우주론적인 환상인 반면 우리의 이론은 생물학적 타당성을 요구하는 데 만족한다는 차이를 제외하면 두 이론이 똑같다는 생각이

* *

84. 파우스트의 첫 번째 대사에 있는 구절을 조금 바꾸었음. 괴테, 『파우스트』, 1부, 1장. [英]

  독일어판: "dem gar manch Geheimnis wurde kund."

  영역판: "to whom many a secret was revealed."

   "Drum hab ich mich der Magie ergeben,

   Ob mir durch Geistes Kraft und Mund

   Nicht manch Geheimnis würde kund;"

  (Johann Wolfgang Goethe, *Faust-Dichtungen*, Philipp Reclam jun. Stuttgart, 1992. p. 29.)

   "하여 나는 마법에 몰두하였다.

   정령의 힘과 말(言)을 빌어

   많은 비법을 알 수 있지나 않을까 해서다."

  (요한 볼프강 폰 괴테, 『파우스트 1』, 정서웅 옮김(민음사, 2001), 30쪽.) [韓]

85. Zufall/chance. [韓]

들 정도인 엠페도클레스의 이론은 우리의 관심을 받을 만하다. 물론 **엠페도클레스**가 하나의 생물에서처럼 우주 전체에 혼이 있다고 생각했다는 점을 생각하면 그 차이가 그렇게 중요하지 않을 수도 있다.

그 철학자는 또한 정신생활에서im seeliche Leben/in the life of the mind뿐만 아니라 세계 생명에도im weltlichen Leben/in the life of the universe[86] 사건을 지배하는 두 가지 원리가 있어서 둘은 서로 영원한 투쟁 상태에 있다고 가르쳤다. 그는 그것들을 φιλία — **사랑**Liebe — 과 νεῖκος — **불화**Streit/strife — 라고 불렀다. 그는 이 두 힘이 사실은 "충동적으로 작용하는 자연력이며 목적의식적인 지성은 전혀 아니라고"[87] 보았다. 그에 의하면 이 두 힘 중 하나는 네 원소의 원자들을 하나의 덩어리로 뭉치게 하려 하며 다른 하나는 반대로 모든 이런 혼합들을 취소하고 원소의 원자들을 서로로부터 분리시키려 한다. 그는 세계가 멈춤 없이 계속해서 두 시대가 교차되는 과정을 겪는다고 생각했다. 한 시대에는 근본적인 두 힘 중 하나가 승리하고 다른 시대에는 다른 하나가 승리해서 한 번은 사랑이 다음번에는 불화가 자신의 의도를 완전히 관철해서 세계를 지배하고, 압도되어 있던 다른 편이 다음번에는 득세해서 짝을 패배시킨다는 것이다.

엠페도클레스의 두 기본 원리 — φιλία과 νεῖκος — 는 그 기능뿐 아니라 이름에서도 우리의 두 원초적 욕동 — 에로스와 파괴성 Destruktion/distructiveness —과 비슷하다. 우리의 이론에서 하나는 존재

· ·

86. 우주 자체를 하나의 생명으로 생각한 듯하다. [韓]
87. 위의 책[Die Vorsokratiker] 186쪽. [原]

하는 것을 계속해서 더 크게 통합하려 하고 다른 하나는 그 통합을 풀어헤치고 그 통합으로 생긴 구조를 파괴하려 한다. 하지만 이 이론이 2,500여 년 후에 다시 출현하면서 많은 면에서 바뀌었다고 해도 그리 놀랄 일은 아니다. 생물정신적인 것Biopsychische[88]으로 [우리의 이론을] 제한하려 한다는 것을 제외하고도 우리는 기본 물질Grundstoffe/basic substances/원소을 더 이상 **엠페도클레스**의 네 원소라고 생각하지 않으며 생물을 무생물과 날카롭게 구분한다. 또한 우리는 이젠 물질 원자의 혼합과 분리가 아니라 욕동 요소의 결합과 분해에 대해 생각한다. 게다가 우리는 파괴 욕동을 무생물로 되돌아가려는 생물의 열망인 죽음 욕동으로 환원함으로써 "불화"의 원리에 어느 정도의 생물학적 기초를 마련했다. 비슷한 욕동Trieb/instinct[89]이 이전에도 존재했다는 것을 부정할 수 없으며 생명이 출현하고 나서야 그런 욕동이 생겼다고 주장할 수도 당연히 없다. 그리고 나중에 우리의 통찰이 깊어질 때 **엠페도클레스**의 이론에 포함된 진리의 핵심이 어떤 옷을 입고 나타날지는 아무도 알 수 없다.[90]

---
* *

88. 영역판에서는 'biophysical field(생물물리학적 영역)'이라고 번역했다. [韓]

89. 즉 죽음본능(instinct)과 비슷한 본능. [英]

90. 엠페도클레스는 프로이트의 유작인 『정신분석의 개요(*Outline of Psycho-Analysis*)』 (1940a[1938])의 2장의 각주(위의 149쪽)에서 다시 한번 언급된다. 프로이트는 이 논문을 쓴 후 얼마 안 돼서 마리 보나빠르뜨(Marie Bonaparte) 공주에게 보낸 편지에서 파괴 본능에 대해 좀 더 논한다. 그 편지의 발췌가 『문명 속의 불편함(*Civilization and its Discontents*)』(1930a, *Standard Ed.*, vol. 21, p. 63)의 편집자의 서문에 인용되어 있다. [英]

　「정신분석학 개요」, 『정신분석학 개요(프로이트 전집, 15권)』, 박성수·한승완 옮김(열린책들, 2003), 418쪽 주)3을 보라. [韓]

VII

페렌찌Ferenczi는 1927년에 "분석에서의 종결의 문제Das Problem der Beendigung der Analysen"[91]라는 제목의, 내용이 풍부한 강연을 한 바 있다. 그는 그 강연을 "분석은 끝없는 과정이 아니라 충분히 풍부한 경험이 있는 분석가가 끈기 있게 진행하면 자연스러운 종결에 이를 수 있다[92]"는 위안이 되는 확언으로 끝맺었다. 내 생각에는 이 논문[강연]은 전체적으로 분석의 단축이 아니라 심화를 목표로 할 것을 권고하는 것과 다르지 않다. **페렌찌**는 분석가가 자신의 "오류와 착오"로부터 충분히 배웠는지 여부와 "자신의 퍼스낼리티의 약한 점을" 다스릴 수 있었는지 여부에 분석의 성공이 크게 달려 있다는 가치 있는 소견을 덧붙인다.[93] 이것은 우리의 주제에 대한 중요한 보충이라 할 수 있다. 분석 치료의 전망에 영향을 끼치며 저항과 마찬가지로 그것을 어렵게 하는 요인으로서 환자의 자아 특성뿐 아니라 분석가의 개성도 고려되어야 하는 것이다.

환자를 가르쳐서 도달하게 하려는 정신적 정상성의 정도에 분석가 자신의 퍼스낼리티가 예외 없이 도달한 상태인 것은 아니라는 것은 논쟁의 여지가 없다. 분석에 적대적인 사람은 종종 이 사실을

• •

91. *Internationale Zeitschrift für Psychoanalyse*(정신분석 국제 저널), 16호, 1928. [原]
　　이 논문은 1927년 인스브룩 정신분석 대회(Innsbruck Psycho-Analytical Congress)에서 낭독되었으며 다음 해 출간되었다. [英]
92. Ferenczi, 1928; 영역판., 1955, 86쪽. [英]
93. Ferenczi, 1928. [英]

경멸 섞인 어조로 언급하며 이것을 분석적 노력[치료]의 무용성에 대한 근거로 이용하곤 한다. 이 비판은 부당한 것을 요구하고 있기 때문에 옳지 못하다고 할 수 있다. 분석가는 특정한 기술을 행할 수 있도록 교육받았다는 점을 제외하면 다른 사람과 마찬가지로 인간인 것이다. 보통 우리는 어떤 사람의 내부 기관이 건강하지 않다고 해서 그가 내과의 질병을 치료하는 의사가 될 수 없다고 말하지 않는다. 오히려 결핵에 걸렸던 사람이 결핵을 치료하는데 더 유리할 수도 있다. 하지만 두 경우가 완전히 같은 것은 아니다. 의사가 능력이 있기만 하다면 그 자신이 폐병이나 심장병에 걸렸다고 해서 내과 질병을 진단하고 치료하는 데 방해가 되지 않는다. 반면 분석 작업의 상황은 특수하기 때문에 분석가에 결함이 있다면 환자의 상태를 제대로 파악하고 [치료] 목적에 도움이 되는 방식으로 그 상태에 반응하는 데 실제로 방해가 된다. 따라서 분석가로서의 자격을 갖추기 위해서는 상당한 정도의 정신적 정상성과 결점 없는 상태가 요구된다는 주장에는 일리가 있다. 게다가 어떤 분석 상황에서는 환자의 모범이 되고 다른 상황에서는 교사의 역할을 할 수 있도록 분석가가 어느 정도 우월성을 갖출 필요도 있다. 마지막으로 분석적 관계는 진실에 대한 사랑 즉 현실에 대한 인정에 기반하며 온갖 허상과 기만을 배제한다는 것을 잊지 말아야 한다.

분석가가 자신의 일을 행하기 위해서는 너무나 어려운 요구들을 만족시켜야 하기 때문에 우리는 잠시 멈추어서 그에게 진심으로 동정을 표하지 않을 수 없다. 분석은 애초에 만족스러운 성과를 얻기는 힘들다고 예상할 수밖에 없는 그런 "불가능한" 직업 중세 번째에 속하는 것 같다. 훨씬 오래전부터 알려져 왔던 다른두 직업은 교육과 통치이다.[94] 분석가가 되려는 사람은 분석에종사하기 전에 완전한 인간이 되어야 한다고 즉 그렇게도 드문높은 수준의 완벽함을 갖춘 사람만이 이 직업에 종사할 수 있어야한다고는 물론 요구할 수 없다. 그 불쌍한 사람[95]은 나중에 그의직업에서 필요하게 될 그 이상적인 자격 조건을 어디에서 어떻게만족시킬 수 있을까? 그에 대한 대답은 다음과 같을 것이다. 자기분석Eigenanalyse/analysis of himself — 그는 이와 함께 미래의 활동에 대한준비를 시작한다 — 으로. 실천적인 이유 때문에 이것은 짧고 불완전할 수밖에 없다. 이것의 주된 목적은 후보자가 더 깊이 있는교육에 적합한지 여부를 교사가 결정하는 데 있다. 수습생이 무의식의 존재에 대해 확신하게 되고 억압된 것이 떠오르는 것에서보통 때는 믿지 않았던 것을 자기관찰하게 되고 분석 작업에서유일하게 쓸모 있음이 입증된 기법을 처음으로 맛보게 되었다면이것의 역할은 끝난 것이다. 이것만으로는 지도가 충분히 이루어졌다고 할 수 없다. 하지만 우리는 자기분석에서 얻은 자극이 그것이끝남과 함께 사라지지 않을 것이며 자아 수정 과정이 피분석자에게서 자발적으로 계속될 것이며 이 자아 수정 과정이 이후의 모든

• •

94. 아이히호른(Aichhorn)의 『비뚤어진 청소년(*Wayward Youth*)』에 대한 프로이트의 논평
    (Freud, 1925f)에 있는 비슷한 구절을 참조하라. *Standard Ed.*, vol. 19, p. 273. [英]
    아우구스트 아이크혼, 『비행청소년은 치료된다』, 홍성화 외 옮김(홍익재, 2003)을
    참조하라. [韓]
95. 만족시킬 수 없는 조건을 만족시켜야 하기 때문에 불쌍하다고 한 것이다. [韓]

경험을 새로 얻은 의미Sinn/sense/감수성 속에서 이용할 것이라는 것에 기대를 걸 수 있다. 이런 일은 실제로도 일어나며 이런 일이 일어나는 한 피분석자는 분석가로서의 능력을 갖추게 된다.

유감스럽게도 다른 일도 일어난다. 우리는 이것에 대해 인상에 의존해서 기술할 수밖에 없다. 한편으로는 적대감이, 다른 한편으로는 당파심Parteilichkeit/partisanship/열렬한 지지이 객관적인 연구에는 도움이 안 되는 분위기를 만들어낸다. 많은 분석가들이 방어 메커니즘을 이용하여 분석의 결론과 요구를 자신으로부터 다른 데로― 아마도 다른 사람에게로 ― 돌림으로써 분석의 비판적, 교정적 영향을 회피하면서 자신의 상태에 그대로 머물러 있는 법을 배우는 것 같다. 이런 것을 보면 어떤 사람에게 어떤 힘이 주어진다면 그것을 오용하지 않기란 쉽지 않다[96]고 경고한 어느 작가의 말이 맞는 것 같다. 이런 것을 이해하려 애쓰다가 때때로 우리는 내키지는 않는 비유지만 특별히 조심스럽게 다루지 않는다면 방사선이 어떤 작용을 하게 될지를 생각하게 된다. 인간의 정신에 있는 해방되고자 하는 온갖 억압된 것들을 계속해서 다루게 되면 분석가에게서도 다른 경우였다면 억제할 수 있었을 모든 그런 욕동의 요구가 일깨워진다 해도 그리 놀랄 만한 일이 아니다. 분석 상황에서 수동적 파트너가 아니라 능동적 파트너를 위협하긴 하지만 이것 역시 "분석에 의해 초래될 수 있는 위험"이다. 우리는 이에 대처하는 것에 태만하면 안 될 것이다. 이것에 대한 대처가 어떤

• •

96. **아나톨 프랑스(Anatole France)**: *La revolte des anges*(『천사의 분노』). [原] 영역판에는 revolte가 아니라 révolte로 되어 있다. révolte가 맞다. [韓]

방식으로 이루어져야 하는가에는 의문의 여지가 없다. 모든 분석가는 대략 5년에 한 번씩 주기적으로 다시 분석을 받아야 하며 이런 조치에 대해 부끄러워할 필요가 없다. 이는 환자에 대한 치료 분석뿐 아니라 자기분석도 끝낼 수 있는 과업에서 끝낼 수 없는 과업으로 바뀔 수 있음을 의미한다.

이제 오해를 물리칠 때가 온 것 같다. 나는 분석 일반이 종료되지 않는 작업이라고 주장할 생각은 없다. 이 문제에 대해 우리가 이론적으로 어떤 태도를 취하든 나는 분석의 종료가 실천의 문제라고 생각한다. 모든 경험 있는 분석가는 일이 잘 풀려서*rebus bene gestis*[97] 환자에게 영원히 작별을 고한 일련의 사례를 기억해낼 수 있을 것이다. 소위 성격 분석Charakteranalyse/character-analysis에서는 이론과 실천의 불일치가 훨씬 적다. 여기서는 지나친 기대를 멀리하고 극단적으로 이루기 힘든 분석 과업을 설정하지 않더라도 자연스러운 종료를 예상하기가 쉽지 않다. 우리의 목표는 도식적인 정상성을 위해 모든 인간적인 개성을 없애버리는 것도 "철저히 분석받은 사람"이 어떤 격정도 느끼지 않고 어떤 내적 갈등도 겪지 않게 하는 것도 아니다. 분석은 자아가 기능하는 데 가장 유리한 심리적 상태를 만들어내야 하며 그와 함께 그 임무가 끝난다고 할 수 있다.

VIII

. .

97. 'Things having gone well.' [英]

우리는 성격 분석에서와 마찬가지로 치료 분석에서도 두 가지 테마가 특히 두드러지며 분석가에게 엄청난 곤란을 안겨 준다는 사실에 주목하게 된다. 우리는 곧 거기에 표현된 법칙성을 알아차릴 수 있다. 그 두 테마는 성의 차이와 연결되어 있다. 그중 하나가 여자에 특징적인 만큼이나 다른 하나는 남자에 특징적이다. 그 내용이 다름에도 불구하고 그 둘 사이에는 분명히 상응하는 점이 있다. 두 성에 공통되는 어떤 것이 성의 차이점 때문에 서로 다른 형태로 표현된다.

두 개의 서로 상응하는 테마 중 여자에 해당하는 것은 **음경 선망**Penisneid/envy for the penis — 남성의 생식기를 소유하고자 하는 단호한 열망— 이고 남자에 해당하는 것은 다른 남성에게 수동적 또는 여성적 태도를 취하려는 자신의 성향에 대한 거역Sträuben/struggle against이다. 공통되는 것을 강조하기 위해 정신분석에서는 초기에 거세 콤플렉스에 대한 태도Verhalten zum Kastrationskomplex/attitude towards the castration complex라는 용어를 사용하였다. 그 후 **알프레트 아들러**Alfred Adler는 남성에 대해서는 아주 적절한 표현인 "남성적 항의männlicher Protest/masculine protest"라는 말을 썼다. 내 생각에는 "여성성에 대한 거부Ablehnung der Weiblichkeit/repudiation of femininity"가 인간 정신생활의 아주 주목할 만한 이 특성을 기술하는 데 처음부터 정확한 말이었다고 생각한다.[98]

이 요인을 우리의 이론 체계에 끼워 넣을 때 우리는 이 요인이

* *

98. Adler(1910)를 참조하라. [英]

그 본성상 두 성에서 같은 자리를 차지할 수 없다는 점을 간과해서는 안 된다. 남자에게서 남성다움에 대한 열망은 처음부터 쭉 자아동조적ichgerechht/ego-syntonic이다. 수동적 태도는 거세를 받아들이는 것을 전제하기 때문에 정력적으로 억압되며 종종 그것은 지나친 과잉보상Überkompensationen/overcompensations을 통해서만 그 존재를 알 수 있다. 여자에게서도 어떤 시기 즉 여성성이 발달하기 전인 남근의 단계에서는 남성다움에 대한 열망이 자아동조적이다. 하지만 그 후 그것은 중요한 억압 과정에 굴복하는데 그 억압 과정의 결말에, 자주 보여졌듯이, 여성성의 운명이 달려 있다.[99] 남성성 콤플렉스 중 충분히 [많은 부분이] 억압을 피해서 성격에 영구적인 영향을 미치는지 여부에 아주 많은 것이 달려 있다. 그 콤플렉스 중 많은 부분이 정상적인 방식으로 변환되어 여성성의 구성에 한몫을 한다.[100] 충족되지 않은ungestillt/appeased/진정되지 않은[101] 음경에 대한 소원은 음경을 가진 아기와 남편에 대한 소원이 된다. 하지만 너무나 자주 우리는 남성다움에 대한 소원이 무의식에 머물러 있고 그 억압된 상태 때문에 그것이 장애를 가져오는 작용을 하는

• •

99. 예컨대 「여성의 성에 대하여(Female Sexuality)」(1931b)를 참조하라. *Standard Ed.*, vol. 21, p. 229와 다음 쪽. [英]
　　「여성의 성욕」, 『성욕에 관한 세 편의 에세이(프로이트 전집, 7권)』, 김정일 옮김(열린책들, 2003), 343쪽을 보라. [韓]

100. 독일어판: große Anteile des Komplexes werden normaler Weise umgewandelt, um zum Aufbau der Weiblichkeit beizutragen.
　　영역판: Normally, large portions of the complex are transformed and contribute to the construction of her femininity. [韓]

101. appeased는 unappeased의 오기인 듯하다. [韓]

것을 본다.

위에 서술한 것에서 알 수 있듯이 두 경우에서 억압되는 것은 반대편 성에 속하는 것이다. 나는 이미 다른 곳에서[102] 당시에 내가 이런 관점에 도달한 것은 **빌헬름 플리스**Wilhelm Fließ 덕분이라고 언급한 바 있다. 플리스는 억압의 참된 원인과 원초적 동기를 성의 대립으로 설명하려 했다. 내가 억압을 그런 식으로 성화하는 sexualisieren/sexualize 것에 반대한다고 할 때 즉 억압을 심리학적으로 근거 짓는 대신 생물학적으로 근거 짓는 것을 거부한다고 할 때 나는 당시에 내가 [플리스의 의견에] 반대했던 것을 되풀이하는 것일 뿐이다.

페렌찌는 이 두 가지 테마 — 여자의 음경에 대한 소원과 남자의 수동적 태도에 대한 거역 — 의 현저한 중요성을 간과하지 않았다. 1927년에 낭독한 논문에서 그는 어떤 분석도 성공하기 위해서는 이 두 콤플렉스가 극복되어야 한다고 주장했다.[103] 내 자신의 경험

● ●

102. *"Ein Kind wind geschlagen*(한 어린이가 맞고 있다)". [原]

『전집, 12권』, 222쪽. [獨]

"A Child is being Beaten"(1919e), *Standard Ed.,* vol. 17, p. 200 이하. 사실 그 논문에는 플리스의 이름은 언급되지 않는다. [英]

「매맞는 아이」, 『정신 병리학의 문제들(프로이트 전집, 10권)』, 황보석 옮김(열린 책들, 2003), 165쪽을 보라. [韓]

103. "…… 모든 남성 환자는 거세 불안(Kastrationsangst/fear of castration/거세 공포)을 극복했음을 보여 주는 징후로서 의사와 동등하다는 느낌에 이르러야 한다. 모든 여성 환자는 남성성 콤플렉스에서 벗어났으며 원한을 품지 않고 여성의 역할에 대해 생각할 수 있을 때에만 신경증에서 완전히 벗어났다고 할 수 있다" 위의 글["Das Problem der Beendigung der Analysen"], 8쪽. [原]

Ferenczi, 1928, 8쪽. (영역판, 84쪽.) [英]

으로 볼 때 여기서 **페렌찌**가 너무 까다로운 것을 요구하는 것 같다. 여성에게 음경에 대한 소원은 이루어질 수 없으니까 그 소원을 포기하라고 설득할 때와 남자에게 다른 남자에 대한 수동적 태도가 항상 거세를 의미하는 것이 아니며 살아가면서 많은 관계에서 그것은 불가피하다고 설득할 때만큼 분석 작업 중에 되풀이되는 노력이 쓸모가 없다는 압박감과 "소귀에 경 읽기Fischpredigten/preaching to the winds"[104]를 하고 있다는 의혹이 들 때도 없다. 고집스러운 남성의 과잉 보상에서 가장 강력한 전이 저항 중 하나가 비롯된다. 남자[환자]는 아버지를 대체하는 사람[의사]에게 굴복하지 않으려 하며 그 사람에게 감사할 일이 있기를 바라지 않으며[105] 따라서 의사로부터 회복을 받아들이려고 하지도 않는다.[106] 여자[환자]의 음경에 대한 소원으로부터는 이와 비슷한 전이가 만들어질 수 없다. 그 대신 그것은, 분석 치료가 쓸모없으며 환자가 어떤 도움도 받을 수 없다는 내적 확신에 의한 심각한 우울증의 발생의 근원이 된다. 치료를 받도록 그녀를 밀어붙인 가장 강력한 동기가 바로 남성적 기관[음경] — 그녀는 그것이 없어서 고통스럽게 그것을 그리워하고 있었다 — 을 아직도 얻을 수 있다는 희망이었다는 것을 알게 되면 그녀가 옳다는 것을 인정할 수밖에 없을 것이다.

그런데 이로부터 우리는 저항이 어떤 형태로 나타나는지는, 전이로 나타나는지 아닌지는 중요하지 않다는 것도 배웠다. 저항

· ·

104. Fisch는 물고기, Predigt는 설교를 뜻한다. 물고기에게 설교한다는 뜻인 듯하다. [韓]
105. 빚지려고 하지 않으며. [韓]
106. 의사의 도움을 받아 회복되려 하지 않는다. [韓]

때문에 어떤 변화도 일어날 수 없어서 모든 것이 전에 있던 대로 남아 있게 된다는 점은 여전히 결정적이다. 우리는 종종 음경에 대한 소원과 남성적 항의와 함께 모든 심리적 층을 관통하여 "암반"에 도달했고 우리의 작업이 끝났다는 인상을 받는다. 이것은 아마 사실일 것이다. 왜냐하면 생물학적인 것은 실제로 정신적인 것의 토대가 되는 암반 역할을 하기 때문이다. 여성성에 대한 거부는 성에 대한 커다란 수수께끼 중 한 부분인 생물학적 사실과 다르지 않을 수도 있다.[107] 분석 치료 중에 이 요인을 극복하는 데 성공할 수 있는지 있다면 언제 성공할 수 있는지에 대해서는 말하기가 쉽지 않다. 우리는 우리가 확실히 피분석자에게 그 요인에 대한 그의 태도를 재고해 보고 바꿀 수 있도록 가능한 모든 자극을 주었다는 것을 위안으로 삼을 수 있을 것이다.

• •

107. "남성적 항의"라는 명칭 때문에 남자가 거부하려는 것이 소위 여성성의 사회적 측면인 수동적 태도라고 생각해서는 안 된다. 그것은 그런 남자가 자주 여자에게 마조히즘적 태도를 취해서 드러내놓고 글자 그대로 예속 상태(Hörigkeit/bondage)에 빠진다는—이는 쉽게 입증될 수 있다—관찰 사실과 모순된다. 남자는 수동성 일반이 아니라 단지 남자와의 관계에서의 수동성만을 거부한다. 다른 말로 하면 "남성적 항의"는 거세 불안(Kastrationsangst/castration anxiety)에 다름아니다. [原]

남성의 이런 성적 "예속" 상태에 대해 프로이트는 그의 논문 「처녀성의 터부(The Taboo of Virginity)」(1918a)에서 논한다. *Standard Ed.,* vol. 11, p. 194. [英]

「처녀성의 금기」, 『성욕에 관한 세 편의 에세이(프로이트 전집, 7권)』, 김정일 옮김(열린책들, 2003), 240쪽을 보라. Hörigkeit가 '구속'으로 번역되어 있다. [韓]

16. 분석에서의 구성

표준판 편집자 주

Konstruktionen in der Analyse

Constructions in Analysis

(a) 독일어판:

1937 *Internationale Zeitschrift für Psychoanalyse*, vol. 23(4), pp. 459~469.

1950 *G. W.*, vol. 16, pp. 43~56.

(b) 영역판:

"Constructions in Analysis"

1938 *International Journal of Psycho-Analysis*, vol. 19(4), pp. 377~387 (제임스 스트라치 옮김)

1950 *C. P.*, vol. 5, pp. 358~371 (위의 번역을 개정하여 재출간)

여기에 있는 번역은 1950년에 출간된 번역본을 수정하여 재출간한 것이다.

이 논문은 1937년 12월에 출간되었다.

프로이트가 말했듯이 분석 기법에 대한 논의에서 구성이 해석보다 훨씬 덜 주목받았지만 그 자신의 저작들에는 그에 대한 언급이 많이 있다. 그가 쓴 병력, 즉 '쥐 사나이' 분석(1909d, *Standard Ed.*, vol. 10, p. 182와 p. 205[1])과 '늑대 사나이' 분석(1918b)에는 구성에 대한 두세 개의 긴 예가 있다. 후자의 경우에는 병력 전체가 구성을 중심으로 전개된다. 하지만 이 문제는 섹션 5(*Standard Ed.*, vol. 17, p. 50 이하[2])에서 특별히 논의된다. 마지막으로 구성은, 섹션 1(*Standard Ed.*, vol. 18, p. 152[3])에서 인정되었듯이, 동성애 소녀의 병력(1920a)에서 많은 부분을 차지한다.

• •

1. 「쥐 인간―강박 신경증에 관하여」, 『늑대 인간(프로이트 전집, 9권)』, 김명희 옮김(열린책들, 2003), 36쪽과 59쪽을 보라. [韓]
2. 「늑대 인간―유아기 신경증에 관하여」, 『늑대 인간(프로이트 전집, 9권)』, 김명희 옮김(열린책들, 2003), 253쪽을 보라. [韓]
3. 「여자 동성애가 되는 심리」, 『늑대 인간(프로이트 전집, 9권)』, 김명희 옮김(열린책들, 2003), 354쪽을 보라. [韓]

이 논문은 프로이트가 이 시기에 아주 많은 관심을 가졌던 문제, 즉 그가 '역사적' 진실과 '물질적' 진실이라고 기술한 것 사이의 구별에 대한 논의로 끝난다.

I

어떤 아주 공로가 많은 학자가 — 나는 대부분의 다른 사람들이 그렇지 않았을 때 그가 정신분석을 공평하게 평가해 준 것을 항상 높이 평가하고 있었다 — 한번은 우리의 분석 기법에 대해 불공평할 뿐 아니라 모욕적이기도 한 발언을 한 적이 있다. 그는 환자에게 우리의 해석을 내놓을 때 우리가 악명 높은 원칙 — 즉 앞면이 나오면 내가 이기고 뒷면이 나오면 네가 진다*Heads I win, Tails you lose*[4] — 에 따라 처신한다고 말했다. 무슨 말인가 하면, 만약 환자가 우리의 해석에 동의하면 우리의 해석이 당연히 맞는 것이고 만약 환자가 이의를 제기한다면 그것은 그의 저항의 징후일 뿐이므로 이번에도 우리의 해석이 맞다는 얘기다. 이런 식으로 해서, 환자가 우리의 기대에 대해 어떤 태도를 취하든 우리가 분석하는 그 속수무책인 불쌍한 사람에 비해 우리는 항상 옳을 수 있다는 얘기다. 환자가 아니오라고 말해도 일반적으로는 우리의 해석을 오류라고 포기할 수 없다는 것이 사실이기 때문에 우리의 기법 중 이런 부분에 대한 폭로가 분석에 적대적인 사람들에게 아주 환영받고 있다.

. .

4. 원문에 영어로 되어 있다. [뷋]

따라서 우리가 어떻게 분석 치료 중의 환자의 "예"와 "아니오", 즉 동의와 이의제기의 말을 평가하곤 하는지를 자세히 다루는 것은 의미 있는 일일 것이다. 물론 우리의 정당성을 입증하는 이 과정에서 실제로 분석을 행하는 분석가는 이전에 알지 못했던 어떤 것을 배우지는 못할 것이다.[5]

잘 알다시피 분석 작업의 의도는 환자가 초기 발달에서의 억압 — 가장 넓은 의미에서의 — 을 취소하고 그것을 정신적으로 성숙한 상태에 걸맞은 반응으로 대체하도록 하는 것이다. 이를 위해 그는 이제는 잊어버린 어떤 경험과 그 경험에 의해 야기된 정동 흥분Affektregungen/affective impulses을 다시 기억해 내야 한다. 우리는 현재의 증상과 억제가 그런 억압의 결과라는 것을, 즉 그렇게 잊어버린 것의 대체물이라는 것을 알고 있다. 환자는 어떤 재료를 우리에게 제공해서 우리가 잃어버린 기억을 되찾을 수 있는 길로 환자를 인도할 수 있게 되나? 여러 가지가 있다. 그 자체로 아주 커다란 가치가 있지만 보통은 꿈형성Traumbildung/formation of dreams에

• •

5. 여기에서의 논의는 이전에 프로이트가 그의 논문 「부정(Negation)」(1925h), *Standard Ed.*, vol. 19, p. 235와 p. 239에서 했던 논의에 이어진다. '도라' 분석(1905e)의 1장에 있는 구절(*Standard Ed.*, vol. 7, p. 57)과 이 구절에 1923년에 추가한 각주도 참조하라. 또한 '쥐 사나이' 분석(1909d, *Standard Ed.*, vol. 10, p. 183의 주) 1장(D))의 각주도 참조하라. [英]

「부정」, 『정신분석학의 근본 개념(프로이트 전집, 11권)』, 윤희기 옮김(열린책들, 2003), 445쪽과 450쪽을 보라.

「도라의 히스테리 분석」, 『꼬마 한스와 도라(프로이트 전집, 8권)』, 김재혁·권세훈 옮김(열린책들, 2003), 224쪽의 본문과 주)49를 보라.

「쥐 인간―강박 신경증에 관하여」, 『늑대 인간(프로이트 전집, 9권)』, 김명희 옮김 (열린책들, 2003), 37쪽의 주)20을 보라. [韓]

한몫하는 모든 요인들에 의해 심하게 왜곡된 상태의 꿈에 존재하는 그런 기억의 단편들이 있고, 그가 "자유연상"에 자신을 맡겼을 때 생산되는 연상들— 우리는 이것들에서 억제된 정동 홍분의 파생물과 억압된 경험뿐 아니라 이런 것들에 대한 반작용에 대한 암시Anspielungen/allusions도 찾아볼 수 있다— 이 있으며, 마지막으로 환자가 분석 상황 안팎에서 보여 주는 상당히 중요하거나 사소한 행동에서 찾을 수 있는, 억압된 것에 속하는 정동의 되풀이에 대한 암시가 있다. 우리의 경험에 의하면 [환자와] 분석가 사이에서 형성되는 전이 관계가, 그런 정동 관계가 되돌아오는 것Wiederkehr/return을 촉진하는 데 특히 적합하다. 이런 소위 원료로부터 우리는 우리가 원하는 것을 만들어내야 하는 것이다.

우리가 원하는 것은 환자의 잊혀진 시절의 모든 본질적인 부분에 대한 신뢰할 수 있는 온전한 그림이다. 하지만 여기서 우리는 분석 작업이 완전히 구별되는 두 부분으로 구성되어 있다는 것, 서로 다른 두 무대에서 일어난다는 것, 각각 다른 과제를 부여받은 두 사람에 의해 진행된다는 것을 떠올리게 된다. 우리는 잠시 동안 왜 이런 기본적인 사실에 오래전에 주의를 기울이지 않았는지에 대해 의아해할 수 있을 것이다. 하지만 곧 여기에 숨겨진 것은 아무것도 없으며 이 글에서는 특별한 목적을 위해, 널리 알려진— 말하자면 당연한— 사실임에도 그것을 강조해서 다루는 것일 뿐이라는 점을 깨닫게 된다. 피분석자는 그가 경험했다가 억압한 어떤 것을 기억해 내도록 유도되어야 하며 이 과정의 역동적 상황 Bedingungen/determinants이 아주 홍미롭기 때문에 작업의 다른 부분,

즉 분석가가 행하는 것은 그에 비해 배경으로 밀려난다는 것을 우리는 모두 알고 있다. 분석가는 여기서 문제가 되는 것을 경험하지도 억압하지도 않았다. 따라서 그의 과제는 어떤 것을 기억해 내는 것이 될 수 없다. 그렇다면 그의 과제는 무엇인가? 그는 그것[잊혀진 것]이 남겨놓은 징후로부터 잊혀진 것을 추측해 내야 — 또는 더 정확히 표현하자면 **구성해 내야**konstruieren/construct — 한다. 그가 피분석자에게 자신이 구성한 것을 언제, 어떻게, 어떤 설명과 함께 이야기해 주느냐가 분석 작업의 두 부분 사이의, 즉 그의 부분과 피분석자의 부분 사이의 연결을 형성한다.

그의 구성 작업 — 원한다면 재구성Rekonstruktion/reconstruction 작업이라고 부를 수도 있을 것이다 — 은 파괴되어 파묻힌 주거지나 과거의 건축물을 발굴하는 고고학자의 작업과 상당히 유사하다. 사실 그 둘은 같다. 다만 분석가는 파괴된 대상이 아니라 아직 살아있는 존재를 다루기 때문에 — 그리고 아마도 또 다른 이유 때문에 — [고고학자보다] 더 나은 조건에서, 도움이 되는 재료를 더 많이 사용해서 작업한다는 점이 다르다. 하지만 고고학자가 남아 있는 벽의 잔재에서 건물의 내벽을 구성해 내고, 바닥의 패인 곳들에서 기둥의 수와 위치를 알아내고, 폐허에서 찾아낸 잔재에서 이전에 있었던 벽의 장식과 벽화를 복구해 내듯이 분석가가 피분석자의 기억의 단편들, 연상들, 적극적인 표출들aktive Äußerungen/behaviour에서 결론을 끌어낼 때도 바로 그런 식으로 일을 진행한다. 보충을 통해서 그리고 짜맞추는 것을 통해서 재구성을 할 권리가 둘 모두에게 있다는 데는 이론의 여지가 없다. 게다가 둘의 경우 모두 같은 어려움에 부딪힐 때가 많으며 같은 이유 때문에 오류를 범할 때도 많다. 잘 알려졌다시피 고고학의 아주 까다로운 과제 중 하나는 발굴된 것들의 상대적인 시대를 알아내는 것이다. 어떤 것이 특정한 층에서 발견되었다 하더라도 종종 그것이 그 층에 속하는 것인지 아니면 나중에 [지층의] 부정합Störung/disturbance 때문에 그 층에 있게 된 것인지를 알아내야 하는 경우가 있다. 분석의 구성에서 어떤 것이 이런 의혹에 상응하는지는 쉽게 추측할 수 있다.

앞에서 말했듯이 분석가는 고고학자에 비해 더 좋은 조건에서 작업한다. 왜냐하면 분석가는 [고고학적] 발굴에서는 그 상응물을 찾을 수 없는 재료들— 예컨대 어린 시절에서 유래하는 반응들을 되풀이하는 것, 전이를 통해 나타나는, 그런 되풀이하기와 관련된 모든 것 — 도 이용할 수 있기 때문이다. 게다가 발굴하는 사람은 기계적인 힘, 불, 약탈 등에 의해 대부분이 그리고 중요한 부분이 확실히 소실된, 파괴된 대상을 연구해야 한다는 것도 고려해야 한다. 아무리 노력하더라도 그것들을 찾아내서 남아 있는 잔재들과 짜맞출 수는 없다. 그들은 재구성에 의존하는 길밖에 없으며, 따라서 많은 경우 어느 정도의 개연성을 뛰어넘지는 못한다. 분석가가 조사하려 하는 정신적 대상의 선사시대에서는 사정이 다르다. 여기서는 고고학적 대상에서 예외적으로 운이 좋은 사례 — 예컨 대 **폼페이**나 **투탕카멘**의 무덤 — 에나 일어나는 일이 항상 일어난다. 본질적인 것은 모두, 완전히 잊혀진 것처럼 보일 때에도 어딘가에 어떤 식으로든 보존된다. 단지 묻혀 있어서 본인이 접근할 수 없을 뿐이다. 잘 알려져 있다시피 우리는 어떤 정신적 형성물이 정말로 완전히 파괴될 수 있는지를 의심해야 한다. 숨겨진 것을 온전하게 드러내는 데 성공할 수 있느냐 없느냐는 분석 기법의 문제일 뿐이다. 분석 작업이 [고고학적 작업보다] 훨씬 유리한 위치에 있지만 두 가지 점에서만은 그렇지 못하다. 첫째, 정신적 대상은 발굴하는 사람의 물질적 대상보다 비할 수 없이 복잡하다. 둘째, 우리가 찾아내야 하는 것의 은밀한 구조가 아직 너무나 많이 비밀에 싸여있기 때문에 우리는 그에 대한 충분한 인식을 결여하고 있다. 게다가 두 작업의 비교도 여기서 끝나게 된다. 왜냐하면 둘 사이에는 중요한 차이가 있기 때문이다. 즉 고고학에서는 재구성이 연구의 목적이자 끝인 반면 분석에서는 구성이 사전작업에 불과하기 때문이다.

II

물론 여기서 사전작업이란 집짓기에서처럼 — 여기서는 모든 벽을 세우고 모든 창문을 끼운 다음에야 방의 내부 장식에 착수할 수 있다 — 먼저 이것이 모두 끝나야 다음 작업을 시작할 수 있다는 의미에서의 사전작업은 아니다. 분석 치료에서는 일이 다른 식으로 진행된다는 것을 모든 분석가가 알고 있다. 즉 하나의 작업이 항상 앞서고 다른 작업이 그에 뒤따르지만 두 가지 작업이 나란히 진행되는 것이다. 분석가는 한 단편을 구성한 다음 그것을 피분석자에게 이야기해 주며 그것을 통해 그에게 영향을 미친다. 그 후 새로 입수한 정보를 이용해 또 다른 한 단편을 구성한 다음 같은 방식으로 처리한다. 그는 끝날 때까지 이런 식으로 교대하기를 계속한다. 만약 우리가 분석 기법에 대한 이야기에서 "구성"이란 말을 별로 들어본 적이 없다면 그것은 대신 "해석Deutungen/interpretations"과 그 효과라는 말을 쓰기 때문이다. 하지만 내 생각에는 구성이 훨씬 더 적절한 명칭인 것 같다. 해석은 연상, 실수 등의 재료 중 하나의 요소에 우리가 행하는 것에 해당하는 말이다. 구성은 우리가 피분석자에게 그의 잊혀진 선사시대의 한 단편을 대략 다음과 같은 식으로 제시할 때 어울리는 말이다: n살까지 당신은 당신이 어머니를 독점적으로 그리고 무제한적으로 소유하고 있다고 여깁니다. 그때 두 번째 아이가 태어나고 그 때문에 당신은 크게 실망합니다. 당신의 어머니는 잠시 동안 당신을 떠납니다.[6] 그 이후에도 이젠 더 이상 당신에게 전적으로 [모든 시간을] 바치지는 않습니다. 어머니에 대한 당신의 느낌은 양가적으로 됩니다. 그리고 아버지는 당신에게 새로운 의미를 가지게 됩니다, 등등.

이 논문에서는 구성이라는 이 사전작업에 우리의 주의력을 전적으로 쏟을 것이다. 우선 우리가 구성 작업을 하는 데 있어 오류를 범하지 않으리라는, 잘못된 구성을 내세움으로써 치료의 성공을 위험에 처하게 하지 않으리라는 보증이 어디 있는가라는 의문이 제기될 수 있다. 이 의문에 일반적으로 답하기는 전혀 불가능해 보인다. 하지만 이에 대해 자세히 논의하기 전에 분석 경험으로부터 얻은, 위안이 되는 정보에 귀를 기울여 보자. 경험에

---

6. 출산을 위해 병원 등에 가는 것을 말하는 듯하다. [韓]

의하면 우리가 어쩌다 오류를 범해서 환자에게 잘못된 구성을 아마 역사적historisch/historical/개인사(個人史)적 진실일 것이라고 제시한 다고 해도 전혀 해가 되지 않는다. 물론 시간 낭비가 있을 것이다. 그리고 환자에게 항상 잘못된 조합만을 이야기해 주는 사람은 환자에게 좋은 인상을 줄 수 없을 것이며 치료에서도 별로 진전이 없을 것이다. 하지만 한 번 정도의 그런 오류는 해가 되지 않는다.[7] 그런 경우에는 오히려 환자에게 영향이 없는 것처럼 보이며 환자는 예라고도 아니오라고도 반응하지 않는다. 이것[무반응]이 아마도 환자가 반응을 유예한다는 것을 뜻할 뿐인지도 모른다. 하지만 그것[무반응]이 지속된다면 우리가 오류를 범했다고 결론 내려도 될 것이다. 이런 경우에는 적절한 기회에 우리의 오류를 환자에게 고백한다면 우리의 권위에 손상이 가지 않을 것이다. 새로운 재료 가 드러나서 더 나은 구성이 가능해지고 따라서 우리의 오류를 정정할 수 있게 되는 때가 바로 그런 기회이다. 이런 식으로, 잘못된 구성을 마치 있지도 않았던 것처럼 제거해 나갈 수 있다. 그리고 우리는 많은 경우에 폴로니우스Polonuis의 말처럼 진실이라 는 잉어를 바로 거짓이라는 미끼의 도움으로 낚았다[8]는 인상을 받는다. 우리가 믿는 것, 하지만 환자는 받아들이지 않았을 것을

. .

7. 잘못된 구성의 예는 '늑대 사나이' 병력(1918b)의 섹션 3의 첫 부분에서 언급된다. *Standard Ed.*, vol. 17, p. 19. [英]
　　「늑대 인간—유아기 신경증에 관하여」, 『늑대 인간(프로이트 전집, 9권)』, 김명희 옮김(열린책들, 2003), 213쪽을 보라. [韓]
8. 셰익스피어의 『햄릿』 2막 1장에서 폴로니우스가 하인 레이날도에게 아들 레어티스를 잘 감시하라고 당부하며 하는 말이다. [韓]

"믿도록 만드는" 암시를 통해서 환자를 잘못된 길로 인도할 위험은 분명히 터무니없이 과장되어 왔다. 만약 그런 불행한 일이 벌어지게 되었다면 그것은 분석가가 매우 잘못되게 처신했기 때문일 것이다. 무엇보다도 그는 환자에게 말할 기회를 주지 않은 것을 자책해야 할 것이다. 나는 내가 치료를 행하던 중에는 그런 "암시"의 남용이 전혀 없었다고 주장할 수 있는데 이는 [근거 없는] 자화자찬이 아니다.

위에 서술된 것을 보면 우리가 우리의 구성 중 하나를 환자에게 이야기할 때 보이는 환자의 반응에서 이끌어낼 수 있는 징후를 절대 무시하려 하지 않는다는 것이 이미 분명해진다. 이 점에 대해 자세히 논의해 보자. 우리가 피분석자의 "아니오"를 액면 그대로 받아들이지 않는다는 것은 맞는 말이다. 하지만 우리는 그의 "예"도 마찬가지로 다룬다. 따라서 환자의 표명[예 또는 아니오]을 모든 경우에 확증[예]으로 재해석한다umdeuten/twist고 우리를 비난하는 것은 전혀 정당하지 않다. 현실에서는 일이 그렇게 단순하지 않으며 우리는 그렇게 쉽게 결론을 내리지 않는다.

피분석자가 곧장 "예"라고 했을 때 그것은 여러 가지로 해석될 수 있다. 그것은 실제로 그가 제시된 구성이 맞다고 인정한다는 것을 뜻할 수 있다. 하지만 그것은 아무런 의미도 없을 수도 있으며 심지어 우리가 "위선적"이라고 부르는 것을 뜻할 수도 있다. 왜냐하면 저항으로서는 그런 식으로 동의하는 것이 아직 드러나지 않은 진실을 계속 숨기는 데 편리할 수 있기 때문이다. 간접적인 증거에 의해 뒷받침될 때만, 예라고 대답한 직후에 그 구성을 보충하고 확장하는 새로운 것을 기억해 냈을 때만 그 예라는 대답이 가치를 지니는 것이다. 이런 경우에만 우리는 "예"를 관련된 문제에 대한 완전한 해결로 인정한다.[9]

피분석자가 말한 '아니오'도 마찬가지로 여러 가지로 해석될 수 있으며 사실 '예'보다도 더 쓸모가 없다. 드문 경우에 그것이 정당한 부인Ablehnung/dissent의 표현이라는 것이 드러난다. 훨씬 더 많은 경우에 그것은 우리가 말해 준 구성의 내용에 의해 불러일으켜진 저항—하지만 저항이 복잡한 분석 상황에서의 다른 어떤 요인에서 유래한 것일 수도 있다—의 표출이다. 따라서 환자의 아니오는 구성이 맞다는 증거가 아니다. 하지만 환자가 아니오라고 했더라도 구성이 맞을 수 있는 가능성은 충분히 많이 있다. 그런 구성이 모두 불완전하며 잊혀진 사건들의 단편들만 포착하기 때문에 우리는 피분석자가 사실 우리가 이야기해 준 것을 부정하는 것이 아니라 아직 드러나지 않은 부분 때문에 이의를 제기하는 것이라고 생각할 수 있다. 그는 보통 전체 진실을 알고 나서야 동의를 표하는데 이는 종종 아주 상세하게 파헤쳤을 때야 가능하다. 따라서 "아니오"에 대한 유일하게 확실한 해석은 그것이 불완전성을 가리킨다고 해석하는 것이다. 구성이 그에게 모든 것을 말해 주지 않았음이 분명하다.

· ·

9. 「꿈해석의 이론과 실천에 대한 소견(Remarks on the Theory and Practice of Dream-Interpretation)」(1923c)의 섹션 7에 있는 구절을 참조하라. *Standard Ed.*, vol. 19, p. 115. [英]

　　이 책의 14장 「꿈해석의 이론과 실천에 대한 소견」의 7절을 보라. [韓]

따라서 우리가 환자에게 구성을 이야기해 준 다음에 환자가 곧바로 표명하는 것에는 우리가 옳게 추측했는지 아니면 잘못 추측한 것인지 여부에 대해 알려 주는 것이 별로 없다. 따라서 우리는 전적으로 신뢰할 수 있는 간접적 종류의 증거에 더 관심을 기울이게 된다. 그런 것들 중에는 아주 다양한 사람들이 약속이나 한 듯이 거의 비슷하게 쓰는 표현법이 있다. 그것은 다음과 같다: **나는 그것을(그것에 대해) 전혀 생각해 보지 않았습니다(또는, 생각해 보지 않았을 것입니다).**[10] 우리는 이런 표명을 주저 없이 다음과 같이 번역할 수 있다: 예, 이번에 당신은 [나의] **무의식**을 제대로 맞추었습니다. 유감스럽게도 분석가가 바라 마지않는 이런 틀에 박힌 말Formel/formula을 포괄적인 구성을 이야기해 준 다음보다 하나의 해석을 이야기해 준 다음에 더 자주 듣는다. 마찬가지로 가치 있는 증거는 — 이번에는 긍정적으로 표현되는데 — 피분석자가 구성의 내용과 비슷하거나 유사한 어떤 것을 포함하는 연상으로 대답할 때 얻을 수 있다. 이에 해당하는, 분석에서의 사례를 대는 대신 — 그런 예는 쉽게 찾을 수는 있지만 상세한 설명을 요한다 — 여기서는 분석 밖에서 경험한 작은 예에 대해 이야기하고 싶다. 이 예에서는 그런 상황이 거의 희극적일 정도로 인상적으로 나타난다. 이는 어떤 동료 의사와 관련된 이야기인데 — 오래전

· ·

10. '부정(Negation)'에 대한 논문의 마지막 부분에 거의 같은 구절이 나온다. (1925h), *Standard Ed.,* vol. 19, p. 239. [英]
　　「부정」, 『정신분석학의 근본 개념(프로이트 전집, 11권)』, 윤희기 옮김(열린책들, 2003), 450쪽을 보라. [韓]

이야기이다 — 그는 진료를 할 때 나를 자문 의사[11]로 선택했었다. 그런데 어느 날 그는 그에게 거북함을 안겨 주는 그의 젊은 아내를 나에게 데려왔다. 그녀는 온갖 구실로 그와의 성교를 거부했다. 내가 그녀에게 그녀의 부적절한 처신의 결과를 설명해 주었으면 하고 그가 기대한다는 것이 분명했다. 나는 그것에 응해서 그녀에게 만약 계속 남편을 거부한다면 아마도 남편의 건강이 유감스럽게도 상하거나 남편이 결혼을 붕괴시킬 수 있는 유혹에 빠질 수 있다고 설명했다. 그때 그가 갑자기 끼어들어서 나에게 다음과 같이 말했다. '당신이 뇌종양이라고 진단한 그 영국인 **역시** 벌써 사망했잖아요.' 처음에는 이 말을 이해할 수 없을 것처럼 보였다. 문장 중에 **역시**가 수수께끼였다. 우리는 다른 죽은 사람에 대해 언급하지 않았던 것이다. 얼마 후에 나는 그것을 이해할 수 있었다. 분명 그 사람은 내가 말한 것을 지지해 주고 싶었던 것 같다. 그는 다음과 같이 말하고 싶었을 것이다: '맞아요. 당신이 아주 확실히 옳습니다. 그 환자에 대한 당신의 [뇌종양이라는] 진단 **역시** [그 환자가 사망함으로써] 맞다는 것이 입증되었잖아요.' 우리가 분석에서 얻는 연상을 통한 간접적 입증은 이에 완전히 대응한다. 그 동료 의사의 말을 결정하는 데에는 구석으로 밀려난 다른 생각들도 한몫했다는 것에 나는 이의를 제기할 생각이 없다.

구성의 내용에 들어맞는 연상을 통한 간접적 입증 — 위의 예에서의 "역시" 같은 것을 수반하는 — 은 우리의 구성이 분석이 진행

11. 특정한 환자나 병에 대해 주치의에게 조언을 해주는 의사. [韓]

16. 분석에서의 구성 _ 401

되면서 참임이 입증될 수 있는지 여부를 판단하는 데 유용한 근거가 된다. 직접적 반론에 이런 [간접적] 입증이 실수의 도움으로 몰래 끼어드는 경우도 아주 인상적이다. 나는 이런 종류의 훌륭한 사례를 이전에 다른 곳에서 출간한 바 있다.[12] 환자의 여러 꿈에서 빈에는 잘 알려진 이름인 **야우너**Jauner가 되풀이해서 등장했는데 그의 연상들로는 충분히 해명할 수 없었다. 그때 나는 그가 **야우너** Jauner라고 했을 때 아마 **가우너**Gauner[13]를 뜻하려고 했을 것이라는 해석을 내놓았다. 그러자 환자는 즉시 다음과 같이 대답했다. 그것은 내게는 너무 jewagt[14]해 보이는군요.[15] 또는 다음과 같은 예가 있다. 어떤 것의 값이 그 환자에게는 너무 비싸 보였던 것 같다는 나의 기대를 그 환자는 다음과 같은 말로 거부하려 했다. 10달러는 내게 아무것도 아니에요. 하지만 그는 달러라고 말하는 대신 더 낮은 화폐단위를 써서 10실링이라고 말했다.

만약 분석이 죄의식, 마조히즘적인 고통에 대한 욕구Leidensbedürf-nis/need for suffering/병에 대한 욕구, 분석가의 조력에 대한 반항 등과 같은, 부정적 치료 반응[16]을 유발하는 강력한 요인의 압박하에

• •

12. 아래의 주)15를 보라. [英]
13. swindler(사기꾼). [英]
14. "gewagt"(far-fetched, 억지의, 대담한) 대신에. [英]
15. 『일상생활의 정신병리에 대하여(The Psychopathology of Everyday Life)』(1901b)의 5장. Standard Ed., vol. 6, p. 94. 비속어에서 독일어의 'g'는 종종 'j'(영어로는 'y')처럼 발음된다. [英]
    『일상생활의 정신 병리학(프로이트 전집, 3권)』, 이한우 옮김(열린책들, 2003), 131쪽을 보라. [韓]
16. 『자아와 이드(The Ego and the Id)』(1923b)의 5장을 참조하라. Standard Ed., vol. 19, p. 49. [英]

있다면 우리는 구성을 이야기해 주었을 때 환자가 보이는 반응을 보고 종종 아주 쉽게 우리가 내리고자 했던 결정을 내릴 수 있다. 만약 구성이 거짓이면 환자에게 변화가 전혀 일어나지 않는다. 하지만 만약 그것이 옳거나 진실에 근접한다면 그는 증상과 전반적 상태를 명백히 악화시킴으로서 그것에 반응한다.

요약하자면 우리는 우리의 구성에 대한 피분석자의 입장 표명을 경멸에 차서 무시해 버린다는 비난을 받을 이유가 없다고 주장할 수 있을 것이다. 우리는 그들의 입장 표명을 존중하며 종종 그로부터 가치 있는 논거를 이끌어낸다. 하지만 환자의 이러한 반응은 대부분 여러 가지로 해석될 수 있으며 그것으로는 최종적인 결론을 내릴 수 없다. 분석의 진행 속에서만 우리의 구성이 옳은지 아니면 부적합한지를 알 수 있다. 우리는 각각의 구성을 검증 — 입증 또는 기각 — 을 기다리고 있는 추측 이상이라고 여기지 않는다. 우리는 그것에 대해 권위를 요구하지도 않으며 환자가 그것에 즉각적으로 동의해 줄 것을 요구하지도 않으며 환자가 처음에 그것에 이의를 제기한다 해도 환자와 그것 때문에 논쟁을 하지도 않는다. 요컨대 우리는 **네스트로이**의 잘 알려진 등장인물인 한 하인[17]의 모범에 따라 처신하는 것이다. 그는 어떤 질문과 이의제기에 대해서도 다음과 같은 대답만 한다: **사건이 진행됨에 따라 모든 것이 분명해질 것입니다.**

• •
「자아와 이드」, 『정신분석학의 근본 개념(프로이트 전집, 11권)』, 윤희기 옮김(열린책들, 2003), 394쪽을 보라. [韓]

17. 광대극 *Der Zerrissene*(『분열된 사람』)에 나온다. [英])

III

분석이 진행되면서 이런 일이 어떻게 일어나는지, 어떤 식으로 우리의 추측이 환자에게 설득력을 가지게 되는지에 대해 서술하는 것은 쓸모없는 일이다. 그것은 일상적인 경험을 통해 모든 분석가가 알고 있는 것이며 어렵지 않게 이해될 수 있다. 그것에 대한 오직 하나의 논점만이 연구와 해명을 요구한다. 분석가의 구성에서 시작되는 길은 피분석자의 기억으로 끝나야 한다. 하지만 항상 그렇게까지 되는 것은 아니다. 아주 자주 우리는 환자가 억압된 것을 기억해 내게 하는 데 성공하지 못한다. 그 대신 분석이 제대로 수행되면 환자는 구성의 진실성에 대한 확고한 확신에 이르게 되는데 치료의 관점에서 볼 때 그것은 되찾은 기억처럼 효과가 있다. 이것이 어떤 상황에서 일어나는지 그리고 불완전한 대체로 보이는 것이 완전한 효력을 발휘하는 것이 어떻게 가능한지는 이후의 연구를 위한 소재로 남아 있다.

나는 이 짧은 글을 더 넓은 전망을 여는 몇몇 소견을 제시하며 맺고 싶다. 나는 몇몇 분석 사례에서 분명히 적합한 구성을 이야기해 주었을 때 피분석자에게서 놀라운, 처음에는 이해할 수 없는 현상이 나타나는 것에 주목하게 되었다. 그들은 생생한 기억 — 그들 자신이 그것을 "지나치게 명료하다überdeutlich/ultra-clear[18]"고 이야

· ·

18. 여기에 기술된 현상은 『일상생활의 정신병리에 대하여(The Psychopathology of Everyday Life)』(1901b)와 관련된 프로이트의 관찰로 거슬러 올라가는 것으로 보인다. Standard Ed., vol. 4, p. 13의 긴 각주를 보라.[p. 13에 긴 각주가 있는 곳은 4권이 아니라

기한다 — 을 떠올리는데 구성의 내용인 어떤 사건이 아니라 그 내용과 밀접한 관련이 있는 세부 사항을 기억해 낸다. 예를 들어 구성에서 언급된 인물의 얼굴이 지나치게 예리하게 떠오르거나 비슷한 일이 일어났을 수 있는 방이나 더 나아가 그 방의 가구 — 이 것은 구성에는 당연히 포함되어 있지 않다 — 를 떠올린다. 이것은 [구성을] 이야기해 준 직후에 깨어있을 때 — 환상에 잠긴 상태에서 — 와 마찬가지로 꿈에서도 일어난다. 이런 기억에는 더 이상 어떤 것이 연결되지 않는다. 따라서 그것을 타협의 산물이라고 파악할 수 있을 것이다. 구성을 이야기해 줌으로써 활성화된 억압된 것의 "부력Auftrieb/upward drive"이 중요한 기억 흔적Erinnerungsspuren/memory-traces을 의식으로 밀쳐 올리려고 했을 때 저항이 그런 움직임을 막는 데는 성공하지 못했지만 그것을 인접한 사소한 대상으로 전위시키는 데는 성공한 것이다.

만약 그 기억이 명료할 뿐 아니라 그것을 현실이라고 믿기도

* *

6권이다―국역자] 여기에 있는 구절은 *Standard Ed.,* vol. 4, pp. 266~267에 서술된 어떤 에피소드를 암시하는 것인지도 모른다. '건망증의 정신적 메커니즘(The Psychical Mechanism of Forgetfulness)'에 대한 초기의 논문(1898b), *Standard Ed.,* vol. 3, pp. 290~291의 본문과 각주 그리고 p. 297, 「차폐 기억에 대하여(Screen Memories)」(1899a), *Standard Ed.,* vol. 3, pp. 312~313도 참조하라. 이 모든 구절에서 프로이트는 같은 단어인 '*überdeutlich*'를 사용했으며 여기에는 'ultra-clear'라고 번역했다. [英]

『일상생활의 정신 병리학(프로이트 전집, 3권)』, 이한우 옮김(열린책들, 2003), 24쪽의 주)7을 보라.

『꿈의 해석(프로이트 전집, 4권)』, 김인순 옮김(열린책들, 2003), 324쪽을 보라.

「망각의 심리적 메카니즘에 대하여」, 『꿈과 정신분석』, 임진수 옮김(계명대학교출판부, 2002), 113쪽과 114쪽의 주석과 121쪽을 보라.

「회상―화면에 대하여」, 『꿈과 정신분석』, 임진수 옮김(계명대학교출판부, 2002), 96쪽. '지나치게 강조된'으로 번역되어 있다. [韓]

했다면 이런 기억은 환각이라고 부를 수 있었을 것이다. 내가 분명 정신병은 아닌 다른 사례에서 가끔 진짜 환각이 일어나는 것에 주목했을 때 이 유사성은 중요성을 획득했다. 이 생각을 더 진전시키면 다음과 같다: 어린 시절에 경험하고 이후에 잊어버린 어떤 것, 아기가 아직 거의 말을 못할 때 보거나 들은 어떤 것, 지금은 의식으로 밀쳐 올라오려 하는 어떤 것, 아마도 그 되돌아옴에 반발하는 힘의 작용에 의해 왜곡되고 전위될 어떤 것이 환각 속에서 되돌아오는 것이 아마도 지금까지 충분히 그 가치를 인정받지 못한, 환각의 일반적 특성인 것 같다. 그리고 환각과 특정 형태들의 정신병 사이의 밀접한 관계를 떠올릴 때 우리의 생각을 더 진전시킬 수 있을 것이다. 아마도 망상 형성 Wahnbildungen/delusions — 우리는 이런 환각이 그 안에 늘 삽입되는 것을 발견한다 — 자체가 우리가 보통 추측하는 것만큼 무의식의 부력과 그리고 억압된 것의 되돌아옴과 무관하지는 않을 것이다. 우리는 보통 망상 형성의 메커니즘에서 두 가지 요인 — 즉 첫째, 현실 세계와 현실 세계에서의 동기들에 대한 회피, 둘째, 망상의 내용에 영향을 끼치는 소원 성취 — 만을 강조한다. 하지만 역동적 과정은 오히려, 억압된 것의 부력이 현실로부터의 회피를 자신의 내용을 의식으로 밀쳐 올리는 데에 이용하는 과정이 아닐까? 그리고 이 과정에 의해 활성화된 저항 그리고 소원 성취 경향 때문에 다시 기억된 것이 왜곡되고 전위되는 것이 아닐까? 이것은 우리에게 잘 알려진 꿈 — 꿈은 이미 태곳적부터 직감에 의해 망상 Wahnsinn/madness/광기, 정신착란과 동일시되어 왔다 — 의 메커니즘이기도 하다.

　나는 망상에 대한 이런 이해가 완전히 새로운 것이라고 믿지는 않는다. 하지만 이런 이해는 보통 전면에 부각되지 않았던 관점을 강조한다. 이런 이해의 본질적인 명제는 다음과 같다. 망상에는— 어떤 작가가 이미 인식했듯이—조리Methode/method가 있을 뿐 아니라, **역사적 진실**의 단편이 포함되어 있다. 또한 망상에 강박적인 믿음이 부착되는 이유는 바로 그런 유아기적 원천에서 힘을 끌어오기 때문이라고 가정할 수 있을 것이다.[19] 나는 이제 이 이론을 입증하기 위해 새로운 인상을 이용할 수는 없으며 회상에 의존할 수밖에 없다.[20] 여기에 문제가 되고 있는 병의 사례를 여기서 전개된 가설에 따라 연구해 보고 그에 따라 치료해 본다면 그 노력은 아마도 보답을 받을 것이다. 우리는 환자의 망상이 잘못된 지각이며 현실과 모순된다고 환자를 설득하는 헛된 노력을 그만두고 오히려 [망상의] 진실된 핵을 공동의 기반으로 인정하고 그로부터 치료 작업을 진행할 수 있을 것이다. 이 작업은 역사적 진실의 단편을 왜곡과 현재의 현실에의 결합Anlehnung/attachments/의존에서 해방시켜서 그것이 원래 속하는 과거의 자리에 되돌려 놓는 것으로 이루어져야 할 것이다. 잊혀진 선사시대Vorzeit/past[21]의 것을 현재로

● ●

19. "Though this be madness, yet there is method in't."(*Hamlet*, 2막, 2장, 205행)
　　"돌긴 했어도 말에는 조리가 있는걸."(W. 셰익스피어, 『셰익스피어 4대 비극』, 이태주 옮김(범우사, 2003), 52쪽. 폴로니어스가 햄릿을 두고 하는 방백이다.) [韓]
20. 이 논문을 프로이트가 말년에 썼다는 것을 생각하면 이해할 수 있을 것이다. [韓]
21. 영역판에서는 그냥 "past(과거)"로 번역했다. 하지만 프로이트가 "잊혀진 개인사(個人史)적 과거"를 "잊혀진 선사시대"에 비유한 것 같다. [韓]

옮기거나 미래의 기대로 옮기는 것은 [정신병자뿐 아니라] 신경증 환자에게서도 늘 일어나는 일이다. 만약 그가 어떤 끔찍한 일이 일어날 것이라며 불안해 한다면 대부분의 경우 과거에 실제로 끔찍한 일이 일어났으며 그에 대한 억압된 기억 — 이것은 의식에 이르려 하지만 의식화되지는 못한다 — 의 영향하에 있기 때문에 불안해하는 것일 뿐이다. 내 생각에는 이런 노력을 정신병자에게도 들인다면 비록 치료 성과를 얻지 못하더라도 가치 있는 것들을 아주 많이 배우게 될 것이다.

나는 이처럼 중요한 주제를 이 글에서처럼 대강 다룬다면 별로 얻는 것이 없을 것임을 알고 있다. 나는 그럼에도 유사성의 유혹에 따랐다. 환자의 망상 형성이 내게는 우리가 분석 치료 중에 구축해 내는 구성의 등가물로 보인다. 그것은 해명과 치유를 위한 시도인 것이다. 비록 정신병의 조건하에서, 현재에 부인한verleugnen/disavow[22] 현실의 단편을 이전의 선사시대frühe Vorzeit/remote past에 마찬가지로 부인한 다른 단편으로 대체하는 정도에 머물지라도, 현재에 부인된 재료와 과거에 억압된 재료 사이의 내적 연관성을 드러내는 것은 각각의 사례에 대한 조사를 통해 이루어질 것이다. 우리의 구성이 잃어버린 인생사의 단편을 되돌려 줌으로써만 효력을 발휘하는 것처럼 망상이 [환자에게] 설득력을 가지는 이유도 거부된abgewiesen/rejected 현실의 자리에 역사적 진실의 일부를 끼워 넣기 때문이다. 내가 이전에 히스테리에 대해서만 제기한 명제, 즉 환자는 그의

. .

22. verleugnen은 '부인하다', '부정하다', '모른다고 주장하다', '버리다', '그만두다', '포기하다' 등을 뜻한다. [韓]

추억 때문에 고통을 당하는 것이라는 명제가 이런 식으로 망상에도 적용되는 것이다.[23] 당시에 내가 이 짧은 공식을 제기한 것은 병인의 복잡성을 부정하고 다른 많은 요인의 작용을 배제하기 위함이 아니었다.

우리가 한 인간 개인 대신 전체 인류를 생각해 본다면 인류도 논리적 비판의 접근을 불허하며 현실과 모순되는 망상 형성을 전개시켰다는 것을 발견할 수 있다.[24] 만약 그럼에도 불구하고 그것이 인간에게 이례적인 힘을 발휘할 수 있다면 이에 대한 우리는 연구는 한 개인에 대한 연구에서와 같은 결론에 도달하게 될 것이다. 그것이 힘을 발휘하는 것은 잊혀진 태고의 억압으로부터 **역사적 진실**의 함유량Gehalt/element[25]을 끌어낸 덕분이다.[26]

- -

23. 브로이어와 프로이트의 「히스테리 현상의 정신적 메커니즘에 대하여: 잠정적 보고 (Preliminary Communication)」(1893a), *Standard Ed.*, vol. 2, p. 7을 참조하라. [英] 「히스테리 현상의 심리기전에 대하여: 예비적 보고서」, 『히스테리 연구(프로이트 전집, 3권)』, 김미리혜 옮김(열린책들, 2003), 19쪽을 보라. "히스테리 환자의 대부분은 무의식적인 기억으로 인해 괴로워하고 있는 것이다." [韓]
24. 종교를 말하는 듯하다. [韓]
25. Gehalt는 어떤 성분의 함유량 또는 순도를 뜻하는 말이다. 우리가 맥주에 취하는 이유는 맥주 속에 알코올이 함유되어 있기 때문이다. 마찬가지로 종교에는 역사적 진실이 함유되어 있기 때문에 우리는 종교에 '취하게' 된다. [韓]
26. 마지막 몇 문단의 주제('역사적' 진실)는 이 시기에 프로이트의 마음을 사로잡고 있었다. 그리고 여기에 있는 구절이 그것에 대해 처음으로 하는 긴 논의이다. 이와 관련된 참고문헌의 전체목록은 같은 문제를 다루는 「인간 모세와 유일신교(Moses and Monotheism)」(1939a)에 있는 각주에 있다. 위의 130쪽. [英]

표준판 편집자 주에 언급된 저작들

이것은 표준판 전집 제24권을 바탕으로 작성되었다. 하지만 독일어판 전집 등을 참고하여 임의로 수정하였다.

Adler, Alfred. (1910). "Der psychische Hermaphroditismus im Leben und in der Neurose(삶과 신경증에서의 정신적 자웅동체)," *Fortschr. Med.*, vol. 28, p. 486.

Bernfeld, Siegfried. (1944). "Freud's Earliest Theories and the School of Helmholtz (프로이트의 초기 이론과 헬음홀츠 학파)," *Psychoanalysis Quarterly*, vol. 13, p. 341.

Bleuler, E. (1910). "Vortrag über Ambivalenz(양가감정에 대한 강연)," *Zentralblatt für Psychoanalyse*, vol. 1, p. 266에 발표됨.

────. (1911). *Dementia Praecox, oder Gruppe der Schizophrenien*(조발성 치매 또는 정신분열증군), Leipzig und Vienna.

영역판: *Dementia Praecox, or the Group of Schizophrenias*, New York, 1950.

Brunswick, Ruth Mack. (1928a). "A Supplement to Freud's "History of an Infantile Neurosis"(프로이트의 "유아기 신경증의 병력"에 대한 보충)," *International Journal of Psycho-Analysis*, vol. 9, p. 439.

다음 책에 추가 사항과 함께 재출간. *The Psycho-Analytic Reader*, ed.

R. Fliess, London and New York, 1948; London, 1950.

Ellis, Havelock. (1911a). *The World of Dreams*(꿈의 세계), London.

Ferenczi, Sándor. (1919c). "Technische Schwierigkeiten einer Hysterieanalyse(히스테리 분석에서의 기법적 어려움)," *Int. Z. (ärztl.) psychonal.*, vol. 5, p. 34.
영역판: "Technical Difficulties in an Analysis of Hysteria," *Further Contributions to the Theory and Technique of Psycho-Analysis*, London, 1926, Chap. XV.

─────. (1921b). "Weitere Ausbau der "aktiven Technik" in der Psychoanalyse (정신분석에서의 "적극적 기법"의 심화)," *Internationale Zeitschrift für Psychoanalyse*, vol. 7, p. 233.
영역판: "The Further Development of an Active Therapy in Psycho-Analysis," *Further Contributions to the Theory and Technique of Psycho-Analysis*, London, 1926, Ch. 16.

─────. (1928). "Das Problem der Beendigung der Analysen(분석의 종결의 문제)," *Internationale Zeitschrift für Psychoanalyse* vol. 14, p. 1.
영역판: "The Problem of the Termination of Analyses," *Final Contributions to the Problems and Methods of Psycho-Analysis*, London and New York, 1955, Ch. 7.

Freud, Anna. (1936). *Das Ich und die Abwehrmechanismen*(자아와 방어 메커니즘들), Vienna.
영역판: *The Ego and the Mechanisms of Defence*, London, 1937; New York, 1946.

Freud, Sigmund. (1888~1889). "Vorrede des Übersetzers zu H. Bernheim, *Die Suggestion und ihre Heilwirkung*(H. 베르넹의 암시와 그것의 치료 효과에

대한 옮긴이 머리말)," F. Deuticke, Leipzig; (1896). "Vorwort zur zweiten deutschen Auflage (두 번째 독일어판에 붙이는 머리말)."

영역판: "Preface to the Translation of Bernheim's Suggestion," *C. P.*, vol. 5 (1950), p. 11; *Standard Ed.*, vol. 1, p. 73.

———. (1890a). 이전에는 (1905b[1890])이었음. "Psychische Behandlung (Seelenbehandlung)," *G. W.*, vol. 5, p. 289.

영역판: "Psychical (or Mental) Treatment," *Standard Ed.*, vol. 7, p. 283.

국역판: 「정신치료(마음치료)」, 이 책의 8장.

———. (1892~1893). "Ein Fall von hypnotischer Heilung nebst Bemerkungen über die Entstehung hysterischer Symptome durch den "Gegenwillen" ("반대 의지"에 의한 히스테리 증상의 발생에 대한 소견을 포함한 최면 치료의 사례)," *G. S.*, vol. 1, p. 258; *G. W.*, vol. 1, p. 3.

영역판: "A Case of Successful Treatment by Hypnotism," *C. P.*, vol. 5, p. 33; *Standard Ed.*, vol. 1, p. 117.

——— und J. Breuer. (1893a). "Über den psychischen Mechanismus hysterischer Phänomene: Vorläufig Mitteilung(히스테리 현상의 정신적 메커니즘에 대하여: 잠정적 보고)," *G. S.*, vol. 1, p. 7; *G. W.*, vol. 1, p. 81.

영역판: "On the Psychical Mechanism of Hysterical Phenomena: Preliminary Communications," *C. P.*, vol. 1, p. 24; *Standard Ed.*, vol. 2, p. 3.

국역판: 「히스테리 현상의 심리기전에 대하여: 예비적 보고서」, 『히스테리 연구(프로이트 전집, 3권)』, 김미리혜 옮김(열린책들, 2003), 13쪽.

——— und J. Breuer. (1895d). *Studien über Hysterie*(히스테리 연구), Vienna; Frankfurt am Main, 1970. *G. S.*, vol. 1, p. 3; *G. W.*, vol. 1, p. 77.

영역판: *Studies on Hysteria, Standard Ed.*, vol. 2.

국역판: 『히스테리 연구(프로이트 전집, 3권)』, 김미리혜 옮김(열린책
들, 2003).

———. (1895f). "Zur Kritik der "Angstneurose"("불안 신경증"에 대한 비판에
대하여)," *G. S.,* vol. 1, p. 343; *G. W.,* vol. 1, p. 357.

영역판: "A Reply to Criticisms of my Paper on Anxiety Neurosis," *C.
P.,* vol. 1, p. 107; *Standard Ed.,* vol. 3, p. 121.

———. (1895g). "Über Hysterie(히스테리에 대하여)," *Wien. klin. Rdsch.,* vol.
9, pp. 42~44.

———. (1896b). "Weitere Bemerkungen über die Abwehr-Neuropsychosen(방어
신경정신증에 대한 두 번째 소견)," *G. S.,* vol. 1, p. 363; *G. W.,* vol.
1, p. 379.

영역판: "Further Remarks on the Neuro-Psychoses of Defence, *C. P.,*
vol. 1, p. 155; *Standard Ed.,* vol. 3, p. 159.

———. (1896c). "Zur Ätiologie der Hysterie(히스테리의 병인에 대하여)," *G.
S.,* vol. 1, p. 404; *G. W.,* vol. 1, p. 425.

영역판: "The Aetiology of Hysteria," *C. P.,* vol. 1, p. 183; *Standard Ed.,*
vol. 3, p. 189.

———. (1898a). "Die Sexualität in der Ätiologie der Neurosen(신경증의 병인에서
의 성)," *G. S.,* vol. 1, p. 439; *G. W.,* vol. 1, p. 491.

영역판: "Sexuality in the Aetiology of the Neuroses," *C. P.,* vol. 1, p.
220; *Standard Ed.,* vol. 3, p. 261.

국역판: 「신경증의 병인으로서의 성욕」, 『꿈과 정신분석』, 임진수
옮김(계명대학교출판부, 2002), 125쪽.

———. (1898b). "Zum psychischen Mechanismus der Vergeßlichkeit(건망증의

정신적 메커니즘에 대하여)," *G. W.,* vol. 1, p. 519.

　영역판: "The Psychical Mechanism of Forgetfulness," *Standard Ed.,* vol. 3, p. 289.

　국역판: 「망각의 심리적 메커니즘에 대하여」, 『꿈과 정신분석』, 임진수 옮김(계명대학교출판부, 2002), 111쪽.

――――. (1899a). "Über Deckerinnerungen(차폐 기억에 대하여)," *G. S.,* vol. 1, p. 465; *G. W.,* vol. 1, p. 531.

　영역판: "Screen Memories," *C. P.,* vol. 5, p. 47; *Standard Ed.,* vol. 3, p. 301.

　국역판: 「회상―화면에 대하여」, 『꿈과 정신분석』, 임진수 옮김(계명대학교출판부, 2002), 83쪽.

――――. (1900a). *Die Traumdeutung*(꿈의 해석), Vienna. *G. S.,* vol. 2~3; *G. W.,* vol. 2~3.

　영역판: *The Interpretation of Dreams*, London and New York, 1955; *Standard Ed.,* vol. 4~5.

　국역판: 『꿈의 해석(프로이트 전집, 4권)』, 김인순 옮김(열린책들, 2003).

――――. (1901b). *Zur Psychopathologie des Alltagslebens*(일상생활의 정신병리에 대하여), Berlin, 1904. *G. S.,* vol. 4, p. 3; *G. W.,* vol. 4.

　영역판: *The Psychopathology of Everyday Life*, London, 1966; *Standard Ed.,* vol. 6.

　국역판: 『일상생활의 정신 병리학(프로이트 전집, 3권)』, 이한우 옮김(열린책들, 2003).

――――. (1904a). "Die Freud'sche Psychoanalytische Methode(프로이트의 정신분

석적 방법)," *G. S.,* vol. 6, p. 3; *G. W.,* vol. 5, p. 3.

영역판: "Freud's Psycho-Analytic Procedure," *C. P.,* vol. 1, p. 264; *Standard Ed.,* vol. 7, p. 249.

국역판: 「프로이트의 정신분석적 방법」, 이 책의 7장.

―――. (1904f). "Review of Löwenfeld's *Die psychischen Zwangerscheinungen*(뢰벤펠트의 『정신적 강박현상』에 대한 서평)," *Journal für Psychologie und Neurologie,* vol. 3, p. 190.

영역판: "An Unknown Review by Freud," *International Journal of Psycho-Analysis,* vol. 48, 1967, p. 319.

―――. (1905a). "Über Psychotherapie(정신요법에 대하여)," *G. S.,* vol. 6, p. 11; *G. W.,* vol. 5, p. 13.

영역판: "On Psychotherapy," *C. P.,* vol. 1, p. 249; *Standard Ed.,* vol. 7, p. 257.

국역판: 「정신요법에 대하여」, 이 책의 9장.

―――. (1905b[1890]). 1890a를 보라.

―――. (1905d). *Drei Abhandlungen zur Sexualtheorie*(성이론에 대한 세 편의 논문), Vienna. *G. S.,* vol. 5, p. 3; *G. W.,* vol. 5, p. 29.

영역판: *Three Essays on the Theory of Sexuality,* London, 1949; *Standard Ed.,* vol. 7, p. 125.

국역판: 「성욕에 관한 세 편의 에세이」, 『성욕에 관한 세 편의 에세이(프로이트 전집, 7권)』, 김정일 옮김(열린책들, 2003), 7쪽.

―――. (1905e[1901]). "Bruchstück einer Hysterie-Analyse(히스테리 분석의 단편)," *G. S.,* vol. 8, p. 3; *G. W.,* vol. 5, p. 163.

영역판: "Fragment of an Analysis of a Case of Hysteria," *C. P.,* vol.

3, p. 13; *Standard Ed.,* vol. 7, p. 3.

국역판: 「도라의 히스테리 분석」, 『꼬마 한스와 도라(프로이트 전집, 8권)』, 김재혁 · 권세훈 옮김(열린책들, 2003), 185쪽.

————. (1907c). "Zur sexuellen Aufklärung der Kinder(어린이의 성교육에 대하여)," *G. S.,* vol. 5, p. 134; *G. W.,* vol. 7, p. 19.

영역판: "The Sexual Enlightenment of Children," *C. P.,* vol. 2, p. 36; *Standard Ed.,* vol. 9, p. 131.

국역판: 「어린아이의 성교육」, 『성욕에 관한 세 편의 에세이(프로이트 전집, 7권)』, 김정일 옮김(열린책들, 2003), 151쪽.

————. (1908b). "Charakter und Analerotik(성격과 항문 에로티즘)," *G. S.,* vol. 5, p. 261; *G. W.,* vol. 7, p. 203.

영역판: "Character and Anal Erotism," *C. P.,* vol. 2, p. 45; *Standard Ed.,* vol. 9, p. 169.

국역판: 「성격과 항문 성애」, 『성욕에 관한 세 편의 에세이(프로이트 전집, 7권)』, 김정일 옮김(열린책들, 2003), 187쪽.

————. (1909a[1908]). "Allgemeines über den hysterischen Anfall(히스테리 발작에 대한 일반론)," *G. S.,* vol. 5, p. 255; *G. W.,* vol. 7, p. 235.

영역판: "Some General Remarks on Hysterical Attacks," *C. P.,* vol. 2, p. 100; *Standard Ed.,* vol. 9, p. 229.

국역판: 「히스테리 발작에 관하여」, 『정신 병리학의 문제들(프로이트 전집, 10권)』, 황보석 옮김(열린책들, 2003), 71쪽.

————. (1909b). "Analyse der Phobie eines fünfjährigen Knaben(다섯 살 먹은 남자아이의 공포증 분석)," *G. S.,* vol. 8, p. 129; *G. W.,* vol. 7, p. 243.

영역판: "Analysis of a Phobia in a Five-Year-Old Boy," *C. P.,* vol. 3,

p. 149; *Standard Ed.,* vol. 10, p. 3.

국역판: 「다섯 살배기 꼬마 한스의 공포증 분석」, 『꼬마 한스와 도라(프로이트 전집, 8권)』, 김재혁·권세훈 옮김(열린책들, 2003), 7쪽.

———. (1909d). "Bemerkungen über einen Fall von Zwangsneurose(강박 신경증 사례에 대한 소견)," *G. S.,* vol. 8, p. 269; *G. W.,* vol. 7, p. 381.

영역판: "Notes upon a Case of Obsessional Neurosis," *C. P.,* vol. 3, p. 293; *Standard Ed.,* vol. 10, p. 155.

국역판: 「쥐 인간―강박 신경증에 관하여」, 『늑대 인간(프로이트 전집, 9권)』, 김명희 옮김(열린책들, 2003), 7쪽.

———. (1910a). *Über Psychoanalyse*(정신분석에 대하여), Vienna. *G. S.,* vol. 4, p. 349; *G. W.,* vol. 8, p. 3.

영역판: "Five Lectures on Psycho-Analysis," *American Journal of Psychology,* vol. 21(1910), p. 181; *Standard Ed.,* vol. 11, p. 3.

국역판: 「정신분석에 대하여」, 『꿈과 정신분석』, 임진수 옮김(계명대학교출판부, 2002), 167쪽; 「정신분석에 관한 다섯 번의 강의」, 『프로이트의 두 발자취』, 이재광 옮김(하나의학사, 1995), 37쪽.

———. (1910c). *Eine Kindheitserinnerung des Leonardo da Vinci,* Vienna. *G. S.,* vol. 9, p. 371; *G. W.,* vol. 8, p. 128.

영역판: "Leonardo da Vinci and a Memory of his Childhood," *Standard Ed.,* vol. 11, p. 59.

국역판: 「레오나르도 다 빈치의 유년의 기억」, 『예술, 문학, 정신분석(프로이트 전집, 14권)』(열린책들, 2003), 159쪽.

———. (1910d). "Die zukünftigen Chancen der psychoanalytischen Therapie (정신분석 요법의 앞으로의 가망성)," *G. S.,* vol. 6, p. 25; *G. W.,* vol. 8,

p. 104.

영역판: "The Future Prospects of Psycho-Analytic Therapy," *C. P.*, vol. 2, p. 285; *Standard Ed.*, vol. 11, p. 141.

국역판: 「정신분석 요법의 앞으로의 가망성」, 이 책의 10장.

―――. (1910h). "Über einen besonderen Typus der Objektwahl beim Manne (남성들의 대상 선택 중 특이한 유형에 대하여)," *G. S.*, vol. 5, p. 186; *G. W.*, vol. 8, p. 66.

영역판: "A Special Type of Choice of Object Made by Men," *C. P.*, vol. 4, p. 192; *Standard Ed.*, vol. 11, p. 165.

국역판: 「남자들의 대상 선택 중 특이한 한 유형」, 『성욕에 관한 세 편의 에세이(프로이트 전집, 7권)』, 김정일 옮김(열린책들, 2003), 203쪽.

―――. (1910i). "Die psychogene Sehstörung in psychoanalytischer Auffassung (심인성 시각장애에 대한 정신분석적 소견)," *G. S.*, vol. 5, p. 310; *G. W.*, vol. 8, p. 94.

영역판: "The Psycho-Analytic View of Psychogenic Disturbance of Vision," *C. P.*, vol. 2, p. 105; *Standard Ed.*, vol. 11, p. 211.

―――. (1910j). "Beispiele des Verrats pathogener Phantasien bei Neurotikern (신경증 환자에게서의 병리적 환상의 누설의 사례들)," *G. S.*, vol. 11, p. 300; *G. W.*, vol. 8, p. 228.

영역판: "Two Instances of Pathogenic Phantasies Revealed by the Patients Themselves," *Standard Ed.*, vol. 11, p. 236.

―――. (1910k). "Über "wilde" Psychoanalyse("야생" 정신분석에 대하여)," *G. S.*, vol. 6, p. 37; *G. W.*, vol. 8, p. 118.

영역판: ""Wild" Psycho-Analysis," *C. P.*, vol. 2, p. 297; *Standard Ed.*, vol. 11, p. 221.

국역판: 「'야생' 정신분석에 대하여」, 이 책의 11장.

———. (1911c[1910]). "Psychoanalytische Bemerkungen über einen autobiographisch beschriebenen Fall von Paranoia (Dementia Paranoides)(자서전적으로 기록된 한 망상증(망상증적 치매)에 대한 정신분석적 소견)," *G. S.,* vol. 8, p. 355; *G. W.,* vol. 8, p. 240.

영역판: "Psycho-Analytic Notes on an Autobiographical Account of a Case of Paranoia (Dementia Paranoides)," *C. P.,* vol. 3, p. 387; *Standard Ed.,* vol. 12, p. 3.

국역판: 「편집증 환자 슈레버 — 자서전적 기록에 의한 정신분석」, 『늑대 인간(프로이트 전집, 9권)』, 김명희 옮김(열린책들, 2003), 103쪽.

———. (1911e). "Die Handhabung der Traumdeutung in der Psychoanalyse(정신분석에서 꿈해석 다루기)," *G. S.,* vol. 6, p. 45; *G. W.,* vol. 8, p. 350.

영역판: "The Handling of Dream-Interpretation in Psycho-Analysis," *C. P.,* vol. 2, p. 305; *Standard Ed.,* vol. 12, p. 91.

국역판: 「정신분석에서 꿈해석 다루기」, 이 책의 1장.

———. (1912b). "Zur Dynamik der Übertragung(전이의 역동에 대하여)," *G. S.,* vol. 6, p. 53; *G. W.,* vol. 8, p. 364.

영역판: "The Dynamics of Transference," *C. P.,* vol. 2, p. 312; *Standard Ed.,* vol. 12, p. 99.

국역판: 「전이의 역동에 대하여」, 이 책의 2장.

———. (1912c). "Über neurotische Erkrankungstypen(신경증 발병의 유형들에 대하여)," *G. S.,* vol. 5, p. 400; *G. W.,* vol. 8, p. 322.

영역판: "Types of Onset of Neurosis," *C. P.,* vol. 2, p. 113; *Standard*

Ed., vol. 12, p. 229.

국역판: 「신경증 발병의 유형들」, 『정신 병리학의 문제들(프로이트 전집, 10권)』, 황보석 옮김(열린책들, 2003), 93쪽.

———. (1912e). "Ratschläge für den Arzt bei der psychoanalytischen Behandlung(정신분석 치료를 행하는 의사에게 하고 싶은 조언)," *G. S.,* vol. 6, p. 64; *G. W.,* vol. 8, p. 376.

영역판: "Recommendations to Physicians Practising Psycho-Analysis," *C. P.,* vol. 2, p. 323; *Standard Ed.,* vol. 12, p. 111.

국역판: 「정신분석 치료를 행하는 의사에게 하고 싶은 조언」, 이 책의 3장.

———. (1912f). "Zur Onanie-Diskussion(자위행위에 대한 논의에 대하여)," *G. S.,* vol. 3, p. 324; *G. W.,* vol. 8, p. 332.

영역판: "Contributions to a Discussion on Masturbation," *Standard Ed.,* vol. 12, p. 243.

———. (1912g). "A Note on the Unconscious in Psycho-Analysis(정신분석에서의 무의식에 대한 노트)," *C. P.,* vol. 4, p. 22; *Standard Ed.,* vol. 12, p. 257.

독역판: "Einige Bemerkungen über den Begriff des Unbewußten in der Psychoanalyse," *G. S.,* vol. 5, p. 433; *G. W.,* vol. 8, p. 430.

국역판: 「정신분석에서의 무의식에 관한 노트」, 『정신분석학의 근본 개념(프로이트 전집, 11권)』, 윤희기 옮김(열린책들, 2003), 23쪽.

———. (1913c). "Weitere Ratschläge zur Technik der Psychoanalyse: I. Zur Einleitung der Behandlung(정신분석 기법에 대한 계속되는 조언: I. 치료의 개시에 대하여)," *G. S.,* vol. 6, p. 84; *G. W.,* vol. 8, p. 454.

영역판: "On Beginning the Treatment (Further Recommendations on the Technique of Psycho-Analysis, I)," *C. P.,* vol. 2, p. 342; *Standard Ed.,* vol. 12, p. 123.

국역판: 「치료의 개시에 대하여」, 이 책의 4장.

―――. (1913d). "Märchenstoffe in Träumen(꿈에 나오는 옛날 이야기의 모티프)," *G. S.,* vol. 3, p. 259; *G. W.,* vol. 10, p. 2.

영역판: "The Occurrence in Dreams of Material from Fairy Tales", *C. P.,* vol. 4, p. 236; *Standard Ed.,* vol. 12, p. 281.

―――. (1914a). "Über fausse reconnaissance ("déjà raconté") während der psycho-analytischen Arbeit(정신분석 작업 중의 기억 착오(이미 말한 것 같음)에 대하여)," *G. S.,* vol. 6, p. 76; *G. W.,* vol. 10, p. 116.

영역판: "Fausse Reconnaissance ("déjà raconté") in Psycho-Analytic Treatment," *C. P.,* vol. 2, p. 334; *Standard Ed.,* vol. 13, p. 201.

국역판: 「정신분석 작업 중의 기억 착오(이미 말한 것 같음)에 대하여」, 이 책의 12장.

―――. (1914c). "Zur Einführung des Narzißmus(나르시시즘이라는 개념의 도입에 대하여)," *G. S.,* vol. 6, p. 155; *G. W.,* vol. 10, p. 138.

영역판: "On Narcissism: an Introduction," *C. P.,* vol. 4, p. 30; *Standard Ed.,* vol. 14, p. 69.

국역판: 「나르시시즘 서론」, 『정신분석학의 근본 개념(프로이트 전집, 11권)』, 윤희기 옮김(열린책들, 2003), 39쪽.

―――. (1914d). "Zur Geschichte der psychoanalytischen Bewegung(정신분석 운동의 역사에 대하여)," *G. S.,* vol. 4, p. 411; *G. W.,* vol. 10, p. 44.

영역판: "On the History of the Psycho-Analytic Movement," *C. P.,* vol.

1, p. 287; *Standard Ed.,* vol. 14, p. 3.

국역판: 「정신분석 운동의 역사」, 『정신분석학 개요(프로이트 전집, 15권)』, 박성수 · 한승완 옮김(열린책들, 2003), 45쪽.

―――. (1914g). "Weitere Ratschläge zur Technik der Psychoanalyse: II. Erinnern, Wiederholen und Durcharbeiten(정신분석 기법에 대한 계속되는 조언: II. 기억하기, 되풀이하기 그리고 훈습하기)," *G. S.,* vol. 6, p. 109; *G. W.,* vol. 10, p. 126.

영역판: "Remembering, Repeating and Working-Through (Further Recommendations on the Technique of Psycho-Analysis, II)," *C. P.,* vol. 2, p. 366; *Standard Ed.,* vol. 12, p. 147.

국역판: 「기억하기, 되풀이하기 그리고 훈습하기」, 이 책의 5장.

―――. (1915a). "Weitere Ratschläge zur Technik der Psychoanalyse: III. Bemerkungen über die Übertragungsliebe(정신분석 기법에 대한 계속되는 조언: III. 전이 사랑에 대한 소견)," *G. S.,* vol. 6, p. 120; *G. W.,* vol. 10, p. 306.

영역판: "Observations on Transference-Love (Further Recommendations on the Technique of Psycho-Analysis, III)," *C. P.,* vol. 2, p. 377; *Standard Ed.,* vol. 12, p. 159.

국역판: 「전이 사랑에 대한 소견」, 이 책의 6장.

―――. (1915d). "Die Verdrängung(억압)," *G. S.,* vol. 5, p. 466; *G. W.,* vol. 10, p. 248.

영역판: "Repression," *C. P.,* vol. 4, p. 84; *Standard Ed.,* vol. 14, p. 143.

국역판: 「억압에 관하여」, 『정신분석학의 근본 개념(프로이트 전집, 11권)』, 윤희기 옮김(열린책들, 2003), 133쪽.

———. (1915c). "Triebe und Triebschicksale(욕동과 욕동의 운명)," *G. S.,* vol. 5, p. 443; *G. W.,* vol. 10, p. 210.

영역판: "Instincts and their Vicissitudes," *C. P.,* vol. 4, p. 60; *Standard Ed.,* vol. 14, p. 111.

국역판: 「본능과 그 변화」, 『정신분석학의 근본 개념, 프로이트 전집, 11권』, 윤희기 옮김(열린책들, 2003), 93쪽.

———. (1915e). "Das Unbewußte(무의식)," *G. S.,* vol. 5, p. 480; *G. W.,* vol. 10, p. 264.

영역판: "The Unconscious," *C. P.,* vol. 4, p. 98; *Standard Ed.,* vol. 14, p. 161.

국역판: 「무의식에 관하여」, 『정신분석학의 근본 개념(프로이트 전집, 11권)』, 윤희기 옮김(열린책들, 2003), 155쪽.

———. (1915f). "Mitteilung eines der psychoanalytischen Theorie widersprechen den Falles von Paranoia(정신분석 이론에 모순되는 망상증 사례에 대한 보고)," *G. S.,* vol. 5, p. 288; *G. W.,* vol. 10, p. 234.

영역판: "A Case of Paranoia Running Counter to the Psycho-Analytic Theory of the Disease," *C. P.,* vol. 2, p. 150; *Standard Ed.,* vol. 14, p. 263.

국역판: 「정신분석 이론에 반하는 편집증의 사례」, 『정신 병리학의 문제들(프로이트 전집, 10권)』, 황보석 옮김(열린책들, 2003), 119쪽.

———. (1916~1917). *Vorlesungen zur Einführung in die Psychoanalyse*(정신분석 입문 강의), Vienna. *G. S.,* vol. 7; *G. W.,* vol. 11.

영역판: *Introductory Lectures on Psycho-Analysis*, New York, 1966; London, 1971; *Standard Ed.,* vol. 15~16.

국역판:『정신분석 강의(프로이트 전집, 1권)』, 임홍빈 · 홍혜경 옮김
(열린책들, 2003).

──. (1918a). "Das Tabu der Virginität(처녀성의 터부)," *G. S.,* vol. 5, p.
212; *G. W.,* vol. 12, p. 161.

영역판: "The Taboo of Virginity," *C. P.,* vol. 4, p. 217; *Standard Ed.,*
vol. 11, p. 193.

국역판:「처녀성의 금기」,『성욕에 관한 세 편의 에세이(프로이트 전집,
7권)』, 김정일 옮김(열린책들, 2003), 237쪽.

──. (1918b[1914]). "Aus der Geschichte einer infantilen Neurose(유아기 신경
증의 병력에서)," *G. S.,* vol. 8, p. 439; *G. W.,* vol. 12, p. 29.

영역판: "From the History of an Infantile Neurosis," *C. P.,* vol. 3, p.
473; *Standard Ed.,* vol. 17, p. 3.

국역판:「늑대 인간 ─ 유아기 신경증에 관하여」,『늑대 인간(프로이트
전집, 9권)』, 김명희 옮김(열린책들, 2003), 195쪽.

──. (1919a[1918]). "Wege der psychoanalytischen Therapie(정신분석 요법이
나아갈 길)," *G. S.,* vol. 6, p. 136; *G. W.,* vol. 12, p. 183.

영역판: "Lines of Advance in Psycho-Analytic Therapy," *C. P.,* vol. 2,
p. 392; *Standard Ed.,* vol. 17, p. 159.

국역판:「정신분석 요법이 나아갈 길」, 이 책의 13장.

──. (1919b). "James J. Putnam," *G. S.,* vol. 11, p. 276; *G. W.,* vol. 12, p.
315.

영역판: "James J. Putnam," Standard *Ed.,* vol. 17, p. 271.

──. (1919d). "Einleitung zu "Zur Psychoanalyse der Kriegsneurosen"(「전쟁신
경증의 정신분석에 대하여」에 붙이는 머리말)," Vienna. *G. S.,* vol.

11, p. 252; *G. W.*, vol. 12, p. 321.

영역판: "Introduction to "Psycho-Analysis and the War Neuroses"," London and New York, 1921. *C. P.*, vol. 5, p. 83; *Standard Ed.*, vol. 17, p. 207.

―――. (1919e). ""Ein Kind wird geschlagen(한 어린이가 맞고 있다)"," *G. S.*, vol. 5, p. 344; *G. W.*, vol. 12, p. 197.

영역판: ""A Child is Being Beaten"," *C. P.*, vol. 2, p. 172; *Standard Ed.*, vol. 17, p. 177.

국역판: 「매맞는 아이」, 『정신 병리학의 문제들(프로이트 전집, 10권)』, 황보석 옮김(열린책들, 2003), 135쪽.

―――. (1919h). "Das Unheimliche(으스스한 것)," *G. S.*, vol. 10, p. 369; *G. W.*, vol. 12, p. 229.

영역판: "The "Uncanny"," *C. P.*, vol. 4, p. 368; *Standard Ed.*, vol. 17, p. 219.

국역판: 「두려운 낯설음」, 『예술, 문학, 정신분석(프로이트 전집, 14권)』, 정장진 옮김(열린책들, 2003), 399쪽.

―――. (1920a). "Über die Psychogenese eines Falles von weiblicher Homosexualität(여성 동성애 사례의 정신 발생에 대하여)," *G. S.*, vol. 5, p. 312; *G. W.*, vol. 12, p. 271.

영역판: "The Psychogenesis of a Case of Female Homosexuality," *C. P.*, vol. 2, p. 202; *Standard Ed.*, vol. 18, p. 147.

국역판: 「여자 동성애가 되는 심리」, 『늑대 인간(프로이트 전집, 9권)』, 김명희 옮김(열린책들, 2003), 343쪽.

―――. (1920c). "Dr. Anton von Freund(안톤 폰 프로인트 박사)," *G. S.*, vol. 11, p. 280; *G. W.*, vol. 13, p. 435.

영역판: "Dr. Anton von Freund," *Standard Ed.*, vol. 18, p. 267.

———. (1920g). *Jenseits des Lustprinzips*(쾌락 원리를 넘어서), Vienna, *G. S.*, vol. 6, p. 191; *G. W.*, vol. 13, p. 3.

영역판: *Beyond the Pleasure Principle*, London, 1961; *Standard Ed.*, vol. 18, 7.

국역판: 「쾌락 원칙을 넘어서」, 『정신분석학의 근본 개념(프로이트 전집, 11권)』, 윤희기 옮김(열린책들, 2003), 267쪽.

———. (1921a). "Preface to J. J. Putnam's *Addresses on Psycho-Analysis*(J. J. 퍼트넘의 『정신분석에 대한 강연』에 붙이는 서문)," London and New York. *G. S.*, vol. 11, p. 262; *G. W.*, vol. 13, p. 437; *Standard Ed.*, vol. 18, p. 269.

———. (1921c). *Massenpsychologie und Ich-Analyse*(군중심리와 자아 분석), Vienna, *G. S.*, vol. 6, p. 261; *G. W.*, vol. 13, p. 73.

영역판: *Group Psychology and the Analysis of the Ego*, London and New York, 1959; *Standard Ed.*, vol. 18, p. 69.

국역판: 「집단 심리학과 자아 분석」, 『문명 속의 불만(프로이트 전집, 12권)』, 김석희 옮김(열린책들, 2003), 71쪽.

———. (1922b). "Über einige neurotische Mechanismen bei Eifersucht, Paranoia und Homosexualität(질투, 망상증 그리고 동성애에서의 몇몇 신경증적 메커니즘에 대하여)," *G. S.*, vol. 5, p. 387; *G. W.*, vol. 13, p. 195.

영역판: "Some Neurotic Mechanisms in Jealousy, Paranoia and Homosexuality," *C. P.*, vol. 2, p. 232; *Standard Ed.*, vol. 18, p. 223.

국역판: 「질투, 편집증 그리고 동성애의 몇 가지 신경증적 메커니즘」, 『정신 병리학의 문제들(프로이트 전집, 10권)』, 황보석 옮김(열린책들,

2003), 171쪽.

──────. (1923a[1922]). ""Psychoanalyse" und "Libido Theorie"("정신분석"과
"리비도 이론")," *G. S.*, vol. 11, p. 201; *G. W.*, vol. 13, p. 211.

영역판: "Two Encyclopaedia Articles," *C. P.*, vol. 5, p. 107; *Standard
Ed.*, vol. 18, p. 235.

국역판: 「'정신분석학'과 '리비도 이론'」, 『정신분석학 개요(프로이트
전집, 15권)』, 박성수 · 한승완 옮김(열린책들, 2003), 131쪽.

──────. (1923b). *Das Ich und das Es*(자아와 이드), Vienna. *G. S.*, vol. 6, p.
353; *G. W.*, vol. 13, p. 237.

영역판: "The Ego and the Id," London, 1962; *Standard Ed.*, vol. 19, p. 3.

국역판: 「자아와 이드」, 『정신분석학의 근본 개념(프로이트 전집, 11권)』,
윤희기 옮김(열린책들, 2003), 345쪽.

──────. (1923c[1922]). "Bemerkungen zur Theorie und Praxis der Traumdeutung(꿈
해석의 이론과 실천에 대한 소견)," *G. S.*, vol. 3, p. 305; *G. W.*, vol.
13, p. 301.

영역판: "Remarks on the Theory and Practice of Dream-Interpretation,"
C. P., vol. 5, p. 136; *Standard Ed.,* vol. 19, p. 109.

국역판: 「꿈해석의 이론과 실천에 대한 소견」, 이 책의 14장.

──────. (1923f). "Josef Popper-Lynkeus und die Theorie des Traumes(요제프
포퍼–륑커이스와 꿈 이론)," *G. S.*, vol. 11, p. 295; *G. W.*, vol. 13, p.
357.

영역판: "Joseph Popper-Lynkeus and the Theory of Dreams," *Standard
Ed.*, vol. 19, p. 261.

──────. (1924c). "Das ökonomische Problem des Masochismus(마조히즘의 경제적

문제)," *G. S.*, vol. 5, p. 374; *G. W.*, vol. 13, p. 371.

영역판: "The Economic Problem of Masochism," *C. P.*, vol. 2, p. 255; *Standard Ed.*, vol. 19, p. 157.

국역판: 「마조히즘의 경제적 문제」, 『정신분석학의 근본 개념(프로이트 전집, 11권)』, 윤희기 옮김(열린책들, 2003), 415쪽.

————. (1925d[1924]). *Selbstdarstellung*(자화상), Vienna, 1934. *G. S.*, vol. 11, p. 119; *G. W.*, vol. 14, p. 33.

영역판: *An Autobiographical Study*, London, 1935; *Autobiography*, New York, 1935; *Standard Ed.*, vol. 20, p. 3.

국역판: 「나의 이력서」, 『정신분석학 개요(프로이트 전집, 15권)』, 박성수·한승완 옮김(열린책들, 2003), 199쪽.

————. (1925f). "Geleitwort zu "Verwahrloste Jugend" von August Aichhorn(아우구스트 아이히호른의 "비뚤어진 청소년"에 붙이는 머리말)," Vienna. *G. S.*, vol. 11, p. 267; *G. W.*, vol. 14, p. 565.

영역판: "Preface to Aichhorn's *Wayward Youth*," *C. P.*, vol. 5, p. 98; *Standard Ed.*, vol. 19, p. 273.

————. (1925h). "Die Verneinung(부정)," *G. S.*, vol. 11, p. 3; *G. W.*, vol. 14, p. 11.

영역판: "Negation," *C. P.*, vol. 5, p. 181; *Standard Ed.*, vol. 19, p. 235.

국역판: 「부정」, 『정신분석학의 근본 개념(프로이트 전집, 11권)』, 윤희기 옮김(열린책들, 2003), 443쪽.

————. (1925i). "Einige Nachträge zum Ganzen der Traumdeutung(꿈해석 전반에 대한 몇몇 추가 기록)," *G. S.*, vol. 3, p. 172; *G. W.*, vol. 3, p. 561.

영역판: "Some Additional Notes on Dream-Interpretation as a Whole,"

C. P., vol. 5, p. 150; *Standard Ed.*, vol. 19, p. 125.

———. (1926d[1925]). *Hemmung, Symptom und Angst*(억제, 증상 그리고 불안),
Vienna. *G. S.*, vol. 11, p. 23; *G. W.*, vol. 14, p. 113.

영역판: *The Problem of Anxiety*, New York, 1936; *Inhibitions, Symptoms
and Anxiety*, London, 1960; *Standard Ed.*, vol. 20, p. 77.

국역판: 「억압, 증상 그리고 불안」, 『정신 병리학의 문제들(프로이트
전집, 10권)』, 황보석 옮김(열린책들, 2003), 205쪽.

———. (1926e). *Die Frage der Laienanalyse*(의사 자격증이 없는 사람들이
하는 분석에 대한 문제), Vienna. *G. S.*, vol. 11, p. 307; *G. W.*, vol.
14, p. 209.

영역판: *The Question of Lay Analysis*, London, 1947; *Standard Ed.*, vol.
20, p. 179.

국역판: 「비전문가 분석의 문제」, 『정신분석학 개요(프로이트 전집,
15권)』, 박성수·한승완 옮김(열린책들, 2003), 295쪽.

———. (1927a). "Nachwort zur "Frage der Laienanalyse"("의사 자격증이 없는
사람들이 하는 분석에 대한 문제"에 붙이는 후기)," *G. S.*, vol. 11,
p. 385; *G. W.*, vol. 14, p. 287.

영역판: "Postscript to *The Question of Lay Analysis*," *C. P.*, vol. 5, p.
205; *Standard Ed.*, vol. 20, p. 251.

국역판: 「비전문가 분석의 문제」, 『정신분석학 개요, 프로이트 전집,
15권』, 박성수·한승완 옮김, 열린책들, 2003, 391쪽.

———. (1929b). "Brief an Maxim Leroy über einen Traum des Cartesius(카르테시
우스(데카르트)의 꿈에 대해 막심 르로이에게 보내는 편지)," *G. S.*,
vol. 12, p. 403; *G. W.*, vol. 14, p. 558.

영역판: "Letter to Maxime Leroy on some Dreams of Descartes," *Standard Ed.*, vol. 21, p. 199.

———. (1930a). *Das Unbehagen in der Kultur*(문명 속의 불편함), Vienna. *G. S.*, vol. 12, p. 29; *G. W.*, vol. 14, p. 421.

영역판: *Civilization and its Discontents*, New York, 1961; Lonon, 1963; *Standard Ed.*, vol. 21, p. 59.

국역판: 「문명 속의 불만」, 『문명 속의 불만(프로이트 전집, 12권)』, 김석희 옮김(열린책들, 2003), 231쪽.

———. (1931b). "Über die weibliche Sexualität(여성의 성에 대하여)," *G. S.*, vol. 12, p. 120; *G. W.*, vol. 14, p. 517.

영역판: "Female Sexuality," *C. P.*, vol. 5, p. 252; *Standard Ed.*, vol. 21, p. 223.

국역판: 「여성의 성욕」, 『성욕에 관한 세 편의 에세이(프로이트 전집, 7권)』, 김정일 옮김(열린책들, 2003), 335쪽.

———. (1933a). *Neue Folge der Vorlesungen zur Einführung in die Psychoanalyse* (정신분석 입문 강의 속편), Vienna. *G. S.*, vol. 12, p. 151; *G. W.*, vol. 15.

영역판: *New Introductory Lectures on Psycho-Analysis*, New York, 1966; London, 1971; *Standard Ed.*, vol. 22, p. 3.

국역판: 『새로운 정신분석 강의(프로이트 전집, 2권)』, 임홍빈 · 홍혜경 옮김(열린책들, 2003).

———. (1933c). "Sándor Ferenczi," *G. S.*, vol. 12, p. 397; *G. W.*, vol. 16, p. 267.

"Sándor Ferenczi," *Int. J. Psycho-Anal.* vol. 14, p. 297; *Standard Ed.*, vol.

22, p. 227.

———. (1936a). "Eine Erinnerungsstörung auf der Akropolis(아크로폴리스에 대한 기억의 혼란)," *G. W.*, vol. 16, p. 250.

영역판: "A Disturbance of Memory on the Acropolis," *C. P.*, vol. 5, p. 302; *Standard Ed.*, vol. 22, p. 239.

국역판: 「아크로폴리스에서 일어난 기억의 혼란」, 『정신분석학의 근본 개념(프로이트 전집, 11권)』, 윤희기 옮김(열린책들, 2003), 453쪽.

———. (1937c). "Die endliche und die unendliche Analyse(끝이 있는 분석과 끝이 없는 분석)," *G. W.*, vol. 16, p. 59.

영역판: "Analysis Terminable and Interminable," *C. P.*, vol. 5, p. 316; *Standard Ed.*, vol. 23, p. 211.

국역판: 「끝낼 수 있는 분석과 끝낼 수 없는 분석」, 이 책의 311쪽.

———. (1937d). "Konstruktionen in der Analyse(분석에서의 구성)," *G. W.*, vol. 16, p. 43.

영역판: "Constructions in Analysis," *C. P.*, vol. 5, p. 358; *Standard Ed.*, vol. 23, p. 257.

국역판: 「분석에서의 구성」, 이 책의 15장.

———. (1939a). *Der Mann Moses und die monotheistische Religion*(인간 모세와 유일신교), *G. W.*, vol. 16, p. 103.

영역판: *Moses and Monotheism, London and New York*, 1939; *Standard Ed.*, vol. 23, p. 3.

국역판: 「인간 모세와 유일신교」, 『종교의 기원(프로이트 전집, 13권)』, 이윤기 옮김(열린책들, 2003), 253쪽.

———. (1940a). *Abriß der Psychoanalyse*(정신분석의 개요), *G. W.*, vol. 17,

영역판: *An Outline of Psycho-Analysis*, New York, 1968; London, 1969; *Standard Ed.*, vol. 23, p. 141.

국역판: 「정신분석학 개요」, 『정신분석학 개요(프로이트 전집, 15권)』, 박성수·한승완 옮김(열린책들, 2003), 405쪽.

———. (1941d[1921]). "Psychoanalyse und Telepathy(정신분석과 텔레파시)," *G. W.*, vol. 17, p. 21.

영역판: "Psycho-Analysis and Telepathy," *Standard Ed.,* vol. 18, p. 177.

———. (1950a[1887~1902]). *Aus den Anfängen der Psychoanalyse*(정신분석의 기원으로부터), London.

영역판: *The Origins of Psycho-Analysis*, London and New York, 1954.

국역판: 『과학적 심리학 초고』, 이재원 옮김(사랑의학교, 1999).

———. (1955c[1920]). "Gutachten über die elektrische Behandlung der Kriegsneurotiker(전쟁 신경증 환자에 대한 전기 치료에 대한 소견서)," *G. W.*, Nachtragsband vol. 19, p. 704.

영역판: "Memorandum on the Electrical Treatment of War Neurotics," *Standard Ed.*, vol. 17, p. 211.

———. (1963a). *Sigmund Freud / Oskar Pfister. Briefe 1909 bis 1939*(지그문트 프로이트/오스카 피스터. 서간집. 1909년부터 1939년까지), Frankfurt am Main.

영역판: *Psycho-Analysis and Faith: The Letters of Sigmund Freud and Oskar Pfister*, London and New York, 1963.

Grasset, J. (1904). "La sensation du déjà vu; sensation du déjà entendu; du déjà éprouvé; illusion de fausse reconnaissance(이미 본 것 같은 느낌; 이미

들어본 것 같은 느낌; 이미 겪어 본 것 같은 느낌; 기억 착오)," *J. psychol. morm. et ptha.*(정상 및 병리 심리학 저널), vol. 1, p. 17.

Janet, Pierre. (1892, 1894). *État mental des hystériques*(히스테리 환자의 정신 상태), Paris.

Jones, Ernest. (1914c). "Die Stellungnahme des psychoanalytischen Arztes zu den aktuellen Konflikten(실제 갈등에 대한 정신분석의의 태도)," *Internationale Zeitschrift für ärztliche Psychoanalyse*, vol. 2, p. 6.

영역판: "The Attitude of the Psycho-Analytic Physician towards Current Conflicts," *Papers on Psycho-Analysis*, Ch. 17.

―――. (1955). *Sigmund Freud: Life and Work*(지그문트 프로이트: 삶과 업적), Vol. 2, London and New York.

―――. (1957). *Sigmund Freud: Life and Work*, Vol. 3, London and New York.

Jung, Carl Gustav. (1910c). "Über Konflikte der kindlichen Seele(어린이의 정신에 서의 갈등에 대하여)," *Jahrbuch für psychoanalytische und psychopathologische Forschungen*, vol. 2, p. 33.

―――. (1911~1912). "Wandlungen und Symbole der Libido(리비도의 변화와 상징)," *Jahrbuch für psychoanalytische und psychopathologische Forschungen*, vol. 3, p. 120, *Jahrbuch für psychoanalytische und psychopathologische Forschungen*, vol. 4, p. 162; Leipzig and Vienna, 1912.

영역판: *Psychology of the Unconscious*, New York, 1916; London, 1917.

Löwenfeld, Leopold. (1897). *Lehrbuch der gesamten Psychotherapie*(일반 정신 요법 교과서), Wiesbaden.

Putnam, J. J. (1921). *Addresses on Psycho-Analysis*(정신분석에 대한 강연들), London, Vienna and New York.

Rank, Otto. (1924). *Das Trauma der Geburt*(탄생의 외상), Vienna.

영역판: *The Trauma of Birth*, London, 1929.

Richter, Johann Paul Friedrich ('Jean Paul'). (1883). *The Literary Works of Leonardo da Vinci*(레오나르도 다 빈치의 저술들), London. (2nd Edition, Oxford, 1939.)

Stekel, Wilhelm. (1909). "Beiträge zur Traumdeutung(꿈해석에 대한 기고)," *Jahrbuch für psychoanalytische und psychopathologische Forschungen*, vol. 1, p. 458.

────. (1911a). *Die Sprache des Traumes*(꿈의 언어), Wiesbaden. (2nd Edition, 1922)

────. (1911d). "Die verschiedenen Formen der Übertragung(전이의 다양한 유형들)," *Zentralblatt fürPsychoanalyse*, vol. 2, p. 27.

Wigan, A. L. (1844). *A New View of Insanity: The Duality of the Mind, proved by the Structure, Functions and Diseases of the Brain, and by the Phenomena of Mental Derangement, etc.*(광기에 대한 새로운 관점: 뇌의 구조, 기능, 질병에 의해 그리고 정신착란 현상에 의해 입증된 정신의 이원성), London.

기법에 대한 저작 목록[1]

APPENDIX

LIST OF WRITINGS BY FREUD DEALING MAINLY WITH PSYCHO-ANALYTIC TECHNIQUE AND THE THEORY OF PSYCHOTHERAPY(주로 정신분석 기법과 정신요법 이론에 대해 다루고 있는 프로이트의 저작들의 목록) — *표시 논문들은 최면과 암시만 다룬다.

(각 항목의 앞에 있는 연도는 그 글이 아마도 쓰였을 연도이다. 각 항목의 끝에 있는 연도는 출간 연도이다. 정확한 날짜는 Bibliography와 Author Index에서 찾을 수 있을 것이다.)

1888 "Introduction to the translation of Bernheim's *De la suggestion*" (1888~1889)*

1888 "Review of Forel's *Der Hypnotismus*" (1889a)*

1890 "Psychical (or Mental) Treatment" (1890a)*

1891 "Hypnosis" in Bum's *Therapeutisches Lexikon* (1891d)*

1892 "A Case of Successful Treatment by Hypnotism" (1892~1893)*

1895 *Studies on Hysteria*, Part 4 (1895d)

1898 "Sexuality in the Aetiology of the Neuroses" (last part) (1898a)

● ●

1. 다음은 표준판 전집, 12권, 172~173쪽의 내용을 그대로 옮긴 것이다. 하지만 일부는 표준판 전집, 24권에 맞추어 수정하였다. 자세한 것은 이 책의 '표준판 편집자 주에 언급된 저작들'을 보라. [韓]

1899 *The Interpretation of Dreams*, Chapter II (first part) (1900a)

1901 "Fragment of an Analysis of a Case of Hysteria", Chapter IV (1905e)

1903 "Freud's Psycho-Analytic Procedure" (1904a)

1904 "On Psychotherapy" (1905a)

1910 "The Future Prospects of Psycho-Analytic Therapy" (1910d)

1910 ""Wild" Psycho-Analysis" (1910k)

1911 "The Handling of Dream-Interpretation in Psycho-Analysis" (1911e)

1912 "The Dynamics of Transference" (1912b)

1912 "Recommendations to Physicians Practising Psycho-Analysis" (1912e)

1913 "On Beginning the Treatment" (1913c)

1914 "Fausse Reconnaissance ("déjà raconté") in Psycho-Analytic Treatment" (1914a)

1914 "Remembering, Repeating and Working-Through" (1914g)

1914 "Observations on Transference-Love" (1915a)

1917 *Introductory Lectures on Psycho-Analysis*, Lectures XXVII and XXVIII (1916~1917)

1918 "Lines of Advance in Psycho-Analytic Therapy" (1919a)

1920 *Beyond the Pleasure Principle*, Chapter III (1920g)

1923 "Remarks on the Theory and Practice of Dream-Interpretation" (1923c)

1926 *The Question of Lay Analysis*, Chapter 5 (1926e)

1932 *New Introductory Lectures on Psycho-Analysis*, Lecture XXXIV (last part) (1933a)

1937 "Analysis Terminable and Interminable" (1937c)

1937 "Constructions in Analysis" (1937d)

1938 *An Outline of Psycho-Analysis*, Chapter IV (1940a)

옮긴이 후기

프로이트는 정신분석 치료 기법에 대해 체계적으로 정리한 책을 남기지 않았다. 실수와 농담에 대해서도 꽤 두꺼운 책을 쓴 것을 생각해 볼 때 아쉬운 일이 아닐 수 없다. 사실 프로이트는 그런 책을 쓰려고 했지만 무슨 이유에서인지 중도에 그만두었다. 하지만 프로이트가 기법에 대한 글을 전혀 남기지 않은 것은 아니다. 이 책에서는 기법에 대해 프로이트가 남긴 글들을 모았다. 그리고 옮긴이가 아는 한 이 책에 있는 16편의 논문들은 한국어로는 처음으로 번역 출간된다.

이 책에 실린 대부분의 글은 분석가 또는 분석가 지망생을 위해 쓰여졌다. 3장부터 6장까지는 "정신분석 치료를 행하는 의사에게 하고 싶은 조언" 시리즈이다. 10, 13장은 국제 정신분석 대회에서 한 강연이다. 15장 역시 분명히 분석가들 즉 전문가들을 대상으로 쓴 글이며 옮긴이가 보기에는 이 책의 내용 중 가장 어렵다. 따라서 초보자가 읽기에 이 책은 그리 만만하지 않을 것이다.

하지만 프로이트의 의도가 어쨌든 이 논문들이 분석가들만을 위한 글인 것만은 아니다. 우선 라캉을 공부하는 사람들은『세미나』1권과 2권이 기법의 문제에 대한 프로이트의 글들을 다루고 있다는 점에 주목할 수 있을 것이다. 그리고 정신분석에 대해 어느 정도 읽어본 사람이라면 정신분석 이론이 기법의 문제와 결코 떨어져 있지 않다는 것을 알 것이다. 예컨대 정신분석 치료 중에 발생하는 전이를 모르고 정신분석에 대해 이야기하는 것은 어불성설이다. 따라서 이 책에 있는 논문들은 정신분석을 깊이 공부하려는 모든 사람이 반드시 읽어야 할 것들이다.

그리고 7, 8, 9장 등은 일반 대중 또는 비분석 의사들을 위해 쓰여진 글이기 때문에 상당히 쉽다. 또한 분석가를 위해 쓰여진 글도 모든 부분이 어려운 것은 아니다. 적절한(때로는 황당한) 비유를 곁들여서 글을 평이하게 풀어쓰는 것이 프로이트의 커다란 장점이기도 하다. 전체적으로 볼 때 이 책에 엮은 글들은 『정신분석 입문 강의』보다 조금 더 어려운 것 같다. 물론 깊이 공부하고자 하는 사람에게는 프로이트의 모든 글이 아주 어렵다.

한국에도 프로이트의 글이 많이 번역되었지만 번역의 질이 양을 따라가지 못하는 것 같다. 사실 여러 가지로 부족한 옮긴이가 감히 프로이트의 글을 번역할 용기를 낸 이유 중 하나는 기존의 번역에서 발견할 수 있었던 많은 수의 오역들이었다. 옮긴이가 번역본을 보면서 느꼈던 불만을 이 책을 읽을 독자들도 비슷하게 느낄지 모른다는 두려움이 없는 것은 아니지만 어느 정도는 기존 번역들과는 다르다는 자부심 또한 없지 않다.

번역하면서 참고한 표준판 전집은 이 책에서 커다란 의미가 있다. 우선 옮긴이가 독일어에 그리 능숙하지 못하기 때문에 표준판 전집의 번역에 꽤 많이 의존했다는 점을 고백해야겠다. 어떤 문장들은 그럼에도 잘 이해가 되지 않았으며 그럴 때는 옮긴이가 문장의 뜻을 정확히 이해하지 못하고 번역했음을 각주에서 밝혔다. 적어도 옮긴이가 번역하면서 느꼈던 불안감을 독자들도 공유할 권리가 있다고 생각했기 때문이다. 옮긴이가 표준판 전집에 단지 의존하기만 한 것은 아니다. 여러 가지 훌륭한 점들에도 불구하고 표준판 전집의 번역에 문제점들이 있다고 느꼈고 그때마다 그것을 비판하고자 했다. 이 책에 독일어와 영어 단어 또는 문장의 병기가 많은 것은 그 때문이기도 하다. 표준판 전집을 보는 독자들도 이 책에서 도움을 얻기를 빈다.

이 책을 펴내는 도서출판 b에게 고마움의 마음을 전하지 않을 수 없는데 가장 고마운 것은 도서출판 b가 존재한다는 사실 자체다. 도서출판 b가 없었다면 옮긴이는 번역 출간을 위해 몇 년은 기다려야 했을 것이다. 그리고 도서출판 b는 옮긴이가 스스로 정한 번역 기한을 반년이나 어겼음에도 여유 있게 기다려 주었으며 옮긴이가 원하던 번역어, 원문 병기를 모두 수용해 주었다. 번역 출간할 것을 제안하신 이성민 님과 편집을 맡아주신 조기조 님에게 감사할 따름이다.

다음에는 "정신분석 입문" 또는 "정신분석 강의"라는 제목으로 이미 수십 번이나 번역된 『정신분석 입문 강의』를 번역할 생각이다. 옮긴이는 그 책이 여전히 재번역될 필요가 있다고 느끼며 다른 분들로부터도 그런 의견을 들은 바 있다.

2004년 가을

옮긴이 이덕하는 정신분석에서 진화심리학으로 갈아탔다. 따라서 앞으로도 『정신분석 입문 강의』를 번역할 가능성은 거의 없다.

현실적인 이유 때문에 이 책의 2쇄를 내면서 번역을 대대적으로 손보지는 못했다. 하지만 지저분하게 원문 전체를 병기한 문장들 대부분은 번역을 개선하면서 원문 병기를 없앴다. 그 밖에도 여러 곳에서 번역을 수정했다. 꼼꼼한 검토를 통해 번역 개선에 큰 힘을 실어주신 문형준 선생님에게 감사한 마음을 전하고 싶다.

2004년에 이 번역서가 나온 이후에 내용이 어느 정도 겹치는 논문 모음집이 열린책들 출판사에서 『끝이 있는 분석과 끝이 없는 분석』이라는 제목으로 나왔다. 번역을 검토해 보니 다행스럽게도 (?) 이덕하의 번역보다는 훨씬 못했다. 이덕하보다 프로이트를 더 엄밀하게 한국어로 옮긴 번역가가 있다는 소식을 아직까지도 들어보지 못했다.

2024년 가을

찾아보기

ㄱ

ㅅ

ㅇ

ㅊ

ㅋ

ㅌ

ㅍ

ㅎ